U0667215

中華譯學館

莫言題

中华译学馆立馆宗旨

以中华为根 译与学并重

弘扬优秀文化 促进中外交流

拓展精神疆域 驱动思想创新

丁酉年冬月 许钧撰 羅衛東書

中華譯學館·中华翻译家代表性译文库

许　钧　郭国良 / 总主编

草　婴卷

王　永　袁淼叙 / 编

ZHEJIANG UNIVERSITY PRESS
浙江大学出版社
·杭州·

图书在版编目(CIP)数据

中华翻译家代表性译文库. 草婴卷 / 王永，袁淼叙编. —杭州：浙江大学出版社，2022.11
ISBN 978-7-308-23151-0

Ⅰ.①中… Ⅱ.①王… ②袁… Ⅲ.①社会科学—文集②草婴—译文—文集 Ⅳ.①C53②I11

中国版本图书馆 CIP 数据核字(2022)第 189817 号

中华翻译家代表性译文库·草婴卷
王　永　袁淼叙　编

出 品 人　褚超孚
丛书策划　张　琛　包灵灵
责任编辑　董　唯
责任校对　田　慧
封面设计　闰江文化
出版发行　浙江大学出版社
（杭州市天目山路 148 号　邮政编码 310007）
（网址：http://www.zjupress.com）
排　　版　浙江时代出版服务有限公司
印　　刷　杭州高腾印务有限公司
开　　本　710mm×1000mm　1/16
印　　张　26.5
字　　数　392 千
版 印 次　2022 年 11 月第 1 版　2022 年 11 月第 1 次印刷
书　　号　ISBN 978-7-308-23151-0
定　　价　88.00 元

总　序

考察中华文化发展与演变的历史，我们会清楚地看到翻译所起到的特殊作用。梁启超在谈及佛经翻译时曾有过一段很深刻的论述："凡一民族之文化，其容纳性愈富者，其增展力愈强，此定理也。我民族对于外来文化之容纳性，惟佛学输入时代最能发挥。故不惟思想界生莫大之变化，即文学界亦然。"①

今年是五四运动一百周年，以梁启超的这一观点去审视五四运动前后的翻译，我们会有更多的发现。五四运动前后，通过翻译这条开放之路，中国的有识之士得以了解域外的新思潮、新观念，使走出封闭的自我有了可能。在中国，无论是在五四运动这一思想运动中，还是自1978年改革开放以来，翻译活动都显示出了独特的活力。其最重要的意义之一，就在于通过敞开自身，以他者为明镜，进一步解放自己，认识自己，改造自己，丰富自己，恰如周桂笙所言，经由翻译，取人之长，补己之短，收"相互发明之效"②。如果打开视野，以历史发展的眼光，

---

① 梁启超.翻译文学与佛典//罗新璋.翻译论集.北京：商务印书馆，1984：63.

② 陈福康.中国译学理论史稿.上海：上海外语教育出版社，1992：162.

从精神深处去探寻五四运动前后的翻译，我们会看到，翻译不是盲目的，而是在自觉地、不断地拓展思想的疆界。根据目前所掌握的资料，我们发现，在20世纪初，中国对社会主义思潮有着持续不断的译介，而这种译介活动，对社会主义学说、马克思主义思想在中国的传播及其与中国实践的结合具有重要的意义。在我看来，从社会主义思想的翻译，到马克思主义的译介，再到结合中国的社会和革命实践之后中国共产党的诞生，这是一条思想疆域的拓展之路，更是一条马克思主义与中国革命相结合的创造之路。

开放的精神与创造的力量，构成了我们认识翻译、理解翻译的两个基点。在这个意义上，我们可以说，中国的翻译史，就是一部中外文化交流、互学互鉴的历史，也是一部中外思想不断拓展、不断创新、不断丰富的历史。而在这一历史进程中，一位位伟大的翻译家，不仅仅以他们精心阐释、用心传译的文本为国人打开异域的世界，引入新思想、新观念，更以他们的开放性与先锋性，在中外思想、文化、文学交流史上立下了一个个具有引领价值的精神坐标。

对于翻译之功，我们都知道季羡林先生有过精辟的论述。确实如他所言，中华文化之所以能永葆青春，“翻译之为用大矣哉”。中国历史上的每一次翻译高潮，都会生发社会、文化、思想之变。佛经翻译，深刻影响了国人的精神生活，丰富了中国的语言，也拓宽了中国的文学创作之路，在这方面，鸠摩罗什、玄奘功不可没。西学东渐，开辟了新的思想之路；五四运动前后的翻译，更是在思想、语言、文学、文化各个层面产生了革命性的影响。严复的翻译之于思想、林纾的翻译之于文学的作用无须赘言，而鲁迅作为新文化运动的旗手，其翻译动机、翻译立场、翻译选择和翻译方法，与其文学主张、文化革新思想别无二致，其翻译起着先锋性的作用，引导着广大民众掌握新语言、接受新思想、表达自己的精神诉求。这条道路，是通向民主的道路，也是人民大众借助掌握的新语言创造新文化、新思想的道路。

回望中国的翻译历史，陈望道的《共产党宣言》的翻译，傅雷的文学翻译，朱生豪的莎士比亚戏剧翻译……一位位伟大的翻译家创造了经典，更创造了永恒的精神价值。基于这样的认识，浙江大学中华译学馆为弘扬翻译精神，促进中外文明互学互鉴，郑重推出“中华译学馆·中华翻译家代表性译文库”。以我之见，向伟大的翻译家致敬的最好方式莫过于(重)读他们的经典译文，而弘扬翻译家精神的最好方式也莫过于对其进行研究，通过他们的代表性译文进入其精神世界。鉴于此，“中华译学馆·中华翻译家代表性译文库”有着明确的追求：展现中华翻译家的经典译文，塑造中华翻译家的精神形象，深化翻译之本质的认识。该文库为开放性文库，入选对象系为中外文化交流做出了杰出贡献的翻译家，每位翻译家独立成卷。每卷的内容主要分三大部分：一为学术性导言，梳理翻译家的翻译历程，聚焦其翻译思想、译事特点与翻译贡献，并扼要说明译文遴选的原则；二为代表性译文选编，篇幅较长的摘选其中的部分译文；三为翻译家的译事年表。

需要说明的是，为了更加真实地再现翻译家的翻译历程和语言的发展轨迹,我们选编代表性译文时会尽可能保持其历史风貌,原本译文中有些字词的书写、词语的搭配、语句的表达,也许与今日的要求不尽相同,但保留原貌更有助于读者了解彼时的文化,对于历史文献的存留也有特殊的意义。相信读者朋友能理解我们的用心,乐于读到兼具历史价值与新时代意义的翻译珍本。

许　钧

2019 年夏于浙江大学紫金港校区

目　录

导　言

俄苏文学在中国的译介，可以追溯至1903年戢翼翚翻译出版的《俄国情史》(即普希金的中篇小说《上尉的女儿》)。新文化运动中，鲁迅、瞿秋白、巴金、柔石、曹靖华、郭沫若、夏衍等翻译家，把俄苏文学视为导师和朋友，翻译了高尔基、马雅可夫斯基、爱伦堡、肖洛霍夫、法捷耶夫等大量俄苏作家的文学作品。但当时翻译的这些作品，大部分是从英文和日文转译的。新中国成立后，一大批精通俄文的翻译家投身文学翻译事业，翻译出版了众多俄苏文学经典译本。草婴(1923—2015)无疑是其中最杰出的一位，他不仅翻译了肖洛霍夫、莱蒙托夫、尼古拉耶娃等作家的作品，还系统翻译了托尔斯泰的全部小说，所出版的译著总计篇幅达700多万字。在60多年的翻译生涯中，草婴译笔不辍，成果卓著，荣获苏联"高尔基文学奖"(1987)、中国翻译工作者协会授予的"中国资深翻译家"(2002)荣誉称号、中国翻译协会"中国翻译文化终身成就奖"(2010)等殊荣，是当之无愧的资深翻译家。

一、草婴生平

草婴原名盛峻峰，1923年3月24日出生于浙江镇海(今属宁波市)骆驼桥的一个书香门第。其父盛济舲早年留学日本，毕业于同济医学院，曾任宁波铁路医院院长，常常给穷苦的工人、农民免费诊治。1937年12月，为躲避战乱，草婴随父母逃难到上海，住在成都南路上。1938年秋，他进入英国人创办的雷士德工学院初中部学习；1940 年秋季，转学至松江县二中。中学期间，他如饥似渴地阅读各种进步书刊，甚至花 8 块大洋订购了 20 卷的《鲁迅全集》（初版），还阅读了许多介绍苏联的书，如《萍踪寄语》《苏联见闻录》等。

草婴自言鲁迅的思想给了他很大的启发，《鲁迅全集》是他最重要的生活教科书。受鲁迅作品及进步书刊影响，他认为阅读俄苏文学有助于改造国民性，促进民族意识的觉醒，最终达到振兴国家的目的。为了能直接阅读俄文报刊，他自 1938 年 12 月开始向一位俄侨学习俄语。此后，他一直利用课余时间坚持学习，但没有词典，没有教材，学习甚为艰难。所幸 1939 年年初他遇到了俄语学习的前辈姜椿芳，后者为他不定期答疑解惑，解决俄语学习中遇到的问题，一直持续到 1941 年 6 月 22 日。1941 年 8 月，《时代》周刊中文版在上海创刊，时代社和周刊的实际负责人姜椿芳请他为该刊译稿，主要是苏德战争的电讯、战地特写、军事述评等。可以说，这既是草婴翻译生涯的起点，也是帮助他形成世界观的重要里程碑。正是在翻译战事电讯的过程中，他了解了 4 年苏德战争的整个过程，开始思考人类苦难的根源，逐渐形成了爱憎分明的个性。1942 年，时代社创办《苏联文艺》月刊，他又受邀参与，由此开始翻译文学作品。他的译文处女作——苏联作家普拉东诺夫的短篇小说《老人》发表于该刊第 2 期，译者署名"草婴"。据他本人解释，他喜欢白居易的一首诗——"离离原上草，一岁一枯荣。野火烧不尽，春风吹又生"，"草婴"这个笔名即含有他本人就像小草一样普普通通、平平常常的寓意。

1943 年高中毕业后，草婴考取了南通农学院。但因患肺结核，他入学不久就中止了学业，回上海养病，同时继续学习俄语，翻译稿件。1945 年 5 月，他进入塔斯社上海分社上班，开启了专职翻译的生涯。也正是在这里，他见证了抗战的最后胜利。二战期间，他通过翻译工作参与了反法西斯战争，以译文鼓舞和激励了陷于"孤岛"的上海民众，被俄罗斯友人称为"二战老兵"。

20 世纪 50 年代，草婴翻译了肖洛霍夫的长篇小说《被开垦的处女地》

(后改名为《新垦地》)第一部和第二部、中篇小说《一个人的遭遇》、短篇小说集《顿河故事》。1955 年,他翻译了尼古拉耶娃的中篇小说《拖拉机站站长和总农艺师》及其他作家的中短篇小说,前者得到了时任团中央第一书记胡耀邦的高度重视,他号召全国青年团员向女主人公娜斯嘉学习。1958 年(一说 1959 年)起,草婴参加了《辞海》的修订工作,负责外国文学的内容。1963 年,他制订了系统翻译托尔斯泰小说的计划,但在译出十多篇中短篇小说后就被各种运动中断,直至 1978 年才得以继续。1964 年译成的莱蒙托夫小说《当代英雄》也直到 1978 年才正式出版。

"文革"期间,草婴受到冲击,被下放劳动,这严重损害了他的身体健康。1969 年,因长期超负荷劳动引起十二指肠大出血,他的胃被切除了四分之三。从"五七"干校回到上海后,他在出版社接受批判,参加劳动。1975 年 1 月 28 日,他参加搬运劳动,50 公斤重的水泥包压在他不到 50 公斤的瘦弱身躯上,造成胸椎压缩性骨折。唯一的治疗办法是在半年内一动不动地平躺在木板上,让身体自然愈合,否则可能引起瘫痪甚至危及生命。在家人的悉心照料下,他忍受着"痛彻骨髓"的疼痛,躺了近一年后,才能下地走动。

"文革"结束后,他重拾早年的计划,继续系统翻译托尔斯泰的小说。他自言"我已不那么年轻,可以随便地浪费时光;我也还没有那么老,可以平静地等待死亡"①。因此,在 1978—1998 年,这位令人尊敬的"不那么年轻"的翻译家,以其坚强的意志和勤奋的劳动,完成了 500 多万字的翻译大工程,包括"托尔斯泰小说全集"中的 3 个长篇、60 多个中短篇,以及自传体小说《童年 · 少年 · 青年》,并修订了 3 卷肖洛霍夫作品集。

1985 年,草婴加入了由李岚清率领的中苏友好代表团赴苏联访问,并在曾任苏联驻华大使的汉学家齐赫文斯基院士陪同下参观了托尔斯泰庄园。1986 年 3 月,上海翻译家协会成立,草婴任会长,同时担任上海市文

---

① 谷苇. 翻译家草婴纪事//草婴. 草婴译著全集:第 22 卷. 上海:上海文艺出版社,2019:156.

联副主席，之后他又担任了中国翻译工作协会副会长。1987 年，他赴苏联参加“第七届苏联文学翻译家国际会议”，是当时 7 位获得“高尔基文学奖”的外国翻译家之一，也是中国第一位获此殊荣的翻译家。

2008 年，草婴因病入住上海华东医院，2015 年 10 月 24 日病逝。

二、草婴翻译概况

草婴毕生致力于文学翻译事业。在与著名翻译家许钧的对谈中，草婴详细讲述了自己选择翻译道路的缘由、翻译观及翻译过程。他深信，优秀的外国文学作品有助于呼唤良知，有助于营造良好的社会环境。多年来经受的身体和精神的双重磨炼，使草婴在解决具体文学作品的翻译问题时，自觉地站在人类历史发展的高度，思考如何能让今天的人们正确看待历史，总结经验教训，如何让人们明辨是非得失，进行思想文化的有效交流。而要实现这一点，在草婴看来，必须借助翻译。文学作品译入只是表象，作品背后透射出的社会思想演变、人文精神传递以及作品对国家文化事业的推动是草婴更为重视的着眼点。他晚年曾向翻译家蓝英年谈到要重新客观评价俄苏文学的问题，他提到既不能一味迷信，也不可全盘否定，中俄两国都经历过封建皇权专制时期，社会发展过程中可以互鉴的地方很多。这番剖析不仅是一位文学翻译家的洞见，更是一位知识分子对自身责任的认识和要求。

在选择翻译的作品时，草婴首先考虑的是作品本身，“看原作多少能吸引我，并且认为对我国读者多少有一点益处”①。也就是说，其选择标准一是引人入胜，二是开卷有益。

草婴所谓的益处，是指对国家、对人民有益。于国有益，是希冀通过文学作品的译介，使国人了解世界文化。可以说，草婴从 15 岁开始学习

① 草婴.《拖拉机站站长和总农艺师》译者后记//草婴. 草婴译著全集：第 22 卷. 上海：上海文艺出版社，2019：233.

俄语及至此后走上文学翻译之路，源于一位少年在国家危亡之际的拳拳爱国之心。面对日本侵略者铁蹄下满目疮痍的中国大地，少年草婴与其他仁人志士一样苦苦思考，希望能找到一条救国救民的道路，而外国文学“对于加强中外文化联系，交流各国革命斗争经验，批判继承古代文化遗产，了解不同历史时期各国人民的斗争和生活，借鉴各种艺术技巧，都具有一定的作用”①。于民有益，是希望读者能够从文学作品中受到熏陶，使个人的精神境界得到升华。在他看来，社会的发展、人民生活的改善，不仅需要加强物质建设，更需要提高人的精神境界。因为“没有高尚的情操，物质条件只会培养人的贪欲”②，而优秀的文学作品可以“增进我们的艺术素养”“启迪我们的思想，陶冶我们的心灵”③。

在草婴的眼中，人物形象鲜明生动、情感真挚感人、反映社会现实的作品才能引人入胜，比如小说《一个人的遭遇》就是以其真情实感引起了广大读者的共鸣。1956 年，草婴在《真理报》上读到肖洛霍夫的这篇小说，深受感动，很快完成了译文，并发表在《世界文学》上。他极为赞赏主人公索科洛夫可贵的人格，指出主人公“即使遭到重重磨难仍能保持一颗对人的爱心，而且竭尽所能去疼爱万尼亚这样一个战争孤儿”④；同时，他高度评价小说蕴含的人道主义精神，认为小说表现了“一个普通苏联人的悲惨遭遇和坚强性格，控诉法西斯的残酷罪行，但更深一层的意义则是反映人对人的爱，特别是上一代对下一代的爱，而这种爱也就是人道主义精神。

---

① 草婴. 用心险恶的“洋为帮用”//草婴. 草婴译著全集:第 22 卷. 上海:上海文艺出版社,2019:207.

② 草婴. 人的遭遇与书的遭遇//草婴. 草婴译著全集:第 22 卷. 上海:上海文艺出版社,2019:354.

③ 草婴.《文学巨人托尔斯泰》序言//草婴. 草婴译著全集:第 22 卷. 上海:上海文艺出版社,2019:275.

④ 草婴. 人的遭遇与书的遭遇//草婴. 草婴译著全集:第 22 卷. 上海:上海文艺出版社,2019:354.

这种爱是人类最高的精神境界”①。

富有人道主义精神、视野开阔、思考民族和人类问题的俄苏文学深深吸引着草婴。他最喜欢的作家是托尔斯泰和肖洛霍夫。“托尔斯泰是一位伟大的人道主义者。他爱真理，爱生活，爱人民，爱全人类；他恨虚伪，恨专制制度，恨反动统治，恨一切不公平的行为。就是怀着这样的大爱大恨，他从事创作，揭露黑暗，歌颂光明，控诉罪恶，宣扬人道。”②而肖洛霍夫继承了19世纪的俄国文学传统，尤其是托尔斯泰的现实主义创作手法及人道主义精神，在作品中显示出对人民的热爱、对人民命运的关心。

这两位作家在作品中描写真实的现实和弘扬人道主义精神尤其令草婴折服，其他作家的作品也同样唤起了他的共鸣。比如《拖拉机站站长和总农艺师》中的女主人公娜斯嘉“能为群众利益，不畏惧任何权势，不顾虑个人安危，敢想敢说，敢作敢为，这是一种崇高的精神境界”；《大水》里的杰伦大叔“像一棵苍劲的老松，全身洋溢着一种淳朴的美”；《试用期》中的叶戈罗夫“朴实敦厚，对孤儿怀着满腔同情”；《诺言》中的孩子天真单纯，信守诺言；《小手绢》的故事“感情朴素真挚，动人心魄”。③

“淳朴”“真实”“真挚”“勇敢”“坚强”“献身事业”“乐观”……草婴撰写的诸多译序、译后记以及译事文章中出现的这些高频词，是他所看重的品德，也是他本人人格的写照。草婴为人真诚朴实，对待译事一丝不苟，精益求精。在他看来，文学翻译家须充当原作者和读者之间的桥梁，因此，每次动手翻译之前，他必先认真阅读原著，翻阅相关文献，吃透原文，使作品中的人物形象能够在头脑里栩栩如生地浮现出来，使自己能够触摸到人物的内心情感。

---

① 草婴. 岂止一个人的遭遇！——纪念小说《一个人的遭遇》发表五十周年//草婴. 草婴译著全集：第22卷. 上海：上海文艺出版社，2019：358.

② 草婴. 《文学巨人托尔斯泰》序言//草婴. 草婴译著全集：第22卷. 上海：上海文艺出版社，2019：276.

③ 草婴. 《拖拉机站站长和总农艺师》译者后记//草婴. 草婴译著全集：第22卷. 上海：上海文艺出版社，2019：233-235.

草婴翻译一部作品一般要经过多个步骤。“第一步是熟悉原作，也就是反复阅读原作，读懂原作，考虑怎样较好地表达原意，通过几次阅读，使人物形象在头脑里逐渐清晰起来。第二步是动笔翻译，也就是忠实地逐字逐句把原著译成中文。第三步是先仔细读译文，看有没有脱漏、误解的地方，逐一加以更正。”[①]在第一步时，为了加深对原作的理解，他以研究者的精神大量阅读有关原作者和作品的图书资料，了解相关的哲学、宗教、政治、经济、军事、风俗人情等方面的知识。同时，他细细体会每一个人物的性格，直至读懂读透原作，领会作品的神韵。而在翻译过程中，俄汉辞典等各类工具书和参考书是他的案头必备物。

待作品翻译全部完成，草婴总是要脱离原作，单纯从译文的角度审读译稿。为了做到译文流畅易读，他甚至会请演员朋友帮忙朗诵译稿，改正拗口的地方。在交编辑审读后，他还要根据编辑所提的意见做必要的修改。最后，等校样出来，他至少还要通读一遍。草婴认为要做好翻译，同外文水平相比，母语的修养更为重要。他自谦“汉语根底不够扎实”“词汇不丰富”“语言不生动”，因此“平时比较注意语文学习，看到好文章、好诗总要吟诵一番，看电视也留心相声、话剧中的生动口语”。[②]

正是在不厌其烦地查找资料、反复推敲、不断修改的过程中，草婴得以进入作家的艺术世界，深刻体会作品所描述的时代特征，把握其中一个又一个各具特色的人物形象，并用通俗流畅的译文生动地再现了不同作家笔下的形象。

三、草婴的翻译思想及译文赏析

在智能时代的今天，翻译软件几乎人人可用。人们对翻译这个古老

---

① 许钧，草婴. 堂堂正正做人，认认真真翻译——许钧・草婴对谈录//草婴. 草婴译著全集：第 22 卷. 上海：上海文艺出版社，2019：140.

② 草婴. 语文是基础的基础//草婴. 草婴译著全集：第 22 卷. 上海：上海文艺出版社，2019：277.

职业能否或有无必要延续的问题众说纷纭，而草婴早就预见性地给出了自己的见解。1982 年 4 月，他在给上海外国语学院师生做报告时提出，用机器翻译非文学作品大有需求，而用机器来翻译文学作品是不可能的。作为一项艺术性的工作，文学翻译如同音乐创作或戏剧表演，一旦机器代替了人，艺术也就消亡了。在他看来，“文学翻译是一种特殊的创作工作。‘翻译’是艺术的再创造”①。

草婴所谓的再创造指的是“把原作的艺术意境传达出来，使读者在读译文的时候能够像读原作时一样得到启发、感动和美的感受”②。他认为，译文首先得忠实于原作，不能让译者喧宾夺主；其次，译文须还原原作的艺术世界，接近其神韵；最后，译文语言表达须尽可能体现原作的艺术特色。他反对用“直译”“意译”这两个内涵宽泛且尚未有定论的概念名词来界定翻译策略，他欣赏叶圣陶、林语堂等人“不可死抠字眼”的看法。他认为文学翻译绝不能一个字一个字地翻，至少得是一句一句地翻，不然只会是表面忠实但实质歪曲。而将翻译单位从“字”扩大到“句”的前提条件是对原文有充分正确的理解，这是一个从事翻译的人理应做到的。

草婴的译文，就是在吃透原文主旨思想后“再创造的艺术品”，既忠实于原文，又朴素自然，文气通顺。草婴尤其重视翻译中的形象思维，视人物形象为文学作品的灵魂。基于对人物形象的认识，他在译文词语的选择上注意传达作者的原意，同时也体现出自己的审美观和道德观，使得其译笔下的人物形象传神，环境描写逼真细致，令读者有身临其境之感。

托尔斯泰笔下的人物个个形象生动，性格鲜明，有血有肉，栩栩如生，而草婴的译文，使他们在另一种语言中得到重生，令读者得以体会到托尔斯泰对其不同主人公的不同态度。以《安娜·卡列尼娜》中的安娜和卡列

---

① 尊里，草婴. 草婴访谈录//草婴. 草婴译著全集：第 22 卷. 上海：上海文艺出版社，2019：300.

② 草婴. 给有志于文学翻译的青年同志//草婴. 草婴译著全集：第 22 卷. 上海：上海文艺出版社，2019：204.

宁为例,安娜为“年轻、美丽、热情、善良”“充满生气,热爱生活,渴望幸福”[①]的女性,因此草婴在译著中注重准确地传达出不同人物视角下的安娜形象。吉娣“觉得安娜十分淳朴,她什么也不掩饰,但在她的内心里另有一个感情丰富而又诗意盎然的超凡脱俗的世界”,“她的魅力在于她这个人总是比服装更引人注目……单纯、自然、雅致、快乐而充满生气”,以至于她“每次看见安娜,都爱慕她”;列文则感到“同她说话很愉快,听她说话就更愉快”,发现“除了智慧、文雅和美丽以外,她还具有诚实的美德”。伏伦斯基与安娜在车厢门口见面的场景最为经典,在这段译文中,草婴用了几个叠词,“亮晶晶”“笑盈盈”,既生动,又有动态感。而每逢卡列宁出场,贬义词就明显增多。他被安娜称为“彻头彻尾的伪君子”“木头……一架做官的机器”;令伏伦斯基联想到“一种古板乏味的东西”;吉娣则认为他有“俗不可耐的相貌”。这些褒贬色彩鲜明的文字,不仅清晰地勾勒出安娜和卡列宁两位主人公的形象,还准确地反映出作者对待他们的不同态度。

小说中涉及安娜病危的译文,将托尔斯泰的“心灵辩证法”体现得淋漓尽致。安娜原本是憎恨丈夫的,但当她处于生死边缘时,她拍电报请求他来到她身边,求他宽恕。她说:“我只有一个要求:你饶恕我,完完全全饶恕我吧! ……不,你不会饶恕我! 我知道这是不可饶恕的! 不,不,走吧,你这人太好了!”而卡列宁,刚接到电报时不免在内心深处希望安娜死掉,但等见到安娜,面对伏伦斯基悲痛欲绝的样子,他的心弦也被触动了。他对伏伦斯基承认:“我老实对您说,我有过对您和对她进行报复的欲望。收到电报的时候,我是抱着这样的心情到这里来的,说得更明白些:我但愿她死……可是一看见了她,我就饶恕她了。”说这些话的时候,“他的眼睛里饱含着泪水,他那明亮、安详的目光使伏伦斯基感动”。译文用朴素准确的语言揭示出安娜矛盾的心理以及卡列宁内心的变化。

小说第七部描写安娜如何对一切感到绝望,而最后卧轨自尽的三章

---

① 草婴. 从《安娜病危》看托尔斯泰的“心灵辩证法”//草婴. 草婴译著全集:第22卷. 上海:上海文艺出版社,2019:223-224.

译文更是生动地还原了原作中细致入微、扣人心弦的心理活动过程。安娜从陶丽家出来回家，坐在马车上望着车外，陷入沉思。她回忆过去，审视自己面临的处境。但这些想法不时被她在路上看到一个个行人、一幕幕景象时闪过的念头所打断，两者交织在一起，刻画出安娜此时纷乱的思绪：

> “在她的眼里，我是个道德败坏的女人。我如果真是个道德败坏的女人，只要我高兴，早就把她的丈夫迷住了……我的确有过这样的念头……瞧这家伙好神气。”这时一个红光满面的胖子迎面而来，把她当作熟人……安娜看见他，这样想。“他还以为认识我呢。其实他并不认识我，天下没有一个人认识我。连我自己都不认识我自己。正像法国人说的：我只认识我自己的胃口。你瞧，他们要吃那种肮脏的冰淇淋。他们就知道吃。”两个男孩拦住卖冰淇淋的小贩……

回到家里，看到伏伦斯基的回信，她“心头起了一股无名火和复仇的欲望”，决定到火车站去找他。坐在马车上，她依然思绪万千，无法集中注意力，以至于仆人问她买票事宜时，“她完全不记得她要到哪里去，去做什么，费了好大劲才听懂他这个问题”。车上的每一个人都让她厌恶。而当她在停靠站上读到伏伦斯基的回信时，她心想：“不，我不再让你折磨我了。”在卧轨的那一刻，译文增加了指示代词“这”、焦点标记“是”以及语气词“呀”，更符合汉语在描写紧张心理时的表达习惯：“我这是在哪里？我这是在做什么？为了什么呀？”而“上帝呀，饶恕我的一切吧！”中的两个语气词，更是令人仿佛听到了无力挣扎的安娜此刻极度绝望的悲鸣声，使得读者读完最后一句话时，心情久久难以平静：

> 那支她曾经用来照着阅读那本充满忧虑、欺诈、悲哀和罪恶之书的蜡烛，闪出空前未有的光辉，把原来笼罩在黑暗中的一切都给她照个透亮，接着烛光发出轻微的哔镲声，昏暗下去，终于永远熄灭了。

除了直接刻画人物形象，托尔斯泰对借景喻人手法的使用也炉火纯青。草婴赋予译笔下的景物以灵魂，让人读后体悟出托翁的用心和深意。如《战争与和平》中安德烈第一次从战场归来后蛰居乡间，看似积极忙于庄园事务，然而，内心消沉的思绪却被在路边偶然看到的一棵老栎树轻易勾起：

> 这棵栎树大概比林子里的桦树老十倍，树干粗十倍，树身高一倍。这是一棵巨大的栎树，粗可合抱，长有折断已久的老枝，盖着疤痕累累的树皮。它像一个苍老、愤怒和高傲的怪物，伸出不对称的难看手臂和手指，兀立在笑脸迎人的桦树中间。只有它不受春意的蛊惑，不欢迎春天，不想见阳光。

安德烈以初春尚未抽绿的老栎树自居，冷眼悲凉地看待周遭的人和事，战争以及妻子丽莎难产去世的伤痛令他原本对前途满怀憧憬的心暂时陷入沉睡。草婴在译文"盖着疤痕累累的树皮"中巧妙地运用动词"盖"传达原文中"(伤口)愈合"的意义，暗示安德烈表面忙于经营，实则安于现状的消极心态。

还是这棵老栎树，在将近三个月后再次见证了安德烈内心重新燃起喜悦和希望的时刻。当时已是六月初，安德烈在罗斯托夫伯爵家留宿一晚后回家。前一天晚上听到娜塔莎在月色下说出的心里话后涌起的思绪尚未完全消散，他便又来到那片桦树林，看到了那棵令他难忘的疤痕累累的老栎树：

> 老栎树完全变了样，展开苍绿多汁的华盖，在夕阳下轻轻摇曳。如今生着节瘤的手指，身上的疤痕，老年的悲哀和疑虑，一切都不见了。从粗糙的百年老树皮里，没有长出枝条，却长出许多鲜嫩的新叶，使人无法相信这样的老树又会披满绿叶。

通过译文，那棵在阳光下繁盛油绿、生机勃勃的老栎树逼真地浮现在读者眼前，从坚硬树皮中穿出的新叶并不能完全遮掩树干上的节瘤和疤痕，却能展现自己旺盛的生命力。这也预示着安德烈低落已久的内心重新焕发出希望，他的"心里突然涌起一股难以名状的春天的喜悦和万象更新的感觉"。经历过"奥斯特里茨战场上高邈的天空"，抹不去"妻子死后哀怨的脸色"，回忆起"陶醉在夜色中的姑娘"，安德烈终于能够斩钉截铁地说:“生命不能在三十一岁上结束…… 我的生命要在大家身上反映出来,要使大家都同我一起生活!”由此,安德烈回归战场也变得顺理成章。

除了托尔斯泰作品,草婴倾注较多心血翻译的是肖洛霍夫作品。肖氏在顿河哥萨克地区出生成长,熟悉哥萨克人的生活习惯,了解他们的性格特点,因此他创作的哥萨克题材作品“素朴、鲜明,使人觉得所讲的事好像就在眼前”,作品语言简洁,“而这种简洁却充满生活气息、紧张和真实”。① 以取自《顿河故事》的短篇小说《漩涡》为例,作品演绎了哥萨克两代人之间因信仰不同导致父子残杀的惨剧。当故事行进到尾声时,即将被处决的父亲、大儿子隔着铁丝网与母亲等人见最后一面,草婴如此传达了这一阴沉悲怆的画面:

> 拘留战俘的仓房,四周围着带刺的铁丝网,好像蛛网一样。铁丝网后面站着伊格拿特和巴霍梅奇,面孔浮肿,面色黑得像铁;街上站着伊格拿特的儿子,头上戴着父亲的帽子,巴霍梅奇的老伴用僵硬的双手抓住铁丝网。她眏动血污的眼皮,歪着嘴巴,可是没有眼泪——眼泪都哭干了。

原文中作家使用了多个名词性短语或个别表示静态的动词,将这最后一次见面的场景缓缓推出呈现给读者,仿佛是刻意为了让时间慢点走。草婴在译文中同样采用了静态描写,如“面孔浮肿”“面色黑得像铁”“没有眼泪”,保留了肖洛霍夫简朴的文字表达,营造出凄凉绝望的诀别画面。

草婴在评价丰子恺的翻译时写道:“一个翻译家能陶醉在翻译这种再创作的活动中,说明他已深入原作所创造的艺术境界,同原作者在思想感情上发生一定的共鸣,甚至融为一体,这样的翻译应该说已达到理想的境界,因此他的译文能如此忠实传神,具有强大的魅力。”②阅读草婴翻译的

---

① 草婴. 痛苦的遭遇和坚强的人格——《一个人的遭遇》译本序//草婴. 我与俄罗斯文学——翻译生涯六十年. 上海:文汇出版社,2003:53.

② 草婴. 丰子恺的翻译生涯//草婴. 草婴译著全集:第 22 卷. 上海:上海文艺出版社,2019:240.

托尔斯泰、肖洛霍夫作品，我们深切地感受到，这样的评价同样适合草婴本人。作为译者，他无疑“已深入原作所创造的艺术境界，同原作者……融为一体”，而他“忠实传神”的翻译，同样“具有强大的魅力”。

四、草婴的时代价值

草婴认为，在物质生活高度发达的今天，“更需要推广人道主义思想，需要和谐，需要心灵的美”①。而为了让社会充满爱，为了让人间充满真善美，为了提高人的风貌，优美的文艺作品可以起重要作用。草婴坦言，他一辈子从事文学翻译并此生无悔，主要是出于这样的目的：“我们从事翻译，主要就是要使人们了解世界各国杰出人物的思想和感情，扩大自己的视野，活泼自己的思想，丰富自己美好的感情。”②

综观草婴的一生，是一位充满良知的知识分子淡泊名利，潜心翻译，为我国的文化事业献上一部又一部俄苏文学经典，为广大读者送来丰富的精神食粮的一生。他在很多文章中强调人要有良知，并对良知做了精辟的阐释，即使在今天，他的话也对我们颇有教益。我们将其中几句摘录于此，以表达对草婴的敬仰与怀念：

> 一个人要有良知。良知是心，是脑，是眼，是脊梁骨，是胆！
>
> “心”是良心，做人做事都要凭良心，要是没有良心，什么卑鄙无耻的事都可以做。
>
> “脑”是头脑，不论什么事，什么问题，都要用自己的头脑思考、分析、判断，也就是遇事都要独立思考，不能人云亦云。
>
> “眼”是经常要用自己的眼睛去观察社会，观察人民的生活，要随

---

① 高莽. 翻译家草婴其人//草婴. 草婴译著全集：第 22 卷. 上海：上海文艺出版社，2019：164.

② 草婴. 我为什么翻译（代序）//草婴. 草婴译著全集：第 22 卷. 上海：上海文艺出版社，2019：7.

时分清是非，尤其是大是大非。

“脊梁骨”是人活在世上总要挺直脊梁，不能见到权贵，受到压迫，就弯腰曲背，遇到大风就随风摇摆。

“胆”是勇气，人如果没有胆量，往往什么话也不敢说，什么事也不敢做。

踏踏实实，堂堂正正，这就是我做人做事的准则。①

五、编选说明

草婴最令人敬佩的是耗费20年心血译出托尔斯泰的全部小说，这些译著也代表了他的最高成就。因此，本书中代表性译文部分收入的译作，占篇幅最大的自然是托尔斯泰的作品。

托尔斯泰是草婴最喜欢的俄国作家。草婴在一次发言中说：“托尔斯泰深刻揭示人民大众在不合理社会里的悲剧，但同时他又给人以信心：真、善、美终将胜利，假、丑、恶决不能在大地上猖狂到底。”②托翁小说中蕴含的人道与博爱的伟大思想和精神，也是草婴一生追求的理想。他译出的托尔斯泰小说共12卷400多万字，本书受篇幅所限，仅能收入约30万字。所选的篇章，尽可能既涵盖托尔斯泰作品的经典片段，又能反映草婴翻译的高超技巧。

本书上编为“列夫·托尔斯泰小说”，首先选入的是托尔斯泰的三大长篇巨著。《战争与和平》是草婴花了6年时间完成的译著。这部巨著中的人物多达500余人，但草婴对安德烈情有独钟。他在《那高邈的天空》一文中写道：“我想，托尔斯泰通过塑造安德烈这一人物的悲壮遭遇，就是在启发人们注视那高邈的天空，升华人们的精神境界，关怀人们的苦难和不

---

① 草婴．精神与良知//草婴．草婴译著全集：第22卷．上海：上海文艺出版社，2019：395-396.

② 草婴．为了文学与和平——在莫斯科第七届苏联文学作品翻译家国际会晤上的发言//草婴．草婴译著全集：第22卷．上海：上海文艺出版社，2019：255.

幸。我们每个人在历史的暴风雨中都可能受到不同程度的折磨，但我们任何时候都不应忽视头上那高邈的天空，永远关怀大地上人们的苦难与伤痛。”①

《安娜·卡列尼娜》是草婴最早完成的译著。在译本序中，草婴对小说的创作背景做了细致的说明，并精辟地分析了几位主人公的性格特征，盛赞“托尔斯泰对人性的复杂和变化都有极其深刻的理解，并能用高超的艺术手法表现出来”②。对于小说中安娜、卡列宁、伏伦斯基与列文、吉娣这两条故事线的构成，他更是惊叹作家“建筑学”般的艺术技巧：“托尔斯泰确实是一位文学方面的建筑大师，他所建造的艺术大厦是那么宏伟壮丽，它的结构是那么新颖别致，拱顶又砌合得那么天衣无缝，不能不使人叹服于他那动人心魄的艺术魅力。”③

《复活》在三大长篇中篇幅最少，但作者写作所花费的时间却最长。作者用了10年时间，遍访监狱，采访囚犯、律师、法官，查阅大量档案资料，数易其稿才最终完成。这部作品不仅是被贵族聂赫留朵夫玩弄后又遭抛弃的玛丝洛娃的血泪史，也不仅是玛丝洛娃灵魂的觉醒以及聂赫留朵夫精神的觉醒历程，更是一部史诗、一部19世纪俄国生活的百科全书。在该译著的译本序中，草婴给予了该作品很高的评价：“托尔斯泰在情节安排上一向尊重情理，从不生造偶然巧合或误会冲突，但又注意曲折细腻，引人入胜。这种创作特色在《复活》中可说达到了高峰。”④

除了这三大巨著，本书还收入了托尔斯泰的自传体小说《童年·少年·青年》中的《童年》、被草婴称为“震撼心灵的杰作”的中篇小说《伊

---

① 草婴．那高邈的天空//草婴．草婴译著全集：第22卷．上海：上海文艺出版社，2019：376．

② 草婴．19世纪俄罗斯妇女的悲剧——《安娜·卡列尼娜》译本序//草婴．草婴译著全集：第22卷．上海：上海文艺出版社，2019：15．

③ 草婴．19世纪俄罗斯妇女的悲剧——《安娜·卡列尼娜》译本序//草婴．草婴译著全集：第22卷．上海：上海文艺出版社，2019：19．

④ 草婴．地狱的折磨与良心的忏悔——《复活》译本序//草婴．草婴译著全集：第22卷．上海：上海文艺出版社，2019：25-26．

凡·伊里奇的死》和创作于 1905 年的短篇小说《舞会以后》。这样，托尔斯泰各个时期的作品均在本书中有所体现。

本书下编为“其他作家作品”，收入了三位作家的三部作品。普拉东诺夫的短篇小说《老人》虽然未被收入“草婴译著全集”，译文也尚显稚嫩，但这是草婴翻译的第一篇文学作品，也是他第一次使用这个笔名，且曾发表在《苏联文艺》1943 年第 2 期上，我们认为很有意义，故而在本书中予以收入。莱蒙托夫的《当代英雄》译成于 1964 年，但译稿在“文革”抄家时被抄走，1977 年才得以返还，1978 年出版，按草婴本人的话说，是“劫后余生”的译作。尼古拉耶娃的《拖拉机站站长和总农艺师》译文发表后在当时的青年团员中影响很大，也是草婴翻译生涯中重要的译作。

肖洛霍夫也是草婴钟爱的作家。他翻译了 4 部肖氏作品——《新垦地》《顿河故事》《静静的顿河》《一个人的遭遇》，并对这些小说的艺术手法给予了高度评价。但遗憾的是，由于版权问题，这些译作未能收入本书。

本书上编第一部作品及下编第二、三部作品由袁淼叙编选，其余部分由王永编选。本书所收入的作品，主要参考了上海文艺出版社 2019 年出版的 22 卷本“草婴译著全集”以及《苏联文艺》等文献。除《舞会以后》和《老人》为全文收录外，其余作品均为代表性内容的节选。

除此以外，需要提请读者注意的是，草婴译文多诞生于几十年前，在语言文字的使用上和现有的规范、标准存在诸多不同之处，如“的”与“地”混用于动词之前，“纽扣”写作“钮扣”；一些人名和地名等专有名词与现代通行的译法有所不同，如“耶拿”写作“耶纳”；一些词语前后用法不一致，如“林荫”和“林阴”混用；部分标点符号的用法也和现今不同，如在并列的名词之间使用逗号。考虑到这些用法和译法或是反映那一时代的语言文字用法，或是带有鲜明的译者个人风格，且并不会给生活在当今社会的读者带来大的阅读困难，我们本着忠实于原文的原则，将它们基本保留了下来，仅对部分繁体字和异体字、格式问题、当时的排印错误、注释等根据现有的规范做了修改。谨此说明。

此外，非常感谢草婴女儿盛姗姗女士对于译文出版的授权！

上　编

列夫·托尔斯泰小说

战争与和平

（二）
第三部

1

1808 年，亚历山大皇帝去埃尔富特再次会晤拿破仑皇帝。关于这次隆重会晤的盛况，彼得堡上流社会谈得很多。

1809 年，世界两巨头（人们这样称呼拿破仑和亚历山大）的关系变得十分亲密，以致拿破仑今年向奥地利一宣战，俄军立刻越过国境，配合原来的敌人拿破仑去攻打原来的盟友奥国皇帝。此外，在最上层的圈子里正在谈论，拿破仑可能同亚历山大的一位姐妹联姻。除了外交问题，俄国社会特别关注的是当时正在进行的全面的内政改革。

不过，一般人所关心的只是健康、疾病、劳动、休息、思想、学术、诗歌、音乐、爱情、友谊、仇恨和欲望。他们依旧过着这样的生活，即不关心政治上对拿破仑亲近还是敌对，也不留意任何改革。

安德烈公爵在乡下蛰居了两年。皮埃尔在自己庄园里不断兴办事业，一项又一项，但都毫无结果。而这些事业，安德烈公爵却轻而易举地一一实现了，而且没向人张扬。

安德烈公爵具有皮埃尔所缺乏的毅力。他凭着这种毅力，毫不费劲地推动了事业的发展。

在他的一个庄园里，有三百名农奴转成自由农民(这是俄国解放农奴的一个先例)；在其他几个庄园，代役租代替了劳役制。在保古察罗伏，他出钱请了一个经过训练的产婆给产妇接生，又出钱请了一位神父教农奴和家奴的子弟读书识字。

安德烈公爵有一半时间陪父亲和幼小的儿子在童山度过；另一半时间则花在“保古察罗伏修道院”里——父亲这样称呼他的村子。尽管安德烈公爵向皮埃尔表示，他对外界的事不感兴趣，其实却密切注视着时局。他经常收到许多图书，而且，从彼得堡政治生活中心来看望他和他父亲的人对国内外时事的了解都远不如他这个蛰居乡间的人。他自己对这一点也感到惊奇。

除了经营庄园和阅读各种书籍，安德烈公爵近来正在分析我军两次战役失利的原因，并草拟修改我军军事条令的意见。

1809 年春，安德烈公爵去视察梁赞庄园。这个庄园将归他儿子继承，而他是儿子的法定监护人。

他坐在敞篷马车上，被春天的阳光晒得暖洋洋，放眼欣赏着田野上的嫩草、桦树的新叶和飘浮在蓝天中的朵朵初春的白云。他什么也不想，只是快乐地茫然眺望着两旁的自然美景。

他们经过去年同皮埃尔谈话的那个渡口。马车经过肮脏的乡村、打谷场、田野、积着残雪的桥堍、泥土被冲掉的上坡路、一道道留茬地和一丛丛嫩绿灌木，然后进入中间有道路穿过的桦树林。树林里没有风，简直有点热了。桦树周身长出光泽的嫩叶，一动不动；新生的小草和紫色的野花顶开去年的落叶，从地里钻出来。桦树中间杂生着一棵棵小杉树，常绿的针叶使人想起了不愉快的严冬。马一进树林就打响鼻，周身冒汗。

跟班彼得对车夫说了句什么，车夫点头表示同意。不过，彼得显然还不满足于车夫的同意，又从驭座上转身对老爷说话。

“老爷，多么爽快啊！”彼得恭敬地笑着说。

“什么？”

"爽快,老爷。"

"他在说什么呀?"安德烈公爵想。"大概是在说春天吧,"他向两边望望,想。"是啊,树木都发青了……真快! 桦树啦,稠李啦,赤杨啦,都发青了……但栎树还没有看到。哦,那边有一棵栎树。"

路边屹立着一棵栎树。这棵栎树大概比林子里的桦树老十倍,树干粗十倍,树身高一倍。这是一棵巨大的栎树,粗可合抱,长有折断已久的老枝,盖着疤痕累累的树皮。它像一个苍老、愤怒和高傲的怪物,伸出不对称的难看手臂和手指,兀立在笑脸迎人的桦树中间。只有它不受春意的蛊惑,不欢迎春天,不想见阳光。

"春天哪,爱情啦,幸福啦!"老栎树仿佛在这样说。"这种年复一年的无聊骗局,难道你们还不腻味吗? 老是这样的骗局,这样的骗局! 既没有春天,也没有太阳,也没有幸福。你们瞧,那些受挤的杉树老是这样死气沉沉。再瞧瞧,我伸出残缺不全的手指,背上一根,腰间一根,到处乱伸。我生下来就一直这样站着。我不相信你们的希望,也不相信你们的骗局。"

安德烈公爵穿过树林,几次回顾这棵老栎树,仿佛希望从它身上看到什么。栎树下长出了野花和青草,可它始终木然屹立在它们中间,阴沉、丑陋而顽固。

"是的,这棵栎树是对的,永远是对的,"安德烈公爵想。"让年轻人去受骗上当吧,我们可懂得生活了,我们的生活已经完了!"

这棵栎树在安德烈心中勾起一连串消极、悲怆而又愉快的思想。在整个旅途中,他仿佛重新思考了自己的一生,并又得出安于现状的消极结论,觉得他没有必要再开创什么,只要不作恶,不忧虑,摆脱欲望,享尽天年就行了。

2

安德烈公爵为梁赞庄园托管事要去见县首席贵族。现任县首席贵族是罗斯托夫伯爵。5 月中旬,安德烈公爵去访问他。

已是暮春时节。树林已披上绿装；路上尘土飞扬，天气很热，经过水塘时真想下去洗个澡。

安德烈公爵闷闷不乐，一心考虑着他该向首席贵族问些什么。这时，马车驶进奥特拉德诺罗斯托夫家花园的林荫路。他听见右边树丛里有姑娘们快乐的叫声，接着看见一群姑娘从他的马车前面跑过。跑在最前面的是一个黑头发、黑眼睛的姑娘。她长得很苗条，苗条得出奇，身穿一件黄色印花布连衣裙，头上扎着一块白头巾，头巾下露出一绺绺梳理过的头发。这姑娘向马车跑来，嘴里叫着什么，但一认出是个陌生人，就眼睛也不抬，笑着跑回去了。

安德烈公爵不知怎的突然感到不痛快。天气那么美好，太阳那么灿烂，周围一片欢乐，可是这个苗条好看的姑娘却不知道，也不愿知道有他这样一个人存在，而只满足于自己愚蠢而又快乐的生活。"她为什么这样快乐？她在想些什么？她不会想到军事条令，也不会考虑梁赞代役制问题。那么她在想些什么呢？她为什么这样快乐？"安德烈公爵不禁好奇地问着自己。

1809 年，罗斯托夫伯爵在奥特拉德诺庄园里过着同以前一样的生活，也就是说，用狩猎、看戏、宴会和音乐来款待全省的贵族。他欢迎安德烈公爵，就像欢迎一切新来的客人那样，并且硬要留他过夜。

罗斯托夫伯爵家里因命名日将临而住满了客人。老一辈男女主人和一批贵宾殷勤地招待安德烈公爵。在这无聊的日子，安德烈几次窥察小辈中莫名其妙地欢笑的娜塔莎，不断问自己："她在想些什么？她为什么这样快乐？"

晚上，安德烈公爵只身留在陌生地方，久久不能入睡。他看书，然后熄掉蜡烛，接着又把它点着。屋子里关上百叶窗，很热。他埋怨那个傻老头（他这样称罗斯托夫伯爵），因为他借口必要的文件还没有从城里送来，硬留他过夜。他也怨自己留了下来。

安德烈公爵爬起来，走到窗前开窗。他一打开百叶窗，月光仿佛早就守候在窗外，一下子倾泻进来。他打开窗户。夜清凉、宁静而明亮。窗外是一排梢头剪过的树，一侧黑魆魆，另一侧则银光闪闪。树下长着潮湿、多汁而茂密的灌木，有些枝叶是银色的。在黑糊糊的树木后面有一个露珠闪亮的屋顶，右边是一棵枝叶扶疏、树干发白的大树，树的上方，在清澈无星的春天的天空中挂着一轮近乎团圂的月亮。安德烈公爵双臂支着窗台，眼睛凝望着天空。

安德烈公爵的房间在当中一层。楼上房间里也住着人，房间里的人也没有睡觉。他听见楼上有女人的说话声。

“再唱一次吧！”楼上传来一个女人的声音，安德烈公爵立刻听出是谁的声音。

“那你到底什么时候睡啊？”另一个声音说。

“我不要睡，我睡不着，叫我有什么办法！那么，最后一次……”

两个女声唱了一段歌曲的结尾。

“哦，多美啊！好，现在该睡觉了，结束了。”

“你睡吧，我可睡不着！”第一个女人的声音在窗口回答。她的身子显然已从窗口探出来，因为听得见她衣服的窸窣声，连她的呼吸声都能听见。万籁俱寂，一切都凝然不动，就像月亮、月光和阴影那样。安德烈公爵一动不动，唯恐让人发觉他无意中听到她们的谈话和歌唱。

“宋尼雅！宋尼雅！”又听见第一个女人的声音。“哦，怎么能睡觉呢！你瞧，多美啊！真是太美啦！你醒醒吧，宋尼雅！”她似乎是含着泪说的。“这样美好的夜晚还从来没有过，从来没有过。”

宋尼雅勉强回答了一声。

“啊，你瞧瞧，多好的月亮！……哦，多美啊！你过来。好姐姐，你过来。喂，你看见了吗？就这样蹲下来，抱住你的膝盖，使劲抱住，紧紧地抱住，这样，你就会飞上天去了。就是这样！”

“小心别跌出去！”

安德烈公爵听见两人的挣扎声和宋尼雅不高兴的声音：

“已经过一点了。”

“哼，你在这里只会碍我的事。好，你走吧，走吧。”

一切又归于沉寂，但安德烈公爵知道她还坐在那里。他时而听见她轻微活动的声音，时而听见叹息声。

“啊，我的天！我的天！这是怎么回事！”她忽然惊叫道。“睡就睡吧！”她说着关上了窗户。

“她根本不在意有我这样一个人！”安德烈公爵倾听她说话时想，不知怎的又希望她提到他，又怕她提到他。“又是她！她像天公故意这样安排！”安德烈公爵想。他的心灵里突然涌起一股同他整个生活不相称的杂乱的青春的思想和希望，他觉得自己的心情说不清，很快就入睡了。

3

第二天早晨，安德烈公爵不等太太小姐们出来，只同老伯爵一人告别，就回家了。

安德烈公爵回家已是 6 月初。他又来到那座桦树林，那里有一棵使他惊异难忘的疤痕累累的老栎树。马车的铃铛声在树林里响得比一个月前更凝重；树林变得更茂密多阴；散布在树林里的小枞树没有破坏总体的美，协调地吐出毛茸茸的嫩绿针叶。

天气从早到晚一直很热，一场雷雨正在酝酿，但空中只有一小块乌云往路上的尘土和嫩叶上撒下零星的雨点。树林左边被阴影遮住，显得很暗；树林右边湿漉漉的，在阳光下闪闪发亮，被风吹得轻轻摆动。万物欣欣向荣，夜莺的鸣啭此起彼落，时近时远。

“对了，就在这里，在这座树林里，有一棵栎树我觉得挺有意思，可它在哪里呀？”安德烈公爵望着道路左边的一棵树想，没有认出他看到的就是他在寻找的那棵栎树。老栎树完全变了样，展开苍绿多汁的华盖，在夕阳下轻轻摇曳。如今生着节瘤的手指，身上的疤痕，老年的悲哀和疑虑，一切都不见了。从粗糙的百年老树皮里，没有长出枝条，却长出许多鲜嫩的新叶，使人无法相信这样的老树又会披满绿叶。“对了，就是这棵栎树。”安德烈公爵想，心里突然涌起一股难以名状的春天的喜悦和万象更新的感觉。他一生中所有难忘的时刻顿时浮上脑海。又是奥斯特里茨战场上高邈的天空,又是妻子死后哀怨的脸色,又是渡船上的皮埃尔,又是陶醉在夜色中的姑娘,又是美好的夜晚,又是一轮明月,这一切都突然出现在他眼前。

"对,生命不能在三十一岁上结束,"安德烈公爵突然斩钉截铁地说,"我心里有什么感觉,只有我自己知道是不够的,应该让人人都知道:应该让皮埃尔知道,让那个想飞上天去的姑娘知道,要让人人都了解我,我活着不能只为我自己,也不能让大家都像那个姑娘似的不关心我的存在,我的生命要在大家身上反映出来,要使大家都同我一起生活!"

安德烈公爵旅行归来,决定秋天去彼得堡,并且为这个决定想出种种理由。他有一系列充足理由说明他必须去彼得堡,甚至必须去从军。他现在简直不明白,他怎么会一度怀疑,人应该积极地生活,正像一个月前他不明白,他怎么会想到要离开乡村。他明白,要是他不把生活经验用于实际工作中,不积极参与生活,那么,他的经验就毫无用处。根据原来站不住脚的理论,他的生活上得到教训后,相信他还能有益于人,还能获得幸福和爱情,那是自欺欺人。现在理智告诉他的是一种截然不同的理论。经过这次旅行,安德烈公爵对乡间生活开始感到无聊,对原来的家务不再感兴趣。他常常独自坐在书房里,站起来走到镜子前,久久端详着自己的脸。然后他转过身来,望着丽莎的遗像。丽莎梳着*希腊式*①发髻,从金边镜框里亲切而快乐地瞧着他。她不再向丈夫诉说那些可怕的话,她只是快乐而好奇地瞧着他。安德烈公爵反背双手,在屋子里好久地来回踱步,忽而皱眉,忽而微笑,思索着那些难以用语言表达的像犯罪一般的秘密念头。那些念头关系到皮埃尔、荣誉、窗口的姑娘、老栎树、女性的美和爱情,并且改变了他的整个生活。在这种时候,要是有谁走进他的屋子,他就会变得特别严厉、淡漠、生硬,冷静得叫人受不了。

"*亲爱的朋友*,"玛丽雅公爵小姐有时走进来说,"今天小尼古拉不能

---

① 原文为法语,以下凡原著为法语的一律排楷体,不再一一加注。

出去散步，天气太冷了。”

“要是暖和的话，”在这种时候，安德烈公爵会特别冷冰冰地对妹妹说，“他只要穿一件衬衫就可以出去了，正因为天冷，才要穿上暖和的衣服，衣服就是为了御寒而发明的。天冷应该多穿衣服，可不能把需要新鲜空气的孩子关在屋里。”他逻辑严谨地说，仿佛因自己不合情理的内心骚动而惩罚别人。在这种时候，玛丽雅公爵小姐就会想，脑力劳动使男人都变得生硬乏味了。

4

1809 年 8 月，安德烈公爵来到彼得堡。这正是年轻的斯佩兰斯基①的荣誉达到顶峰，他正在起劲地搞改革活动的时候。就在这年 8 月，皇帝从马车上跌下来，伤了腿，在彼得高夫待了三个星期，每天只接见斯佩兰斯基一人。当时，斯佩兰斯基正协助皇上拟订两项轰动社会的法令：废除宫内官阶和通过考试录用八等文官和五等文官，同时制订全部国家宪法，以改变现存的从枢密院直到乡政府的俄国司法、行政和财政制度。亚历山大皇帝登位时所抱的自由主义幻想，现在在查多利日斯基、诺伏西尔采夫、柯楚别依和斯特罗冈诺夫等人辅佐下终于实现了。亚历山大戏称他们是**社会拯救委员会**。

现在，斯佩兰斯基在内政上，阿拉克切耶夫②在军事上取代了所有的人。安德烈公爵到彼得堡不久就以宫廷高级侍从身份出入宫廷，参加朝觐。皇上见到他两次，却没有赐给他一句话。安德烈公爵过去一向认为皇帝不喜欢他，不喜欢他的相貌和为人。看到皇上投向他的冷淡疏远的目光，安德烈公爵加强了这种想法。朝臣们向安德烈公爵解释，皇上对他

---

① 斯佩兰斯基(1772—1839)，俄国伯爵，1808 年起成为亚历山大一世的亲信，制订自由主义改革计划，1810 年倡议建立国务会议，1812 年被流放。

② 阿拉克切耶夫，俄国军官和政治家，曾在拿破仑战争中担任亚历山大一世的军事顾问。

疏远,是因为他从 1805 年起就没有再服役。

“我也知道,人人都有自己的爱憎,”安德烈公爵想,“因此我那有关军事条令的意见根本不用呈交皇上,不过事实是最有说服力的。”他向父亲的朋友,上了年纪的元帅提到他的意见书。老元帅约了时间,亲切地接见他,并答应呈报皇上。几天以后,安德烈公爵接到通知,要他去见陆军大臣阿拉克切耶夫伯爵。

那天早晨九点钟,安德烈公爵如约来到阿拉克切耶夫伯爵的接待室。

安德烈公爵不认识阿拉克切耶夫,也从未见过他,不过,根据有关这人的传闻,安德烈公爵对他不抱敬意。

“他是陆军大臣,是皇帝的亲信,他个人的品德不关谁的事;既然他奉命审阅我的意见书,也就只有他有权处理这事。”在阿拉克切耶夫伯爵接待室里,安德烈公爵同许多重要和不重要的人物坐在一起等候接见时想。

安德烈公爵在服役期间多半担任副官,他到过许多要人的接待室,熟悉这种接待室里形形色色的景象。在阿拉克切耶夫伯爵的接待室里可是另一番景象。等待接见的小人物脸上现出羞怯和恭顺的神色;大官们脸上有点窘态,但带有放肆、自嘲和嘲弄接见他们的人的表情。有人若有所思地来回踱步,有人低声谈笑。安德烈公爵听见有人叫阿拉克切耶夫的绰号“权力爷”,有人说:“老头子可要让你知道厉害了。”他指的也是阿拉克切耶夫伯爵。一位重要的将军显然等得不耐烦了,不断把腿叠起又放下,自我嘲弄地微笑着。

但门一打开,人人脸上顿时现出同一表情:恐惧。安德烈公爵请值日官再替自己通报一下,可是值日官轻蔑地对他瞧瞧说,到时候会叫他的。副官把几个人领进大臣办公室,又把几个人送出来。有个军官被带到那道可怕的门里,他那副卑躬屈节和惊恐万状的模样使安德烈公爵吃惊。这个军官被接见的时间很长。突然从门里传出怒吼声,接着军官脸色发白,嘴唇发抖,从屋里出来。他双手抱住头,走出接待室。

随后安德烈公爵被领到门口。值日官低声对他说:“往右走,靠窗口。”

安德烈公爵走进一间朴素整洁的办公室，看见桌旁坐着一个四十来岁的人，腰身很长，长长的头上头发剪得很短，脸上皱纹很深，眉头紧蹙，生有一双呆滞的绿褐色眼睛和一个下垂的红鼻子。阿拉克切耶夫向他回过头来，但并没看他。

“您有什么要求？”阿拉克切耶夫问。

“我没有什么……要求，大人。”安德烈公爵低声说。阿拉克切耶夫的眼睛向他转过来。

“请坐，”阿拉克切耶夫说，“安德烈公爵。”

“我没有什么要求，听说皇帝陛下把我的意见书批交大人了……”

“不错，老弟，您的意见书我看过了，”阿拉克切耶夫打断他的话，但只有头上一句话说得比较亲切，接着又不看他的脸，语气也越来越轻蔑和不耐烦。“您提出新的军事条令，是吗？条令很多，老的条令也没有人执行。如今大家都在订条令，订条令可比执行条令省力。”

“我奉陛下圣旨来向大人请示，您打算怎样处理这份意见书？”安德烈公爵恭恭敬敬地说。

“我已经批阅了您的意见书，并转给委员会了。我不赞成。”阿拉克切耶夫说着站起来，从写字台里取出一张纸。“您看！”他把纸递给安德烈公爵。

纸上用铅笔横写着一句话，没有大写字母，没有标点符号，拼法也有错误：

由于模仿法国军法立论不足且无需放弃陆军条令

“意见书交给哪个委员会了？”安德烈公爵问。

“交给军事条令委员会了，我已推荐阁下担任该会委员，但没有薪俸。”

安德烈公爵微微一笑。

“我并不指望。”

“没有薪俸,担任委员。”阿拉克切耶夫重复说。“幸会了。喂!叫一声!还有谁?”他一边向安德烈公爵点头,一边叫道。

5

安德烈公爵一边等候军事条令委员的委任状,一边走访旧相识,特别是可能对他有用的有权人物。他现在待在彼得堡,心情有点像战争前夜。当时好奇心使他烦恼,他一心想跨进那决定千百万人命运的最上层。现在,从老年人的愤懑、局外人的好奇、局内人的审慎、大家的忙碌与焦虑,从他天天听到许多新委员会成立的消息,他知道1809年的彼得堡正在进行一场大规模的内战,它的总司令是一位他不认识但他认为有天才的神秘人物——斯佩兰斯基。那场他只有模糊认识的改革运动和主要发起人斯佩兰斯基引起他极大的关注,以致军事条令问题在他头脑里很快退居次要地位。

安德烈公爵处境非常有利,他受到彼得堡上流社会各界的欢迎。改革派热烈欢迎他,拉拢他,第一,因为他以聪明和博学著称;第二,因为他解放农奴而获得自由主义者的名声。对改革不满的老一辈只把他看作保尔康斯基公爵的儿子,希望在反对改革方面得到他的支持。上流社会的妇女热烈欢迎他,因为他是一个有钱有势的鳏夫,还是个一度谣传本人阵亡和妻子惨死的传奇性人物。此外,原来认识他的人一致认为,五年来他大有进步,变得更加成熟,不像原来那样做作、傲慢和喜欢嘲弄别人,而是随着年龄的增加显得稳重沉着。大家谈论他,对他发生兴趣,希望见到他。

在拜访阿拉克切耶夫伯爵后的第二天傍晚,安德烈公爵在柯楚别依伯爵家作客。他给柯楚别依伯爵讲述会见“权力爷”的经过(柯楚别依这样称呼阿拉克切耶夫,带有嘲讽的口气,就像安德烈公爵在陆军大臣办公室里听到的那样)。

“*老弟*,”柯楚别依说,“就是办这事您也少不了斯佩兰斯基。*他什么事都管*。我会对他说的。他答应晚上来……”

“军事条令关斯佩兰斯基什么事？”安德烈公爵问。

柯楚别依微微一笑，摇摇头，仿佛对安德烈的天真感到惊讶。

“前两天我同他谈到过您，”柯楚别依继续说，“谈到您解放农奴的事……”

“哦，公爵，解放农奴就是您吗？”一个叶卡捷琳娜时代的遗老轻蔑地瞧了瞧安德烈，问。

“小庄园没有什么收益。”安德烈回答，竭力冲淡自己的行为，免得徒然使老头儿生气。

“*您害怕落后*。”老头儿望着柯楚别依说。

“我有一件事不明白，”老头儿继续说，“要是把农奴都解放了，谁来耕地呢？立法容易，管理难哪。就像现在这样，我问您，伯爵，要是人人都得经过考试，谁来担任各部门的长官呢？”

“我想，就是那些考试及格的人。”柯楚别依架起腿，环顾四周回答。

“譬如说，我那里有个叫普略尼契尼科夫的，人很出色，像金子一样可贵，可他已有六十多了，难道他也要考试吗？……”

“是的，这有点困难，因为教育还不普及，不过……”柯楚别依伯爵没有说完就站起来。他挽住安德烈公爵的手臂，走去迎接一个进来的高个子男人。那人四十岁光景，秃头，头发淡黄，前额宽大，长长的脸白得出奇。来客身穿藏青燕尾服，脖子上挂着十字勋章，左胸上佩着一枚金星勋章。他就是斯佩兰斯基。安德烈公爵立刻认出了他，不禁感到一阵心悸，正如在生活的重要时刻常常发生的那样。这是出于尊敬、嫉妒，还是期待，他不知道。斯佩兰斯基的样子与众不同，他一下子就能被认出来。安德烈公爵在他所生活的上层社会里从未见过一个人，行动如此迟钝笨拙而态度却这样沉着自信，也没见过一个人，湿润的眼睛半开半闭而目光却如此坚定而温和，也没见过那样莫测高深而又刚强坚毅的笑容；他也没听见过这样尖细、匀调而柔和的声音，尤其没见过如此白嫩的脸和手，这双手宽阔而又异常肥胖和柔软。这样白嫩的脸，安德烈公爵只在长期住医院的士兵身上见过。他就是斯佩兰斯基，俄国国务大臣，皇帝的耳目，皇帝去埃尔富特的随从，他在那里不止一次同拿破仑见面和交谈。

斯佩兰斯基不像一般人来到大庭广众中那样眼光在人们的脸上转来转去，说话也不慌不忙。他说话声音很低，相信人家都会留神听他，而眼睛只看着同他交谈的人。

安德烈公爵特别注意斯佩兰斯基的一言一语和一举一动。他也像一般人，特别是严于品评别人的人那样，遇到陌生人，尤其是遇到斯佩兰斯基那样的名人，总希望看到对方具有完善的品德。

斯佩兰斯基向柯楚别依表示歉意，他不能来得更早些，因为在皇宫里耽搁了。他不说被皇帝耽搁了。安德烈公爵注意到了这种矫揉造作的谦逊。当柯楚别依把安德烈公爵介绍给他时，斯佩兰斯基照例含笑把目光转向安德烈公爵，默默地瞧着他。

"认识您很高兴，我也久仰大名了。"斯佩兰斯基说。

柯楚别依扼要讲了阿拉克切耶夫接见安德烈的情况。斯佩兰斯基更明显地笑了笑。

"军事条令委员会主席马格尼茨基先生是我的好朋友，"斯佩兰斯基说，每个字咬音都很清楚，"您要是愿意，我可以介绍您去见他。"他顿了顿。"我希望您能看到，他这人富有同情心，愿意支持一切合理的事。"

在斯佩兰斯基周围聚集了一圈人。那个说到自己的下属普略尼契尼科夫的老头儿，也向斯佩兰斯基提出一个问题。

安德烈公爵没有加入谈话，只观察着斯佩兰斯基的一举一动。他想，这人不久前还是个默默无闻的神学院学生，如今他那双白白胖胖的手却掌握着俄国的命运。斯佩兰斯基回答老头儿问话时的异常轻蔑冷漠的神态使安德烈吃惊。他仿佛从高不可攀的地方纡尊降贵对老头儿说话。有几句话老头儿说时嗓门过高，斯佩兰斯基对他微微一笑说，他不能妄评皇上想做的事的利弊。

斯佩兰斯基在人群中谈一阵，站起来，走到安德烈公爵跟前，把他带到房间另一端。显然，他认为需要同安德烈谈谈。

"那位老先生拉我参加他们的热烈谈话，弄得我没法同您说话。"斯佩兰斯基略带轻蔑的微笑说，这笑容似乎表示，他同安德烈公爵都懂得，他刚才与之交谈的那些人都是无足轻重的。这使安德烈公爵感到很得意。“我已久仰大名，第一，由于您处理您家农奴的事，您开了个很好的先例，希望今后有更多的人仿效您；第二，因为朝臣品级新法规引起不少议论，可您和另外几位，身为宫廷侍从并不因此感到委屈。”

“是的，”安德烈公爵说，“家父不愿我利用特权；我服役也是从低级职务开始的。”

“令尊是位老前辈，他显然站得比我们高，我们中间就是有人指摘这种为恢复公道所采取的做法。”

“不过，我认为这种指摘也不无道理。”安德烈公爵说，竭力抗衡他已感觉到的斯佩兰斯基的威力。他不愿事事附和他，而要保持不同的意见。安德烈公爵平时说话轻松自如，但此刻同斯佩兰斯基说话却感到费力。他过分注意观察这个名人的为人了。

“也许是出于个人野心。”斯佩兰斯基低声插嘴说。

“多少也是为了国家。”安德烈公爵说。

“那么，您的意思是什么？……”斯佩兰斯基慢慢地垂下眼睛问。

“我是孟德斯鸠的信徒，”安德烈公爵说，“我赞成他的思想：君主政体的基础是荣誉，我认为这是无可争议的。贵族的某些特权，我认为是维持这种感情的手段。”

笑容从斯佩兰斯基白嫩的脸上消失了，他的面貌变得好看得多。大概他对安德烈公爵的思想发生了兴趣。

“要是您从这个观点看问题。”斯佩兰斯基开口说。他讲法语显然有点吃力，讲得比俄语慢，但语气十分镇定。他说，荣誉不能用有损公益的特权来维持，荣誉是防止可耻行为的消极手段，也是鼓励人争取赞扬和奖赏的动力。

他的结论简明扼要。

“维持这种荣誉的制度是一种竞赛的动力，类似拿破仑大帝的荣誉团，对公务不但无害，而且有益，但这不是一种阶级特权或朝廷特权。”

“这问题我不想争论，但不能否认朝廷特权也是为了同样的目的，”安德烈公爵说。“每个朝廷都认为应该享有合乎身份的特权。”

“可您不愿利用特权，公爵，”斯佩兰斯基说，用笑容表示他要客客气气地结束使对方难堪的争论。“您要是能在星期三光临舍间，那我可以先同马格尼茨基谈一谈，再把您也许会感兴趣的事告诉您。此外，我也很高兴再跟您作一次长谈。”斯佩兰斯基闭上眼睛，按照法国礼节鞠了一躬，竭力不让人察觉，悄悄离开客厅。

6

在逗留彼得堡初期，安德烈公爵觉得他在离群索居中所形成的想法，完全被这个城市里的各种琐事所淹没。

晚上回家，他在笔记本里记下四五处必要的访问和约定的会见。生活的机器，紧凑的日程，耗费了他大部分精力。他什么也没做，甚至什么也没想，也没有工夫想，而只是说话，顺利地说出他在乡间思考的事。

他有时也觉得不满意，因为在同一天里在不同的场合重复着同样的话。不过，他成天忙忙碌碌，甚至无暇想到其实他什么事也没有做。

斯佩兰斯基星期三在家里单独接见安德烈，推心置腹地同他谈了好半天。也像第一次在柯楚别依家那样，斯佩兰斯基给安德烈公爵留下深刻的印象。

安德烈公爵认为大多数人都无足轻重，不屑一顾。他很想找到一个心目中的理想人物，因此一旦遇到斯佩兰斯基，就认为斯佩兰斯基正是这种智慧和道德的化身。如果斯佩兰斯基跟安德烈出身同一阶级，教养也跟安德烈一样，那么，安德烈很快就会在他身上发现庸俗软弱的一面，不像个英雄。可是现在，斯佩兰斯基超人的逻辑思维能力却使他肃然起敬，因为安德烈还不太了解他。此外，也许是因为赏识安德烈公爵的才能，也许是因为觉得需要争取他，斯佩兰斯基在安德烈公爵面前竭力卖弄他那公正而冷静的思维能力，并且微妙地奉承安德烈公爵。这种奉承夹杂着一种自负，暗示只有他们两人深知**众人的**[1]愚蠢和自己思想的明智与深刻。

他们星期三晚上长谈时，斯佩兰斯基一再说："**我们**看问题总是摆脱不了根深蒂固的习惯……"或者含笑说："但**我们**要让狼吃饱肚子，也要使羊平安无事……"或者说："这一层**他们**无法理解……"而他的神情仿佛总是在说："我们都明白，**他们**是什么人，我们是什么人。"

这次同斯佩兰斯基的长谈进一步加深了安德烈公爵初见斯佩兰斯基时的感情。他觉得斯佩兰斯基是个头脑冷静、逻辑严谨、智力发达的人，他凭充沛的精力和顽强的意志获得权力，并用这种权力来造福俄国。在安德烈公爵的眼里，斯佩兰斯基就是他希望做的那种人：能理智地解释各种生活现象，承认理性的重要，凡事都能用理性来衡量。斯佩兰斯基的表达简单明了，安德烈公爵不由得事事都同意他。要是安德烈公爵提出反驳和争论，那只是为了表示他有独立的见解，不完全同意斯佩兰斯基的看法。一切都很正确，一切都很合理，只有一样东西使安德烈公爵感到困惑：那就是斯佩兰斯基洞察一切而又不让人窥探自己灵魂的冰冷目光，以及他那双白嫩的手。安德烈公爵不由自主地瞧着他那双手，就像一般人瞧着握有大权的人的手那样。他那洞察一切的目光和白嫩的手不知怎的使安德烈公爵感到不快。还有使安德烈公爵感到不快的是，斯佩兰斯基过分蔑视人，同时总是不择手段地证明自己意见的正确。除了比喻，他还运用各种论证方法，而安德烈公爵觉得他从一种方法转到另一种方法时做得过分大胆。他忽而站在实干家的立场上斥责空想家，忽而站在讽刺家的立场上嘲笑反对派，忽而严格地讲究逻辑，忽而上升到玄学的范畴（最后这种方法他用得特别多）。他把问题提到玄学的高度，给空间、时间和思想下定义，由此得出反证，再回到原来争论的问题上。

总的来说，斯佩兰斯基使安德烈公爵吃惊的思想特点在于他毫不动摇地坚信理性的力量和正确。显然，斯佩兰斯基从来没有产生过安德烈

---

[1] 原文为斜体，以下凡原文为斜体的一律排黑体，不再一一加注。

公爵常有的那种想法,就是不能把所想的一切都毫无保留地表达出来;他也从来不产生这样的怀疑:“我所想和所相信的一切是不是很荒唐?”而斯佩兰斯基的这种思想特点最使安德烈公爵折服。

在他们认识初期,安德烈公爵十分钦佩他,就像他一度钦佩拿破仑那样。斯佩兰斯基是神父的儿子,庸夫俗子可能因此瞧不起他(有许多人就是这样的),但安德烈公爵却因此格外珍惜他对斯佩兰斯基的感情,而且这种感情不知不觉越来越深。

在安德烈公爵第一次来访的晚上,他们谈到立法委员会,斯佩兰斯基就带着讽刺口吻对安德烈公爵说,立法委员会存在已有一百五十年,花掉了几百万卢布,结果一事无成,罗森坎姆普夫只在比较法的条文上贴上一些标签。

“这就是国家花去几百万卢布的收获!”斯佩兰斯基说。“我们想把新的司法权交给枢密院,可是我们没有法律。因此,公爵,像您这样的人现在不为政府做事是一种罪过。”

安德烈公爵说,做这种事必须学过法律,而他没有学过。

“其实谁也没有学过,您有什么办法呢?这是一个**魔圈**[①],必须把它冲破。”

一星期后,安德烈公爵进了军事条令委员会,而且出乎他的意料,当上了条令编纂委员会的处长。遵照斯佩兰斯基的要求,他负责编纂民法第一部分,并参考《**拿破仑法典**》和《**查斯丁尼法典**》起草有关人权条文。

7

大约两年前,1808年,皮埃尔巡视庄园后到彼得堡,不由自主地成了彼得堡共济会的首领。他主办会友聚餐会,主持丧仪,征收新会员,联合各地分会,找寻会章真本。他自费修建会所,尽力补足捐款(多数会员在这方面是吝啬的,不肯按时交款)。共济会在彼得堡所建的贫民院几乎是

---

① 原文是拉丁语。

他一人单独维持的。

但他的生活同以前一样，还是吃喝玩乐，放荡不羁。他喜欢美食，尽管觉得这是堕落可耻的，却无法放弃他所参加的单身汉俱乐部的娱乐。

不过，在这种乌烟瘴气的寻欢作乐中度过一年后，皮埃尔开始觉得，尽管他想站稳共济会的立场，这个立场却在他脚下滑走。同时他觉得，他在共济会的立场上陷得越深，他同它的联系就越是密切。他加入共济会时，觉得自己好像一只脚踩到平滑的沼泽地上。他踩上一只脚，身子立刻往下沉。为了证实所踩的地面是坚实的，他把另一只脚也踩上去，结果就陷得更深，最后不得不在齐膝深的沼泽里行走。

巴兹杰耶夫不在彼得堡(他最近摆脱彼得堡分会事务，在莫斯科深居简出)。分会会员都是皮埃尔的熟人。皮埃尔很难只把他们看作共济会会友，而忘记他们就是他在生活中认识的某某公爵或者某某伊凡·华西里耶维奇，这些人多半是浅薄平庸之辈。他透过共济会的会裙和会徽，看到他们在生活中所追求的还是军服和勋章。他收集捐款，计算着捐款簿上十多个会友捐助的二三十卢布(多半是欠账，而且其中一半人像他一样富有)，常常想到共济会入会宣誓时，人人都答应把自己的财产全部献给别人，他心里不禁产生了疑虑，尽管他竭力想摆脱这种疑虑。

皮埃尔把他所认识的会友分成四类。第一类是不积极参加会务活动和世俗事务的人，他们只探索教会的神秘学问，研究上帝三位一体的称号，或者研究硫黄、水银和盐等物质三元素，或者解释所罗门神庙方块和其他图案的含义。这一类会友多半上了年纪，皮埃尔认为巴兹杰耶夫也属于这一类，他尊敬他们，但他同他们旨趣不合，他对共济会的神秘教义不感兴趣。

皮埃尔认为他自己和类似他的人属于第二类。他们探索，彷徨，在共济会中没有找到一条便捷而明确的道路，但一心想找到它。

皮埃尔认为多数会友属第三类。他们在共济会里除了表面形式和仪式外什么也看不到，他们只知严格遵守表面形式而不注意它的内涵和意义。维拉尔斯基以至总会会长都属这一类人。

最后，归入第四类的也有许多会友，特别是新近入会的会友。据皮埃尔观察，他们没有任何信仰，没有任何愿望，他们入会只是为了结交年轻富裕、有权有势的人，而这样的人在会里为数很多。

皮埃尔对他的活动开始感到不满。共济会，至少他在这里看到的共济会，他有时觉得徒具形式。他对共济会本身并不怀疑，但疑心俄国共济会已误入歧途，背离它的宗旨。因此，皮埃尔为了研究共济会的高深教义在年底出国。

1809 年夏天，皮埃尔回到彼得堡。俄国共济会会员通过同国外会友通信，知道皮埃尔在国外得到许多高级会友的信任，领悟了不少教义。他在会里的地位提高了，还带回来许多对俄国共济会有益的东西。彼得堡的共济会会员都来看望他，巴结他，都认为他有什么事隐瞒着，正在准备什么行动。

共济会分会定期举行二级大会，皮埃尔将向大会传达最高领导对彼得堡分会会友们的指示。在例行仪式结束后，皮埃尔站起来发言。

"亲爱的弟兄们，"皮埃尔红着脸，手里拿着写好的讲稿，结结巴巴地说，"单是悄悄地遵守我们的教义是不够的，必须有所行动……有所行动。我们在打盹，可我们需要行动，"皮埃尔拿起讲稿来念道，"为了传布纯粹的真理，取得美德的胜利，我们必须扫除人们的偏见，宣传合乎时代精神的准则，负责教育青年，紧密联系社会贤达，大胆而慎重地克服迷信、愚昧和怀疑，把那些忠于我们并具有共同目的的有权有势的人团结起来。

"为此目的，必须使美德压倒罪恶，使正直的人今世也能因他们的德行而获得永久的奖赏。但现在的种种政治制度却妨碍我们达到目的。在这种情况下应该怎么办呢？实行革命，推翻一切，用暴力驱除暴力吗？……不，我们绝不赞成这样做。任何暴力改革都必须反对，因为人们若仍像现在这样是不能驱除罪恶的，因为智慧不需要暴力。

"共济会整个计划的基础应该是，培养坚强、具有美德和共同信心的人。这信心就是随时随地努力克服罪恶和愚蠢，保护才能和美德，从尘世中挽救有价值的人，吸收他们参加我们的会。到那时本会才能轻而易举地束缚住庇护混乱的人们的手脚，使他们在不知不觉中就范。总之，我们要建立一个具有普遍权威的管理体制，它的权力将遍及全世界，但并不损害公民的义务。除了这种管理体制外，其他管理机构可以照常工作，只要不妨碍本会使善战胜恶的伟大目标就行。这个目标也就是基督教本身的宗旨。它教人要聪明善良，并为了自己的利益遵循最优秀最贤明人士的榜样和教诲。

“当万物沉浸在黑暗中的时候，单是宣教就行，因为真理以新形式出现，它就具有特殊的力量，但现在我们需要更有力的手段。人是受感情支配的，现在就需要在道德中找到感情的魅力。情欲无法消灭，应该把它引向高尚的目标，因此必须使人的情欲在道德范围里得到满足。本会将提供必要手段来达到这一目标。

“等到我们的会友在每个国家里有一定数目，每个人再培养两个人，他们又能紧密团结起来，到那时本会就什么都能做到，就可以为人类福利做许多事。”

这篇演说不仅给了会友强烈的印象，而且引起了骚动。多数会友从中听出光明会[①]的危险意图，用极其冷淡的态度来对待皮埃尔的演说，这使他吃惊。会长反驳皮埃尔。皮埃尔就越发起劲地发挥他的思想。争论这样激烈的会好久没有开过了。会友分成两派：一派谴责皮埃尔，说他有光明会观点，另一派则支持他。在这次集会上，皮埃尔第一次惊讶地发现人的思想千差万别，任何真理在两个人看来都不一样。就连那些似乎支持他的人也是按照自己的理解歪曲他的意见。皮埃尔不能容忍这种歪曲，因为他坚决要求把他的思想完整地传达给别人，使别人能正确理解他。

集会结束时，会长不怀好意地讽刺皮埃尔太偏激，还说他争论不是出于敬重美德，而是好斗成性。皮埃尔没有回答他，只简单地问接受不接受

---

① 1776年德国亚当·威绍普特创立的半政治半宗教组织，主张自然神论和共和政体的秘密社团。

他的建议，会长等人对他说不接受，他就不等仪式结束，离开会场回家了。

8

皮埃尔非常害怕的忧郁症又发作了。他在会里发表演说后，一连三天在家里躺在沙发上，不接见任何人，也不去任何地方。

这时，他接到妻子来信，要求同他见面，说她很思念他，愿意把她的一生都奉献给他。

妻子在信末通知他，不久将从国外回到彼得堡。

紧跟着这封信，皮埃尔最瞧不起的一个共济会会友闯到他家里，谈到皮埃尔的婚姻关系，以会友资格告诫他对妻子这样苛刻是不对的，说他不肯宽恕悔过的人，是违反共济会基本准则的。

就在这时候，他的岳母华西里公爵夫人派人来找他，要他到她那里去谈一件极重要的事，哪怕只去几分钟也行。皮埃尔看出，有人正在背后策划，硬要把他同妻子捏在一起。当时他心情郁闷，甚至觉得这也没有什么不好。他什么都不在乎，觉得生活中没有什么大不了的事，由于心情忧郁，他既不珍惜自己的自由，也不坚持非惩罚妻子不可。

“没有人对，也没有人错，所以她也没有错。”皮埃尔想。要是他没有立刻表示同意跟妻子重归于好，那只是因为他心情忧郁，无法采取任何行动。要是妻子现在到他这里来，他也不会把她撵走。同他所关心的事比起来，跟妻子住在一起或分居有什么区别呢？

皮埃尔既没给妻子答复，也没给岳母回信，那天入夜时，动身去莫斯科见巴兹杰耶夫。皮埃尔在日记里写了下面的话。

莫斯科，11月17日。

刚从恩人那里回来，赶快记下全部体会。巴兹杰耶夫生活贫困，患痛苦的膀胱病已有两年多。从来没听到过他的呻吟或怨言。他从早晨到深夜，除了吃最简单的饭食外，一直在做学问。他亲切地接待我，要我坐在他的床上。我向他作了东方和耶路撒冷骑士的暗号，他用同样的手势回答我，并温和地含笑问我，我在普鲁士和苏格兰分会听到了些什么，有什么收获。我尽量把我所知道的一切告诉他，也向他讲了我向彼得堡分会提的建议，讲了他们对我的恶劣态度，以及我同会友们的决裂。巴兹杰耶夫默默地考虑了好久，然后告诉我他对这些事的看法，使我顿时看清以往的全部经历和未来的全部道路。使我吃惊的是，他问我是否记得本会的三项宗旨：第一，保守和领悟教义；第二，净化和完善自己，以接受教义；第三，通过自我净化来完善人类。这三项宗旨中哪一项是主要的？当然是自我完善和净化。我们只有始终抓住这项宗旨，才能不受环境的影响。同时，这项宗旨要求我们尽最大努力。然而，我们由于骄傲而迷失方向，忽略这项宗旨，妄图领悟由于我们自身不洁而不配接受的教义，或者自身卑鄙龌龊，道德败坏，却妄图完善人类。光明会不是一种纯粹的学说，因为他们热衷于社会活动，并且骄傲自大。巴兹杰耶夫就为此批评我的演说和我的全部活动。我衷心接受他的意见。谈到我的家庭问题，他说："我对您说过，真共济会的主要责任在于自我完善。我们常常以为摆脱生活中的困难，就能更快地达到这一目的；其实相反，先生，只有在尘世的骚乱中我们才能达到以下三项宗旨：第一，自知，因为人只有通过比较才能认识自己；第二，自我完善，只有经过奋斗才能自我完善；第三，达到主要的德行——视死如归。生活的变化无常最能显示它的空虚，增强我们天生对死亡或重生的爱。"这些话格外精辟，因为巴兹杰耶夫尽管肉体上很痛苦，但从不厌倦生活，同时又爱死亡，尽管他内心纯洁高尚，对死亡也没有充分准备。然后恩人又向我解释创世大四方形的意义，并指出三和七的数字是万物的基础。他劝我不要同彼得堡会友断绝来往，在会里只承担次要职务，竭力使会友们克服骄傲，使他们走上自知和自我完善的正确道路。此外，他劝我首先要注意修身，为此目的他给了我这本日记，我将把我的行为都记在里面。

彼得堡，11 月 23 日。

我又和妻子生活在一起了。岳母哭着来见我，说海伦在这里，求我听她说说，她说海伦是无辜的，我遗弃她使她很痛苦，还说了许多别的话。我知道，我一旦看见她，就无法拒绝她的要求。我感到为难，不知道找谁帮助，同谁商量。要是恩人在这里，他准会告诉我该怎么办。我回到自己房里，重读巴兹杰耶夫的信，想起同他的谈话，由此得出结论，我不该拒绝人家的要求，而应该向一切人伸出援助之手，尤其是向一个同我关系密切的人，我应该背十字架。我既然出于美德而宽恕她，那就让我在精神上同她结合吧。我这样决定了，就写信告诉巴兹杰耶夫。我对妻子说，我求她忘记过去的事，我若有什么对不起她的地方，请她宽恕，而她并没有什么需要我宽恕的。我对她说了这话，感到轻松。别让她知道，我重新看见她有多么痛苦。我在大住宅楼上房间里住下来，体验到新生的快乐。

9

最上层社会在宫廷和大舞会中聚集时照例分成几个圈子，它们各有各的特点。其中最大的是法国派，也就是鲁勉采夫伯爵和科兰古大使①的拿破仑联盟。海伦和丈夫来到彼得堡后，她就在这个圈子里占有显著的地位。她家里常常聚集着法国使馆人员和许多这派中以学识和礼貌著称的人物。

在轰动一时的三国皇帝会晤时，海伦正好在埃尔富特。她在那里结识了拿破仑派的显要人物，出足了风头。拿破仑本人在剧院里看见她，问她是谁，对她的美貌大为赞赏。她是个美丽华贵的女人，风头很健，这并没使皮埃尔感到奇怪，因为两年来她变得越发妩媚动人了。使他感到惊奇的是，两年来她已获得了“**聪明而美丽的迷娘**”的称号。赫赫有名的德

---

① 科兰古(1772—1827)，法国将军和外交家，1807 年曾任驻俄大使。

利涅亲王[①]写给她八页长信。比利平把他的俏皮话留在海伦伯爵夫人面前，说在海伦伯爵夫人的客厅里受接待，就等于拿到了聪明才智的毕业证书。年轻人在参加海伦的晚会前拼命看书，好在她家客厅里卖弄学问。使馆秘书，甚至公使，都向她吐露外交秘密。海伦确实具有一种特殊的力量。皮埃尔知道她很愚蠢，有时带着疑虑和不安的心情参加她的晚会和宴会，听大家谈论政治、诗歌和哲学。在这种晚会上，他的心情好像魔术师，时刻担心他的骗术被人家拆穿。但也许因为主持这种交际活动就是需要愚蠢，也许因为受骗的人在受骗中感到快乐，骗术并没有被拆穿，而海伦作为美丽而聪明的迷娘的名声绝不动摇，她即使说出最庸俗愚蠢的话，大家也会赞美她的每一句话，并在其中寻求连她自己都没想到的深奥意义。

皮埃尔正是这个风头十足的交际花所需要的丈夫。他是个精神恍惚的怪人，具有绅士风度的老爷，他不妨碍任何人，不仅不破坏客厅的高雅格调，而且以自己的平庸笨拙反衬出妻子的文雅大方。两年来，皮埃尔只关心精神生活，轻视其他活动，对妻子圈子里的一切都抱冷漠、超然和宽厚的态度。他这样做并非装腔作势，因此博得众人的敬重。他走进妻子的客厅，好像走进剧院，他认识所有的人，高兴看见任何人，但对谁都很冷淡。有时他参加感兴趣的谈话，完全不顾有没有使馆人员在场，喃喃地说着同当时气氛完全不协调的意见。不过，彼得堡最出色女人的怪丈夫这个名声早已传开，因此谁也不把他的行为当作一回事。

海伦从埃尔富特回来后，在每天光临的年轻人中间，官运亨通的保里斯成了皮埃尔家的常客，海伦称保里斯为“我的侍童”，并且像对待孩子一般对待他。海伦看到保里斯也像看到别人一样微笑，但皮埃尔有时看到她的微笑感到不舒服。保里斯对皮埃尔显得特别严肃和恭敬。他这种彬彬有礼的态度也使皮埃尔不安。三年前，皮埃尔因妻子使他蒙受耻辱而

---

① 德利涅亲王(1735—1814)，比利时政治家和作家。叶卡捷琳娜时代曾在俄国服务。

感到十分痛苦，现在他摆脱了这种情绪，因为第一他不是妻子的真正丈夫，第二他不容许自己猜疑。

“不，如今她成了女学究，再不会像以前那样疯疯癫癫了。”皮埃尔自言自语。“女学究从不谈情说爱。”他不知从哪里听来这句话，并且深信不疑。但说来奇怪，只要保里斯待在妻子客厅里(他几乎总在那里)，皮埃尔生理上就会受到影响：他仿佛被捆住手脚，无法自由行动。

“我怎么会这样讨厌他？”皮埃尔想，“以前我还挺喜欢他呢。”

从世俗的眼光看来，皮埃尔是个大阔佬，是个著名贵夫人的有点盲目可笑的丈夫，是个无所事事也无害于人的聪明的怪人，是个可爱的好小子。皮埃尔自己呢，这个时期内心一直开展着复杂而痛苦的活动。这种活动对他有许多启发，也使他精神上产生不少疑虑和快乐。

10

皮埃尔继续写日记。下面就是他这个时期里写的日记：

11月24日。

八时起床，读《圣经》，然后去办公(皮埃尔听从恩人的劝告参加一个委员会的工作)，回家午餐，独自吃饭。伯爵夫人那里聚集了许多我不喜欢的客人。我饮食节制，饭后替会友们抄写教义。晚上到伯爵夫人那里，讲了某某人的可笑轶事，引得他们大笑，这时我才想到不该讲这事。

上床睡觉时心情快乐而平静。至高无上的主哇，帮助我走你的路：第一，心平气和，不发怒；第二，清心寡欲；第三，摆脱尘世琐事，但不放弃：(一)政府公职，(二)家庭责任，(三)朋友交往和(四)经济事务。

11月27日。

起得很晚。醒后在床上躺了好久，懒得起来。上帝啊，帮助我振作起来，让我走你的路吧。读《圣经》，但没有心得。会友乌鲁索夫来，谈到尘世的事。他讲到新的圣旨。我刚要提出批评，但想到了行动准则和恩人的话。他说：一个真正的共济会会员，在国家需要他担任公职时，应该是个勤恳的公务员；在他没有被聘用时，应该是个冷静的旁观者。祸从口出，我的舌头是我的敌人。会友 Γ.B 君和 O 君来访，初步商量吸收一名新会员的事。他们要我任导师。我觉得自己软弱，不配。然后谈到对神庙七柱和七级的解释，解释七学、七德、七恶和圣灵的七惠。会友 O 君擅长雄辩。晚上举行入会仪式。会所装饰一新，十分壮观。吸收的新会员是保里斯。我介绍他入会，并当了他的导师。我同他一起待在黑暗的神庙里，一直感到一种奇怪的激动。我对他怀着憎恨，但无法克服。因此我更愿意把他从罪恶中拯救出来，带他走上真理之路，但我克服不了对他的嫌恶。我想，他入会的动机只是想接近我们会里的人，并博得大家的好感。他几次问我 N 和 S 是不是我们的会友（这问题我不能回答他）。据我观察，他不可能真正尊重我们的会，他太忙，他只满足于世俗的生活，不愿完善自己的心灵。除此以外，我没有理由怀疑他，但我觉得他这人缺乏诚意。当我同他面对面站在黑暗的庙堂里时，我觉得他总在轻蔑地嘲笑我的话，我真想把抵住他光胸膛的长剑直刺进去。我不善于辞令，不能把我的猜疑告诉会友和会长。伟大的造物主，帮助我脱离谎言的迷宫，走上真理之路吧。

这以后的日记里有三页空白，空白之后又写了下面的话：

单独同会友 B 作了长时间有益的谈话，他劝我同会友 A 保持友好关系。他的话对我很有启发，虽然我不够资格。亚当纳伊是创世主的名字。爱洛伊姆是万物主宰的名字。第三个名字是说不出的，他的意思是**万有**。同会友 B 谈话，使我在行善的路上增添了力量、精神和信心。在他面前没有疑虑。我懂得了可怜的社会科学同我们包罗万象的教义之间的差别。人类的科学把一切都分割开来理解，把一切扼杀了来剖析。在共济会的神圣教义里，万有都是统一的，万有是在总体和生活中被认识的。硫黄、水银和盐是物质的三元素，三位一体。硫黄具有油和火的性质；硫黄同盐结合，由于盐的燃性引起一种吸力，因此吸引水银，硫黄抓住水银，一经结合就产生各种物体。水银是一种流动的飞散的神圣元素，也就是基督、圣灵和它。

12 月 3 日。

醒得很晚，读《圣经》，但没有心得。后到大厅散步，想反省，却想起四年前发生的一件事。决斗后，陶洛霍夫先生同我在莫斯科相遇。他对我说，他祝我心旷神怡，尽管妻子不在身边。我当时没有理他。如今想起这次见面的详情细节，我在心里对他说了最恶毒的话，作了最刻薄的回答。直到发觉自己火冒十丈，才冷静下来，排除这个想法，但为此忏悔得不够。后保里斯来，讲了各种怪事。他一来，我就感到不痛快，说了些不客气的话。他反唇相讥。我火了，对他说了许多不快甚至粗暴的话。他不作声，等我冷静下来已为时太晚。上帝啊，我很不善于和他共处！原因是我的自尊心太强，我自以为比他高尚，结果比他还要坏得多，他并不计较我的粗暴，我却相反，非常瞧不起他。上帝啊，但愿我能在他面前更多地看清自己的卑劣，并使我的所作所为有益于他。饭后睡了一觉，梦中左耳听见有个声音对我说："你的日子到了。"

我梦见在黑暗中行走，突然被群狗包围，但我毫不畏惧；突然一只不大的狗咬住我的左腿不放。我用双手掐它。我刚把它扯开，一只比它大的狗咬住我的胸口。我让开这只狗，第三只更大的狗又来咬我。我把它举起来，但举得越高，它就变得越大越沉。突然会友 A 走来，挽住我的手臂，把我领到一座大楼前。要进楼得走过一条狭长的木板。我踩上木板，木板弯了，翻了。我开始爬墙，我的双手好容易才攀着墙。我费了很大的劲才爬上去，我的腿悬在墙的一边，身子挂在另一边。我回头一看，看见会友 A 站在墙上。他指给我看一条林荫路和一个花园，花园里有一座漂亮的大楼。我醒了。主哇，伟大的造物主哇！帮助我摆脱群狗——我的情欲，尤其是集中所有情欲于一身的最后那条狗，帮助我进入我在梦中见到的那座道德的圣殿吧。

12月7日。

梦见巴兹杰耶夫坐在我家里，我很高兴见到他，也很愿意款待他。我不断同旁人闲聊，突然想到他不会喜欢我这样做。我想靠拢他，拥抱他。但我一靠拢他，就看见他的脸变了，变得年轻了。他悄悄地、悄悄地对我讲着教义，声音轻得我听不见。后来我们一起走出屋子。这时发生了一件怪事。我们在地上坐着或者躺着。他对我说着什么。我仿佛想让他了解我的感情。我没听他说话，想象着自己的精神世界和上帝赐给我的恩惠。我热泪盈眶，他注意到了，我很高兴。但他恼怒地瞧了我一眼，跳起来，把话说到一半停住了。我害怕了，问他是不是在说我；但他什么也没回答，露出亲切的样子，接着我们仿佛来到我的卧室，那里放着一张双人床。他躺在床的一边，我仿佛想抚爱他，也躺下来。他仿佛问我："老实告诉我，您的主要嗜好是什么？您自己知道吗？我认为您已经知道了。"这问题使我发窘，我回答说，我的主要嗜好是懒散。他不相信地摇摇头。我越发窘了，回答说，我虽遵从他的劝告跟妻子住在一起，但并没有尽丈夫的义务。他对这话表示不赞成，说不应该使妻子失去温存，要我明白这是我的义务。我回答说我羞于这样做。突然一切都消失了。我醒来了，记起《圣经》里的话：**"生命就是人的光。光照在黑暗里，黑暗却不接受光。"**①巴兹杰耶夫的脸显得年轻，容光焕发。今天收到恩人的信，信里写到夫妻的义务。

12月9日。

我做了一个梦，醒来心跳不已。我仿佛在莫斯科家里，在大起居

① 见《新约全书·约翰福音》第一章第四、五节。

室，巴兹杰耶夫从客厅走来。我仿佛知道他已重生，跑过去迎接他。我仿佛吻了他，吻了他的双手，他却对我说："你没发现我的脸变了？"我对他瞧瞧，继续把他抱在怀里。我仿佛看见他的脸变年轻了，但他头上没有头发，模样完全变了。我对他说："即使偶然遇见您，我也会认出您来的。"但我同时想："我说的是真话吗？"我忽然看见他像死人一样躺在那里；后来他渐渐恢复知觉，跟我一起走进大书房，手里拿着一本用绘图纸订成的大书。我说："这是我写的。"他点点头。我打开书。书里每一页都有好看的图画。我仿佛知道，这些画表现的是心灵同心灵之间的恋爱故事。我在书页上仿佛看见一个美丽的少女，穿着透明的衣服，有着透明的身子，飞向云端。我仿佛知道，这少女不是别的，而是表现《雅歌》的图画。我看着图画，仿佛觉得我不该看，可我又丢不下这些图画。主哇，救救我吧！上帝啊，如果你要抛弃我，那就照你的旨意办吧。如果这是我自己造成的，你就教教我该怎么办吧。如果你完全抛弃我，我就会在淫乱中灭亡。

11

罗斯托夫一家在乡下住了两年，他们的经济情况并没有好转。

尼古拉虽抱定宗旨，继续在偏僻的团里服务，节衣缩食，减少支出，但奥特拉德诺的生活方式依旧，特别是米嘉不善于理财，弄得债务年年增加。显然，老伯爵认为做官是唯一的出路，于是就去彼得堡谋事，同时，像他说的那样，让姑娘们最后享受一次快乐。

在罗斯托夫家搬到彼得堡后不久，别尔格向薇拉求婚，并且被接受了。

罗斯托夫家在莫斯科虽属于上层(他们自己并不知道这一点，也不考虑他们属于什么阶层)，但在彼得堡，他们交游广阔，却没有固定的圈子。在彼得堡，他们是外省人，就连那些在莫斯科受过他们款待的人也瞧不起他们。

罗斯托夫家在彼得堡也像在莫斯科一样好客，他们家的晚宴上总是宾客云集:奥特拉德诺的邻居、无钱的老地主和女儿们、宫中女官彼隆斯卡雅、皮埃尔、在彼得堡做事的县邮政局局长的儿子。在彼得堡,很快变成罗斯托夫家常客的男人有:保里斯、皮埃尔(老伯爵在街上遇见他,把他硬拉到家里)和别尔格。别尔格整天待在罗斯托夫家,像一般年轻的求婚人那样,对伯爵家的大小姐大献殷勤。

别尔格让大家看他那条在奥斯特里茨战役中负伤的右臂,左手拿着完全不需要的长剑,这都不是没有缘故的。他起劲地反复向大家讲这次战役,使大家相信他的行为是英勇高尚的,又讲到他还因奥斯特里茨之战得过两枚奖章。

在芬兰战争①中别尔格也立了功。当时他曾捡起打死总司令身旁副官的炮弹弹片,送到长官那里。他也像讲奥斯特里茨战役那样,滔滔不绝地讲着这事,使大家相信他做得对,而且他又因芬兰战役得过两枚勋章。1809 年,他作为近卫军大尉,又得过勋章,在彼得堡弄到了一个肥缺。

有些自由主义者听到别尔格的功绩发笑,但也不能不承认他是一个勇敢而勤奋的军官,得到长官器重,是一个前程远大、地位牢固的正派青年。

四年前,别尔格在剧院里遇到一位德裔同事,指给他看薇拉,并用德语对他说:“*她将做我的妻子*。”从那时起他就决定要娶她。眼下在彼得堡,他考虑到罗斯托夫家的地位和自己的地位,认定时间已到,就正式提出求婚。

别尔格的求婚被接受,起初有点勉强,这对他来说是不体面的。乍一看有点怪,一个门第低微的利夫兰②贵族的儿子居然向罗斯托夫伯爵小姐求婚;不过,别尔格虽然有点自私,但性格直爽,罗斯托夫家不由得认为这是一件好事,何况别尔格也自信这是一件好事,甚至是一件大好事。再说,罗斯托夫家家道中落,这一点求婚的人不会不知道,而主要原因则是

---

① 指 1808 年俄国与瑞典争夺芬兰的战争。

② 17 世纪至 20 世纪初拉脱维亚北部地区和爱沙尼亚南部地区的正式名称。

薇拉已有二十四岁，她在各种交际场合露面，尽管长得漂亮，也很懂事，可是至今没有人上门求婚。这样，别尔格的求婚就被接受了。

“您知道，”别尔格对一个同事说，他把这个同事称为朋友，因为他知道人人都有朋友，“您知道，这一切我都考虑过了，要不是我反复考虑过了，觉得不结婚不行，我真不愿结婚呢。但现在情况不同，我爸爸和妈妈生活有了保障，我替他们安排了奥斯采区的地租收入，我们俩可以靠我的薪俸在彼得堡生活。再加上她的陪嫁，我又会精打细算，我们的日子可以过得很好。我结婚不是为了钱，为了钱而结婚我认为是不高尚的，不过妻子应该有妻子的钱，丈夫应该有丈夫的钱。我有官职，她有社会关系和一点钱。在我们这个时代这是很有用的，你说是不是？主要是她是个值得尊敬的漂亮姑娘，并且爱我……”

别尔格脸红了，微微一笑。

“我爱她，因为她脾气好，又很懂事。她的妹妹，虽是一母所生，可完全不同，脾气不好，也没有那么聪明，……就是这样，您知道吗？……脾气不好……但我的未婚妻……以后您请过来……”别尔格继续说，他想说吃饭，但立刻改口说：“喝茶！”他卷起舌头，吐出一个小小的烟圈，表示他对幸福的憧憬。

在别尔格提出求婚，做父母的犹豫了一番以后，家里就出现了在这种时候常有的欢乐气氛，但这种欢乐不是发自内心，而是表面一套。家里人对这件婚事显然感到勉强和内疚。他们内疚的是，过去不太爱薇拉，如今又急于要把她嫁出去。最窘困的要算老伯爵。他大概不会承认，发窘的原因是由于经济拮据。他肯定不知道他还有多少财产，欠了多少债，能给薇拉多少陪嫁。女儿出生的时候，他划给每个女儿三百农奴作陪嫁；但现在一座庄园已出卖，另一座庄园已抵押出去，而且过期这么久，非出卖不可，因此拿庄园作陪嫁已不可能。现款他也没有。

别尔格订婚已有一个多月了，离开婚期只剩一个星期，可是伯爵还没有解决陪嫁的问题，也没有同妻子谈过这事。伯爵忽而想把梁赞庄园给薇拉，忽而想出售一片树林，忽而想用期票借钱。结婚前几天，别尔格一早走进伯爵的书房，脸上挂着愉快的微笑，恭恭敬敬地要求未来的岳父告诉他，薇拉伯爵小姐将得到什么陪嫁。伯爵听到这早就料到的问题很窘，竟脱口而出，把首先想到的说了出来。

“你关心这事，我很高兴，你会满意的，我很高兴……”

伯爵拍拍别尔格的肩膀站起来，不想再谈下去。但别尔格愉快地含笑解释说，要是他不能确切知道给薇拉什么陪嫁，不能预先拿到哪怕部分陪嫁，他就不得不解约了。

“因为，伯爵，您想想，我要是没有相当财产来养活妻子，现在就贸然结婚，那就太说不过去了……”

谈话结果，伯爵想显示他的大方，避免新的要求，说他可以开一张八万卢布的期票。别尔格温和地微微一笑，吻了吻伯爵的肩膀，说他很感激，但他要是拿不到三万现款，就无法安排新的生活。

“至少两万，伯爵，”别尔格补充说，“那么期票只要六万就行了。”

“是，是，好的，”伯爵赶快说。“不过，你别见怪，好朋友，我就给你两万现款，此外，我仍给你一张八万的期票。就是这样，过来吻吻我！”

12

娜塔莎十六岁了。已到了 1809 年，也就是四年前娜塔莎同保里斯接吻后掐指计算的重逢日子。从那时起，她就没有见过保里斯。在宋尼雅和母亲面前，当她们谈到保里斯的时候，娜塔莎若无其事，仿佛那是很久以前的往事，是童年时代的事，早已被忘记，不值得一提。但在内心深处她感到苦恼，拿不准她对保里斯的许诺只是儿戏，还是一项有约束力的义务。

自从 1805 年保里斯离开莫斯科参军以来，他就没有见过罗斯托夫家的人。他到过莫斯科几次，也曾经过奥特拉德诺一带，但从没去过罗斯托夫家。

娜塔莎有时想，他大概不愿见她。而长辈谈到他时的感慨语气，证实了娜塔莎的猜测。

“现在时势都不把老朋友放在心上了。”伯爵夫人谈到保里斯时这样说。

近来难得去罗斯托夫家的德鲁别茨基公爵夫人显得特别神气，每次谈到儿子的长处和光辉的前程，总是眉飞色舞，带着自豪的神气。罗斯托夫一家搬到彼得堡后，保里斯就登门拜访。

保里斯去访问他们，心情很激动。对娜塔莎的回忆在保里斯是最富有诗意的。但他决心让娜塔莎和她的父母感觉到，他跟娜塔莎的童年关系对她没有约束，对他也没有约束。由于他同海伦伯爵夫人的亲密关系，他在上流社会的地位很引人注目；由于他受到一位要人的信任和庇护，他在官场的地位也很优越。他打算在彼得堡娶一个最有钱的姑娘，而这是很容易办到的。保里斯走进罗斯托夫家客厅，娜塔莎正在自己屋里。娜塔莎一知道保里斯来访，脸涨得通红，露出十分高兴的笑容，简直是跑着进了客厅。

保里斯记得四年前娜塔莎穿着短短的连衣裙，鬈发下露出一双乌黑发亮的眼睛，发出毫无顾忌的天真笑声。如今进来的可是个完全不同的娜塔莎，保里斯感到困惑，脸上现出兴奋惊讶的神情。保里斯这种神情使娜塔莎高兴。

“怎么，还记得你那个淘气的老朋友吗？”伯爵夫人说。保里斯吻了吻娜塔莎的手，说她的变化使他吃惊。

“您长得好漂亮！”

“那还用说！”娜塔莎闪闪发亮的眼睛这样回答。

“那么爸爸老了吗？”娜塔莎问。她坐着，没有加入保里斯同她母亲的谈话，默默地仔细打量着童年时代的恋人。保里斯感觉到她这执拗而亲切的目光的分量，偶尔也望望她。

保里斯的军服、马刺、领带和发式都是最时髦和最讲究的。这一点娜塔莎立刻就注意到了。保里斯稍稍侧着身子坐在伯爵夫人旁边的扶手椅上，右手拉拉左手上清洁无瑕的软皮手套，姿势优美地抿着嘴讲着彼得堡上流社会的赏心乐事，略带嘲讽地谈到莫斯科的往事和熟人。他提到上层贵族，谈到他参加过的公使的舞会，谈到 NN 和 SS 的邀请，娜塔莎觉得他这样说不是无意的。

娜塔莎一直默默地坐着，皱着眉头打量他。她的目光越来越使保里斯不安、发窘。保里斯越来越频繁地回顾娜塔莎，说话时断时续。他坐了不到十分钟，起身告辞。娜塔莎那双好奇的、挑逗的、略带嘲弄的眼睛一直盯着他。在他第一次访问后，保里斯对自己说，他觉得娜塔莎依旧那么使他迷恋，但他不该沉湎于这种感情，因为同她这个几乎没有陪嫁的姑娘结婚，就会毁了他的前程，但恢复原来的关系而不同她结婚，那是不高尚的。保里斯决心避免同娜塔莎见面，但尽管作了这样的决定，过了几天他又去访问，从此频频去罗斯托夫家，并整天待在那里。保里斯觉得他应该同娜塔莎谈一次心，对她说明应该忘记过去的事，不论怎样……她都不可能做他的妻子，因为他没有财产，她家里决不会让她嫁给他的。但他始终没有正式提出，觉得很难开口。他越来越难以自拔。照母亲和宋尼雅的看法，娜塔莎仍旧爱着保里斯。她为他唱他心爱的歌，给他看她的纪念册，要他在里面题字，但没向他提起往事，只让他觉得现在多么美好。保里斯每天恍恍惚惚离开娜塔莎，没有说出想说的话，自己也不知道在做些什么，他为什么来，结局将会怎样。保里斯不再去海伦家，每天收到海伦责备的信，但还是整天待在罗斯托夫家。

13

一天晚上，老伯爵夫人头戴细布睡帽，身穿短袄，没有戴假发，从睡帽下露出一绺鬈发，呼哧呼哧地喘着气，跪在地毯上做晚祷。这时房门咯吱一声，娜塔莎赤脚穿着软底鞋，身上穿着短袄，头扎卷发纸，跑了进来。伯爵夫人回头一看，皱起眉头。她刚要做完祷告。“难道这张床将成为我的尸床吗？”她做祈祷的情绪被破坏了。娜塔莎生气蓬勃，脸色通红，看见母亲在祷告，连忙收住脚步蹲下来，不由得伸了伸舌头，责怪自己。娜塔莎看到母亲继续祈祷，踮着脚尖跑到床前，迅速地用一只小脚蹭着另一只小脚脱去软鞋，跳上伯爵夫人所害怕的那张床。这张床很高，铺有羽绒褥子，上面叠放着五个枕头，一个比一个小。娜塔莎跳上床，陷到羽绒褥子里，滚到墙边，钻到被子底下，膝盖弯到下巴颏，踢着脚，几乎不出声地笑着，忽而拿被子蒙住头，忽而望望母亲。伯爵夫人做完祈祷，板着脸走到床前，看见娜塔莎蒙着头，就慈祥地微微一笑。

“喂，喂，喂！”母亲叫道。

“妈妈，跟你谈一件事好吗？”娜塔莎说。“嗯，让我亲亲你的脖子，只亲一下。”娜塔莎抱住母亲的脖子，在她的下巴颏上吻了吻。娜塔莎对待母亲表面上似乎很粗野，其实动作很轻巧。她搂住母亲，总是使母亲既不感到疼痛，也不觉得不舒服。

“谈吧，今天要谈什么呀？”母亲问，身子靠在枕头上，等娜塔莎踢动两腿，在她身上滚过两次，在旁边躺下来，同她合盖一条被子，伸出双手，脸上现出严肃的神色。

每天晚上，趁伯爵还没从俱乐部回家，娜塔莎来到父母亲屋里是母女俩的一大乐事。

“今天谈什么呀？我可要告诉你……”

娜塔莎用手捂住母亲的嘴。

“谈谈保里斯……我知道，”娜塔莎一本正经地说，“我就是为这事来的。您别说，我知道，不，您说吧！”娜塔莎放下手，“您说，妈妈。他这人可爱吗？”

“娜塔莎，你十六岁了，我在你这个年纪已经出嫁。你说保里斯可爱。他很可爱，我像爱儿子一样爱他，可你要怎么样呢？……你在想什么呀？你弄得他神魂颠倒，这我看得出来……”

伯爵夫人说着瞧了瞧女儿。娜塔莎躺在床上，一动不动地望着红木床角上雕刻的狮身人面像，因此伯爵夫人只看到女儿的侧面。女儿脸上异常严肃凝神的表情使伯爵夫人吃惊。

娜塔莎听着，思索着。

“嗯，那又怎么样？”娜塔莎说。

“你把他弄得神魂颠倒，为了什么呢？你要他怎么样？你也知道，你不可能嫁给他。”

“为什么?”娜塔莎没有改变姿势,问。

“因为他年轻,因为他穷,因为他是我们的亲戚……因为你并不爱他。”

“您怎么知道?”

“我知道。这样不好,我的宝贝。”

“但如果我要……”娜塔莎说。

“别说傻话了。”伯爵夫人说。

“但如果我要……”

“娜塔莎,我是对你说正经的……”

娜塔莎不让母亲说完,拉过她的大手吻着手背,然后吻手心,然后又翻过来吻第一个指关节,然后吻指关节之间的地方,接着又吻指关节,口中念念有词:“1 月,2 月,3 月,4 月,5 月。”

“说呀,妈妈,您怎么不作声啦? 说呀!”娜塔莎说,回头看着母亲。母亲温柔地瞧着女儿,在这样的凝视中似乎把要说的话都忘记了。

“这不行,宝贝。不是人人都能理解你们童年的关系的,看见你同他这样接近,会使其他来我家的青年对你产生不好的印象,而主要的是徒然使他痛苦。他也许已找到了合适的有钱对象,可现在他有点疯疯癫癫。”

“疯疯癫癫吗?”娜塔莎反问。

“我可以给你说说我自己的事。我有一个表哥……”

“我知道,基里拉 · 马特维伊奇,他不已是个老头子了吗?”

“他并非从来就是个老头子。那么好吧,娜塔莎,我要同保里斯谈一次。他不用老是来我们家……”

“如果他高兴,为什么不让他来呢?”

“因为我知道这不会有什么好结果的。”

“您怎么知道? 不,妈妈,您别对他说。您不能对他说。那太不像话了!”娜塔莎说话的语气,好像人家要夺走她的财物。“好吧,我不出嫁了,让他来好了,既然他高兴,我也高兴。”娜塔莎含笑瞧着母亲。

“不结婚，就是**这样**。”娜塔莎又说了一遍。

“你这是什么意思，我的宝贝？”

“就是**这样**。嗯，我绝对不出嫁，但就是……**这样**。”

“这样，这样。”伯爵夫人重复说，突然抖动全身发出老年人的和善笑声。

“行了，别笑了！”娜塔莎叫道，“床都被您笑得摇起来了。您简直像我一样爱笑……别笑了……”娜塔莎抓住伯爵夫人的双手，吻了她小指的关节——6 月，接着又在另一只手上吻着 7 月、8 月。“妈妈，他很爱我吗？您看怎么样？人家也这样爱过您吗？他非常可爱，非常非常可爱！但不完全合我的口味：他很单调，像座钟一样……您不明白吗？……单调，灰色，浅色……”

“你在胡说什么呀？”伯爵夫人说。

娜塔莎继续说：

“难道您不明白吗？尼古拉就懂……皮埃尔——他就是蓝色的，深蓝带红的，他又是四方形的。”①

“你也同他调情吗？”伯爵夫人笑着说。

“不，他是共济会会员，我知道。他很正派，深蓝带红，怎么给您解释呢……”

“伯爵夫人哪，”门外传来伯爵的声音，“你睡了吗？”娜塔莎赤脚跳下床，手里拿着鞋，跑回自己屋里。

娜塔莎好久不能入睡。她老是想到，谁也不理解她所理解的一切和她内心的一切。

“宋尼雅呢？”娜塔莎瞧着那只蜷缩着身子睡觉的大尾巴小猫，想。“不，她懂什么呢！她挺规矩。她爱上尼古拉，别的就什么也不想知道了。就连妈妈也不了解。真奇怪，我多么聪明……她多么可爱，”娜塔莎继续用第三人称自言自语，想象着有一个聪明的、非常聪明非常好的男人这样

① 娜塔莎迷信通神学说，认为一个人的气质同一定的颜色和形状有关。

说到她……“她具备一切优点，一切优点，”这个男人继续说，“非常聪明，可爱，而且漂亮，非常漂亮，活泼，游泳、骑马都很出色，还有那副嗓子！可以说，嗓子美极了！”娜塔莎哼了一句她心爱的凯鲁比尼[①]歌剧，扑到床上，想到她立刻就会睡着，高兴得笑起来。她叫杜尼雅莎灭掉蜡烛，但没等杜尼雅莎走出房间，她已进入另一个更幸福的梦境，那里的一切都像现实一样轻松美好，而且比现实更美，因为那是另一个世界。

第二天，伯爵大人把保里斯找来，同他谈了一番话。从那天起他就不再来罗斯托夫家了。

14

1809 年 12 月 31 日，除夕晚上，叶卡捷琳娜时代的一位大官在家里举行迎新舞会。外交使团和皇帝都将光临舞会。

在英吉利滨河街上，这位大官的著名公馆无数彩灯大放光明。在灯火辉煌、铺着红地毯的大门口站着警察和宪兵，还有警察局局长和几十名警官。马车走了一批，又来一批，车上站着穿红号衣的跟班和戴花翎帽的跟班。从马车里下来穿军服、佩勋章和戴绶带的男人；一些身穿绸缎衣裙和银鼠皮大衣的夫人小姐小心翼翼地踏着怦然放下的踏板，急促而无声地从红地毯上走过。

每当门口来了一辆马车，人群里就发出窃窃私语，大家摘下帽子。

“是皇上吗？……不，是大臣……亲王……公使……难道你没看见花翎吗？……”人群里有人说，其中一个穿得比别人讲究，似乎认识所有的人，能列举达官贵人的名字。

客人已到了三分之一，可是要参加舞会的罗斯托夫一家人还在忙着打扮呢。

罗斯托夫家为了参加这次舞会讨论过许多次，做了不少准备，也有过许多忧虑，唯恐接不到邀请，衣服来不及做好，不能把一切安排妥当。

---

① 凯鲁比尼(1760—1842)，意大利作曲家，主要创作歌剧。

同罗斯托夫一起参加舞会的有彼隆斯卡雅。她是伯爵夫人的朋友和亲戚，一个又黄又瘦的前朝女官。住在外省的罗斯托夫一家在彼得堡参加上流社会活动，常得到她的指导。

罗斯托夫家应当在晚上十点钟去道里达花园接这位女官。这时离十点只差五分，可是小姐们还没有打扮好。

娜塔莎生平第一次参加这样盛大的舞会。那天，她早晨八时起床，整天都处于恶性兴奋和忙碌中。从早晨起，她就全力以赴，要她们——她、妈妈和宋尼雅——尽量穿戴得漂亮些。宋尼雅和伯爵夫人都完全信赖她。伯爵夫人应穿紫红丝绒连衣裙，她娜塔莎和宋尼雅要着粉红绸套裙，外加白纱连衣裙，腰带上佩玫瑰花，头发要梳成希腊式。

主要的梳妆活动都已完毕：腿、臂和脖子、耳朵都按照舞会要求精心洗过，喷上香水，搽了香粉；双脚穿上透花长袜和有花结的白缎舞鞋；头发差不多梳好了。宋尼雅即将穿好衣服，伯爵夫人也打扮得差不多；但为大家打扮的娜塔莎自己却落在后面。娜塔莎瘦削的肩膀上还披着梳妆衫，坐在镜子前。宋尼雅已穿好衣服，站在房间中央，拿大头针吱地一声别住最后一条缎带，把小小的手指都顶痛了。

“不对，不对，宋尼雅！”娜塔莎回过头去说，双手抓住头发，弄得正在替她梳头的使女都来不及放手。“花结不是这样打的，过来。”宋尼雅蹲下来，娜塔莎替她重新打上花结。

“对不起，小姐，这样可不行。”握着娜塔莎头发的使女说。

“哦，天哪，等一下！这就对了，宋尼雅。”

“你们快好了吗？”传来伯爵夫人的声音。“已经十点钟了。”

“马上就好，马上就好。那么您好了吗，妈妈？”

“只剩下别上帽子了。”

“让我来别，”娜塔莎叫道，“你们不会别！”

“已经十点钟了。”

原来决定十点半到舞会，可是娜塔莎还没有穿好衣服，还要到道里达花园去。

娜塔莎梳好头，穿着露出舞鞋的短裙，披着母亲的梳妆衫，跑到宋尼雅跟前，把她端详了一番，又跑回母亲跟前。娜塔莎把母亲的头转来转去，把帽子别好，匆匆地吻了吻她的白发，又跑到正在把裙子缝短的使女那里。

耽搁的原因是娜塔莎的裙子。她的裙子太长，两个使女正替她把裙子缝短，她们匆匆把线咬断。第三个使女嘴里咬着大头针，从伯爵夫人那里跑到宋尼雅跟前；第四个使女手里高托着轻纱衣服。

"玛弗露莎，快一点，好姑娘！"

"把顶针给我，小姐。"

"快好了吗？"伯爵一边走进来，一边问。"喏，这是香水。彼隆斯卡雅一定等急了。"

"好了，小姐。"使女用两个手指提起缝短的轻纱连衣裙，吹掉和抖掉上面的线头。她的姿势表示手里衣服的轻盈和洁净。

娜塔莎开始穿衣服。

"马上就好，马上就好，别进来，爸爸！"娜塔莎对开门进来的父亲大声说，纱裙还蒙着她的脸。宋尼雅把门关上。过了一分钟，才放伯爵进来。伯爵身着藏青礼服，脚穿长筒袜和软底鞋，身上喷了香水，头上搽过发油。

"爸爸，你真漂亮，太美了！"娜塔莎说，站在房间中央，抚平纱裙的皱褶。

"对不起，小姐，等一下。"使女跪在地上说，拉着衣服的下摆，用舌头把大头针从嘴的这一边顶到那一边。

"你瞧着办吧，"宋尼雅打量着娜塔莎的衣服，失望地叫道，"你瞧着办吧，还是长了！"

娜塔莎退后几步，照着穿衣镜。裙子是长了些。

"真的，小姐，一点也不长。"玛弗露莎跟着小姐在地板上爬来爬去，说。

"嗯，要是太长了，那就把它缝高，一会儿就好。"做事果断的杜尼雅莎说，拿下胸口的针，又跪在地板上缝起来。

这时，伯爵夫人身穿丝绒衣服，头戴高帽，不好意思地悄悄走进来。

“哦！我的美人！”伯爵叫道，“你比谁都漂亮！……”他想搂她，但她红着脸躲开，唯恐衣服被弄皱。

“妈妈，帽子再偏一点，”娜塔莎说，“我来替您重新别过。”说着冲过去，弄得替她缝衣服的使女来不及松手，把一块轻纱扯了下来。

“天哪！这是怎么搞的？可不是我的错呀……”

“不要紧，我来收拾，看不出来的。”杜尼雅莎说。

“美人儿，我的皇后！”保姆从门外走进来说。“还有我的宋尼雅，哦，都是美人儿！……”

十点一刻大家终于坐上马车走了。但还得先去道里达花园。

彼隆斯卡雅已经收拾好了。尽管她又老又丑，但也像罗斯托夫家人那样作了精心梳妆。虽然不像她们那样忙乱（这种事她已习以为常），但同样把她那又老又丑的身体洗干净，搽上粉，喷上香水，同样洗了耳朵。而当她穿上有花体字母的黄色连衣裙走到客厅时，上了年纪的女仆也像罗斯托夫家的女仆那样，对夫人的装束赞不绝口。彼隆斯卡雅对罗斯托夫一家人的打扮称赞了一番。

罗斯托夫一家人则夸奖彼隆斯卡雅打扮漂亮，格调高雅，小心翼翼地保护好她们的发式和衣服，十一点钟坐上马车去赴舞会。

15

这天早晨娜塔莎一分钟也没有空，一次也没想到将会遇到什么事。

在户外潮湿寒冷的空气里，在拥挤、昏暗和颠簸的马车上，她第一次生动地想象着那灯火辉煌的舞厅：音乐、鲜花、跳舞、皇帝和彼得堡的漂亮青年。她将要看到的一切都是那么美妙，同马车里的寒冷、拥挤和昏暗又那么不协调，她简直不相信会看到那样的景象。直到她经过铺红地毯的入口，走进前厅，脱下皮大衣，同宋尼雅并肩走在母亲前面，从鲜花中间登上灯光明亮的楼梯，她才相信她来到了什么地方。直到这时她才想到在舞会上她该有怎样的仪态，就竭力表现出她认为姑娘在舞会上应有的端庄风度。幸好她觉得眼花缭乱，什么也看不清楚，脉搏每分钟跳一百次，血往心脏直涌。她紧张得几乎要晕过去，但竭力镇定下来，往前走去，不现出可笑的样子。这副模样对她倒是挺合适。前前后后都是客人，都同样穿着舞服，同样低声交谈着。楼梯两旁的镜子映出太太小姐们的倩影，她们穿着雪白、天蓝和粉红的衣裳，裸露的胳膊和脖子上戴着钻石和珍珠首饰。

娜塔莎照照镜子，分不清自己和别人。人群汇合成一个光艳照人的行列。在进入第一个大厅时，匀调的说话声、脚步声和问候声几乎把娜塔莎的耳朵震聋；灯光和反光使她越发眼花缭乱。男女主人在门口已站了半小时光景，向进来的客人说着同样的一句话："欢迎，欢迎光临！"他们以同样的方式接待了罗斯托夫一家和彼隆斯卡雅。

两个姑娘都穿着雪白的连衣裙，黑头发上都戴着玫瑰花，都行着屈膝礼，但女主人的目光不觉在瘦小的娜塔莎身上停留得更久。女主人看看她，本来微笑着的脸又对她单独笑了笑。也许是女主人看见她，想起了自己一去不复返的少女的黄金时代和第一次参加舞会的情景。男主人也目送着娜塔莎，问伯爵哪一个是他的女儿。

"真迷人！"他吻吻自己的手指尖，说。

大厅里满是客人，大家都挤在门口，恭候皇上驾临。伯爵夫人站在人群的前排。娜塔莎听到和感觉到有好多人问起她，并且望着她。她明白那些注意她的人都很喜欢她。这情景使她心里稍稍平静了一点。

"有些人跟我们一样，有些人还不如我们。"娜塔莎想。

彼隆斯卡雅向伯爵夫人一一指点在场的头面人物。

"瞧，这是荷兰公使，看见吗，白头发的。"彼隆斯卡雅说，指指一个鬈发如银的小老头。他的身边围着一群女人，他说了句什么话使她们格格发笑。

"哦，你瞧，彼得堡的女皇，皮埃尔伯爵夫人。"彼隆斯卡雅指指走进来的海伦说。

“真漂亮！不比纳雷施金娜[①]差；瞧，老老少少都盯住她不放。又漂亮，又聪明。据说，亲王……被她迷得神魂颠倒。至于那两个，虽然不漂亮，却有更多的人围着她们转。”

彼隆斯卡雅指指一个穿过大厅的太太和她那个长得很丑的女儿。

“这是一位百万富翁的女儿，”彼隆斯卡雅说，“那些都是追求她的人。”

“这是皮埃尔伯爵夫人的哥哥阿纳托里，”彼隆斯卡雅说，指指一个英俊的近卫骑兵军官，他正昂首阔步从她们旁边走过，眼睛没看女人，而望着她们头上的什么地方。“真漂亮！您说是吗？据说要给他娶这个有钱的姑娘。你们的*表亲*保里斯也在拼命巴结她。据说她有几百万陪嫁。……不错，那是法国公使。”伯爵夫人问科兰古是什么人，彼隆斯卡雅这样回答。“您瞧，简直像个皇帝。法国人毕竟可爱，真可爱。社交场里没有比法国人更可爱的了。哦，她来了！可不是，我们的纳雷施金娜还是比谁都美！她穿得多么朴素。真迷人！”

“那个胖子，戴眼镜的，世界闻名的共济会会员，”彼隆斯卡雅指指皮埃尔说，“同妻子站在一起，十足像个小丑！”

皮埃尔摆动肥胖的身子，挤开人群，和蔼可亲地向左右两边随便点着头，仿佛穿过市场里的人群一样。他走过人群，显然在找寻什么人。

娜塔莎高兴地望着被彼隆斯卡雅称为小丑的皮埃尔熟识的脸，知道他在人群里找她们，特别是找她。皮埃尔曾答应她来参加舞会，并给她介绍舞伴。

不过，皮埃尔还没走到她们身边，就在窗口一个个儿不高、穿白军服、皮肤浅黑的美男子面前站住。这男子正跟一个佩勋章和绶带的高个子谈话。娜塔莎立刻认出那个儿不高、穿白军服的青年就是安德烈。她觉得安德烈比以前年轻、快乐、漂亮多了。

“瞧，这里还有一位熟人，安德烈，妈妈，您看见吗？”娜塔莎指着安德

---

① 俄国宫廷中著名美人，亚历山大一世的情妇。

烈公爵说。“您记得吗，他在奥特拉德诺我们家宿过一个晚上。”

“哦，你们也认识他吗？”彼隆斯卡雅说。“我可不喜欢他。现在大家都把他捧上天。他简直是得意忘形了！像他爹一样。同斯佩兰斯基也交结上了，一起在制订什么计划。瞧他怎样对待妇女！人家在跟他说话，他却转过身去，”彼隆斯卡雅指指安德烈说。“他要是像对待那些太太那样对待我，我非把他痛骂一顿不可。”

16

突然周围骚动起来，人群叽叽喳喳，拥上去又退回来。奏起了音乐，皇帝从列队的人群中走进来。主人夫妇跟在皇帝后面。皇帝走得很快，向左右两边点头致意，仿佛想尽快摆脱这最初的欢迎仪式。乐队演奏因歌词颂扬皇上而著名的波兰舞曲。歌词的开头是：“亚历山大，伊丽莎白，我们齐心赞颂。”皇帝走进客厅，人群向门口拥去；有几个人神情紧张，匆匆来回奔走。人群看见皇帝来到客厅，并同女主人谈话，又从门口退去。一个年轻人神色慌张地向妇女们奔来，要求她们让开。有几个妇女显然忘记上流社会的礼节，向前挤去，把衣服也挤坏了。男子们走到妇女面前，组成波兰舞的对子。

大家都让开。皇帝含笑挽着女主人的手臂，不合节拍地从客厅里走出来。他们后面是男主人和纳雷施金娜，再后面是公使们、大臣们、将军们。彼隆斯卡雅不停地报着他们的名字。大多数妇女都有舞伴，准备跳波兰舞。娜塔莎发觉，她跟母亲和宋尼雅被挤到墙边，也没有人邀请她们跳波兰舞。娜塔莎垂下两条细细的手臂站在那里，她那稍稍隆起的胸部均匀地起伏着。她抑制住呼吸，恐惧的明亮眼睛望着前方，准备迎接巨大的欢乐和巨大的悲哀。皇帝也罢，彼隆斯卡雅列举的大人物也罢，娜塔莎都不感兴趣。她头脑里只想着一件事：“难道没有一个人来邀请我？难道我不能参加第一轮跳舞？难道这些男人都没有注意到我？现在他们好像都没有看见我；即使看见了，那副神气也仿佛在说：‘啊，那不是我所要的舞伴，不用看她！’不，这样可不行！”娜塔莎想。“他们应该知道，我多么想跳舞，我跳得多么出色，他们同我跳舞将会多么快乐。”

波兰舞曲演奏了好久。音乐好像勾起了娜塔莎伤心的回忆。她真想哭。彼隆斯卡雅离开了她们。伯爵在大厅的另一端；伯爵夫人、宋尼雅和她在这陌生的人群里，就像在树林里一样，谁也没注意她们，谁也不需要她们。安德烈公爵带着一位太太从她们旁边走过，显然没有认出她们。美男子阿纳托里含笑同身边一位太太说话，对娜塔莎望了一眼，就像望墙壁一般。保里斯两次从她们身边走过，每次都转过脸去。别尔格夫妇没有跳舞，走到她们面前。

自家人在舞会上谈话，娜塔莎觉得丢脸，仿佛一家人除了舞会就没有别的地方好去交谈了。薇拉对娜塔莎谈起自己的绿色连衣裙，娜塔莎既没有听她，也没有看她。

皇帝终于在他最后一个舞伴（他同三个妇女跳过舞）旁边站住，音乐也停止了。一个副官焦虑地跑到罗斯托夫家人跟前，请她们再让开一点，虽然她们已靠墙站着。乐队奏起清楚、细腻、节奏动人的华尔兹。皇帝微笑着向大厅里扫视了一下。过了一分钟，还没有人起舞。主持舞会的副官走到皮埃尔伯爵夫人面前，请她跳舞。海伦含笑伸出手搭在副官肩上，但眼睛并没有看他。副官是个跳舞老手，紧搂着舞伴，从容不迫而步子均匀地绕着圈子跳滑步，跳到大厅边上就抓住她的左手，把她的身子转过来。由于音乐节奏越来越快，只听得副官迅速而灵活的脚步均匀地碰响马刺。同时每到第三拍旋转的时候，他舞伴的丝绒连衣裙就飘起来，闪闪发亮。娜塔莎瞧着他们简直想哭，因为没有人请她跳第一轮华尔兹。

安德烈公爵身穿骑兵上校的白军服，脚上穿着长筒袜和软底鞋，高高兴兴地站在圆圈前排，离罗斯托夫家人不远。费尔果夫男爵正同他谈着明天即将举行的第一次国务会议。安德烈公爵接近斯佩兰斯基，又参加了法规委员会的工作，能提供明天会议的可靠消息，而目前正传播着有关这次会议的种种流言。不过，安德烈公爵并没有听费尔果夫说话，他时而望望皇帝，时而望望准备跳舞而还没有出场的男人。

安德烈公爵望望在皇帝面前畏怯的男人和渴望被邀请的女人。

皮埃尔走到安德烈公爵跟前,抓住他的手臂。

“您一向喜欢跳舞。我所保护的娜塔莎小姐在这里,您请她跳吧。”皮埃尔说。

“在哪里?”安德烈问。“对不起,”他对男爵说,“这事我们以后再谈吧,舞会上应该跳舞。”安德烈照皮埃尔指点的方向走去。娜塔莎那张沮丧的脸映入他的眼帘。安德烈公爵认出了她,猜到她的心情,明白她这是初次出来交际,又想起那个月夜她跟宋尼雅在窗口的谈话,就笑盈盈地走到她面前。

“让我来向您介绍我的女儿。”伯爵夫人红着脸说。

“我很荣幸已经认识伯爵小姐了,如果伯爵小姐还记得我的话。”安德烈公爵说,彬彬有礼地鞠着躬,正好和彼隆斯卡雅说他傲慢无礼的话相反。安德烈公爵还没说邀请,就伸手去搂她的腰。他请她跳华尔兹。娜塔莎那张善于变化的沮丧的脸顿时容光焕发,现出幸福、感激和天真的微笑。

“我早就在等着你了。”这个惊喜交集的小姑娘仿佛用含泪的笑容这么说,同时把一只手放在安德烈公爵的肩上。他们是进场的第二对。安德烈公爵在那个时候是个跳舞好手。娜塔莎跳得也很出色。她那双小脚穿着缎子舞鞋,轻盈灵巧地跳着,脸上则闪耀着幸福的光彩。她那裸露的脖子和手臂很瘦小,同海伦的肩膀相比要难看得多。她肩膀瘦削,胸部尚未充分发育,双臂很细;而海伦的身子则仿佛被几百双眼睛爱抚得光滑闪亮,可娜塔莎还是初次袒胸露臂,看上去还是个小女孩,要不是人家说服她非这样穿戴不可,她会非常害臊的。

安德烈公爵喜欢跳舞,许多人找他谈政治和理论,他想尽快摆脱这种谈话,同时尽快离开那些在皇帝面前战战兢兢的人,就去跳舞。他选中娜塔莎,因为皮埃尔让他去找她,因为她是他所看到的最可爱的女人。不过,他一搂住她那苗条灵活的细腰,她离他那么近地摆动着身子,那么近地对他嫣然一笑,她的魅力顿时把他迷住了。当他喘过气,放掉她站住,望着对对舞侣时,他觉得自己充满活力,年轻多了。

17

在安德烈公爵之后，保里斯走到娜塔莎跟前请她跳舞。接着那个主持舞会、擅长跳舞的副官走过来，还有几个青年也走过来。娜塔莎把多余的舞伴介绍给宋尼雅，自己满脸绯红，兴高采烈地跳了一个晚上。她根本没注意，也没看到舞会上那些引人注意的事。她没注意到，皇帝同法国公使谈了很久，又对一位太太特别恩宠，也没注意某某亲王做了什么，说了什么，海伦怎样出足风头，受到某某的青睐；她甚至没有看到皇帝。后来舞会的气氛变得更加热烈，她这才发觉皇帝已经走了。晚餐前，安德烈公爵又跟娜塔莎跳愉快的科季里昂舞。他提起他们在奥特拉德诺林阴路上的初次会面，她在月夜睡不着觉，他无意中听见了她的话。娜塔莎脸红起来，竭力替自己辩白，仿佛安德烈公爵无意中听到她表达感情是不体面的。

安德烈公爵也像一般老于社交的人那样，喜欢同没有染上社交习气的女人交谈。娜塔莎乐天、胆怯，样样觉得新奇，法语讲得不正确，她正好是这样的女性。安德烈公爵待她特别温柔，同她说话格外谨慎。他坐在她旁边，同她谈些无关紧要的事，欣赏着她那眼睛和笑容里的快乐光芒。她的笑容同所谈的事无关，而是她内心喜悦的反映。当有人来邀请娜塔莎，她含笑站起来在大厅里跳舞时，安德烈公爵特别欣赏她那羞答答的娇态。娜塔莎跳完第一轮科季里昂舞，气喘吁吁地回到自己的位子上。这时又有一个男子来请她跳舞。她累了，还在喘气，很想推辞，但立刻又快乐地把手搭到舞伴肩上，并对安德烈公爵回眸一笑。

"我真想休息一下，同您坐一会儿，我累了；但您看到，人家来邀请我，我很高兴，很幸福，我爱大家。这一层我们两个都了解。"娜塔莎的笑容还表示了许多别的意思。当舞伴放下她时，她迅速地穿过场子，去请两位女士跳下一节舞。

"她要是先去找她的表姐，再去找别的女士，她将成为我的妻子。"安德烈公爵望着她，自己也没有想到，就这样自言自语。娜塔莎是先走到表姐跟前。

“人有时会产生多么荒唐的念头!”安德烈公爵想。“不过可以肯定,这个姑娘那么可爱,那么出色,她只要在这里跳上一个月舞,就一定会嫁人……这里难得有这样的好姑娘。”当娜塔莎理理腰带上的玫瑰花,在他旁边坐下时,他想。

在科季里昂舞快结束时,老伯爵身穿藏青礼服,走到跳舞的人群里。他邀请安德烈公爵到他们家去玩,又问女儿是不是快乐?娜塔莎没有回答,只嗔怪似地微微一笑,仿佛说:“这种话怎么可以问呢?”

“我从来没有这样开心过!”娜塔莎说。安德烈公爵看见,她那瘦小的手臂迅速地举起来要拥抱父亲,但立刻又放下。娜塔莎确实有生以来没有这样高兴过。她达到了幸福的顶峰。在这样的时刻,一个人只知道善良和美好,不相信人间有邪恶、不幸和悲哀。

在这个舞会上,皮埃尔第一次因妻子在上流社会的地位而感到屈辱。他闷闷不乐,神不守舍。他的额上横刻着一条很深的皱纹。他戴着眼镜,站在窗口发呆,一个人也没有看见。

娜塔莎去吃饭,从皮埃尔身边走过。

皮埃尔恼怒的神色使她吃惊。娜塔莎在他面前站住。她想安慰他,把自己过剩的幸福分给他。

“真开心,伯爵!”娜塔莎说,“是不是?”

皮埃尔漫不经心地微微一笑,显然不明白她对他说的话。

“是的,我很高兴。”皮埃尔说。

“他们怎么会有不称心的事呢,”娜塔莎想,“特别是像皮埃尔这样的好人?”在娜塔莎的眼里,舞会上的人个个都同样善良、可爱、出色、相亲相爱,谁也不可能欺负谁,所以个个都应该高兴。

（三）
第二部

30

皮埃尔从安德烈公爵那里回到果尔基，吩咐马夫备好马，一早叫醒他，接着就在保里斯留给他的隔板后面角落里睡着了。

皮埃尔第二天早晨醒来，屋里已没有人。小窗子的玻璃琅琅作响，马夫站在旁边摇他。

“老爷！老爷！老爷！”马夫不断地摇他的肩膀，反复叫道，眼睛不看他，显然已不指望能弄醒他。

“什么事？开始了？时候到了？”皮埃尔醒来，问。

“您听听炮声，”当马夫的退伍兵说，“老爷们都走了，总司令也早过去了。”

皮埃尔连忙穿好衣服，跑到台阶上。户外晴朗，空气清新，露珠遍地，一片生机勃勃的景象。太阳刚从乌云后面露出来，一半仍被乌云遮断的阳光，从街对面房子的屋顶上照到沾满露珠的土路上、房屋的墙上、窗上和拴在屋外的皮埃尔的马上。炮声在户外听得格外清楚。一个副官带着哥萨克骑马从街上跑过。

“该走了，伯爵，该走了！”副官嚷道。

皮埃尔吩咐马夫牵马跟在他后面，沿街走向昨天他观察战场的土岗。土岗上有一群军人，可以听到参谋人员在那里用法语谈话，还可以看见库图佐夫头戴红箍白帽，白发苍苍，后脑勺缩在肩膀里。库图佐夫用单筒望远镜望着前面的大路。

皮埃尔拾级走上土岗，向前眺望了一下，一派美丽的景色使他陶醉。这就是他昨天从土岗上欣赏过的广阔画面，如今这地方已布满军队，弥漫着大炮的硝烟，明亮的太阳从皮埃尔左后方冉冉升起，斜射的阳光透过早晨明净的空气，向大地投下金黄和玫瑰红的光线以及长长的阴影。远方的树林仿佛用黄绿宝石雕成，黑魆魆的树梢错落有致地呈现在地平线上。在树林中间，瓦卢耶瓦后面，蜿蜒着斯摩棱斯克大道，大道上都是军队。近处是金黄的田野和树丛。前后左右到处都是军队。这一切都生气勃勃，庄严雄伟，出人意料。但最使皮埃尔惊讶的却是战场本身、鲍罗金诺村和柯洛察河两岸的洼地。

在柯洛察河上，在鲍罗金诺村和村庄两边，特别是左边，在伏依纳河从沼泽的两岸流入柯洛察河的地方，弥漫着一片迷雾。迷雾渐渐扩散，融化，在灿烂的阳光中，把万物渲染得五彩缤纷，光怪陆离。大炮的硝烟同迷雾混合在一起，在这片烟雾中到处都闪耀着早晨的阳光：时而在河面上，时而在露珠上，时而在河两岸和鲍罗金诺军队的刺刀上。在薄雾中可以看见一座白色的教堂、鲍罗金诺农舍的屋顶、一群群士兵，以及绿色的弹药箱和大炮。这一切都在移动，或者像在移动，因为烟雾在这个空间里不停地飘浮荡漾。就像鲍罗金诺附近洼地上笼罩着迷雾那样，在村庄外面，在高空，特别是在全线的左边，在树林里，在田野上，在洼地上，在高地上，不断地升起硝烟，有时一团，有时几团，有时稀落，有时密集。硝烟膨胀，扩散，缭绕，融合，布满了整个空间。

说来奇怪，这些硝烟和炮声竟形成一道迷人的景观。

“噗——噗！”突然出现了一团浓烟，颜色由紫变灰，由灰变乳白，一秒钟后发出了“嘭——嘭！”的响声。

皮埃尔回头看看原是一个圆球的第一团硝烟，发现那里已出现好几团硝烟，正向一边飘去，接着又是“噗……噗噗……”出现了三四团硝烟，然后又隔开一定时间传来悦耳、清晰和准确的“嘭——嘭——嘭”声。这些硝烟时而飘动，时而停留，树林、田野和闪亮的刺刀仿佛就在它们旁边奔跑。左边田野和树丛上不断出现一团团大的硝烟，接着发出庄严的响声；近处洼地和树林上冒出一个个小的步枪硝烟，它们还没有形成球，但接着也发出低低的响声。“嗒拉——嗒拉——嗒拉”，传来步枪的响声，虽然频繁，但比起炮声来则显得杂乱而微弱。

皮埃尔想到那有硝烟、刺刀闪光、大炮、活动和响声的地方去。他回头看看库图佐夫和他的随从，以便拿自己对他的印象和别人对他的印象作一番比较。大家都像他一样眺望着战场，而且怀着同他一样的感情。现在人人脸上都洋溢着爱国的**潜热**，这种情绪皮埃尔昨天就注意到，但是领悟却是在他同安德烈公爵谈话之后。

“去吧，去吧，好人，基督与你同在！”库图佐夫对站在他旁边的将军说，眼睛没离开战场。

这个将军听到命令走下山去，从皮埃尔身边走过。

“去渡口！”将军严厉地冷冷回答一个参谋官。

“我也去，我也去。”皮埃尔想，便跟着将军走去。

将军骑上哥萨克给他牵来的马。皮埃尔走到牵着几匹马的马夫跟前。皮埃尔问哪一匹最驯顺，然后骑上给他指定的那匹马。他抓住马鬃，脚尖朝外，脚跟夹住马肚子。他感到眼镜在滑下去，但又不能放掉马鬃和缰绳。他跟着将军奔驰起来，引得从土岗上观望他的参谋官都笑了起来。

31

皮埃尔追随的那位将军下了山，陡然向左拐。皮埃尔看不见他，就冲进前面步兵的队伍。他忽左忽右想从他们中间穿过去，但到处都是神色紧张的士兵，他们正忙着一项看不见但显然很重要的事。大家都用愤慨而疑问的目光望着这个头戴白帽的胖子，不知他为什么要骑马冲撞他们。

“怎么骑马跑到队伍中来了！”有人对他喝道。另一个拿枪托推开他的马。皮埃尔伏在鞍鞒上，勉强控制着受惊的马，跑到士兵们前面空旷的地方。

他前面有一座桥，桥边另有一些士兵在射击。皮埃尔走到他们跟前。他不知不觉来到横跨柯洛察河的桥旁。这座桥在果尔基和鲍罗金诺之间，法军在占领鲍罗金诺后首先向它进攻。皮埃尔看见前面有一座桥，桥两头和草地上，在他昨天看见的一捆捆干草里，士兵们在硝烟里干着什么；但尽管这里射击声不断，他却怎么也没有想到这里就是战场。他没有听见枪弹在四方呼啸，炮弹从头上飞过，没有看见河对面的敌人，好久没有看见人员伤亡，尽管有许多人在离他不远处倒下来。他一直脸带笑容，向四周环顾。

“你这家伙怎么在前线骑马？”又有人对他吆喝道。

“向右走，向右走！”有人对他嚷道。

皮埃尔向右走，无意中遇到他认识的拉耶夫斯基将军的一个副官。这个副官怒气冲冲地对皮埃尔瞪了一眼，显然也要向他吆喝，但一认出是他，就向他点点头。

“您怎么到这里来了？”他说着，向前跑去。

皮埃尔觉得自己来得不是地方，又无事可做，还怕妨碍人家，就跟着副官跑去。

“这里是怎么一回事？我可以跟您一起走吗？”他问。

“等一下，等一下！副官回答，他跑到一个站在草地上的胖上校跟前，向他传达了什么，然后同皮埃尔说话。

“您怎么到这儿来了，伯爵？”他笑眯眯地对皮埃尔说。“您还是那么好奇吗？”

“是的，是的！”皮埃尔说。但副官拨转马头，继续向前跑去。

“感谢上帝，这里还好，”副官说，“但左翼巴格拉基昂那里打得可厉害了。”

“真的吗？”皮埃尔问。“这是在哪里呀？”

“您跟我到小山上去，那里看得清楚。我们的炮兵阵地还支持得住，”副官说。“你去吗？”

“好，我跟您去。”皮埃尔说，环顾周围，找寻着自己的马夫。直到这时皮埃尔才看见伤员，有的蹒跚地步行，有的躺在担架上。就在他昨天骑马经过、上面摆着一捆捆芳香干草的草地上，僵卧着一个士兵，不自然地歪着头，军帽掉在一边。“为什么不把这个兵抬走？”皮埃尔想问，但一看见副官也在朝着那边望，神色严厉，就不作声了。

皮埃尔没有找到他的马夫，就跟着副官沿洼地向拉耶夫斯基所在的土岗跑去。皮埃尔的马跟不上副官,有节奏地颠簸着。

“您大概骑不惯吧,伯爵?”副官问。

“不,没什么,但马颠得厉害。”皮埃尔困惑不解地说。

“哦!……它负伤了,”副官说,“伤在右前腿,膝盖以上的地方。大概被子弹打中了。恭喜您,伯爵,受了**火的洗礼**。”

他们经过炮兵后面硝烟弥漫的第六军,走近一座小树林。炮兵已移到前面,正开着炮,发出震耳欲聋的响声。树林里清凉、幽静,一片秋意。皮埃尔和副官下了马,向山上走去。

“将军在这里吗?”副官走近土岗问。

“刚才还在这里,现在到那边去了。”有人向右边指指,回答。

副官回头看了皮埃尔一眼,仿佛不知道现在该拿他怎么办。

“您不用费心,”皮埃尔说。“我到土岗上去,行吗?”

“去吧,去吧,那里可以看到一切,也不那么危险。回头我来接您。”

皮埃尔向炮台走去,副官继续往前走。从此他们再没见面。好久以后皮埃尔才知道,副官当天就有一条手臂被打断了。

皮埃尔上去的那个土岗是个著名的地方(后来俄国人叫它土岗炮台或者拉耶夫斯基炮台,法国人则叫它**大多面堡**,**致命的多面堡**,**中央多面堡**),在它周围死了几万人,它被法国人看作整个阵地存亡的关键。

这个多面堡利用土岗修成,三面挖了壕沟。壕沟里摆着十门大炮,炮口从土墙孔里伸出来。

土岗两边还排列着一门门大炮,也在不断地射击。大炮后面站着步兵。皮埃尔走上土岗,怎么也没有想到,这个挖有几条壕沟、上面有几门炮在射击的地方,竟是那次会战中最重要的地方。

相反,皮埃尔还以为在战斗中这是一个无足轻重的地方,因此安然站在上面。

皮埃尔走上土岗,坐在围绕炮位的壕沟的一端,情不自禁地露出快乐的笑容,瞧着周围发生的一切。他偶尔站起来,仍旧带着那样的笑容,在炮位上踱来踱去,竭力不妨碍装炮弹、开炮、拿着弹药袋和炮弹从他旁边跑过的士兵。这个炮位上的炮接二连三地发射,隆隆的炮声震耳欲聋,整个地区硝烟弥漫。

这里同掩体里步兵心惊肉跳的感觉相反,在这个炮位上,有一小群人同其他壕沟隔离,都忙于干活,这里有一种人人平等、亲如一家的活泼气氛。

皮埃尔那副头戴白帽的非军人样子起初使他们感到惊讶和不满。从他旁边经过的士兵惊奇甚至恐惧地瞟着他的身子。一个麻脸,长腿的高个子炮兵校官,仿佛要看看边上那门炮的射击情况,走到皮埃尔面前,好奇地对他瞧瞧。

一个圆脸的年轻军官,还是个半大孩子,显然刚从中等武备学校毕业出来,非常卖力地指挥着两门交托给他的大炮,一本正经地对皮埃尔说:

"先生,请您让开一点,待在这里不行。"

士兵们瞧着皮埃尔,不以为然地摇摇头。但后来他们相信,这个头戴白帽的人没做什么坏事,而是安静地坐在土堤上,或者带着羞涩的微笑恭敬地避让士兵们,若无其事地在炮位上走来走去,就像在林荫道上散步一样。这时,对他不信任的敌对情绪就转变为戏谑和蔼的同情,就像对待随军的狗、鸡和羊一样。如今士兵们已把皮埃尔当作自己人,还给他起了绰号。他们叫他"我们的老爷",亲切地取笑他。

一颗炮弹在离皮埃尔两步远的地方爆炸。他拂去溅在身上的泥,笑眯眯地环顾着。

"老爷,您怎么不怕呀,真是的!"一个红脸宽肩的士兵露出雪白的大板牙,对皮埃尔说。

"难道你怕吗?"皮埃尔问。

"哪能不怕?"那兵回答。"炮弹是不留情的。砰的一声,肠子出膛。不能不怕呀!"他笑着说。

有几个兵笑嘻嘻地站在皮埃尔旁边。他们仿佛没有想到他说话也像大家一样,这一发现使他们都乐了。

"这是我们大兵干的活。可是您老爷也来,真是奇怪,老爷真行!"

“各就各位!”年轻的军官对聚集在皮埃尔周围的士兵喝道。这位年轻的军官显然是初次执行职务,因此对士兵和上级都很认真。

整个战场上隆隆的炮声和嘘嘘的枪声越来越激烈了,特别是在巴格拉基昂多面堡左边,但皮埃尔所在的地方,由于硝烟弥漫,什么也看不见。再说,皮埃尔的全部注意力都集中在炮位里亲如一家而同外界隔离的官兵身上。起初,战场的景象和声音在他身上引起一种情不自禁的兴奋,在看到单独躺在草地上的士兵后,他的心情就起了变化。此刻他坐在壕沟的斜坡上,观察着周围的一张张脸。

还不到十点钟,已经有二十来个人从炮位上被抬走;两门炮被打坏,落在炮位上的炮弹越来越多,子弹嘘嘘地在远处呼啸。但炮位里的人都若无其事,四处是一片欢乐的笑语声。

“好炮弹!”一个兵对嗖嗖飞来的榴弹叫道。“不要飞到这里来! 飞到步兵那里去!”另一个兵发现榴弹从头上飞过,落在掩护部队里,哈哈笑着说。

“怎么,是相好吗?”另一个兵看到炮弹飞过时有个人蹲下来,嘲笑说。

几个兵聚集在土垒旁,张望前面发生的事。

“他们撤了散兵线,瞧,往回走了。”他们指指土垒外面,说。

“管自己的事,”一个老军士对他们喝道。“他们往回走,说明那边有事。”老军士抓住一个兵的肩膀,用膝盖撞撞他。阵地上发出了一片哄笑声。

“拉到五号炮那里去!”有人从一边喊道。

“大家一齐来,像拉纤一样,齐心协力。”拉炮的士兵快乐地叫道。

“哦,差点儿把我们老爷的帽子打掉了。”爱开玩笑的红脸兵露出牙齿嘲笑皮埃尔。“哼,丑娘们!”一颗炮弹打在炮轮和人腿上,他责骂道。

“哈,你们这些狐狸!”另一个兵取笑弯着身子到炮位来抬伤员的民兵说。

“这饭不好吃吧? 哼,你们这些乌鸦,害怕了!”他们对站在断腿伤员面前迟疑不决的民兵嚷道。

“哎哟，哎哟，这家伙！”他们摹仿农民民兵说。“他们可不喜欢了。”

皮埃尔发现，炮弹越落越多，伤亡越来越大，但大家的情绪却越来越高。

就像暴风雨临近那样，人人脸上越来越频繁、越来越明亮地焕发着潜藏的怒火，仿佛在对抗当前发生的事态。

皮埃尔不再看前面的战场，不再关心那边发生的事，他专心望着那越烧越旺的火，觉得心里也燃烧着同样的火。

十点钟，炮位前灌木丛中和卡明加河岸上的步兵撤退了。从炮位上可以看见，他们用枪抬着伤员往回跑。一个将军带着随从走上土岗，对上校说了几句话，怒气冲冲地瞧了瞧皮埃尔，命令站在炮位后的掩护步兵卧倒以减少伤亡，自己又走下土岗。接着在步兵队伍里，在炮位右方，传出鼓声和口令声，从炮位上看得见步兵在向前推进。

皮埃尔从土垒后面朝外望。有一个人特别引起他的注意。这是一个青年军官，他脸色苍白，拖着佩剑，一面倒退，一面不安地环顾着。

步兵的队伍在硝烟里消失了，只听见他们拖长的叫声和密集的枪声。几分钟后，就有一批批伤员和抬担架的人从那里走过来。落在炮位上的炮弹越来越多了。有几个倒下的人没有被抬走。大炮周围的士兵更忙碌了。谁也不再注意皮埃尔。他有两次因为挡路而受到怒喝。上士皱着眉头，迈着大步，急急地在几门大炮之间跑来跑去。那个青年军官脸涨得更红，更卖力地指挥着士兵。士兵们传递炮弹，转动身体，装上炮弹，干得更紧张更漂亮了。他们像在弹簧上似的来回跳动。

暴风雨逼近了，人人脸上都泛出皮埃尔看到的心灵的火焰。他站在一个年长的军官旁边。一个年轻的军官手举到帽边，向年长的军官跑来。

“报告，上校先生，炮弹只剩下八发了，还继续放吗？”他问。

“霰弹！”年长的军官望着土垒外喊道，没有回答他的问题。

突然出了一件事：年轻的军官大叫一声在地上坐下来，就像一只中弹的飞鸟。在皮埃尔的眼里，一切都变得古怪、模糊和阴暗了。

炮弹接二连三地呼啸着，有的打中土垒，有的打中士兵，有的打中大炮。皮埃尔以前没有留心这声音,现在只听见这种声音。在炮位右边,皮埃尔觉得喊着“乌拉”的士兵不是在往前跑,而是在往后退。

一颗炮弹打在皮埃尔站着的土垒一边,泥土纷纷撒落下来,他眼前掠过一个大黑球,立刻撞在什么东西上。正向炮位走的民兵纷纷往后退。

“老是打霰弹!”军官叫道。

年轻的军官跑到年长的军官面前,怯生生地低声说,炮弹没有了,那模样就像管家报告主人他要的酒没有了。

“混账东西,怎么搞的!”年长的军官嚷道,一面转身对着皮埃尔。年长的军官涨红脸,满头大汗,皱紧眉头,眼睛发亮。“到后备队去,搬弹药箱!”他嚷道,愤怒地扫了皮埃尔一眼,转身对着他的士兵。

“我去!”皮埃尔说。军官没有理他,大步向另一边走去。

“不要放……等一下!”他喊道。

奉命去搬弹药的兵撞在皮埃尔身上。

“哦,老爷,这里不是你待的地方,”他说着往下跑。皮埃尔跟着那个兵跑过,绕过青年军官坐着的地方。

炮弹接二连三地从他头上飞过,落在他的前面,后面,旁边。皮埃尔往下跑。“我这是往哪儿跑啊?”他突然省悟过来,已经接近绿色的弹药箱。他停下脚步,决不定应该前进还是后退。突然,一股惊人的力量把他往后推倒在地。就在这一刹那,一个巨大的火光把他照亮,也就在这一刹那,他听到了震耳欲聋的轰隆声、爆裂声和呼啸声。

皮埃尔清醒过来,用双手支撑着坐在地上。他旁边那只弹药箱不见了,只有几块燃烧过的绿色木板和布片散落在烧焦的草地上;一匹马拖着断车辕跑开去,另一匹马也像皮埃尔一样倒在地上,发出长长的刺耳的叫声。

32

皮埃尔吓得魂不附体,霍地跳起来,跑回炮台,仿佛那是逃避一切恐怖的唯一场所。

皮埃尔走进堑壕,发现炮台里已听不见炮声,但有人在那里做着什么。这是些什么人,皮埃尔还没明白过来。他看见一个老上校背对他趴在土垒上,仿佛在往下察看什么东西;他看到一个面熟的士兵,嘴里喊着"弟兄们",竭力要挣脱捉住他手臂的人往前冲;他还看见一些奇怪的事。

但他还没有想到,那个上校已被打死,那个喊着"弟兄们!"的兵已成了俘虏,另一个兵背上挨了一刺刀。他刚跑进堑壕,就有一个穿蓝制服、面黄肌瘦、满头大汗的人,嘴里喊着什么,拿着长剑向他冲来。皮埃尔同他撞了个满怀,本能地进行自卫,一手抓住这人的肩膀,一手掐住他的喉咙。原来这是个法国军官。法国军官丢下长剑,抓住皮埃尔的领子。

一连几秒钟他们两人恐惧地瞧着对方陌生的脸,两人都弄不懂他们在做什么,应该做什么。"是我被俘虏了,还是他被我俘虏了?"他们都这样想。不过,法国军官显然更多地以为自己被俘了,因为皮埃尔由于不由自主的恐惧,他那只有力的手越来越紧地掐着对方的喉咙。法国人想说什么,但突然有颗炮弹惊心动魄地从他们头上低低飞过,法国军官猛地低下头,以致皮埃尔觉得他的脑袋仿佛被打掉了。

皮埃尔也低下头,垂下双手。他们不再想是谁俘虏了谁,法国人跑回炮台,皮埃尔则跑下山去,在死伤者的身上磕绊着,觉得他们在抓他的脚。但没等他跑下山,就遇见一大群迎面跑来的俄国兵。他们磕磕绊绊,大声叫喊,欢天喜地地向炮台跑来。(叶尔莫洛夫①把这次冲锋记在自己的功劳簿上,宣称全靠他的勇敢和运气才取得这一功绩,而且把他口袋里所有的圣乔治十字章都扔在土岗上,奖赏给最先到达的士兵。)

占领炮台的法国人逃跑了。我们的军队口喊"乌拉"追赶法军,追到离炮台很远的地方,因此难以阻止他们。

俘虏从炮台上被带下来。其中包括一个负伤的法国将军。法国将军被军官们围住了。一群群伤员,有的皮埃尔认识,有的皮埃尔不认识,有

---

① 叶尔莫洛夫(1777—1861),俄国步兵上将(1818),曾参加1805—1807年俄法战争,1812年任第一集团军参谋长。著有《笔记》。

法国人，有俄国人，脸上都现出痛苦的神色，从炮台上有的走下来，有的爬下来，有的被担架抬下来。皮埃尔又走上他度过一个多小时的土岗，原来把他当作一家人接待的那些人，如今一个也找不到了。许多死人是他不认识的。但有几个他认了出来。年轻的军官仍旧弯着身子，坐在土垒旁的血泊中。红脸的士兵还在抽搐，却没有被抬走。

皮埃尔往山下跑去。

“哦，现在他们该住手了！现在他们该对他们的行为感到害怕了！”皮埃尔想，漫无目的地跟着一群从战场上抬下担架的人走去。

但被硝烟遮住的太阳还高悬在天空，在前方，特别是谢苗诺夫村左边，硝烟中双方正在激战，枪炮声不但没有减弱，而且激烈到极点，就像一个人在垂死挣扎和呼喊。

33

鲍罗金诺会战的主要战斗发生在鲍罗金诺和巴格拉基昂多面堡之间一千俄丈①的地区。在这个地区以外，一边有乌瓦罗夫俄国骑兵的佯攻，另一边，在乌基察后边，有波尼亚托夫斯基同杜契科夫进行的接触，但这同中心战场的战斗比起来只是两场小小的单独战斗。在鲍罗金诺和尖顶堡之间的田野上，在树林旁边，这天的主要战斗发生在两边都看得见的旷地上，而且用的是最简单朴素的方式。

双方各用几百门炮互相轰击，展开战斗。

后来，整个战场硝烟弥漫，在硝烟中，德赛和孔朋的两个师就从右边(从法军方面看)向尖顶堡移动，而副王的部队则从左边向鲍罗金诺进攻。

这些尖顶堡离拿破仑所在的舍瓦尔季诺多面堡只有一俄里，但离鲍罗金诺有两俄里以上，因此拿破仑看不到那里发生的事，再加上硝烟混合着迷雾，把整个地区都遮蔽了。德赛师的士兵直到走下尖顶堡前的峡谷才能被人看见。他们一到峡谷，尖顶堡上枪炮的硝烟十分浓密，遮蔽了峡

① 等于 2134 米。

谷那边的整个山坡。硝烟中有时掠过一些黑魆魆的影子，大概是人，有时则掠过刺刀的闪光。但他们是在行动还是站在那里，是法国人还是俄国人，从舍瓦尔季诺多面堡都看不清。

太阳灿烂地升起，阳光斜射在拿破仑脸上，拿破仑手搭凉棚眺望尖顶堡。尖顶堡前硝烟扩散开来，一会儿好像是硝烟在动，一会儿好像是军队在动。有时在枪炮的射击声间歇中可以听见人的呐喊，但不能判断他们在那里做什么。

拿破仑站在土岗上，用单筒望远镜瞭望着。他从望远镜的小筒里看见烟和人，有时是自己人，有时是俄国人；但当他再用肉眼看时，他不知道刚才看见的东西在哪里。

他走下土岗，在土岗前来回踱步。

不仅从下面他站立的地方，不仅从他的将军们现在站立的土岗上，而且从尖顶堡上也看不清这里所发生的事。在尖顶堡上，俄国兵，法国兵，阵亡的，负伤的，活着的，受惊的，发疯的，轮流出现，混成一片。一连几小时，在这个地方，在连续不断的枪炮声中，时而出现俄国兵，时而出现法国兵，时而出现步兵，时而出现骑兵；他们出现，倒下，射击，搏斗，呐喊，后退，不知该拿对方怎么办。

拿破仑派出的副官和他那些元帅的传令官骑马跑来向他报告军情，但所有这些报告都是靠不住的，因为在激战中无法说清当时的情况，因为许多副官根本没有跑到战斗现场，而只是转告从别人口里听来的消息，还因为副官们跑了两三俄里来到拿破仑那里，情况已发生了变化，他们带来的消息已过时了。例如一个副官从副王那里骑马跑来，报告鲍罗金诺已被占领，柯洛察河上的桥已落到法军手里。副官问拿破仑要不要命令军队过桥？拿破仑下令军队在对岸列队待命，其实不仅在拿破仑发这道命令的时候，甚至在副官刚离开鲍罗金诺的时候，也就是在皮埃尔于会战开始时参加的那场搏斗中，桥已被俄军夺回，并且被烧掉了。

副官吓得面无人色，从尖顶堡骑马跑来向拿破仑报告说，他们的进攻已被打退，孔朋负伤，达武阵亡，然而就在副官得知法军被打退的时候，尖顶堡已被另一部分法军占领，达武并没有死，只是受了点轻伤。拿破仑就凭这些极不可靠的报告发布命令。这些命令不是在发出之前已被执行，就是根本无法执行，因此也就没有被执行。

离战场较近的元帅们和将军们，像拿破仑一样，也没有直接参加战斗，只偶尔来到步枪射程之内，不请示拿破仑，擅自作出部署，命令从哪里往哪里射击，骑兵往哪里跑，步兵往哪里冲。但就连他们的命令也像拿破仑的命令一样，难得被执行，而且执行得很差。发生的情况多半同他们的命令相反。奉命前进的士兵，一遇到霰弹就往回跑；奉命坚守阵地的士兵，突然发现前面有俄国人，有时向后跑，有时往前冲，而骑兵没有等到命令就去追击逃跑的俄国人。这样，两个骑兵团跑过谢苗诺夫峡谷，刚要上山，就拨转马头全速往回跑。步兵也这样行动，有时他们完全违反命令，任意乱跑。大炮何时移动，向何处移动，步兵何时出动射击，骑兵何时追逐俄国步兵，一切命令都是由就近的部队长官擅自作出的，不仅不请示拿破仑，甚至不请示奈伊、达武和缪拉[①]。他们并不害怕不执行命令或擅自发布命令，因为在战斗中关系最重大的是人的生命，有时觉得往后跑安全，有时觉得往前跑安全，而处身在战斗中心的人就根据自己的心情行动。其实这种前进或后退并不能减轻或改变部队的情况。他们相互追逐和冲突不会造成什么损害，而造成损害、死亡和残废的，却是他们在旷野上奔跑时遇到的子弹和炮弹。这些人一离开炮弹和子弹横飞的旷野，站在后面的指挥官立刻把他们整编，整顿他们的纪律，并依靠纪律把他们赶回火线，而到了火线，他们在死的恐惧下又丧失纪律，凭着一时的冲动东奔西跑。

34

拿破仑手下的将军达武、奈伊和缪拉离这里的火线很近，有时甚至骑马进入火线，一次次把大量整齐的队伍调到这里。但与历次战役相反，他

---

① 若阿尚·缪拉(1767—1815)，法国军事家，拿破仑一世的元帅。

们没有获得预期的敌人逃跑的消息，而整齐的队伍**从那里**回来，总是惊惶失色，溃不成军。他们重新整编，但人数却越来越少。中午，缪拉派副官向拿破仑求援。

拿破仑坐在土岗下喝混合香酒，这时缪拉的副官骑马跑来，信心十足地说，只要陛下再拨一个师，俄军准会被打垮。

“增援？”拿破仑严厉地说，望着披一头长长的黑色鬈发(像缪拉一样)的俊美青年副官，仿佛不明白他的话。“增援！”拿破仑想。“他们手里有一半军队，用来对付没有设防的软弱的俄军侧翼，还要增援作什么！”

“告诉那不勒斯王，”拿破仑严厉地说，“现在还不到中午，我还看不清楚棋盘。去吧……”

蓄长发的俊美青年副官一直举着手敬礼，长叹一声，又跑回厮杀的地方。

拿破仑站起身，唤来科兰古和贝蒂埃，同他们谈与战争无关的事。

在拿破仑感兴趣的谈话中途，贝蒂埃从眼角看到一个带随从的将军骑一匹汗沫满身的马向土岗跑来。原来是裴里亚。他跳下马，快步向皇帝走来，大胆地高声要求增援。他发誓说，皇上要是再派一个师，俄军就将灭亡。

拿破仑耸耸肩膀，什么也没有回答，继续踱步。裴里亚兴奋地同围住他的随从将军们大声说话。

“你这火暴性子，裴里亚，”拿破仑走到跑来的将军跟前说。“火气大，容易犯错误。你先回去看看，然后再来找我。”

不等裴里亚的影子消失，从战场另一边又有一个使者骑马跑来。

“哼，又有什么事？”拿破仑说，显然被一再打扰激怒了。

“陛下，公爵……”副官刚开口说。

“要求增援吗？”拿破仑生气地做着手势说。副官肯定地点点头，开始报告；但皇帝转过身去，走了两步又站住，回过来叫贝蒂埃。“得派后备队了，”他轻轻地摊开双手说。“您看派谁去？”他对贝蒂埃说，后来他在谈到贝蒂埃时说：“我把小鹅训练成鹰了。”

“陛下,派克拉帕雷德师去怎么样?”贝蒂埃回答说,他把所有的师、团和营都记得一清二楚。

拿破仑赞同地点点头。

副官骑马向克拉帕雷德师跑去。过了几分钟,驻扎在土岗后面的年轻近卫军开走了。拿破仑默默地望着那个方向。

“不!”他突然对贝蒂埃说,“我不能派克拉帕雷德师去。派弗里安师去吧!”他说。

虽然派弗里安师代替克拉帕雷德师没有任何好处,而且现在留下克拉帕雷德而派遣弗里安显然会耽误时间,圣旨还是被严格执行了。拿破仑没有看到,他现在对待军队就像一个乱投药石的庸医,尽管他很懂得这种医生的作用,并加以谴责。

弗里安师也像其他部队一样,隐没在战场的硝烟中。四面八方不断有副官跑来,大家好像商量好一样,说的都是同一件事。大家都要求增援,大家都说俄军坚守阵地,发出疯狂的炮火,使法军迅速瓦解。

拿破仑坐在折椅上沉思。

爱好旅行的波塞先生从早晨起一直饿着肚子,这时走到皇帝面前,斗胆恭请陛下进膳。

“我想现在就可以向陛下祝贺胜利了。”他说。

拿破仑默默地摇摇头。波塞先生以为皇帝摇头是指胜利而不是指进膳,就又俏皮又恭敬地说,可以吃饭的时候,就是天塌下来也要吃。

“走开……”拿破仑突然恼怒地说,转过身去。波塞先生脸上浮起歉疚、悔恨和欣喜交错的怡然微笑,悄悄地溜到别的将军那儿去了。

拿破仑此刻心情沉重,好像一个一向走运的赌徒,随便下注总是赢钱,可是他突然考虑起赌运来,这才发现,他越精心研究赌局,越觉得必输无疑。

军队还是那些军队,将军还是那些将军,准备还是那样的准备,部署还是那样的部署,公告依旧那样简短有力,他还是原来的他,这一层他是知道的。他也知道他现在比以前更有经验,更加精明,甚至知道敌人还是同奥斯特里茨和弗里德兰战役时一样,可是他那震撼天地的巨臂却像中了魔法,变得软弱无力了。

炮兵集中到一点,后备队突破敌人阵线,铁骑进行攻击,所有这些以前必胜的方法都已用上,可是不仅没有取得胜利,而且四面八方都送来同样的消息:将军们伤亡,要求增援,俄军无法击退,法军溃败。

从前,他只要发布两三道命令,说两三句话,元帅和副官就会满面春风地赶来祝贺,报告俘获大批俘虏、成捆敌方军旗和鹰旗、大炮、辎重车,缪拉只要求让骑兵去收集辎重车。在洛迪、马仑戈、阿尔科尔、耶纳、奥斯特里茨、瓦格拉姆[①]等地,情况都是这样。如今他的军队仿佛出了怪事。

虽然传来占领尖顶堡的消息,拿破仑知道目前的形势同他以往的历次战役不同,完全不同。他知道,他周围有战斗经验的人,此刻的感受同他一样。个个都愁眉不展,彼此避开目光。只有波塞一人不能理解当前形势的严重性。拿破仑凭他长期作战的经验十分清楚,攻方连续八小时作战,经过一切努力仍不能取胜,这意味着什么。他知道,这几乎是败局已定,现在,在这生死关头,只要有一点小小的差错,他和他的军队就会全军覆没。

他回顾这次古怪的对俄战争,他没有打过一次胜仗,两个月来没有俘获过一面军旗、一门大炮、一个军团。他看到周围人们忧心忡忡的神色,听着俄军坚守阵地的报告,他心中充满了一种类似噩梦的恐怖,他的头脑里浮现出各种可能使他毁灭的不幸事故。俄军可能攻击他的左翼,可能突破他的中央,一颗流弹就可能把他打死。这一切都有可能。以前作战时,他只考虑各种胜利的可能,可现在却有无数不幸的事故摆在他面前,他在等着它们的出现。是的,这好像噩梦,一个人梦见暴徒向他袭击,他在梦中挥动手臂,使劲向暴徒打去,以为准能把暴徒打倒,可是发觉自己的手臂软弱无力,像抹布一样耷拉下来。于是这个束手无策的人恐怖地感到末日来临。

---

① 这些是拿破仑取得几次重要胜利的地方。

俄军攻打法军左翼的消息在拿破仑心里引起这种恐惧。他垂下头，臂肘支着膝盖，默默地坐在土岗前的折椅上。贝蒂埃走到他面前，建议他视察战线，以弄明战局。

“什么？您在说什么？”拿破仑问。“好，把我的马牵来。”

他骑上马，向谢苗诺夫村跑去。

拿破仑骑马经过的阵地上，硝烟慢慢扩散，人和马匹，有的单独，有的成堆，躺在血泊中。在这样一小块地方死了那么多人，这种可怕的景象拿破仑没有见过，他的将军也都没有见过。隆隆的炮声连续响了十小时，震得人耳朵嗡嗡作响，也使这景象增添一种特殊的意味，就像活动画片配上了音乐。拿破仑骑马登上谢苗诺夫村高地，透过硝烟看见一列列穿陌生军服的人。这是俄国兵。

俄军密集的队伍集结在谢苗诺夫村和土岗后面，他们的炮不停地轰鸣，他们的战线上硝烟弥漫。战斗已经结束。只有持续不断的屠杀，这对俄国人和法国人都没有好处。拿破仑勒住马，又陷入一度被贝蒂埃打断的沉思中。他不能制止当前的事，这事被认为是受他领导和由他决定的，而由于失败，他第一次觉得这件事是多余的，可怕的。

一个将军骑马走到拿破仑面前，大胆提议调老近卫军参战。奈伊和贝蒂埃站在拿破仑身边，交换了一下眼色，对这个将军的无聊建议轻蔑地冷笑了一下。

拿破仑垂下头，沉默了好一阵。

“我不能在离家几千里外的地方毁掉我的近卫军。”他说完拨转马头往舍瓦尔季诺走去。

35

库图佐夫仍在皮埃尔早晨看见他的那个地方，垂下白发苍苍的头，放松笨重的身体，坐在铺毯子的长凳上。他没有发布任何命令，只是对别人的建议表示赞成或者不赞成。

“好，好，就这么办吧！”他回答他们的建议说。“行，行，去吧，好孩子，去瞧瞧!”他时而对这个时而对那个说;或者说:“不,不用,还是等一等!”他听取给他送来的报告,下属请求指示,他就作指示,但他在听取报告时似乎并不关心人家说的意思,却注意人家的脸部表情和说话腔调。他凭多年的作战经验和老人的真知灼见懂得,领导几十万人进行生死搏斗不是一个人所能胜任的;他知道,决定胜负的不是总司令的命令,不是军队所处的地理位置,不是大炮的数量和杀人的数目,而是一种叫做士气的不可捉摸的力量。他留意这种力量,并竭力加以引导。

库图佐夫整个脸部表情是凝神、镇定而又紧张,他勉强忍受着衰老身体的疲劳。

上午十一时他接到消息,被法国人占领的尖顶堡又被夺回来,但巴格拉基昂公爵负伤了。库图佐夫长叹一声,摇摇头。

“去巴格拉基昂公爵那儿,详细了解情况。”他对一个副官说,接着就对站在他后面的符腾堡亲王说:

“能不能请殿下指挥第一军?”

亲王走后不久,可能还没到达谢苗诺夫村,亲王的副官就回来对总司令说,亲王要求增加军队。

库图佐夫皱了皱眉,下令陶赫杜罗夫去指挥第一军,他又请亲王回来,说在这重要时刻他不能没有亲王。当缪拉被俘的消息传来时,参谋官们向库图佐夫祝贺,他微微笑了笑。

“等一下,诸位!”他说,“仗打胜了,但俘虏缪拉并没什么了不起。最好还是慢一点高兴。”不过,他还是派了一个副官向全军通报这消息。

谢尔比宁从左翼送来法军占领尖顶堡和谢苗诺夫村的消息,库图佐夫从战场上的声音和谢尔比宁的脸色上看出,消息是不好的,就站起来,像是要伸伸腿,挽住谢尔比宁的手臂,把他领到一边。

“你去一下,老弟,”他对叶尔莫洛夫说,“去瞧瞧能不能作些什么。”

库图佐夫在果尔基,在俄军阵地的中心。拿破仑对我方左翼的几次进攻都被打退了。在中央,法军没有从鲍罗金诺前进一步。乌瓦罗夫的骑兵迫使法军从左翼逃跑。

三点钟不到，法军的进攻停止了。库图佐夫看到，从前线回来的人和站在周围的人个个脸色极度紧张。库图佐夫对超过期望的胜利感到满意。但老人的体力不支。他的头几次低低垂下，像要跌倒似的。他打起瞌睡来。给他送来了午餐。

侍从武官伏尔佐根在午餐时来到库图佐夫跟前。他就是走过安德烈公爵旁边时说战斗应该**移到旷野**[①]的人，也是巴格拉基昂所憎恨的人。伏尔佐根从巴克莱·德·托里那里跑来，报告左翼的情况。精明能干的巴克莱·德·托里看到伤兵成批后撤，后卫混乱，断定打了败仗，就派亲信来向总司令报告。

库图佐夫费力地嚼着炸鸡，眯细眼睛愉快地瞧了一下伏尔佐根。

伏尔佐根漫不经心地伸伸腿，嘴唇上略带嘲笑，走到库图佐夫跟前，举手碰了碰帽檐。

伏尔佐根装出满不在乎的样子，目的是要表示他是个受过高等教育的军人，让俄国人去把这老废物当作神明吧，他可是知道在同谁打交道。"**老先生**(德国人私下都这样称呼库图佐夫)**倒过得挺自在！**"[②]伏尔佐根想。他狠狠地瞧了一眼库图佐夫面前的几道菜，就照巴克莱的吩咐，加上自己的见闻和理解向老先生报告左翼的情况。

"我方阵地所有据点都落到敌人手里，由于没有军队，无法把他们击退；士兵逃跑，无法阻止。"伏尔佐根报告说。

库图佐夫停止咀嚼，惊奇地盯着伏尔佐根，仿佛听不懂他说的话。伏尔佐根发现**老先生**[③]的激动，含笑说：

"我不能对总座隐瞒我亲眼目睹的事……军队分崩瓦解……"

"您看见了？您看见了？……"库图佐夫皱紧眉头嚷道，很快地站起来，向伏尔佐根走去，"您怎么……您怎么敢！……"他双手颤抖，做出威

---

① 原文是德语。

② 原文是德语。

③ 原文是德语。

胁的姿势，上气不接下气，嚷道。“您怎么敢跟我说这种话，阁下。您什么也不知道。您替我转告巴克莱将军，他的情报是不确实的，战斗的真实情况我总司令比他清楚。”

伏尔佐根想争辩，但库图佐夫打断他的话。

“敌人左翼被打退，右翼被打败。阁下您要是看不清，那就别说您不知道的事。请您回到巴克莱将军那里，告诉他，我决定明天向敌人进攻。”库图佐夫严厉地说。大家都不作声，只听见老将军在呼哧呼哧地喘气。“敌人各方面都被打退，为此我感谢上帝和我们勇敢的军队。敌人被打败了，明天我们就要把他们赶出神圣的俄国土地！”库图佐夫画着十字说，接着流出眼泪，抽噎了一下。伏尔佐根耸耸肩，撇撇嘴，默默地走开去，对老先生的刚愎自用[①]感到惊讶。

“哦，他来了，我的英雄。”库图佐夫对一位走上土岗的魁伟英俊的黑头发将军说。原来是拉耶夫斯基，他在鲍罗金诺战场的主要据点上待了一整天。

拉耶夫斯基报告说，部队坚守阵地，法军不敢再进犯了。

库图佐夫听了他的话，用法语说：

“那么，您不像别人那样认为我们应该撤退吗？”

“正好相反，总座，在胜负未定的时候，总是强者胜，”拉耶夫斯基回答。“我认为……”

“凯萨罗夫！”库图佐夫叫他的副官，“坐下，写明天的命令。你呢，”他对另一个副官说，“去前线宣布，明天我们进攻。”

库图佐夫正在同拉耶夫斯基谈话，同时口授命令，伏尔佐根从巴克莱那里回来，报告说，巴克莱 · 德 · 托里将军希望得到总司令命令的书面命令。

库图佐夫眼睛没看伏尔佐根，吩咐写出书面命令。前任总司令千方百计想弄到这份书面命令以推卸责任。

---

① 原文是德语。

全军的情绪，也就是所谓士气，照库图佐夫的话来说，就是战争的主要神经，靠的是一种神秘的联系。库图佐夫颁发的明天作战的命令，就是通过这种联系同时传遍全军队的每个角落。

库图佐夫的话，他的命令，传到这种联系的最后一环时已经走了样。传到各个角落的命令甚至同库图佐夫的原话毫无共同之处；但是他说的意思却已传遍各处，因为库图佐夫说这话不是出于狡猾的考虑，而是出于真挚的感情。这种感情潜藏在总司令心里，也潜藏在每个俄国人心里。

听说明天就要向敌人进攻，又从军队上级证实了他们愿意相信的事，身体疲劳、情绪动摇的官兵们又都得到了安慰和鼓励。

36

安德烈公爵的团是后备队。这些后备队部署在谢苗诺夫后面，经受着猛烈炮火的攻击，直到一点多钟还没有参加战斗。将近两点钟，这个团已损失两百多人，向前推进到谢苗诺夫村和土岗炮台之间被践踏的燕麦田里。这一天，这里已死了几千人，而在两点之前，敌人的几百门大炮又集中火力向这里猛轰。

这个团没有离开这地方，也没有放过一枪，却又损失了三分之一人员。从前方，特别是从右方，大炮在浓重不散的硝烟中隆隆轰鸣；从前面弥漫整个地区的神秘烟云中不断飞出急促的咝咝响的炮弹和速度较慢的呼啸着的榴弹。有时，整整一刻钟，所有的炮弹和榴弹都从他们头上飞过，仿佛让他们休息一下；但有时在一分钟里就要失去几个人，打死的人不断被拖开，负伤的人不断被抬走。

炮击连续不断，对那些还没有被打死的人来说，生存的机会越来越少。团分为几个营纵队，纵队之间的距离是三百步，虽然如此，大家的心情却是相同的。团里人人都默不作声，愁眉不展。队伍中难得有说话声，只要一听到炮弹落地和叫“担架”声，谈话就立刻停止，大部分时间团里的人都奉命坐在地上。有人摘下帽子，舒展开皱褶，又折起来；有人用手掌搓碎干土，拿来擦刺刀；有人揉揉皮带，拉拉佩刀带的带扣；有人小心地解开包脚布，重新包上，再穿上靴子。有人用田里的草土盖棚子，有人用麦草编小篮子。大家仿佛都一心一意干着活。有人负伤，有人阵亡，有时担架抬过，有时我军后退，有时透过硝烟看到大批敌人，但对这一切谁也不加注意。但当我们的炮兵、骑兵前进时，当看到我们的步兵调动时，就从四面八方发出一片赞许声。但最引人注意的却是一些同战斗毫无关系的事，仿佛这些精神上疲惫不堪的人在生活琐事上获得了休息。一个炮兵连从团的前面走过。一匹拉边套的马在炮兵弹药车的挽索上绊了一下。“哦，那匹拉边套的马！……把腿伸出来！它会跌倒的……唉，他们没有看见！……”全团各排异口同声地嚷道。一会儿，一条棕色小狗竖起尾巴不知从哪里跳出来，吸引了大家的注意。小狗慌张地从队列前面跑过，突然附近落下一颗炮弹，小狗就夹紧尾巴奔到一边。全团爆发出一片笑声和叫声。不过，这一类消遣只延续几分钟，而那些人没有东西吃，没有事做，处在死亡的恐惧中，已经八个多小时。他们苍白和忧郁的脸变得更苍白更忧郁了。

安德烈公爵跟全团所有的人一样，脸色苍白，神情忧郁，低着头，背着手，在燕麦田旁的草地上两条田界之间来回踱步。他没有事要做，也没有命令要发。一切都自动进行着。打死的人从前线被拖开，负伤的人被抬走，队伍并拢来。士兵要是跑开，立刻又赶回来。起初安德烈公爵认为，鼓舞士气，以身作则，这是自己的责任，但后来明白，他不需要也不可能教诲他们。他也像每个士兵一样，全部心力就是避不思考处境的危险。他拖着双脚，飒飒地踩着青草，在草地上走着，察看着落在靴子上的尘土；有时他迈着大步，竭力踩着割草人留在草地上的足迹；有时数着脚步，计算着从这边田界到那边田界要来回走几次才是一俄里，有时他采下田界下的苦艾花，拿起来在手心里搓搓，闻闻那种刺鼻的苦涩香气。昨天的思想已影踪全无。他什么也不想。他用疲倦的耳朵倾听着同样的声音，辨别着炮弹的呼啸声和爆炸声，观察着一营士兵的脸色，等待着。“嘿，又来了……又打到我们这里来了！”他倾听着从硝烟中逼近的啸声，想。“一个，两个！又是一个！打中了……”他站住，看看队伍。“不，飞过去了。

哦，这个被打中了。”他又踱起步来，竭力迈着大步，想用十六步走到那边田界。

一阵啸声，紧接着是一声爆炸。离他五步远的地方，一颗炮弹溅起干土，消失了。他的脊背上不由得起了一阵寒颤。他又望望队伍。大概打中了好多人；一大批人聚集在二营那里。

“副官先生，”他喊道，“叫他们别挤在一起。”

副官执行了命令，向安德烈公爵走来。营长骑马从另一边走来。

“当心！”响起一个士兵惊惶失措的声音。紧接着就有一颗榴弹像一只飞鸟带着啸声突然落在地上，离安德烈公爵只有两步，就在营长的坐骑旁边。那马不管可不可以表示恐惧，首先打了一个响鼻，竖起前蹄，差点儿把营长抛下来，接着往一边跑去。马的恐惧传给了人。

“卧倒！”伏在地上的副官叫道。安德烈公爵站着犹豫不决。在耕地和草地边上一丛苦艾旁边，在安德烈公爵和卧倒的副官之间，榴弹冒着烟，像陀螺似的旋转着。

“难道这就是死吗？”安德烈公爵想，用从未有过的羡慕目光望着青草、苦艾和旋转的黑球冒出的一缕浓烟。“我不能死，我不想死，我爱生活，我爱这草、这土地、这空气……”他想，同时想起大家都在望着他。

“可耻，军官先生！”他对副官说。“多么……”他没有把话说完。就在这一刹那，发出一声爆炸，弹片像打碎的窗玻璃似的飞溅开来，传来一股令人窒息的火药味。安德烈公爵踉跄了一下，举起一只手，扑倒在地上。

几个军官跑到他跟前。鲜血从他的右腹部流出来，染红了一大片草地。

抬担架的民兵应召来到军官的后面。安德烈公爵伏在地上，脸贴着青草，困难地喘着气。

“喂，还站着干什么，过来！”

几个农民走上来，抓住他的肩膀和腿，但他痛苦地呻吟着。农民们交换了一下眼色，又把他放下。

“当心，抬起来，总归要把他抬走！”有人喝道。他们又把他抬起来，放到担架上。

“哦,天哪！天哪！这是怎么一回事？……肚子！这下子可完了！天哪!”军官中有几个说。“弹片从我耳朵根的头发旁嗖地一下飞过。”副官说。农民们抬起担架,连忙沿着他们踏出的小路向救护站跑去。

“合上步子……喂！……庄稼汉!”一个军官喝道,抓住那些步子错乱的抬担架的农民的肩膀。

“合上步子,喂,赫维多尔,赫维多尔!”领头的农民说。

“对了,好神气!”后面那个合上步子,快乐地说。

“是大人？呃？是公爵?”基莫兴跑过来。望望担架,用发颤的声音说。

安德烈公爵的头深埋在担架里。他睁开眼睛,望望说话的人,又合上眼皮。

民兵把安德烈公爵抬到树林里,那里停着辎重车,设立了救护站。救护站由三座卷起帐篷边的帐篷组成,搭在桦树林边上。桦树林里停着辎重车和马匹。马从车下燕麦口袋里吃着燕麦,麻雀飞来啄食落下的麦粒。乌鸦闻到血腥味,迫不及待地在桦树林上飞来飞去,嘎嘎啼叫。帐篷周围,在两俄亩①大小的地方,浑身血迹的人们穿着各种服装,有的卧,有的坐,有的站在那里。伤员周围站着一堆堆抬担架的民兵,他们神色沮丧而又关切。维持秩序的军官们想把他们从这里赶走,但是没有用。他们不理军官们,靠着担架站在那里,凝视眼前发生的事,仿佛想理解这难以理解的景象。帐篷里时而传出愤怒的号叫,时而传出悲惨的呻吟。助医偶尔跑出来取水,指明把哪些伤员抬进去。伤员在帐篷外等待着,他们呼喊着,呻吟着,哭泣着,叫嚷着,咒骂着,还讨酒喝。有些在说胡话。民兵们跨过没有包扎的伤员,把团长安德烈公爵抬起帐篷旁边,等待命令。安德烈公爵睁开眼睛,好半天弄不懂周围是怎么一回事。他记起了草地、苦艾、耕地、旋转的黑球和他对生活的热爱。离他两步的地方站着一个高大

① 1 俄亩等于 1.09 公顷。

俊美的黑发士官,头上裹着绷带,手里拄着一根树枝。他的头和腿都被子弹打伤。他大声说话,引起大家的注意。一群伤员和抬担架的人围着他,出神地听他讲。

“我们往那里一冲,他们就把什么都扔下跑掉,我们把王爷都抓到了!”一个士兵闪亮热情的黑眼睛,环顾周围,大声说。“要是当时后备队赶到,他们就全完蛋了,我老实对你说……”

安德烈公爵像周围的人一样,目光炯炯地看着他,心里感到一种安慰。“如今还不都一样,”他想。“那里会怎么样?这里又有什么呢?为什么我那么舍不得放弃生命?生命里有些东西我过去不理解,现在还是不理解。”

37

一个医生系着血迹斑斑的围裙,一双不大的手沾满鲜血,一只手的拇指和小指夹着雪茄(免得弄脏),走出帐篷。这个医生昂起头,没看伤员,而往两边张望。显然,他想稍微休息一下。他把头向左右两边转了一阵,叹了一口气,垂下眼睛。

“好,马上就来。”助医指指安德烈公爵,医生回答,并吩咐把他抬到帐篷里。

等待治疗的伤员发出一阵怨言。

安德烈公爵被抬进去,放在一张刚由助医洗干净的桌上。安德烈公爵看不清帐篷里的景象。四面八方传出的悲惨呻吟,大腿、腹部和背上的剧痛分散了他的注意。他所看见的周围的一切汇成一个总的印象:赤裸裸、血淋淋的人体充塞低矮的帐篷,就像几星期前,在炎热的八月的一天,这样的人体填满斯摩棱斯克大道旁肮脏的池塘。是的,就是那些人体,就是那些**炮灰**,当时就使他感到恐怖,仿佛预告着今天这样的局面。

帐篷里有三张桌子。两张已有人,安德烈公爵被放在第三张桌上。好一阵没有人理他,他不由自主地看到了另外两张桌上发生的事。旁边一张桌上坐着一个鞑靼人,从扔在旁边的军服上看,大概是个哥萨克。有四个士兵把他捉住。医生戴着眼镜，在他褐色的肌肉发达的背上割着什么。

“喔唷唷，喔唷唷，喔唷唷！……”鞑靼人像杀猪一样嚎叫。他突然抬起高颧骨、狮子鼻的黑脸，龇着雪白的牙齿，挣扎、抽搐、拖长声音尖叫。另一张桌子围满了人，上面仰天躺着一个胖大的人，他的头向后仰着（安德烈公爵觉得他的鬈发、鬈发的颜色和头形十分熟识）。几个助医压在他的胸上，把他按住。一条又白又胖的大腿不停地抽搐，颤动。这个人痉挛地号啕大哭，喘不过气来。两个医生在他的另一条发红的大腿上作着什么。其中一个医生脸色苍白，身子哆嗦。戴眼镜的医生处理好鞑靼人，在他身上盖了一件军大衣，擦擦手，走到安德烈公爵身旁。

他瞧了瞧安德烈公爵的脸，连忙转过身去。

“把衣服脱了！站着干什么？”他生气地对助医们喝道。

当助医匆匆卷起袖子，解开他的钮扣，脱去他的衣服时，安德烈公爵想起了遥远的童年。医生对伤口俯下身子，摸了摸，深深地叹了一口气。然后他向谁做了个手势。腹部一阵剧痛使安德烈公爵失去知觉。他醒来时，大腿的碎骨已被取出，破碎的肌肉已被割去，伤口已包扎好了。有人在他脸上喷了水。安德烈公爵一睁开眼，医生就弯下腰，默默地吻了吻他的嘴唇，匆匆走了。

在经历了这番痛苦以后，安德烈公爵体验到好久没有体验到的幸福。他想起一生中最幸福的美好时光，特别是那遥远的童年，当时他被脱去衣服放到小床上，保姆在他旁边哼着催眠曲，他把头埋在枕头里，领略着生的幸福。此情此景在他的头脑里仿佛不是往事，而是现实。

医生们在一个伤员旁边忙碌着，安德烈公爵觉得那个伤员的头形很熟。他们把他扶起来，竭力安慰他。

“让我瞧瞧……哦，哦，哦！哦，哦，哦！”他断断续续呜咽着，因恐惧而不住呻吟。安德烈公爵听到这呻吟，直想哭。是因为他没有获得荣誉就死呢，还是因为他舍不得离开人世；是因为对那一去不返的童年的回忆，还是因为他在受苦、别人也在受苦，还是因为那人在他面前呻吟得那么伤心，总之，他直想流泪——那是天真、善良而近乎快乐的泪。

他们给那个伤员看他那条截下的依旧穿着靴子带着血的断腿。

“哦！哦哦哦！”他像女人似的痛哭起来。医生站在伤员前面，挡住他的脸，这时走开了。

“天哪！这是怎么一回事？他怎么在这里？”安德烈公爵自言自语。

他认出这个刚被截去腿、痛哭失声、极其虚弱的不幸的人是阿纳托里。他们扶着阿纳托里，给他一杯水，但他肿起的嘴唇颤抖着，碰不到杯边。阿纳托里悲伤地呜咽着。“对，就是他；对，这个人同我有过什么密切而痛苦的关系，”安德烈公爵想，还没弄清眼前的事。“这个人同我的童年、同我的生活有过什么关系，”他自问，但是得不到解答。突然，安德烈公爵想起了纯洁可爱的童年世界。他想起了娜塔莎，就像1810年第一次在舞会上看到她那样；细细的脖子，小小的手，又惊又喜、经常处于兴奋状态的脸。他对她的眷恋和柔情在他心里空前强烈地觉醒了。现在，他终于想起这个眼睛浮肿、泪水盈眶的人，想起了他同他的关系。安德烈公爵想起了一切，感到幸福，心里充满了对这个人的怜悯和友爱。

安德烈公爵再也忍不住，他为别人、为自己、为别人和自己的迷误流出了同情和爱的泪水。

“同情、博爱、恋爱、对恨我们的人的爱、对敌人的爱，对了，这就是上帝在世界上宣扬的爱，就是玛丽雅教给我的爱，可是我一直不理解；对了，就是因为这个缘故我爱惜生命。要是我还能活下去，这就是我心中剩下的唯一的感情。但现在已经晚了，这一点我知道！”

38

战场上尸横遍野、伤员累累的惨象，自己头脑里沉重的感觉，二十名熟识将军伤亡的消息，以及自己原来强有力的手臂变得软弱无力的意识，这一切对拿破仑起了意料不到的作用。拿破仑一向爱看伤亡的景象，以为这可以考验自己的意志。这天战场上的可怕景象却压倒了他的精神力量，他自以为具有这种力量，因而高人一等。他匆匆骑马离开战场，回到舍瓦尔季诺土岗。他脸色枯黄、浮肿、阴郁，眼睛模糊，鼻子发红，声音嘶哑，坐在折椅上，情不自禁地听着炮轰，没有抬起眼睛。他怀着病态的忧郁指望结束这场由他挑起而无法制止的战争。人类感情刹那间胜过了他长期追求的生活幻象。他亲身体验到他在战场上看到的苦难和死亡。他头脑沉重，精神压抑，想到他也可能遭到这样的痛苦和死亡。在这一刹那，他既不要莫斯科，也不再要胜利和荣誉。他还需要什么荣誉呢？他现在唯一的希望就是休息、安静和自由。不过，当他来到谢苗诺夫高地时，炮兵指挥官要求他再调几个炮兵连到高地，以加强火力对付聚集在克尼亚兹科伏的俄军。他同意了，并命令向他报告这些炮兵连发挥了什么作用。

副官骑马跑来说，奉皇帝圣旨，调来两百门炮轰击俄军，但俄军仍坚守阵地。

"我们向他们开排炮，但他们仍没有动。"副官说。

"他们还嫌不够！……"拿破仑哑着嗓子说。

"陛下，您是说？……"副官没有听清楚，问道。

"他们还嫌不够，"拿破仑皱起眉头，声嘶力竭地说，"那就再给他们一些。"

他想做的事，没有他的命令就在做了。他之所以发布命令，是因为他以为大家在等他的命令。他又回到原来妄自尊大的幻想世界，又驯服地扮演他那命定的残忍、悲伤、痛苦的灭绝人性的角色，好像一匹马拉着磨盘转，还自以为是在替自己干活。

这个人应负的责任比谁都多。他的理智和良心不仅在这一天、这一小时变得暗淡无光，直到生命的末日，他永远无法理解真、善、美，无法理解自己倒行逆施、灭绝人性的行为的意义。他不能放弃自己受半个世界歌功颂德的行为，因此他也就不得不放弃真和善，放弃一切合乎人性的东西。

不仅这一天，他骑马巡视尸横遍野、伤员成堆的战场，他知道这是由他的意志造成的。他瞧着这些伤亡的官兵，计算着几个俄国人抵一个法国人。他自欺欺人，认为一个法国人要抵五个俄国人，并因此而陶醉。不仅这一天，他写信到巴黎，说**战场十分壮观**，因为上面横着五万具尸体。但后来在圣海仑娜岛上，在与世隔离的宁静中，他说他要利用空暇来叙述他做过的伟大事业，他写道：

> 对俄战争是当代最得人心的战争：这是一场明智和有益的战争，是保障人类平静和安全的战争，这场战争完全是爱好和平的，保守的。
>
> 这场战争是为了实现伟大目的，结束意外事件，开创太平局面。新的天地、新的工作就可以开展，大家就能丰衣足食，幸福安康。新的欧洲秩序就能确立，只要加以组织就行。
>
> 只要这些重大问题得到解决，到处都安定下来，那么，我也就有自己的**国会**和自己的**神圣同盟**。这些思想他们是从我这里盗用的。在这次各国伟大君主的聚会上，我们可以像一家人那样讨论我们的利益，并像账房向东家交账那样向人民交账。
>
> 这样，欧洲很快就能成为一个统一的民族，不论谁到哪里旅行，都会觉得像在共同的祖国。
>
> 我愿宣布，所有的河流都对一切人开放，海洋是公有的，庞大的常备军要缩编成为各国君王的近卫军，等等。
>
> 我要是回到法国，回到我那伟大、强盛、壮丽、太平、光荣的祖国，我将宣布它的国界永不变更，未来的任何战争都是**防御性的**，一切扩张都是反民族的，我要率领我的儿子一起管理帝国，我的**独裁**要宣告结束，宪政将要开始……
>
> 巴黎将成为世界的京都，法国人将为各国人民所羡慕！……
>
> 然后，我将在皇后帮助下，在我儿子受皇室教育时期，利用闲暇和晚年，像一对乡村夫妇那样，悠闲地巡视全国各地，接受诉状，平反冤狱，在各处兴建大厦，造福民众。

他命定要担任各国人民刽子手的可悲角色，却自欺欺人地说，他行动的目的是为各国人民谋福利，他能支配千百万人的命运，并能依靠权力造福于民！

他接着叙述对俄战争道：

在跨过维斯拉河的四十万人中，有一半是奥地利人、普鲁士人、撒克逊人、波兰人、巴伐利亚人、符腾堡人、梅克伦堡人、西班牙人、意大利人和那不勒斯人。严格地说，皇军有三分之一是荷兰人、比利时人、莱茵河两岸居民、皮埃蒙特人、瑞士人、日内瓦人、托斯卡纳人、罗马人、三十二师①、不来梅人、汉堡人等，其中说法语的至多十四万人。

远征俄国其实使法国损失不到五万人；俄军自维尔诺退至莫斯科，在各次会战中损失四倍于法军；莫斯科大火使俄国损失十万人，都是死于树林中的寒冷和饥饿；最后，俄军从莫斯科反攻到奥德河也因天气严寒而损失惨重；俄军在抵达维尔诺时只有五万人而到卡利什时已不足一万八千人。

他认为，对俄战争是凭他的意志发动的，但可怕的结局并未使他胆战心惊。他勇敢地承担这事的全部责任，而他那丧失理智的头脑还在替自己辩解，说什么几十万阵亡的人中，法国人少于黑森人和巴伐利亚人。

39

几万具尸体穿着各种军服，以各种姿势躺在属于达维多夫家和官府农奴的田野和草地上。几百年来，鲍罗金诺、果尔基、舍瓦尔季诺和谢苗诺夫村的农民在这片田地上收割庄稼，放牧牲口。在急救站周围一俄亩的地方，青草和泥土都浸透了鲜血。各兵种负伤的和没有负伤的士兵，脸色惊慌不安，有的退向莫扎依斯克，有的退向瓦卢耶瓦。另有一些士兵，又饥又乏，由长官带领前进。还有一些士兵留在阵地上继续射击。

整个田野，原来在早晨的阳光照耀下刺刀闪闪，硝烟弥漫，是那么壮丽，如今却是一片愁云惨雾，散发出酸涩的硝烟和血腥味。乌云密布，雨

---

① 达武元帅属下的师，大部分是从汉堡和不来梅地区征集来的。

稀稀拉拉地落在死者和伤者的身上，落在惊惶困乏、疑虑重重的人们身上，仿佛说："够了，够了，人们。停止吧……清醒清醒吧。你们这是在干什么呀？"

双方忍饥挨饿、精疲力竭的士兵都开始怀疑，是否应该继续互相残杀。人人脸上都现出犹豫，个个心里都产生这样的问题："为了什么，为了谁，我必须杀人和被杀？你们要杀就杀吧，你们高兴怎么干就怎么干吧，我可不干了！"傍晚，这种思想在人人心里都成熟了。他们随时都会对他们的行为感到恐怖，都会抛下一切而撒腿逃跑。

虽然在会战将近结束时，人们已感觉到他们的行为十分可怕，虽然他们乐意罢手，但是，一种神秘的力量继续引导着他们。于是，这些汗流浃背的炮兵，虽只剩下三分之一人员，却仍在硝烟和鲜血中磕磕绊绊，气喘吁吁，搬运弹药，装上炮弹，瞄准，点火；炮弹仍旧那么迅速而残酷地飞来飞去，炸碎人的身体，不是出于人们的意志，而是出于统治人类和世界的上帝的意志，要把那可怕的事继续干下去。

凡是看到俄军后方混乱局面的人都会说，法国人只要稍微再加把劲，俄军就会毁灭；凡是看到法军后方混乱局面的人都会说，俄国人只要稍微再加把劲，法军就会毁灭。但法国人没有那么办，俄国人也没有那么办，于是战火就慢慢地熄灭下去。

俄国人没有那样努力，因为不是他们向法国人进攻。会战开始时，他们只是坚守通往莫斯科的大道，拦截法国人，会战结束后，他们仍守在那里，同开始时一样。但即使俄军的目的是要打退法军，他们也无法作出这最后的努力，因为俄国部队全都被击溃，没有剩下一支完整的队伍，俄军虽坚守阵地，但已损失一半人马。

法国人呢，他们记得十五年来他们所取得的胜利，相信拿破仑常胜不败，知道他们已占领了一部分战场，他们只损失了四分之一人马，他们还有两万完整无损的近卫军，他们是很容易加那么一把劲的。法军攻击俄军，目的是要把他们赶出阵地。他们应该努力，因为只要俄军像以前那样挡住去莫斯科的道路，法国人的目的就没有达到，他们的全部努力和损失都是白费。但法国人没有作出这种努力。有些史学家说,拿破仑只要动用他那完整的老近卫军,这一仗就会打赢。说拿破仑要是出动老近卫军将会有什么结果,就如同说,春天要是能变成秋天将会有什么结果一样。这是不可能的。拿破仑没有出动老近卫军,并非他不想这样做,而是做不到。法军所有的将军、军官、士兵都知道,这是办不到的,因为低落的士气不允许这样做。

不仅拿破仑一个人有类似做噩梦的感觉,觉得他那强健有力的手臂变得软弱无力,而且法国全体将军、参战和未参战的士兵,在经历过历次战斗(只要付出十分之一的力量就能迫使敌人逃跑)之后,面临当前的敌人也有类似的感觉,因为这敌人损失了**半数**人马,在战斗末尾仍像战斗开始时那样屹立不动。而作为进攻一方的法军,士气已经消磨殆尽。俄军在鲍罗金诺的胜利,不决定于夺获多少杆布片(军旗),部队坚守过和坚守着多少阵地,而决定于士气,也就是他们的精神力量超过敌人,并使敌人意识到自己无能为力。法国侵略者好像一头狂怒的野兽,在逃跑中得了致命伤,它感觉到自己的末日来临,却不能停下来,就像力量削弱一半的俄军不能退让一样。法军在受了打击之后仍能拖到莫斯科,但到了莫斯科,即使俄国人不作新的努力,它也会因在鲍罗金诺受了致命伤,流血不止而灭亡。鲍罗金诺会战的直接后果是拿破仑无缘无故从莫斯科逃跑,沿着斯摩棱斯克故道退却;是五十万侵略军的覆灭和拿破仑法国的崩溃。在鲍罗金诺,法国第一次受到士气超过它的敌人的沉重打击。

(四)

第一部

7

鲍罗金诺会战的消息,我军伤亡惨重的报道,以及莫斯科失守的恶耗,在9月中旬传到沃罗涅日。玛丽雅公爵小姐只从报上看到哥哥列入伤员名单,但详细情况毫无所知。她准备亲自去找寻安德烈公爵。尼古拉听到这件事,但还没有见到她。

尼古拉接到鲍罗金诺会战和莫斯科失守的消息,并没有产生绝望、愤怒和复仇之类的情绪,但他待在沃罗涅日觉得烦闷无聊,也有点羞愧不安。他觉得这里的谈话都装腔作势,不知道形势究竟该怎样判断,只有回到团里才能了解一切。他急于要结束买马的事,常常无缘无故对外人和司务长发脾气。

尼古拉动身前几天,教堂里举行感恩礼拜,庆祝俄军胜利,尼古拉也参加了。他站在省长后面,神态庄重,头脑里却思潮澎湃。礼拜完毕,省长夫人把他叫到跟前。

"你看见公爵小姐了?"她问,摆摆头让他看站在唱诗班后面穿黑衣裳的女人。

尼古拉立刻认出玛丽雅公爵小姐,与其说从她帽子底下的侧面轮廓,不如说是凭他感觉到的拘谨、胆怯和怜悯的情绪上认出来。玛丽雅公爵小姐显然满腹心事,在离开教堂前最后一次画了十字。

尼古拉惊讶地望着她的脸。这张脸同他以前见过的没有两样,依旧流露出内心的细微活动,但现在又增添了一种异样的光芒。脸上充满悲哀、祈求和希望的动人表情。尼古拉就像往常遇见她那样,没等省长夫人示意,也不问自己在教堂里同她招呼是否合适,是否得体,就走到她面前,说他已听到她的不幸,向她表示衷心慰问。她一听到他的声音,顿时容光焕发,照亮了她的悲伤和喜悦。

"有一点我想对您说,公爵小姐,"尼古拉说,"如果安德烈公爵去世了,那么,他作为一位团长,他的名字一定会立刻见报的。"

公爵小姐对他望望,不明白他这句话的意思,但看到他痛苦的同情神色,心里感到安慰。

"我知道许多例子,凡是中弹片伤(报上登着是榴弹伤)的,不是立刻致命,就是伤势很轻,"尼古拉说:"我们应该抱最好的希望,我相信……"

玛丽雅公爵小姐打断他的话。

"哦,那真可怕……"她说,由于激动说不下去,姿势优美(在他面前她总是这样的)地低下头,感激地看了他一眼,跟着姨妈走了。

这天晚上,尼古拉哪儿也没去,留在家里结算同马贩子的账目。等算完账,要出去已太晚,但睡觉又太早,尼古拉就独自在屋里来回踱了好久,思考着他的生活。这在他是难得的。

玛丽雅公爵小姐在斯摩棱斯克给他留下愉快的印象。当时他在特殊的环境里遇见她,同时母亲又向他指出她是一个有钱的对象,这两件事使他对她特别注意。在沃罗涅日访问期间,她给他的印象不仅愉快,而且强烈。这一次,尼古拉惊讶地发现她赋有一种特殊的心灵美。不过,最近他正忙于动身,离开沃罗涅日,他将失去同公爵小姐见面的机会,但他并不感到惋惜。今天在教堂里同玛丽雅公爵小姐相遇,在他心里留下了深刻的印象,这是没有想到的,同时也破坏了他内心的平静。她那苍白、清秀、悲伤的脸容,她那亮晶晶的眼睛,她那文雅的动作,尤其是她那满脸深沉的哀伤,打动了他,激起他满腔同情。尼古拉看不惯男人身上所表现的那种高深莫测的精神生活(因此他不喜欢安德烈公爵),轻蔑地说这是故弄玄虚,想入非非;但对于玛丽雅公爵小姐身上流露出来的极度哀伤,尼古拉虽觉得格格不入,却感到有一种无法抗拒的魅力。

"她是个奇异的姑娘! 简直是个天使!"他自言自语。"我为什么失去了自由? 为什么急于同宋尼雅确定关系?"他不由得拿两人作着比较:论精神禀赋,一个贫乏,一个丰富,而尼古拉自己正缺乏这种禀赋,因此特别珍重它。他暗自寻思,如果他是自由的,他会怎么办。他会向她求婚,她会不会成为他的妻子? 不,这件事无法想象。他觉得可怕,想象不出具体的景象。同宋尼雅他早已构思好未来的生活,一切都简单明了,因为一切都已想好了,他了解宋尼雅的一切;但他无法想象怎样同玛丽雅公爵小姐一起生活,因为他不了解她,她只是爱她。

他想起宋尼雅总觉得轻松愉快,但一想到玛丽雅公爵小姐便觉得又沉重又有点害怕。

"她是怎样祈祷的呀!"他回想。"看得出,她整个心灵都沉浸在祈祷中。这种祈祷真可以移山倒海,我相信她的愿望一定会实现。我为什么不为我的愿望祈祷呢?"他想。"我需要什么呀? 自由,断绝同宋尼雅的关系。她说得对,"他想起省长夫人的话,"我同宋尼雅结婚,除了不幸,不会有其他结果。一团糟,妈妈伤心……家事……一团糟,糟糕透顶! 再说,我并不爱她。是的,并不真正爱她。天哪! 让我摆脱这走投无路的困境吧!"他忽然祈祷起来。"不错,祈祷能移山倒海,但要有信心,不能像我和娜塔莎小时候祈求把雪变成糖,并且跑到院子里看看雪有没有变成糖那样。我现在祈祷可不是为了什么鸡毛蒜皮的事,"他说着把烟斗放在屋角,交叉双手,站在圣像前。他想起玛丽雅公爵小姐,就满腔热情地祈祷起来。他好久没这样祈祷了。他眼睛里充满泪水,咽喉哽住,这时拉夫鲁施卡拿着信进来。

"傻瓜! 没叫你,干吗进来!"尼古拉说,连忙改变姿势。

"省长派人来,"拉夫鲁施卡用睡意未消的声音说,"有信给您。"

"那好,谢谢,你去吧!"

尼古拉拿到两封信。一封是母亲写的,一封是宋尼雅写的。他认得她们的笔迹,先拆开宋尼雅的一封。还没读上几行,他就脸色发白,眼睛又惊又喜地睁得老大。

"不,这不可能!"他大声说。他坐不住,拿着信在屋里边走边读。他浏览了一下,然后读了一遍又一遍。他耸起肩膀,摊开双臂,目瞪口呆地站在房间中央。他刚才祈祷,相信上帝会满足他,如今果然如愿以偿;但他还是很惊讶,觉得这事非同寻常,完全出乎他的意料。而且这事来得太快,证明不是出于上帝的恩典而只是一种巧合。

那束缚尼古拉自由的结子似乎无法解开,却被宋尼雅这封意外的(尼古拉有这样的感觉)信解开了。她在信中写到,最近的不幸形势,罗斯托夫家在莫斯科几乎破产,伯爵夫人多次表示要尼古拉娶玛丽雅公爵小姐,以及他近来的沉默和冷淡,这一切使她决定放弃他对她的允诺,给他充分自由。

"一想到这个对我恩重如山的家庭可能因我而烦恼和不和,我就十分难过,”她写道,“我之所以爱,就是要使我所爱的人得到幸福;因此我求您,尼古拉,把自己看成是自由的,并且要知道,不管怎样,天下没有人比您的宋尼雅更爱您的了。”

两封信都是从圣三一修道院寄来的。另一封信是伯爵夫人写的。她在信里写到莫斯科最后几天的情景:撤退、大火、财产丧失殆尽。伯爵夫人在信里还提到,安德烈公爵夹在其他伤员中跟他们同行。他伤势危险,但现在医生说,他还有希望。宋尼雅和娜塔莎像护士那样护理他。

第二天,尼古拉拿着这封信去见玛丽雅公爵小姐。尼古拉也好,玛丽雅公爵小姐也好,都绝口不提“娜塔莎护理他”一事。不过,由于这封信,尼古拉同公爵小姐突然变得像亲人了。

第二天,尼古拉把玛丽雅公爵小姐护送到雅罗斯拉夫尔,过了几天他自己也回部队去了。

8

宋尼雅从圣三一修道院写信给尼古拉,使他的祈祷得到了应验。促使她写信的原因是老伯爵夫人越来越盼望尼古拉娶一个有钱的姑娘。她知道,在这件事上宋尼雅是主要障碍。宋尼雅在伯爵夫人家的日子越来越难过,特别是在尼古拉来信说到他在保古察罗伏遇见玛丽雅公爵小姐以后。伯爵夫人一有机会就指桑骂槐,讽刺挖苦,使宋尼雅感到难堪。

但在他们离开莫斯科前几天,伯爵夫人面对当时的局势心烦意乱,把宋尼雅叫到跟前,没有责备她,也没有强迫她什么,却含泪恳求她牺牲自己,同尼古拉断绝关系,以报答他们家对她的照顾。

“你不答应我,我就不能安心。”

宋尼雅号啕大哭,边哭边诉,她什么都肯,什么都情愿,但没有正面答应,对这件事她下不了决心。为了让抚养她教育她的家庭得到幸福,她应该牺牲自己。本来,为别人幸福牺牲自己,在宋尼雅是习以为常的事。她在这个家里的地位就是:只有自我牺牲才能表现她的人品,她已习惯于自我牺牲,也乐于自我牺牲,但以前作自我牺牲,她总是快乐地意识到,这样做能提高她在自己心目中和别人心目中的价值,并因此配得上她平生最心爱的尼古拉;可是这一次却要她放弃所有牺牲所换取的奖赏和全部生活的意义。她有生以来第一次尝到那些庇护她而又残忍地折磨她的人所加给她的痛苦。她嫉妒娜塔莎,因为娜塔莎从来没有尝过这种滋味,从来不需要作自我牺牲,而总是让别人为她作出牺牲,她却仍然受到大家的宠爱。宋尼雅第一次感到,她对尼古拉悄悄的纯洁的爱突然变成一种高于礼法、道德和宗教的炽烈感情。在这种感情影响下,在寄人篱下的生活中学会掩盖真情的宋尼雅,只含糊其辞地回答了伯爵夫人,从此就回避她,不再同她谈话,一心等待同尼古拉见面,不过,见面不是为了同他一刀两断,而是永不分离。

罗斯托夫一家在莫斯科最后几天的忙乱和恐慌,压下了宋尼雅心头的阴郁情绪。她因忙于事务而得到解脱,为此感到很高兴。但当她知道安德烈公爵在他们家里时,尽管她真心同情他和娜塔莎,却产生一种快乐的迷信想法,认为上帝不愿她和尼古拉分开。她知道娜塔莎只爱过安德烈公爵一人,现在仍旧爱他。她知道,在目前这种艰苦环境里重逢,他们又会相爱,一旦他们成亲,尼古拉就不能娶玛丽雅公爵小姐。尽管在莫斯科最后几天和旅途最初几天发生种种麻烦,宋尼雅却快乐地意识到,上帝在过问她的私事。

旅途中,罗斯托夫一家在圣三一修道院里第一次休息了一整天。

修道院拨给罗斯托夫家三间大客房,其中一间让安德烈公爵使用。那天,他的伤势好多了。娜塔莎陪着他。隔壁房间里,修道院院长前来看望老相识和老施主,伯爵夫人恭恭敬敬地同他谈着话。宋尼雅也坐在那里,一心想知道安德烈公爵同娜塔莎在谈什么。她隔着门只听见他们的说话声。安德烈公爵的房门开了。娜塔莎神色激动地从里面出来,没留意向她欠身致意、拢着右手宽袖筒的修道院院长,径自走到宋尼雅跟前,拉住她的手。

“娜塔莎,你怎么了? 到这儿来!”伯爵夫人说。

娜塔莎走过去接受修道院院长的祝福,修道院院长劝她向上帝和圣徒求助。

修道院院长一走,娜塔莎就拉住朋友的手,把她领到一个空房间。

“宋尼雅,你说呢?他能活下去吗?”娜塔莎说。“宋尼雅,我多幸福,我又多不幸!宋尼雅,我的宝贝,一切都可以照旧,只要他能活下去。他不会……因为,因为……”娜塔莎放声大哭。

“对!这我知道!感谢上帝,”宋尼雅说:“他会活下去的!”

宋尼雅的激动不下于她的朋友,既由于朋友的恐惧和悲伤,又由于自己无人可诉的心事。她一边哭,一边吻着娜塔莎,安慰着她。“但愿他能活下去!”她心里想。两个朋友哭了一阵子,谈了一会儿,擦干眼泪,向安德烈公爵房门口走去。娜塔莎小心翼翼地推开门。往里面望一眼。宋尼雅同她一起站在半开半掩的门旁。

安德烈公爵高高地躺在三个靠枕上。他那苍白的脸显得很安详,双眼紧闭,呼吸平稳。

“啊,娜塔莎!”宋尼雅突然几乎叫出来,她抓住表妹的手向门外退去。

“什么?什么?”娜塔莎问。

“这就是,就是……”宋尼雅说,脸色发白,嘴唇发抖。

娜塔莎轻轻关上门,同宋尼雅一起走到窗前,还不明白她说的是什么。

“你记得吗,”宋尼雅神色惊惶而严肃地说,“那次我为你占卦,在镜子里看到……在奥特拉德诺,在圣诞节……你记得我看见了什么吗?……”

“记得,记得!”娜塔莎睁大眼睛说,隐隐约约地记起宋尼雅对她说过安德烈公爵躺在那里。

“你记得吗?”宋尼雅继续说:“我当时看见了,对大家都说过,对你、对杜尼雅莎都说过。我看见他躺在床上,”她说,说到一个细节,举起一个手指比划一下,“他闭着眼睛,身上盖的也是粉红色被子,两手也交叉着。”宋尼雅说,描述着此刻见到的细节,越发相信当时**看见的**就是这些细节。其实她当时什么也没有看见,她讲的是她想象的景象,不过她的想象是那么逼真,就像回忆其他往事那样。她不但记得她当时说过:他向她瞧了一眼,微微一笑,身上盖着粉红色的东西,她确信就一条粉红色的被子,他的眼睛紧闭着。

“对,对,就是粉红色的。”娜塔莎说,她现在似乎也记得她说过是粉红色的,并由此证明预言绝非偶然,十分灵验。

“但这究竟表示什么呢?”娜塔莎若有所思地说。

“哦,我真不知道这事有多稀奇!”宋尼雅抱住头说。

过了几分钟,安德烈公爵打铃了,娜塔莎走进去;宋尼雅非常激动和伤感,留在窗前,思索着这件异乎寻常的事。

那天有个机会可以寄信到部队里去,伯爵夫人就给儿子写了一封信。

“宋尼雅!”宋尼雅从正在写信的伯爵夫人旁边走过,伯爵夫人抬起头来唤她。“宋尼雅,你不给尼古拉写封信吗?”伯爵夫人轻轻地颤声说,宋尼雅从那双戴眼镜的疲劳眼睛里看出伯爵夫人说这句话的用意。从她的眼神里所表现出来的是恳求,是对被拒绝的惧怕,是因求人而感到的羞怯,是对万一被拒绝彼此将结下深仇大恨的准备。

宋尼雅走到伯爵夫人面前,跪下来,吻了吻她的手。

“我写,**妈妈**。”她说。

这天发生的一切,特别是占卦应验的神秘现象,使宋尼雅心软、激动和感伤。她知道,由于娜塔莎同安德烈公爵恢复了关系,尼古拉不可能娶玛丽雅公爵小姐,她所喜欢和习惯的自我牺牲心情又恢复了。她眼睛里含着泪水,高兴地做着那件慷慨的事。由于泪水模糊了她那双天鹅绒般的黑眼睛,她几次中断,最后才写成那封使尼古拉大为震惊的动人的信。

9

皮埃尔被关进拘留所,逮捕他的官兵对他抱着敌意,同时带有几分敬意。此外,他们对他也有疑虑,不知他是什么人(会不会是个重要人物),而对他的敌意则是由于刚才同他打过架。

但到第二天早晨,看守换班后,皮埃尔觉得,新来的官兵待他已不像昨天逮捕他的那些人。的确,第二天看守的官兵根本不知道这个身穿农民长衣的胖子曾不顾死活地同抢劫犯和押送他的士兵打过架，并且煞有介事地说要拯救孩子。他们只是奉上级命令把他看作十七个俄国犯人中的一个。如果说皮埃尔有什么地方与众不同，那就是他有一副并不胆怯和专注沉思的神态，以及一口使法国人都吃惊的漂亮法国话。虽然如此，皮埃尔那天还是同其他嫌疑犯被关在一起，因为他原住的单间被一个军官占用了。

同皮埃尔关在一起的都是最下层的俄国人。他们认出皮埃尔是贵族老爷，就同他疏远，尤其因为他会说法国话。皮埃尔听见他们嘲笑他，心里很不是滋味。

第二天晚上，皮埃尔听说所有被拘押的人（大概包括他在内）将因纵火受审。第三天，皮埃尔和同押犯被带到一个屋子，那里坐着一个白胡子法国将军、两名上校和几名佩肩带的法国人。他们审问被告的语气斩钉截铁，毫不含糊，仿佛已克服人类的弱点，此刻他们就是如此向皮埃尔等人提出一系列问题：你是什么人？到过什么地方？怀有什么目的？等等。

这些问题照例避开事情本质，并且排除弄清本质的可能，一味要被告顺着法官规定的渠道回答，也就是说达到可以对他定罪的目的。只要被告的话不合乎定罪目的，法官就移动渠道，使水白流。此外，皮埃尔也像一切被告那样，弄不懂为什么要向他提这些问题。他觉得用这种渠道来限制被告的回答，只是出于宽大或者礼貌。他知道他落到这些人手里，他们有权把他带到这里，有权要他回答问题，而审问的目的就是要定他的罪。因此，既然他们有权，又想定他的罪，那就用不着耍弄审判那套把戏。显然，不论怎样回答都能构成罪状。他们问皮埃尔他被捕时在做什么，他感伤地回答说，他正把**一个从火里救出的孩子**送交他的父母。问他为什么同抢劫犯打架？皮埃尔回答说，他在保护一个女人，而保护受辱的女人，谁都有责任……他的话被打断了，因为这跟本案无关。问他为什么待在着火的房子里（有证人作证）？他回答说，他要看看莫斯科城里的情况。他的话又被打断，他们没有问他去哪里，而是问他留在火场旁边干什么。问他是什么人？这是他们开头问过他而他不肯回答的问题。他又说他不能回答这问题。

“记下来。这样不好，很不好！”白胡子、红脸膛的将军严厉地说。

第四天，祖波夫堡起火了。

皮埃尔和另外十三个人被押送到克里木浅滩一个商人的车棚里。皮埃尔走过街道，被笼罩着全城的浓烟呛得喘不过气来。四面八方都是大火。皮埃尔当时还不懂得火烧莫斯科的意义，心惊胆战地望着漫天大火。

在克里木浅滩商人家的车棚里，皮埃尔待了四天，他同法国兵谈话，知道这里被拘留的人都在等候元帅的决定。至于是哪个元帅，皮埃尔从士兵口里打听不出来。对士兵来说，元帅就是带有几分神秘色彩的最高权力。

开头几天，就是 9 月 8 日第二次提审俘虏之前，皮埃尔觉得特别难过。

10

9 月 8 日，一个军官走进关押俘虏的车棚，从看守对他毕恭毕敬的模样可以判断，这是个很重要的人物。这军官多半是个参谋官，手里拿着一张名单，对俄国人逐个点名，点到皮埃尔，称他为**不愿报姓名的人**，他懒洋洋地扫视了一下所有的俘虏，吩咐看守军官，在带他们去见元帅之前先让他们穿着得像样些，收拾得整齐些。一小时后，来了一连士兵，把皮埃尔和其他十三个人押解到圣母广场。那天雨过天晴，阳光灿烂，空气特别新鲜。烟不像他们从拘留所被押解到祖波夫堡那天那样低低地弥漫在地面上，而是像柱子一样往澄澈的空中笔直升起。城里已看不到大火。四面八方都是一根根腾空的烟柱，皮埃尔只看见整个莫斯科一片瓦砾。到处都是烧剩的炉子和烟囱，偶尔可以看见烧黑的断垣残壁。皮埃尔望望那些废墟，已认不出城里原先的房屋。偶尔可以看见完整的教堂。克里姆林宫没有被焚毁，远远地可以望见白乎乎的钟楼和伊凡大帝教堂。近处，新圣母修道院的圆顶闪闪发亮，那里传来的钟声特别响亮。钟声提醒皮埃尔，今天是礼拜日，是圣母诞辰。但没有人庆祝这个节日：到处是断垣残壁，废墟瓦砾，而难得遇见的几个俄国人也都是衣衫褴褛，神色慌张，看见法国人就东躲西藏。

俄国人的家园显然被彻底摧毁了，但皮埃尔不由得感到，俄国生活秩序被毁后，在这片劫后的家园上已经建立起一种截然不同的强硬的法国秩序。他是从押解他们的队伍整齐、精神抖擞的士兵的神态上感觉到这一点的；他又从一位坐在豪华马车上迎面而来的法国大官的神情上感觉到这一点。他还从广场左边传来的快乐的军乐声中感觉到这一点；特别是从今天早晨那个法国军官点名时感觉和体会到这一点。皮埃尔和几十个其他罪犯被士兵们带到一个地方，然后又带到另一个地方；看光景，他们很可能把他忘记，把他和其他人混在一起，其实并非如此：他在受审时又被称为不愿报姓名的人。现在，皮埃尔就带着这样一个他觉得很可怕的称号，被押送到某个地方去。押送兵脸上的神色表明，包括他在内的所有俘虏正是他们所需要的，他们将被带到该去的地方。皮埃尔觉得自己好像一小块木片，落进一架他所不了解但运转正常的机器里。

皮埃尔和其他犯人被带到圣母广场右边一座白色大房子里，房子前面有一座大花园，离修道院不远。这是谢尔巴托夫公爵的公馆，皮埃尔以前常来这里做客，他从士兵谈话中知道，现在住着法军元帅达武。

他们被带上台阶，逐个被领到房子里。皮埃尔第六个进去。穿过皮埃尔熟悉的玻璃走廊、穿堂、前厅，他被领进一间深长而低矮的办公室，门口站着一名副官。

达武坐在办公室尽头的桌旁，鼻梁上架着一副眼镜。皮埃尔走到他跟前。达武没有抬起眼睛，显然在处理文件。他没有抬起眼睛，只低声问：

“你是什么人？”

皮埃尔没吭声，因为他说不出话来。他知道，达武不只是一个法国将军，而且是一个以残酷闻名的人。皮埃尔望着达武冷冰冰的脸，觉得他好像一位严厉的教师不耐烦地等着学生的回答，因此稍一拖延就得付出生命的代价，但他不知道说什么好。像初审时那样说，他不敢；说出自己的姓名和身份，那是又危险又可耻的。皮埃尔默不作声。但没等皮埃尔拿定主意，达武就抬起头来，把眼镜推到额上，眯缝起眼睛看了看皮埃尔。

“我认识这个人。”他不慌不忙地冷冷说，显然想吓唬吓唬皮埃尔。原先在他脊梁上掠过的寒颤，此刻像铁钳般夹住了他的头。

“将军，您不可能认识我，我也从来没见过您……”

“这是一个俄国间谍。”达武打断他的话，对屋里皮埃尔没注意的另一位将军说。达武转过身去。皮埃尔突然声音哆嗦地急急说。

“不，大人……”他说，突然记起达武是位公爵。“不，大人，您不可能认识我。我是个民兵军官，我没有撤离莫斯科。”

“你叫什么名字？”

“别祖霍夫。”

“谁能向我证明你没有说谎？”

“大人！”皮埃尔大声叫道，他的语气不是愤怒，而是恳求。

达武抬起眼睛，对皮埃尔仔细望望。他们对视了几秒钟，这种对视救了皮埃尔的命。这次对视排除了战争和审判等因素，两人之间建立了人与人的关系。在这一瞬间，他们思绪万千，懂得了他们都是人类的子孙，是兄弟。

达武刚从用号码标明的案件和人名的名单上抬起头来，在第一瞥中，皮埃尔只是其中的一个号码，达武满可以若无其事地枪毙他，但现在他觉得他也是一个人。他沉吟了一下。

“你怎么向我证明你说的是实话？”达武冷冷地问。

皮埃尔想起了伦巴尔，就说出他的姓名、部队和他所住的街名。

“你不是你所说的那个人。”达武又说。

皮埃尔声音发抖，结结巴巴地提出一些证据证明他说的是实话。

这时副官走进来，向达武报告什么事。

达武听了副官的报告，顿时容光焕发，扣上衣服钮扣。他显然把皮埃尔完全忘记了。

副官提醒他这里还有个俘虏，他皱起眉头，朝皮埃尔那边抬抬头，命令把他带走。至于要把他带到哪儿去,皮埃尔不知道:是回那个棚子,还是带到刑场。刚才经过圣母广场时,同伴已把刑场指给他看了。

他回过头去,看见副官在问什么。

“是的,当然!”达武说,但这“是的”究竟指什么,皮埃尔可不知道。

皮埃尔不记得他是怎样走的,走了多久,往哪儿走。他精神恍惚,头脑糊涂,对周围的一切视而不见,只跟着别人一起移动脚步,别人停下来,他也停下来。这段时间,皮埃尔头脑里只有一个念头:究竟是谁最后判了他死刑?不是委员会里那些审问他的人,因为他们中间看来没有一个人愿意这样做,也不能这样做。也不是达武,因为他望着他的眼神是那么富有人情。只要再一分钟,达武就会明白他们是在做蠢事,但副官一进来,就把这一分钟耽误了。这个副官显然也不愿做坏事,但他不进来就好了。那么,究竟是谁将处决皮埃尔,夺走他的性命,葬送他的一切回忆、志向、希望和思想?这一切都是谁干的?皮埃尔觉得找不出一个人来。

这是秩序,是形势使然。

是一种秩序杀害他皮埃尔,要了他的命,毁了他的一切。

11

俘虏们被押出谢尔巴托夫公爵公馆,经过圣母修道院左边的圣母广场,来到竖着一根柱子的菜地上。柱子后面挖了一个大坑,坑边的泥土是刚挖出来的,土坑和柱子旁边站着半圈人。这群人少数是俄国人,多数是不在值班的拿破仑军队,其中有穿着不同军服的德国人、意大利人和法国人。柱子两边站着法国兵,身穿蓝军服,佩红肩章,脚登短统靴,头戴高筒帽。

犯人们按照名单次序排好,皮埃尔排在第六个,他们被带到柱子旁边。几只军鼓突然在两边敲起来,皮埃尔觉得他的一部分灵魂已经跟着鼓声被夺走了。他丧失了思维能力。他只能看和听。他只有一个愿望,就是让那要来的可怕的事快一点来。皮埃尔环顾他的同伴,仔细打量着他们。

头上两个是剃光头的囚犯。一个又高又瘦,另一个皮肤黧黑,鼻子扁平,毛发蓬松,肌肉发达。第三个是家奴,四十五岁光景,头发花白,肥胖的身体保养得很好。第四个是农民,相貌俊美,眼睛乌黑,蓄着一把浓密的褐色大胡子。第五个是工人,又黄又瘦,年纪十八九岁,穿着工作服。

皮埃尔听见法国人在商量怎样枪毙:一次一个还是一次两个。"一次两个。"一个校官若无其事地冷冷回答。士兵的行列调动了一下,大家都在匆忙行动,但不是为了一件大家都能理解的事,而是为了一件难以理解却又非做不可的不愉快的事。

一个佩武装带的法国军官走到犯人行列右边,用俄语和法语宣读判决书。

然后两对法国兵走到犯人跟前,遵照军官指示带走前头的两个战战兢兢的犯人。这两个犯人走到柱子旁站住,等法国人拿口袋来,他们默默地环顾四周,好像中弹的野兽等待猎人走近。一个犯人不断地画十字,另一个搔着背,翕动嘴唇,好像在微笑。士兵慌忙蒙住他们的眼睛,拿口袋套住他们的头,把他们捆在柱子上。

十二名士兵手里拿着枪,迈着平稳整齐的步伐从队伍里出来,在离柱子八步远的地方站住。皮埃尔转过脸去,免得看见即将发生的事。突然响起一阵劈噼啪啪的响声,皮埃尔觉得比最可怕的雷声还响。他回头看了一眼。只见硝烟弥漫,那几个法国人脸色苍白,两手发抖,在坑旁干着什么。又有两个犯人被带出来。这两个也用同样的眼神望着大家,徒然用眼睛默默地乞求人家的庇护,显然不理解也不相信将要发生的事。他们不能相信,因为只有他们自己才懂得生命的价值,不理解也不相信人家可以夺走他们的生命。

皮埃尔不愿看,又转过脸去;但又响起了一阵惊心动魄的枪声,随着枪声他又看见了硝烟、人血、法国人吓得发白的脸,他们双手发抖,互相推挤,在柱子旁做着什么。皮埃尔重重地喘着气,环顾四周,仿佛在问:这是怎么一回事?皮埃尔看见所有人的目光都在这样问。

他在所有俄国人的脸上,在所有法国官兵的脸上无一例外地看到和他心里所感受的同样的惊悸、恐怖和斗争。“这事究竟是谁干的？他们都像我一样难受。究竟是谁？究竟是谁？”这问题在皮埃尔心里闪了一下。

“八十六步兵团，开步走！”有人喊道。站在皮埃尔旁边的第五个人被带出去，这次只带他一个。皮埃尔还不知道他得救了，他同其余的人被押到这里只是陪绑。他越来越恐惧，面对眼前的景象，既不感到高兴，也不觉得宽慰。这第五个是穿工作服的工人。法国兵刚碰着他，他就吓得往旁边一跳，一把抓住皮埃尔。皮埃尔浑身打了个哆嗦，挣脱他的手。工人走不动，他们架着他的膀子走。他不断叫喊。一到柱子旁边，突然不叫了。他仿佛一下子明白是怎么回事。不知是他明白喊也无用呢，还是他认为人家不可能杀他，他在柱子旁站住，等待同其他人一样被蒙上眼睛，并且也像一头中弹的野兽，闪亮着眼睛环顾四周。

皮埃尔已不能转过脸去闭眼不看了。他和其他人的好奇和激动在这第五个人被杀害时达到了顶峰。这个犯人也和其他几个犯人一样，看上去似乎很镇定：他把工作服裹裹紧，用一只光脚擦擦另一只。

他被蒙上眼睛，整了整脑后勒得太紧的结子。然后他被推到血迹斑斑的柱子上，身子往后仰。他觉得这姿势不舒服，就调整了一下，平稳地摆好两脚，靠在柱子上。皮埃尔盯着他，不放过每个细小的动作。

照规矩应该发出一声口令，然后响起八支枪的枪声。但不管皮埃尔后来怎样竭力回忆，也回忆不起哪怕一声枪响。他只看见那个被绑着的工人突然蹲下来，血从两处涌出，绳子由于身体的重量松散了，那工人不自然地垂下脑袋，屈着一条腿坐下来。皮埃尔向柱子跑去，没有人拦阻他。几个脸色吓得发白的人在工人周围忙碌着。一个留胡子的法国老兵解开绳子时下巴颏直打哆嗦。尸体倒下来。士兵们笨手笨脚地把尸体迅速拖到柱子后面，把它推到坑里。

显然，大家都深信他们犯了罪，得赶快把他们犯罪的痕迹掩埋掉。

皮埃尔往坑里看了一眼，看见那个工人躺在那儿，膝盖朝上，贴近头部，一边肩膀比另一边高，高的一边的肩膀一上一下地抽搐着。但一铲一铲的土已撒满整个尸体。一个士兵怒气冲冲地对皮埃尔狂叫了一声，要他回到原地去。但皮埃尔不懂他的意思,站在柱子旁,也没有人来赶他走。

等坑被填平后,传出了口令声。皮埃尔被带回原地,站在柱子两边的法国兵作了个半转弯,就步伐整齐地从柱子旁边走过去,二十四名拿着空枪的步兵,原来站在圈子中央,此刻当连队走过他们身边时都跑回原来的位置。

皮埃尔目光茫然地望着这一对对从圈子里跑出来的步兵。大家都归了队,只有一个例外。留下的是个年轻士兵,他脸色惨白,高筒帽歪到脑后,放下枪,仍站在坑旁开枪的地方。他好像喝醉了酒,踉踉跄跄,前进几步,后退几步,以保持平衡不至于跌倒。一个年老的军士从队伍里跑出来,抓住他的肩膀,把他拖到连队里。俄国人和法国人都走散了。大家都垂下头默默地走着。

"这是教训大家不准放火!"一个法国人说。皮埃尔回头看了一下说话的人,原来是个士兵,他想对所做的事说些聊以自慰的话,但他没把话说完,就摆摆手走开了。

12

那次行刑后,皮埃尔同其他犯人隔离,单独关在一座肮脏破旧的小教堂里。

傍晚,看守的军士带着两名士兵走进教堂,向皮埃尔宣布,他被赦免了,现在转到战俘营去。皮埃尔不懂他说的是什么,站起来跟着士兵走。广场上端有几间用烧焦的木头搭成的棚子,皮埃尔被领进其中一间。在黑暗中,大约有二十来个形形色色的人把皮埃尔团团围住。皮埃尔望着他们,不知道他们是些什么人,他们来做什么,他们要他怎么样。他听着他们对他说的话,但不明白什么意思,因此作不出结论和判断。他回答向他提出的问题,并不注意谁在听他,他们怎样理解他的回答。他望着他们的脸和身子,觉得他们都同样毫无表情。

自从皮埃尔看见士兵被迫进行可怕的屠杀以后,他心中那个支持一切的强大弹簧突然断裂,于是一切变成一堆废物。他不清楚是怎么一回事，但在他的心目中，对世界的完美、人类的良心和自己的灵魂以及对上帝的信仰，全都破灭了。这种心境皮埃尔以前有过，但从未像现在这样强烈。以前皮埃尔有过怀疑，但这种怀疑起因于自己的罪过。他在心底里感到，要排除失望和怀疑，关键在于自己，然而，现在他眼看整个世界崩溃，变成一堆废墟，但责任不在他。他觉得他无力恢复对人生的信心。

在黑暗中，他周围站着一些人，他们对他显然很感兴趣。人家同他说话，提了些问题，然后把他带到一个地方，最后来到一个棚子的角落，那里有人在他旁边说笑。

"我说，伙计们…… 就是**那个**亲王（说到**那个**两个字特别加重语气）……"对面角落里有人说。

皮埃尔一动不动地坐在墙边的干草上，默不作声，眼睛一会儿睁开，一会儿闭上。他一闭上眼睛，面前就出现那个工人可怕的脸，由于朴实而显得格外可怕的脸，以及那些被迫行刑的刽子手因良心不安而显得更加可怕的脸。于是他又睁开眼睛，在黑暗中茫然望着周围。

皮埃尔旁边坐着一个弯着腰的矮小的人。皮埃尔最初发现他，是因为他一动身上就发出一股强烈的汗臭。这人在黑暗中摆弄他的脚，皮埃尔虽然看不见他的脸，却觉得这人一直在打量他。皮埃尔在黑暗中习惯了一点，发现这人正在脱靴子。皮埃尔对他脱靴子的姿势很感兴趣。

他解开一只脚上的带子，把它整整齐齐地卷好，立刻又解另一只，同时端详着皮埃尔。他一只手把带子挂起来，另一只手已在解另一只脚上的带子。他就这样有条有理、麻利地脱下靴子，把靴子挂在头上的橛子上，拿出一把小刀，割掉些什么，又把小刀合拢放到枕头底下，然后身子坐得舒服一点，双手抱住膝盖，眼睛直盯着皮埃尔。从他熟练的动作上，从他在角落里有条不紊的安排上，甚至从他身上的气味上，皮埃尔体会到一种愉快、宽慰和从容的感觉，不由得目不转睛地望着他。

"您吃过不少苦吧，老爷？"矮小的人突然问。他那悦耳的声音是如此亲切诚挚，皮埃尔想回答，可是下巴颏发抖，眼泪夺眶而出。矮小的人不让皮埃尔发窘，又用他那动听的声音说起来。

"喂,好兄弟,别难过,"他用俄国乡下老太婆的口气说,声音温柔、亲切而好听。"别难过,朋友,受苦一时,活命一世!就是这样,老弟!住在这里,感谢上帝,不用受气。这里的人也有好有坏。"他说。他一面说,一面灵活地一屈膝站起来,咳嗽着走开了。

"哼,小调皮来了!"皮埃尔听见那人亲切的声音从棚子尽头传来。"小调皮来了,它还记得我!哦,好啦,好啦!"那兵推开向他扑来的小狗,回到自己位置上坐下。他手里拿着一个破布包。

"来,吃吧,老爷!"他又恢复原先恭敬的语气说,打开包,递给皮埃尔几个烤土豆。"中饭吃过稀粥了。这土豆可好吃啦!"

皮埃尔一整天没吃过东西,觉得土豆特别香。他谢过那兵,吃起来。

"怎么样,不错吧?"士兵拿起一个土豆笑着说:"你得这么办。"他又拿出折刀,在手掌上把土豆切成两半,从布里捏点盐撒上,递给皮埃尔。

"烤土豆可好吃啦!"他又说:"你就这么吃吧。"

皮埃尔觉得,他从没吃过这么好吃的东西。

"唉,我倒无所谓,"皮埃尔说,"可是他们凭什么枪毙这些可怜的人!……最后那一个才二十岁呢。"

"嘘嘘……嘘嘘……"矮小的人说:"罪过啊,罪过啊……"他连忙补上一句,仿佛这话总是挂在嘴边,随时会脱口而出,接着又说:"这是怎么搞的,老爷,您怎么留在莫斯科不走?"

"我没想到他们会来得那么快。我不是存心留下来的。"皮埃尔说。

"那他们是怎么把你抓住的,好兄弟,是在你家里抓的吗?"

"不,我去看火烧,他们就把我抓起来了,说我是纵火犯。"

"哪里有法庭,哪里就有伤天害理的事。"矮小的人插嘴说。

"你在这里待了很久啦?"皮埃尔一边问,一边嚼着最后一个土豆。

"我吗?我是上星期在莫斯科一家医院里给他们抓来的。"

"你是干什么的?是当兵的吗?"

"我们是阿普雪隆团的兵。发高烧,烧得半死。我们什么消息也没听到。我们二十来个人都病倒了。真是没想到。"

“怎么样，在这儿闷得慌吗？”皮埃尔问。

“怎么不闷，好兄弟。我叫普拉东，姓卡拉塔耶夫。”他补充说，显然要使皮埃尔容易称呼他。“在部队里大家都叫我‘小鹰’。怎么不闷，好兄弟！莫斯科是众城之母。瞧着这光景，心里怎么不闷。老人们说得好：虫子钻进圆白菜，先把自己害。”他急急地添加说。

“什么，你说什么？”皮埃尔问。

“我吗？”普拉东问。“我说：人有千算，逃不了上帝裁判。”他说，仿佛在重复说过的话。他立刻又说下去：“您过得怎么样，老爷，领地有吗？房子有吗？这么说来，您挺富有！内当家的有吗？老人都在吗？”他问。在黑暗中，皮埃尔虽看不见，但感觉到，那兵在问这些时，抿着嘴忍住亲切的微笑。他听说皮埃尔没有老人，特别是没有母亲，很为他难过。

“有老婆好商量，有丈母娘有照顾，但都不及老娘亲！”他说。“那么，有没有孩子？”他继续问。皮埃尔的否定回答显然又使他难过，他连忙添加说：“不要紧，你们还年轻，上帝会赐给你们的。只要夫妻和睦……”

“现在都无所谓了。”皮埃尔情不自禁地说。

“不，你这个好人哪！”普拉东表示不同意。“讨饭也罢，坐牢也罢，永远别嫌弃。”他坐得舒服些，清清嗓子，显然要作长篇大论。“听我说，亲爱的朋友，当年我在家的时候，”他开始说：“我们老爷的领地很富，土地很多，庄稼人日子过得挺好，也有自己的房子，感谢上帝。我们一家七口，我爹亲自下地干活。日子过得挺不错。我们是规规矩矩的正教徒。没想到出了事……”于是普拉东详细讲了他的遭遇：有一天他到人家树林里砍柴，被看林人捉住，挨了一顿毒打，受到审判，然后被送去当兵。“嗨，好兄弟，”他含笑说，声音有点异样，“没想到因祸得福！我要是不犯罪，我弟弟就得去当兵。我弟弟有五个孩子，可我呢，只有一个老婆。有过一个丫头，可是在我当兵前就被上帝召回去了。不瞒你说，我请假回去过一次。到家一看，日子过得比原先还好。满院子都是牲口，娘儿们都在家，两个弟弟出去挣钱了。只有小弟弟米哈伊洛在家。我爹说：‘孩子都一样，十指连心，咬哪个指头都一样痛。要不是普拉东那次被抓去当兵。米哈伊洛就得去。'不瞒你说，我爹把我们都叫去，要我们站在圣像前。他说：'米哈伊洛，过来，跪在他脚前，还有你，米哈伊洛的媳妇，也跪下，孙儿们也都跪下。你们明白吗？'他说，'就是这样，我的孩子。'人拗不过命。可我们老是发牢骚：这个不行，那个不好。老弟，幸福好比网里水：拉的时候沉甸甸，拉上来却啥也没有。就是这么一回事。"普拉东在干草堆上换了个座位。

沉默了一会儿，普拉东站起来。

"我看，你困了吧？"他说着迅速地画起十字，念着祷词：

"主哇，耶稣基督，圣尼古拉，圣福罗拉和圣拉夫勒，主耶稣基督，圣尼古拉！圣福罗拉和圣拉夫勒，主耶稣基督，饶恕我们，拯救我们吧！"他结束说，在地上叩头，然后站起来，叹了一口气，坐到原来的干草上。"就是这么一回事。主哇，但愿我睡得像石头一样沉，起来像面包一样轻，"他说着躺下来，把外套拉到身上。

"你这念的是什么祷词啊？"皮埃尔问。

"什么？"普拉东问，他刚要睡着，"念什么？祷告上帝。难道你不祷告吗？"

"不，我也祷告，"皮埃尔说。"但你说圣福罗拉和圣拉夫勒是什么意思？"

"那有什么？"普拉东迅速地回答，"他们是马神。畜生也要爱惜。"普拉东说。"瞧这贱货，缩成一团。它这样倒暖和，狗崽子。"他说着，摸摸脚边的狗，翻了个身就睡着了。

远处传来哭声和叫声，从棚子缝里看得见火光，但棚子里一片寂静和黑暗。皮埃尔好半天睡不着，他睁着眼睛躺在黑暗中，听着身边普拉东均匀的鼾声，觉得原来被破坏的世界又面目一新，重新牢固地出现在他的心中。

13

皮埃尔在棚子里蹲了四个星期。棚子里关着二十三名被俘的士兵、三名军官和两名文官。

后来，这些人在皮埃尔的记忆里都模糊了，唯有普拉东从此给他留下可贵的深刻印象，并且成了善良的圆圆的俄罗斯人的典型。进棚第二天早晨，皮埃尔看见这位邻人，最初留下的圆的印象完全得到了证实：普拉东身穿用绳子束腰的法军大衣，头戴军帽，脚穿树皮鞋，整个形象是圆的，头是滚圆的，背、胸、肩都是圆的，就连他那双随时准备拥抱什么的双手都是圆的，他那愉快的笑脸是圆的，还有他那双温和的栗色大眼睛也是圆的。

从普拉东讲到他当兵的经历来看，他该有五十出头了。他自己不知道也说不准他有几岁，但他爱笑，笑时露出一排完整的洁白坚实的牙齿，他的头发和胡子没有一根白，他的整个身体富有弹性，特别结实耐劳。

他的脸虽有细小的皱纹，但神情天真无邪。他的声音悦耳动听。他说话的特点是直率和自然。他显然从不考虑他说过什么和将要说什么，正因为如此，他那迅速而诚恳的语调具有一种不容反驳的说服力。

被俘初期，他体力过人，动作麻利，似乎根本不知道什么叫疲劳和病痛。每天早晨和晚上，他总是躺在那儿说："主哇，但愿我睡得像石头一样沉，起来像面包一样轻。"早晨起来总是耸耸肩膀说："躺下，缩成一团；起来，精神抖擞。"真的，他一躺下，就睡得像石头一样沉；他一起来，就精神抖擞，一秒钟也不耽误，立刻动手干活，就像孩子一起身就摆弄玩具那样。他什么事都会做，做得不好也不坏。也烤面包，烧菜，缝衣服，刨木头，补靴子，总是忙个不停，只有晚上才跟人说话（他喜欢说话），唱歌。他唱歌不像歌手，歌手知道人家在听才唱歌，他唱歌好像鸟儿，觉得需要发出这些声音，就像人需要伸懒腰和散步一样。他唱歌声音总是像女人一样尖细婉转，感伤动人，神情总是很严肃。

当了俘虏后，他留长胡子，抛弃了强加在他身上的当兵的规矩，恢复了原先农民的、老百姓的生活习惯。

"士兵一休假，衬衫露下摆。"①他常常说，他不愿谈当兵的生活，也不

① 农民习惯把衬衫下摆露在外面，当兵就得塞在裤子里。

诉苦，但常说当兵期间他没有挨过一次打。他主要讲他所宝贵的当“基督徒”（他总是把“基督徒”和“农民”两词相混淆①）的往事。他的话里充满了俗语，但不是士兵下流粗鲁的俗语，而是民间格言。这种格言本身没有多大意义，但用得恰当却意义深长。

他说话常常前后矛盾，但说起来总是振振有词，煞有介事。他爱说话，也善于说话，说时常使用格言谚语。皮埃尔认为这些格言谚语都是他杜撰的，而他说话的主要魅力在于，那些皮埃尔看见但不加注意的小事，经他一说，就变得意义深长，非同寻常。有个士兵天天晚上讲故事，讲的都是同样几个，但普拉东喜欢听，尤其喜欢听现实生活中的真事。他听这类故事，总是眉开眼笑，有时插几句嘴，提些问题，想把这类事理解得完美无缺。皮埃尔心目中的眷恋、友谊和爱情，普拉东是完全没有的，但他对周围的一切都充满爱心，特别是对人，不是对某一个人，而是对周围所有的人。他爱他的长毛狗，爱同伴，爱法国人，爱坐在他身旁的皮埃尔；但皮埃尔觉得，普拉东虽对他十分亲切（他这样做使皮埃尔内心感到很温暖），但一旦同他分手也丝毫不会惋惜。皮埃尔对普拉东也产生了同样的感情。

普拉东在其他俘虏的眼里只是一个普通的大兵，大家管他叫小鹰或者好普拉东，不怀恶意地取笑他，任意差遣他。但在皮埃尔的心目中，他第一夜给人的印象就是个朴实和真理的不可思议的永恒的浑圆化身，而且这个印象从此不变。

普拉东除了祈祷文外什么也背诵不出，他说话开了头，似乎就不知道怎样结束。

有时皮埃尔对普拉东的话感到惊奇，请他再重说一遍，可是普拉东已记不清刚才说过的话，同样，他也不能把他心爱的歌词说出来。譬如歌曲里唱到：“亲爱的故乡，小白桦树，我心里烦恼。”但他说不出这些词的意义。他不理解，也不能理解话里单词的意义。他的一言一行都是他生活的不自觉活动的表现。而个人生活他觉得毫无意义。只有作为他经常感

① 俄语“农民”和“基督徒”两词读音接近。

觉到的整体的一部分才有意义。他的言行从他身上表现出来，就像香气从花里散发出来一样均匀、必要和直接。他不能理解个别言行的价值和意义。

14

玛丽雅公爵小姐从尼古拉那里知道她哥哥和罗斯托夫一家同住在雅罗斯拉夫尔后，就不顾姨妈的劝阻，立刻准备动身，不仅自己去，而且带侄儿一起去。至于有没有困难，有没有可能，她不打听，也不想知道：她的责任是不仅亲自赶到可能生命垂危的哥哥身边，而且一定要把儿子给他带去。于是她准备动身。安德烈公爵没有直接通知她，她认为要么是他虚弱得不能写信，要么是他认为，长途跋涉对她和对他儿子来说都太艰难太危险了。

玛丽雅公爵小姐为出门做了几天准备。她的车队包括她坐到沃罗涅日的那辆公爵的大轿车、几辆篷车和行李车。随行的有布莉恩小姐、小尼古拉和他的家庭教师、老保姆、三个使女、季洪、一个年轻的男仆和姨妈派来护送她的跟班。

走平时去莫斯科的路根本不可能，因此玛丽雅公爵小姐得绕道经过利佩茨克、梁赞、弗拉基米尔和舒亚。这条路很长，也很难走，因为不是到处都能找到驿马，甚至有危险，因为据说梁赞附近已出现法国兵。

在这次艰难的旅行中，布莉恩小姐、德萨尔和仆人对玛丽雅公爵小姐的坚强意志和充沛精力都感到惊讶。她睡得最晚，起得最早，任何困难都难不住她。她的非凡意志和精力鼓舞了她的旅伴，到第二个星期末他们已抵达雅罗斯拉夫尔。

玛丽雅公爵小姐在沃罗涅日逗留的最后几天是她一生中最幸福的时刻。她对尼古拉的爱情已不再使她烦恼和不安。这爱情充满了她的整个心灵，成为她身上不可分割的一部分，她不再抗拒。近来，玛丽雅公爵小姐确信，她被人所爱，也爱上了人，尽管她从没对自己明确说过。她最后一次同尼古拉见面时，尼古拉告诉她，她哥哥同罗斯托夫一家人住在一起，那时她就确信这一点。虽然尼古拉只字未提一旦安德烈公爵康复，他和娜塔莎可能恢复关系，但玛丽雅公爵小姐从他的脸上看出，他知道这一点，并且考虑到这一点。虽然如此，他对她那种谨慎、亲切和钟爱的态度不仅没有改变，而且很高兴，因为那样他们就有了亲戚关系，他可以更自由地向她表达他的友爱——玛丽雅公爵小姐有时这样想。玛丽雅公爵小姐知道这是她生平第一次也是最后一次恋爱，她发觉有人爱她，心里感到安慰和幸福。

这种精神上的幸福并不能冲淡她对哥哥病情的深切忧虑，相反，使她更加为哥哥伤感。她从沃罗涅日动身时，这种感情是那么强烈，以致送行的人望着她那沮丧憔悴的脸，都担心她会在半路上病倒；但玛丽雅公爵小姐一路上不断操劳，忧心忡忡，倒暂时忘记了悲伤，增添了力量。

正像旅行时常有的那样，玛丽雅公爵小姐一心只想着旅行，而忘记了旅行的目的。但当他们快到雅罗斯拉夫尔时，一想到面临的事情不是再过几天，而是当天晚上就要实现，她内心的激动便达到了极点。

跟班被先派去打听罗斯托夫家住在雅罗斯拉夫尔什么地方，安德烈公爵的情况怎样。他回来时在城门口遇见公爵的大轿车，看见公爵小姐从车窗里探出来的头，脸色苍白得厉害，不觉大吃一惊。

“什么都打听到了，公爵小姐：罗斯托夫一家住在广场旁商人勃朗尼科夫家。离这儿不远，就在伏尔加河畔。”跟班说。

玛丽雅公爵小姐惊疑地望着他的脸，不明白他对她说的话，不明白他为什么不回答她的主要问题：哥哥情况怎样？布莉恩小姐又替玛丽雅公爵小姐提了这个问题。

“公爵怎么样？”她问。

“公爵老爷同他们都住在那所房子里。”

“这么说，他还活着。”玛丽雅公爵小姐想，接着又低声问：“他怎么样？”

“仆人们说，还是那个样子。”

“还是那个样子”是什么意思，公爵小姐没有问，只偷偷地瞧了一眼坐在她面前欣赏市容的七岁的小尼古拉,低下头去,直到那辆沉重的轿车辘辘地响着,颠簸着,摇摆着,停下来,她才抬起头。车梯哐啷一声放下来。

车门打开了。左边是一条大河,右边是台阶。台阶上站着几个男仆,一个女仆,还有一个面色红润、梳着乌黑大辫子的姑娘。玛丽雅公爵小姐觉得她的微笑有点勉强。这是宋尼雅。公爵小姐跑上楼梯,那个勉强微笑的姑娘说:"这边走! 这边走!"公爵小姐来到前厅,看见一个东方脸型的老妇人神情激动地向她迎面快步走来。原来是伯爵夫人。她拥抱了玛丽雅公爵小姐,吻着她。

"我的孩子!"她说,"我爱你,我早就知道你了。"

玛丽雅公爵小姐虽然心里很激动,但知道这位就是伯爵夫人,得同她说说话。她学着人家对她说话的腔调,脱口用法语说了几句客套话,然后问:"他怎么样?"

"医生说他没有危险。"伯爵夫人说,但说的时候叹了一口气,眼睛向上看。这个神态表示出同她说的话相反的意思。

"他在哪里? 可以看看他吗? 可以吗?"公爵小姐问。

"稍等一下,公爵小姐,稍等一下,我的朋友。这是他的儿子吗?"她对着同迪萨尔一起进来的小尼古拉说。"这里房子很大,大家都住得下。哦,真是个可爱的孩子!"

伯爵夫人把公爵小姐领到客厅。宋尼雅跟布莉恩小姐谈着话。伯爵夫人亲着小尼古拉。老伯爵走进来,对公爵小姐表示欢迎。自从公爵小姐上次见到伯爵以来,伯爵的模样大变了。当时他还是一个快乐活泼、信心十足的小老头,如今可变成一个茫无所措的可怜人了。他在同公爵小姐谈话时,不断地东张西望,仿佛在问人家,他做得对不对。自从莫斯科被毁、他家破产以来,他脱离了生活常轨,显然觉得已失去生活意义,他在生活中的地位也没有了。

玛丽雅公爵小姐心情十分激动,一心想赶快看到哥哥,可是人家却同她应酬,装腔作势地称赞她的侄儿。但她注意到周围的情况,觉得暂时只能顺应这种局面。她知道这一切都是无法避免的,心里感到不痛快,但她并不生他们的气。

“这是我的外甥女，”伯爵介绍宋尼雅说。“您不认识她吧，公爵小姐？”

公爵小姐向她转过身去，竭力压下心头对这个姑娘的敌意，吻了吻她。但她发现周围人的心情离她的心情太远，感到很难受。

“他在哪里？”她又一次问大家。

“他在楼下，娜塔莎陪着他，”宋尼雅红着脸回答。“已经派人去打听情况了。我想您一定累了吧，公爵小姐？”

公爵小姐焦急得眼眶里涌出泪水。她转过身去，又想问问伯爵夫人怎样去他那儿，这时门外传来轻快急促的脚步声。公爵小姐回过头去，看见了几乎是跑进来的娜塔莎，就是好久前在莫斯科见面时她很不喜欢的那个娜塔莎。

但此刻公爵小姐一看见娜塔莎，立刻明白这是一位能与她共患难的真正伙伴，因此是她的朋友。她奔过去一把抱住她，伏在她的肩上哭起来。

娜塔莎坐在安德烈公爵床头，一听说玛丽雅公爵小姐到了，就悄悄走出他的房间，用玛丽雅公爵小姐觉得轻快的步伐向她跑来。

她跑进客厅，她那兴奋的脸上只有一种表情：爱，无限的爱，爱他，爱她，爱她心爱的人所亲近的一切，以及同情人，渴望为帮助人而献出自己的一切。此刻娜塔莎心里显然完全没有想到自己，没有想到她同安德烈公爵的关系。

玛丽雅公爵小姐很敏感，一看见娜塔莎的脸，便全明白了，她悲喜交集，立即伏在她的肩上哭起来。

“走，我们去看看他，玛丽雅。”娜塔莎说着把她领到另一个房间。

玛丽雅公爵小姐抬起头，擦干眼泪，面对着娜塔莎。她觉得可以从娜塔莎那儿了解到一切。

“那么……”她刚要问，立刻又停住。她觉得无法用语言来问答。娜塔莎的脸色和眼睛能更清楚更深刻地说明一切。

娜塔莎对她望望,似乎有顾虑:要不要把她所知道的一切全说出来。她仿佛觉得,面对着这双光芒逼人、能看透她内心深处的眼睛,她不能不把她看到的全部真相说出来。娜塔莎的嘴唇突然抖动了一下,嘴角出现难看的皱纹。她哭起来,用双手捂住脸。

玛丽雅公爵小姐全明白了。

但她仍抱着希望,就用自己也不相信的语言问道:

“他的伤势怎么样?总的情况怎么样?”

“您,您……就会看到的。”娜塔莎只说得出这样一句话。

她们在楼下他房间旁边坐了一会儿,以便止住哭泣,若无其事地进去看他。

“整个病情怎么样?恶化好久了吗?出现**这种情况**有多久了?”玛丽雅公爵小姐问。

娜塔莎说,最初因高烧和疼痛发生过危险,但到了圣三一修道院就过去了,医生只担心一件事:发生坏疽。但这种危险也过去了。来到雅罗斯拉夫尔后,伤口开始化脓(娜塔莎知道化脓是怎么一回事)。医生说,化脓可能平安过去。随后发烧了。医生说,发烧并不太危险。

“可是两天前,”娜塔莎说,“突然出现了**这种情况**……”她忍住哭泣说。“我不知道是什么缘故,但您会看到他变得怎样了。”

“他身子更弱了?更瘦了?……”公爵小姐问。

“不,不是的,情况还要糟。您会看到的。唉,玛丽雅,玛丽雅,他这人太好了,但他活不了,活不了……因为……”

15

娜塔莎熟练地打开他的房门,让玛丽雅公爵小姐走在前面,这时公爵小姐觉得喉咙已被一阵哽咽堵住。不论她怎样做好思想准备,竭力保持镇静,她知道见到他还是忍不住眼泪。

玛丽雅公爵小姐明白,娜塔莎说“**两天前出现了这种情况**”是什么意思。她明白,这是说他突然变得虚弱,而虚弱和感伤往往是死亡的征兆。

她走到门口，就想象到她从小熟悉的安德烈那张温柔亲切的脸，这种神色他不常有，因此每次看见都使她感动。她知道他会悄悄地对她说些亲切的话，就像父亲临终时那样，她一定会受不了而放声大哭。但这事早晚总要发生，她只得硬着头皮走进屋去。她那双近视眼越来越看清他的身体和面貌，她越来越难以忍住即将爆发的恸哭，她终于看见他的脸，并且同他的目光相遇了。

他靠着枕头躺在沙发上，身穿一件灰鼠皮睡袍。他又瘦又白。他那瘦骨嶙峋的白蜡般的手，一只拿着手帕，另一只轻轻地摸弄着稀疏的胡子。他的眼睛望着进来的人。

玛丽雅公爵小姐一见他的脸，一遇到他的目光，立刻放慢脚步，觉得眼泪突然干了，哽咽也停止了。她看清他脸上的神态和目光，突然变得胆怯，并且感到内疚。

“我有什么事可以内疚的呢？”她问自己。“你活着，只想到活人的事，可是我！……”他那严厉冰冷的眼神这样回答。

他慢慢地抬起眼睛，瞧了瞧妹妹和娜塔莎，他那不是往外瞧而是向自己内心探视的深邃目光几乎带着敌意。

他照例同妹妹互相吻了吻手。

“你好，玛丽雅，你是怎么到这儿来的？”他说，声音同眼神一样平静而陌生。他要是绝望地尖叫，还不至于使玛丽雅公爵小姐感到这样惊心动魄。

“你把小尼古拉也带来了？”他仍旧那么平静而缓慢地说，显然在竭力回忆。

“现在你身体怎么样？”玛丽雅公爵小姐问，她这样问，连自己也感到吃惊。

“我的朋友，这事你得问医生。”他说，显然竭力想表示亲热。接着他又悄悄地说（他似乎根本没想到他在说什么）：**“谢谢你来看我，亲爱的朋友。”**

玛丽雅公爵小姐握了握他的手。她的握手使他微微皱起眉头。他不作声，她也不知道说什么好。她明白这两天来发生的变化。在他的话里，在他的语气里，特别是在他的眼神里，在他那冰冷的含有敌意的眼神里，有一种使活人感到害怕、同人世疏远的神色。看来，现在他很难理解活人的事，但同时使人觉得，他不理解活人的事并非因为他丧失理解力，而是因为他理解那种活人所不能理解而占据他整个身心的事。

"你看，多么奇怪，命运又把我们联在一起！"他打破沉默，指指娜塔莎说："她一直在照顾我。"

玛丽雅公爵小姐听着，但不明白他的话。这个聪明多情的安德烈公爵怎么能在这个为他所爱并爱他的人面前说这种话呢！他如果想活下去，怎么能用这种冷得使人难受的语气说这种话呢！他如果知道自己快死了，怎么能不可怜她，怎么能当着她的面说这种话呢！只能有一种解释，他对什么都无所谓，因为他已得到一种极其重要的启示。

谈话是冷淡的，不连贯的，而且常常中断。

"玛丽是取道梁赞到这儿来的。"娜塔莎说。安德烈公爵没注意她对他的妹妹用了爱称。而娜塔莎当着他的面这样称呼她，自己也是第一次注意到。

"那又怎么样？"他问。

"她听人说莫斯科烧光了，通通烧光了，仿佛……"

娜塔莎突然停住，她说不下去。他显然在用心听，但是听不见。

"是的，据说烧光了。"他说。"真是太可惜！"他眼睛望着前面，心不在焉地用手指捋着小胡子。

"你遇到尼古拉伯爵了，玛丽？"安德烈公爵突然说，显然想说些使她们高兴的话。"他来信说他很喜欢你。"他继续若无其事地说，显然不能理解他的话对活着的人具有复杂的含义。"你如果也爱他，那就太好了……你们可以结婚。"他稍微快一点地添加说，仿佛因为找了许久终于找到这句要说的话而感到高兴。玛丽雅公爵小姐听到他的话，没有别的想法，只觉得他离开人世实在太远了。

"谈我的事做什么！"她平静地说，瞧了一眼娜塔莎。娜塔莎感到向她射来的目光，没有抬头看她。大家又不作声。

“安德烈，你要不要……”玛丽雅公爵小姐突然声音发颤地说，“你要不要见见小尼古拉？他一直在想念你。”

安德烈公爵第一次露出依稀可辨的笑容，但熟悉他表情的玛丽雅公爵小姐恐惧地看出，这微笑不是欢乐，不是表示对儿子的柔情，而是一种轻微的温和的嘲笑，嘲笑玛丽雅公爵小姐使用了自以为能激发他感情的最后一招。

“哦，小尼古拉来了，我很高兴。他身体好吗？”

小尼古拉被送到安德烈公爵跟前，他恐惧地望着父亲，但没有哭，因为没有一个人在哭。安德烈公爵吻了吻他，显然不知道同他说什么好。

小尼古拉被带走后，玛丽雅公爵小姐又走到哥哥面前，吻了吻他，再也忍不住，就哭起来。

他凝视着她。

“你这是为了小尼古拉吧？”他问。

玛丽雅公爵小姐一边哭，一边点点头。

“玛丽，你知道《福音书》……”他说到一半突然停住。

“你说什么？”

“没什么。别在这儿哭。”他说，仍旧用冷冷的目光望着她。

玛丽雅公爵小姐一哭，他明白她是哭小尼古拉要失去父亲了。他好不容易使自己回到人间，像她们一样看问题。

“是的，她们一定很伤心！”他想，“其实这事平常得很！”

“天上的飞鸟，也不种，也不收，也不积蓄在仓里，你们的天父尚且养活他，”[①]他自言自语，同时想把这句话说给公爵小姐听。“不，她们有她们的想法，她们不可能理解！这种事她们不能理解，而她们所珍重的那些感

① 见《新约全书·马太福音》第六章第二十六节。

情，我们认为非常重要的那些思想，其实是**多余的**。我们不能相互理解。”于是他没再说什么。

安德烈公爵幼小的儿子才七岁。他刚学会认字，什么也不懂。这一天以后，他经历了许多事情，知识、观察力和经验都有了增长。但即使他当时具有后来的全部能力，也不能更深地理解他所看到的父亲、玛丽雅公爵小姐和娜塔莎三人演出的一幕。他懂得了一切，没有哭，走出房间，默默地走到随他出来的娜塔莎跟前，用他那双沉思默想的好看的眼睛害羞地瞧了她一眼。他那翘起的鲜红上唇抖动了一下，他把头靠在她身上哭起来。

从那天起，他回避德萨尔，回避抚爱他的伯爵夫人，不是独自坐着，就是胆怯地走到玛丽雅公爵小姐和娜塔莎跟前，羞怯地同她们亲近，而他喜欢娜塔莎似乎超过了姑姑。

玛丽雅公爵小姐从安德烈公爵屋里出来，完全明白了娜塔莎脸上的表情。她不再同娜塔莎谈挽救他生命的事。她和娜塔莎轮流守在他的沙发旁，不再哭泣，但用心灵不断向永恒的奇妙的上帝祷告。显然，上帝已降临到这个垂死的人身上。

16

安德烈公爵不仅知道自己要死，而且感觉到正在死去，已经死了一半。他有一种超脱尘世、轻松愉快的奇异感觉。他不慌不忙、平心静气地等待着即将降临的事。他一生时常感觉到的那种威严、永恒、遥远而不可知的东西，如今已近在咫尺，并且从那奇怪的轻松感上几乎已能理解和接触到。

他以前害怕生命结束。他有两次极其痛苦地体验过死的恐惧，如今已不再有这样的感觉了。

那一次榴弹在他面前像陀螺似地打转，他望着留茬地、灌木丛和天空,知道他正面对着死神,那时他第一次产生这样的感觉。他负伤后清醒过来,精神上仿佛顿时卸下生活的重担,那朵永恒的、自由的、不受现实生活束缚的爱之花开放了,他不再怕死,也不再想到死。

在他负伤后处于孤独和半昏迷状态时,他越深入思考那向他启示的永恒的爱,他就越摈弃尘世的生活。爱世间万物,爱一切人,永远为了爱而自我牺牲,那就是说不爱哪个具体的人,不过尘世的生活。他越领会这种爱的精神,就越摈弃尘世生活,越彻底消除那不存在爱的生死之间的鸿沟。他第一次想到死的时候,他对自己说:死就死吧,死了更好。

但在梅基希村那一夜,他在半昏迷状态看见了那个他想看见的女人,他把嘴唇贴在她的手上,悄悄流着喜悦的泪水,对一个女人的爱又不知不觉潜入他的心坎,使他对人生又产生了眷恋。他心里又产生快乐和兴奋的念头。他回想他在急救站看见阿纳托里的情景,现在他已没有那种感情了,他渴望知道一个问题:他是不是还活着?但他不敢问。

他的病情按照生理规律发展着,但娜塔莎所说的“**他身上起了变化**”,那是玛丽雅公爵小姐到来前两天的事。这是生死之间的最后一次搏斗,而死占了上风。他意外地发现他仍然珍惜生命,那是对娜塔莎的爱唤起的,也是他最后一次对未知世界的恐惧。

一天傍晚,他饭后照例有点低烧,但思绪非常清楚。宋尼雅坐在桌旁。他打着瞌睡。突然他心里涌起一阵幸福感。

“哦,是她来了!”他想。

真的,宋尼雅的座位上坐着刚悄悄进来的娜塔莎。

从她来照料他那天起,他便从生理上感觉到她就在身边。她坐在安乐椅上,侧身给他挡住烛光,打着袜子(她学会打袜子,是因为安德烈公爵有一次对她说,谁也比不上老保姆会服侍病人,她们总是悄悄坐着打袜子,而这种活动最能使人心宽)。她那纤细的手指迅速地活动着,钢针有时相互碰撞,他清楚地看见她那低头沉思的侧影。她动了一下,线团从膝盖上滚下去。她打了个哆嗦,回头看了看他,手挡住烛光。她小心而灵活地弯下身，捡起线团，又照原来的姿势坐下。

他一动不动地瞧着她，发现她这样一动后需要深深喘一口气，但她不敢这样做，只小心翼翼地把气缓缓透过来。

他们在圣三一修道院谈到过往事。他对她说，他如果能活下去，他要永远感谢上帝使他负了伤，因为这伤使他同她重逢；但从此以后他们没再谈过未来的事。

"这事会不会有结果？"此刻他望着她想，同时倾听着钢针轻轻的相碰声。"难道命运这么奇怪地使我同她重逢，就是为了让我死吗？……难道向我启示人生的真谛，就是为了让我过虚伪的生活吗？我爱她胜过世上的一切。我爱她，可是叫我怎么办呢？"他自言自语。他突然不由自主地呻吟起来，这是他在痛苦中养成的习惯。

娜塔莎听见呻吟声，放下袜子，向他折过身去。她突然发现他眼睛发亮，就轻轻走到他面前，俯下身去问：

"您没睡着？"

"没有，我瞧了您好半天，您进来时我就发觉了。没有一个人像您这样使我心里平静……给我光明。我高兴得真想哭。"

娜塔莎向他挨得更近些。她的脸焕发着兴奋的光辉。

"娜塔莎，我太爱您了。我爱您胜过世上的一切。"

"那么我呢？"她转过身去一会儿。"为什么说太爱了？"

"为什么说太爱吗？……那么，您觉得怎么样，您心里觉得我还能活下去吗？您认为怎么样？"

"我相信，我相信您能活下去！"娜塔莎热情地握住他的双手，简直在大声疾呼。

他没作声。

"那太好了！"他拉起她的手吻了吻。

娜塔莎感到幸福和激动。她立刻想到，这样不行，他需要安静。

"可是您还没睡呢，"她克制着心头的喜悦说："您快睡吧……快睡吧。"

他紧紧地握了握她的手,把它放下。她回到蜡烛前面,又照原来的姿势坐下。她两次回头看他,遇见他闪闪发亮的眼睛。她强使自己专心打袜子,不打完就不看他。

果然,没多久他就闭上眼睛睡着了。他睡了没多久,又突然出了一身冷汗惊醒了。

他在睡梦中还是念念不忘近来一直萦回脑际的问题:生和死。但想得更多的是死。他觉得自己离死更近了。

“爱?爱是什么?”他想。“爱阻止死。爱就是生。因为我爱,我才懂得一切,一切。因为我爱,世间才存在一切,一切。只有爱才能把一切联系起来。爱就是上帝,而死就是我这个爱的因子回到万物永恒的起源。”这些思想使他得到安慰。但这只是一些思想,其中缺乏些什么,偏于个人理性的成分,不够明确。仍然是忧虑和迷惘。他睡着了。

他做了一个梦,梦见他躺在现在躺着的房间里,但身体健康,没有负伤。他面前出现形形色色冷淡而渺小的人。他同他们谈话,争论一个无关紧要的问题。他们准备去什么地方。安德烈公爵模模糊糊地记得,这一切都是无关紧要的,他有其他重要得多的事要做,可他仍在说些空洞的使大家惊讶的俏皮话。这些人一个个悄悄地消失,只剩下一个关门的问题。他站起来向门口走去,想把门闩上。**一切**都决定于他是不是来得及把门锁上。他连忙向门口走去,可是两腿不听使唤。他知道来不及把门关上了,但还是拼命使出全身力气。他感到魂飞魄散。其实这就是死的恐惧:**它**就在门外。当他虚弱无力地向门口爬去时,那个叫人毛骨悚然的东西正在门外使劲地推,眼看着就要破门而入。那个非人间的东西——死神正要破门而入,得挡住它。他抓住门把手,拼死命抵住门,即使来不及上锁,也得把门堵住,可是他的力气弱得可怜,那个叫人毛骨悚然的东西把门推开,接着门又关上了。

它再次在门外推,他使出最后所有的力气也没有用,两扇门被无声地打开了。**它**走进来,它就是**死神**。于是安德烈公爵死了。

但就在安德烈公爵死去的一瞬间,他记起他在睡觉;也就在他死去的一瞬间,他挣扎着醒过来。

"是的,这就是死。我死了,我也就醒了。是的,死就是觉醒!"他的心灵豁然开朗了,那张至今遮蔽着未知世界的帷幕在他心灵前面揭开了。他觉得内心被束缚的力量获得了解放,身上那种奇妙的轻松感也不再消失。

他出了一身冷汗醒过来,在沙发上动了动,娜塔莎走到他身边,问他怎么了。他没有回答,不明白她在说什么,只目光异样地对她望望。

这是玛丽雅公爵小姐到来前两天的事。据医生说,从那天起病情恶化,高烧耗尽了他的体力,但娜塔莎并没注意医生的话,她亲眼看到精神上可怕的症状,更加确信情况严重。

那天,安德烈公爵从睡梦中惊醒,也就是从人生中觉醒。他觉得,从人生中觉醒并不比从睡梦中惊醒来得慢。

不过,这种缓慢的觉醒并没有什么可怕和难受。

他的最后几天和最后时刻过得平淡而安静。玛丽雅公爵小姐和娜塔莎一直守着他,都有这样的感觉。她们没有哭,没有发抖,最后几天她们自己也觉得,她们不是在照顾他(他已不存在,他已离开她们了),而是在照顾最亲切的东西——他的躯体。她们俩的感情是那么强烈,以致死的可怕形式对她们已不起作用。她们觉得没有必要触动她们的悲伤。她们在他面前没有哭,背着他也没有哭,彼此之间也从不谈到他。她们觉得无法用语言来表达她们的感受。

她们俩都看到,他在缓慢而平静地离她们而去,越来越深地进入一个世界。她们俩明白,这是必然的结果,没有什么不好。

神父给他做了忏悔,授了圣餐;大家都来和他告别。他们把他的儿子领来,他吻了吻儿子的脸,接着就转过身去,并非因为他感到难过或者伤心(这一点玛丽雅公爵小姐和娜塔莎都明白),而是因为他认为要他做的就是这一些;但当他们要他给儿子祝福时,他也照办了。他还环顾了一下,仿佛在问,还有什么事要他做。

当灵魂离开身体，身体作最后抽搐时，玛丽雅公爵小姐和娜塔莎都在场。

“过去了吧?!”他的身体一动不动地躺了几分钟，渐渐变凉，玛丽雅公爵小姐说。娜塔莎走上前去，瞧了瞧那双死去的眼睛，连忙给他合上。她给他合上眼睛，但没有吻他，而是把身子贴近那引起她最亲切回忆的身体。

“他到哪里去了？他现在在什么地方？……”

他的遗体洗好穿上衣服躺在桌上的棺材里。这时，所有的人都来向他告别，大家都哭了。

小尼古拉哭，是因为难堪的困惑使他心碎。伯爵夫人和宋尼雅哭，是因为可怜娜塔莎，而且从此失去了他。老伯爵哭，是因为他感到不久他也将迈出这可怕的一步。

娜塔莎和玛丽雅公爵小姐也在哭，但她们不是为自己的悲伤而哭。她们哭，是因为面对这简单而庄严的死的奥秘，内心充满了虔敬的感情。

二

安娜·卡列尼娜

申冤在我，我必报应。

第一部

1

幸福的家庭家家相似，不幸的家庭个个不同。

奥勃朗斯基家里一片混乱。妻子知道丈夫同原先的法籍家庭女教师有暧昧关系，就向丈夫声明，她不能再同他生活在一起了。这种局面已持续了三天。面对这样的局面，不仅夫妻两人，而且一家老少，个个都感到很痛苦。大家都觉得，他们两个这样生活在一起没有意思，就算是随便哪家客店里萍水相逢的旅客吧，他们的关系也要比奥勃朗斯基夫妻更融洽些。妻子一直把自己关在房里，丈夫离家已有三天。孩子们像野小鬼一样在房子里到处乱跑；英籍家庭女教师跟女管家吵了嘴，写信请朋友替她另找工作；厨子昨天午餐时走掉了；厨娘和车夫也都辞职不干了。

吵架后的第三天，斯吉邦·阿尔卡迪奇·奥勃朗斯基公爵（社交界都叫他小名斯基华）照例在早晨八点钟醒来，但不是在妻子的卧室里，而是在书房的皮沙发上。他那保养得很好的肥胖身子在沙发上翻了个身，抱着个枕头使劲贴住面颊，仿佛还想睡一大觉。但他突然一骨碌爬起来，坐在沙发上，睁开眼睛。

"嗯,嗯,这是怎么一回事?"他回想着刚才的梦,"嗯,这是怎么一回事?对了,阿拉平在达姆斯塔特[①]请客;不,不是达姆斯塔特,是美国的什么地方。对了,达姆斯塔特就在美国。对了,阿拉平在玻璃做的桌子上请客,大家唱意大利歌儿《我的宝贝》[②]。不,不是唱《我的宝贝》,是唱更好听的曲子;还有些玲珑的水晶玻璃瓶,可这些酒瓶原来都是女人。"

奥勃朗斯基高兴得眼睛闪闪发亮。他想得出神,脸上浮着微笑。"对,真有意思,真是太有意思了。还有许多妙事,可惜一醒来就忘记,连印象都模糊了。"他看到厚窗帘边上漏进来的一线阳光,就快乐地从沙发上挂下双腿,用脚去探找妻子亲手绣上花的那双金色皮拖鞋(去年的生日礼物),并且按照九年来的老习惯,不等起床,就伸手去摸挂在卧室老地方的那件晨衣。这时他才明白,自己并不是睡在妻子的卧室里,而是睡在书房里,以及怎么会睡在这里。笑容从他脸上消失了,他皱起眉头。

"啊呀呀,啊呀呀!真糟糕!"他一想到家里出的事,就叹起气来。他的脑子里又浮现出他同妻子吵架的详情细节,想到他那走投无路的处境,以及他一手造成、最使他苦恼的事端。

"唉!她不原谅我,她不肯原谅我。最糟的是什么事都怪我,都怪我,可我又没有错。全部悲剧就在这里,啊呀呀!"他回想着这场争吵中最使他痛苦的情景,颓丧地叹着气。

最不痛快的是他刚从剧场回来的那个情景。当时他兴冲冲地拿着一个大梨子要给妻子吃,可是她不在客厅里。奇怪的是书房里也找不到她,最后他到了卧室,才发现她手里拿着那封使真相大白的该死的信。

她,这个永远忙忙碌碌、心事重重、被他认为头脑简单的陶丽,手里拿着信,一动不动地坐着,脸上带着惊讶、绝望和愤怒的神色瞧着他。

"这是什么?这是什么?"她指着信问道。

每次想到这个情景,奥勃朗斯基感到最难堪的往往不是事件本身,而

---

① 德国西部一个城市。

② 原文为意大利语。

是他回答妻子时的那副蠢相。

他当时的感觉就像一个人干了丑事突然被揭发了。在他的过错暴露以后,他站在妻子面前的那副模样,实在太别扭了。他既不感到委屈,也不否认,也不辩解,也不讨饶,甚至装得满不在乎——真是糟得不能再糟了!——脸上竟不由自主地(奥勃朗斯基爱好生理学,认为这是"延髓反射作用"),完全不由自主地突然浮现出那种他平时常有的敦厚而愚憨的微笑。

他因这样的憨笑不能饶恕自己。陶丽一看见他这种笑容,就像被针扎了一下,浑身打了个哆嗦。她按捺不住怒气,嘴里吐出一连串尖刻的话,奔出房间。从此她就不愿再见他了。

"都怪我笑得太傻了。"奥勃朗斯基想。

"但有什么办法呢?有什么办法呢?"他绝望地问自己,可是答不上来。

2

奥勃朗斯基对待自己是诚实的。他不能欺骗自己,不能装作对自己的行为感到悔恨。他今年三十四岁,是个多情的美男子;他的妻子比他只小一岁,却已是五个活着、两个死去的孩子的母亲。现在他不再爱她了,这一层他并不后悔。他后悔的是没有把那件事瞒过妻子。不过,他感觉到自己处境的为难,也替妻子、孩子和自己难过。他要是早知道这件事会让妻子如此伤心,也许会竭力把这罪孽瞒住,不让她知道。这个问题他从没认真考虑过,只模模糊糊地感到妻子早已知道他对她不忠实,不过装作没看见罢了。他甚至认为,她已经年老色衰,失去风姿,毫无魅力,纯粹成了个贤妻良母,理应对他宽宏大量,不计较什么。谁知正好相反。

"唉,真糟糕!啊呀,真糟糕!"奥勃朗斯基一直唉声叹气,一筹莫展。"没出这件事以前,一切都多么如意,我们的日子过得多美!她有了几个孩子,感到心满意足,十分幸福。我也从不干涉她的事,让她随意照顾孩子,料理家务。说真的,糟就糟在那个女人原是我们的家庭教师。真糟糕！勾搭自己家里的家庭教师的确有点儿庸俗，下流。可她是个多么迷人的家庭教师啊！（他清晰地想起了罗兰小姐那双调皮的黑眼睛和她的笑靥。）不过她在我们家的时候，我还没有放肆过。现在最糟糕的是她已经……真像有意跟我过不去似的！啊呀呀！究竟怎么办呢，怎么办呢？"

在生活中遇到各种最复杂最棘手的问题时，他通常解决的办法就是：过一天算一天，抛弃烦恼忘记愁。他现在也别无他法。但此刻他可不能靠睡眠来忘掉烦恼，至少不到夜里办不到，因此也就不能重温有酒瓶女人唱歌的美梦，只好浑浑噩噩地混日子。

"往后瞧着办吧！"奥勃朗斯基自言自语。他站起来穿上一件蓝绸里子的灰色晨衣，拉起腰带打了个结。他挺起宽阔的胸膛，深深地吸了一口气，照例迈开那双轻灵地支撑着他那肥胖身子的八字脚，精神抖擞地走到窗前，拉开窗帘，使劲摇了摇铃。他的贴身老仆马特维应声而来，手里拿着衣服、靴子和一封电报。理发师手拿理发用具也跟着马特维走进来。

"衙门里有没有来公文？"他接过电报，在镜子前坐下来，问。

"在桌上哪。"马特维回答道。他疑惑而又同情地瞅了老爷一眼，等了不多一会儿，又露出调皮的微笑补了一句，"马车行老板派人来过了。"

奥勃朗斯基什么也没回答，只在镜子里瞧了瞧马特维。从镜子里相遇的目光中可以看出，他们彼此是很了解的。奥勃朗斯基的眼神仿佛在问："你何必说这话呢？难道你还不明白吗？"

马特维双手插在上装口袋里，伸出一只脚，脸上露出一丝笑意，忠心耿耿地对主人默默看了一眼。

"我叫他下个礼拜天再来，这以前别再来打扰您，来也是白搭。"——这句话他显然是预先想好的。

奥勃朗斯基懂得，马特维想说说笑话，逗人家注意。他拆开电报，看了一遍，猜测着电报里常有的几个译错的字，顿时容光焕发。

"马特维，我妹妹安娜·阿尔卡迪耶夫娜明天就要到了。"他做了个手势，要理发师那只光润的胖手停一下，说道。理发师正在他那又长又鬈的络腮胡子中剃出一条粉红色的纹路来。

“赞美上帝!”马特维回答了一声,表示他像老爷一样懂得她这次来访的重大意义,就是说,安娜·阿尔卡迪耶夫娜,奥勃朗斯基的爱妹来访,也许能使兄嫂言归于好。

“就她一个,还是同姑爷一起来?”马特维接着问。

奥勃朗斯基不好回答,因为理发师正在剃他的上唇,他就竖起一只手指。马特维对着镜子点点头。

“一个人。给她收拾楼上的房间吧?”

“你去报告达丽雅·阿历山德罗夫娜,她会吩咐的。”

“报告达丽雅·阿历山德罗夫娜吗?”马特维疑惑不解地问。

“对,去向她报告。噢,你把电报拿去给她看,她会吩咐的。”

马特维心里明白:“您这是要我去试探一下。”但嘴里却说:“是,老爷。”

当马特维手里拿着电报,穿着咔嚓咔嚓响的长靴慢吞吞地回到房里时,奥勃朗斯基已经梳洗完毕,正要穿衣服。理发师已经走了。

“达丽雅·阿历山德罗夫娜要我向您回禀,她要走了。她说,‘他——就是说您——爱怎么办就怎么办好了。’”马特维眼睛里含着笑意说,接着双手插进口袋里,歪着脑袋打量主人。

奥勃朗斯基不做声。随后他那漂亮的脸上浮起了一丝无可奈何的苦笑。

“呃? 马特维!”他摇摇头说。

“不要紧,老爷,会解决的。”马特维说。

“会解决吗?”

“会的,老爷。”

“你这样想吗? 谁来了?”奥勃朗斯基听见门外有女人衣服的窸窣声,问道。

“是我,老爷。”回答的是一个女人坚定而愉快的声音。接着老保姆马特廖娜严厉的麻脸从门外探了进来。

“哦,什么事,马特廖娜?”奥勃朗斯基迎着她走到门口,问道。

尽管奥勃朗斯基在妻子面前一无是处，他自己也有这样的感觉，但家里几乎人人都站在他一边，就连达丽雅·阿历山德罗夫娜的心腹，这个老保姆，也不例外。

“什么事啊？”他垂头丧气地问。

“您去一下吧，老爷，再去认个错。也许上帝会赐恩的。她太受罪了，人家瞧着她都觉得可怜。再说家里闹得颠三倒四的，也不是个办法。老爷，您得可怜可怜孩子他们哪。去认个错吧，老爷。有什么办法呢！玩出事情来了……”

“她不肯同我见面呢……”

“您只要尽心尽力就行。上帝是仁慈的，老爷，您一定得祷告上帝，祷告上帝。”

“好的，你去吧。”奥勃朗斯基突然涨红了脸说。“来，让我换衣服！”他对马特维说，随即利索地脱下晨衣。

马特维举着那件洗净熨挺的衬衫，好像举着一具马轭，吹吹上面看不见的灰尘，这才满意地把它套在老爷强壮的身体上。

3

奥勃朗斯基穿好衣服，身上洒了香水，拉齐衬衫袖口，照例把香烟、皮夹子、火柴、系着双重链子带表坠的怀表分别放到几个口袋里，然后又抖了抖手帕。尽管他在家庭生活中遭到了不幸，但觉得自己还是那么清洁健康，浑身芳香，精神抖擞。他微微抖动双腿，走进餐厅。餐厅里已经给他准备好咖啡，咖啡杯旁边摆着信件和公文。

他看了信件。有一封是那个想买他妻子林产的商人写来的，他看了很不愉快。那座树林非卖不可，但现在同妻子还没有言归于好，这件事就根本谈不上。他感到最不愉快的是，这种金钱上的利害关系，竟会牵涉到当前他同妻子的和解问题。一想到他会受这种金钱关系的支配——为了出卖树林而非同妻子讲和不可，他就感到自尊心受到了伤害。

奥勃朗斯基看完信，把公文挪到面前，迅速地翻阅了两件公事，用粗铅笔做了记号，又把公文推开，开始喝咖啡。他一面喝咖啡，一面翻开油墨未干的晨报，看了起来。

奥勃朗斯基订阅的是一张自由主义的报纸——不是极端自由主义，而是多数人赞成的那种自由主义。说实话，他对科学、艺术、政治都不感兴趣，但却始终支持大多数人和他们的报纸对各种问题的观点，而且只有当大多数人改变观点时，他才改变观点，或者说得更确切些，不是他改变了观点，而是观点本身在他头脑里不知不觉地起了变化。

奥勃朗斯基从不选择政治派别和观点，而是这些政治派别和观点自动找上门来，就像他从不选择帽子和上装的式样，在穿着上总是随大流一样。由于进出上流社会，再加上成年人思想活跃，他需要有政治观点，就像需要帽子一样。至于他选中自由派，而不像他周围许多人那样信奉保守派，那并不是因为他觉得自由主义比保守主义更有道理，而是因为自由主义更适合他的生活。自由派说俄国什么事都很糟。不错，奥勃朗斯基负债累累，手头总是很拮据。自由派说，婚姻制度陈旧，必须加以改革。不错，家庭生活确实没有给奥勃朗斯基带来多少乐趣，还违反他的本性，强迫他说谎做假。自由派说——或者更确切些，暗示宗教只是对野蛮人的束缚。不错，奥勃朗斯基即使做一个短礼拜也觉得两腿酸痛。再说，他也无法理解，既然现实生活这样快乐，那又何必用恐怖而玄妙的语言来谈论来世呢。此外，奥勃朗斯基爱开玩笑，喜欢作弄作弄老实人。例如他说，若要夸耀祖宗的话，那就不应限于留利克[①]而把人类的老祖宗——猴子忘掉。就这样，自由主义倾向在奥勃朗斯基身上扎了根，他爱读他订的报纸，就像饭后爱抽一支雪茄，因为读报会使他头脑里腾起一片轻雾。他读了社论，社论里说，现在完全没有必要叫嚣什么激进主义有吞没一切保守分子的危险，叫嚣什么政府必须采取措施镇压革命这一洪水猛兽，恰恰相反，“我们认为，危险不在于凭空捏造的革命这一洪水猛兽，而在于阻碍进步的因循守旧，”等等。他又读了一篇论述财政问题的文章，文中提到

---

① 留利克，俄国建国者。

边沁和穆勒[①],并且讽刺了政府某部。凭着天生的机灵,他能识破各种各样的讽刺文章是什么人策划的,针对什么人的,出于什么动机。他觉得这种分析是一种乐趣。可是今天他没有这样的心情,因为想到了马特廖娜的劝告和家里的风波。他还在报上看到,贝斯特伯爵已赴维斯巴登,以及根治白发、出售轻便马车、某青年征婚等广告,不过这些新闻广告并没像往常那样使他觉得有点滑稽。

他看过报纸,喝了两杯咖啡,吃好黄油面包,站起身来,拂掉落在背心上的面包屑,接着挺起胸膛,快乐地微微一笑。这并不是因为他心里有什么愉快的事,而纯粹是由良好的消化引起的。

不过,这愉快的微笑立刻又勾起他的心事。他沉思起来。

门外传来两个孩子的声音(奥勃朗斯基听出是他的小儿子格里沙和大女儿塔尼雅的声音)。他们在搬弄什么东西,把东西弄翻在地上。

"我说嘛,车顶上不能乘客人,"女儿用英语叫道,"捡起来!"

"怎么能让孩子们自己到处乱跑呢?"奥勃朗斯基想,"真是乱七八糟。"他走到门口召唤他们。孩子们丢下充当火车的匣子,向父亲跑来。

女孩是父亲的小宝贝,她大胆地跑进房间,抱住他,嘻嘻哈哈地笑着吊在他的脖子上。她像平时一样,闻到他络腮胡子里散发出来的熟识的香水味,就感到快乐。最后,女孩吻了吻他那焕发着慈爱的光辉、因为弯腰而涨得通红的脸,松开双手,正要跑开,却被父亲拦住了。

"妈妈怎么样?"他抚摩着女儿光滑娇嫩的脖子,问。"你好!"同时他转过脸笑眯眯地回答男孩子的问候。

他知道他不太喜欢男孩子,但总是竭力表示一视同仁;男孩子感觉到这一点,对父亲冷淡的笑容并没有报以微笑。

"妈妈? 她起来了。"女孩回答。

奥勃朗斯基叹了一口气。"这么说,她又是一个通宵没睡觉。"他想。

---

① 边沁(1748—1832),英国伦理学家、法学家、资产阶级功利主义代表;穆勒(1806—1873),英国唯心主义哲学家、经济学家、逻辑学家。

"那么她高兴吗?"

女孩知道父亲和母亲吵过嘴,母亲心里不高兴。这一点父亲应该知道,他这样若无其事地问,显然是装出来的。她为父亲脸红。做父亲的立刻察觉到这一点,脸也红了。

"我不知道,"女儿说,"她没叫我们上课,她叫古丽小姐带我们到奶奶家去玩。"

"好的,去吧,我的小塔尼雅。哦,等一下。"他又拦住她,抚摩着她柔软的小手说。

他从壁炉上取下昨天放在那里的一盒糖果,挑了两块她喜爱的糖:一块巧克力,一块软糖。

"这块给格里沙吗?"她指着巧克力问。

"对,对!"他又摸摸她的小肩膀,吻吻她的头发和脖子,这才放她走。

"马车准备好了。"马特维说。"来了一个请愿的女人。"他又补充说。

"来了好一阵了吗?"奥勃朗斯基问。

"大约有半个钟头了。"

"对你说过多少次了,有人来要立刻报告我!"

"总得让您把咖啡喝完哪!"马特维说。他的语气那么亲切朴实,叫你没法子发火。

"噢,那你叫她马上进来!"奥勃朗斯基烦恼地皱着眉头说。

来请愿的是加里宁上尉的妻子。她提出一个办不到的无理要求,但奥勃朗斯基还是照例请她坐下,仔细听她把话说完,中间也没有插嘴,还给她做了详细的指示,告诉她应该怎么办,应该去向谁要求;他甚至用他粗犷、奔放、漂亮而清晰的字体,写了一封信给一个可能帮她忙的人。奥勃朗斯基把上尉的妻子打发走后,拿起帽子,站住,想了想他有没有忘记什么东西。看来没有忘记什么,除了他希望忘记的妻子。

"真糟糕!"他垂下头,漂亮的脸上现出苦恼的神情,"去还是不去?"他自言自语着,但内心却在说,不用去,除了虚情假意,不会有别的,他们的关系已无法补救,因为她不能再变得年轻美丽,富有魅力,而他也不能立刻成为对女人无动于衷的老人。现在除了虚情假意、说谎骗人之外没有别的办法,而虚情假意、说谎骗人却是违反他的本性的。

“但早晚还是得去,总不能一直这样僵着。”他竭力给自己鼓气。他挺起胸膛,掏出一支烟,点着,吸了两口,就丢进螺钿烟灰缸里,然后迈着大步穿过阴暗的客厅,打开另一扇门,走进妻子的卧室。

4

陶丽穿着短袄,站在打开的小衣柜前面找东西。她从前那头浓密的秀发,现在已变得稀疏难看,用发针盘在脑后。她面颊凹陷,那双惊惶不安的眼睛由于脸瘦而显得格外触目。房间里乱七八糟,到处摊着衣物。一听到丈夫的脚步声,她停下来,眼睛盯住门,竭力装出严厉而轻蔑的神气,但是装不像。她怕他,怕此刻同他见面。她正在试着做三天来已经试了十次的那件事:把准备带到娘家去的孩子们的东西和自己的东西清理出来,可她总是下不了这个决心。这会儿,她又像前几次那样对自己说,不能再这样因循下去了,得想出一些办法来惩罚惩罚他,羞辱羞辱他,哪怕只让他稍微尝尝他给她的痛苦滋味,也算是对他做了报复。她老是说要离开他,但又觉得这是不可能的。她无法不把他看作自己的丈夫,无法不再爱他。此外,她觉得既然在家里都照管不好五个孩子,一旦离开家,到了外面,就更管不好了。事实上,这几天最小的孩子已经因为吃了不干净的肉汤病了,另外几个孩子昨天一天简直没有吃上饭。她知道离开家是不可能的,但她还是欺骗自己,继续整理东西,装出要走的样子。

一看到丈夫,她伸手到衣柜抽屉里,仿佛在找寻东西。等他走到了身边,她才回头向他瞧了一眼。她原想摆出一副严肃果断的样子,结果却露出困惑痛苦的神色。

“陶丽!”他怯生生地低声说,把头缩在肩膀里,竭力装出驯顺的可怜相,但整个人还是显得容光焕发,精神饱满。

她迅速地从头到脚打量了一下他那容光焕发、精神饱满的模样。“哼,他倒得意!”她想,“可我呢? ……他那副和颜悦色的样子真叫人讨厌，可大家还因此喜欢他，称赞他；我就是恨他这副样子。”她抿紧嘴唇，苍白的神经质的脸上，右颊的肌肉抽搐起来。

“您要干什么？”她急急地用不自然的胸音说。

“陶丽！”他颤声又叫了一下，“安娜今天就要来了。”

“关我什么事？我不能接待她！”她嚷道。

“这可是应该的呀，陶丽……”

“走开，走开，走开！”她眼睛不看他，嚷道。她这么叫嚷，仿佛是由于身体上什么地方疼痛得厉害。

当奥勃朗斯基想到妻子的时候，他还能保持镇定，还能像马特维说的那样希望一切都顺利解决，还能平静地看报，喝咖啡。但是当他一看到她痛苦憔悴的脸，一听见这种听天由命的绝望声音，他就喘不过气来，喉咙里就像有样东西哽住了，眼睛里也泪光闪闪。

“我的上帝，我做了什么啦！陶丽！你就看在上帝的分上吧！……你要知道……”他说不下去，喉咙被泪水哽住了。

她砰的一声关上柜子，瞪了他一眼。

“陶丽，我还有什么话好说呢？……只有一句话：请你原谅我，原谅我……你想想，难道九年的共同生活不能让你原谅我一时的……一时的……”

她垂下眼睛听着，看他还要说些什么，仿佛求他否认有过那件事，好使她改变想法。

“一时的冲动……”他继续说。

一听到这句话，她又像身上给扎了一针似的，抿紧嘴唇，右颊的肌肉又抽搐起来。

“走开，走开！”她声音更尖锐地嚷道，“别来对我说您那种冲动和卑鄙的行为！”

她想出去，可是身子一晃，她连忙抓住椅背。他的脸变宽了，嘴唇撅起，眼睛里噙满了泪水。

“陶丽！”他说着哭起来，“看在上帝分上，想想孩子吧，他们是没有罪的。我有罪,你惩罚我好了,让我来赎罪吧。只要办得到,我什么都愿意干!我有罪,我确实罪孽深重!可是陶丽,你就原谅我吧!”

她坐下了。他听见她沉重的喘息声。他说不出有多么可怜她。她几次想说话,可是开不了口。他等待着。

“你想到孩子们,就是为了逗他们玩;可我想到他们,知道他们这下子都给毁了。”她这样说,显然这是她三天来反复叨念的话里的一句。

她照旧用“你”来称呼他,他感激地瞧了她一眼,挨近些想去拉她的手,却被她嫌恶地避开了。

“我一直想着孩子们,为了拯救他们我什么都愿意干。可是我真不知道怎样才能拯救他们:带他们离开他们的父亲呢,还是把他们留给放荡好色的父亲——对,就是放荡好色的父亲……好,您倒说说,出了那件……那件事以后,难道我们还能生活在一起吗?难道还有可能吗?您倒说说,难道还有可能吗?”她提高声音反复说,“在我的丈夫,我的孩子的父亲,同自己孩子的家庭教师发生了关系以后……”

“可是叫我怎么办呢?叫我怎么办呢?”他可怜巴巴地说,自己也不知道在说些什么,他的头垂得越来越低。

“我讨厌你,我恨你!”她嚷道,火气越来越大,“您的眼泪像水一样不值钱!您从来没有爱过我;您没有良心,不知羞耻!您卑鄙,讨厌!您是个外人,是个十足的外人!”她又痛苦又憎恨地说出连她自己也觉得可怕的“外人”这两个字。

他对她瞧了瞧。她一脸的怨气使他又害怕又惊奇。他不懂得为什么他可怜她反而使她生气。她看出了他对她只有怜悯,没有爱情。“哦,她恨我,她不会原谅我的。”他想。

“这太可怕啦!太可怕啦!”他说。

这时候,隔壁房间里有个孩子哭了起来,大概是摔跤了。陶丽留神倾听着,脸色顿时变得温和了。

她稍微定了定神,似乎弄不懂她在什么地方,应该怎么办,接着霍地站起来,向门口走去。

“可见她还是爱我的孩子的，”他注意到孩子哭时她脸色的变化，心里想，“她爱我的孩子，又怎么能恨我呢？”

“陶丽，你让我再说一句吧！”他跟在她后面说。

“您要是跟住我，我就叫仆人，叫孩子！让大家都知道您是个无赖！我今天就走，您同您那个姘头住在这儿好了！”

她砰的一声关上门，走了。

奥勃朗斯基叹了一口气，用手擦擦脸，悄悄地从房间里走出去。“马特维说事情会解决的，可是怎么解决呢？我看不出有丝毫的可能。唉，真糟糕！她叫起来多么粗野呀！”他想起她的叫嚷和“无赖”、“姘头”这些字眼，自言自语道，“说不定连女仆都听到了！太粗野了，真是太粗野了。”他独自站了几秒钟，擦擦眼睛，叹了一口气，挺起胸膛，走出房间。

这天是礼拜五，德国钟表师正在餐厅里给挂钟上发条。奥勃朗斯基想起他对这个认真的秃头钟表师开过的玩笑。他说这个德国人“为了给钟表上发条，自己一辈子都上足发条了”。他想到这个笑话，笑了。奥勃朗斯基喜欢说俏皮话。“说不定事情真的会解决的！会解决的，这话说得好！”他想，“应该这样说。”

“马特维！”他叫道。“你同马莉亚还是把休息室收拾收拾给安娜·阿尔卡迪耶夫娜住吧。”他对走进房里来的马特维说。

“是，老爷。”

奥勃朗斯基穿上皮大衣，走到台阶前。

“您不回来吃饭吗？”马特维送他到门口，问。

“不一定。拿去开销吧，”他从皮夹子里掏出一张十卢布钞票交给马特维，“够不够？”

“够也好，不够也好，总得凑合着过呀！”马特维说罢，砰的一声关上车门，退到台阶上。

这时候，陶丽哄好孩子，听见马车的辘辘声，知道他走了，就回到卧室。只要她一走出卧室，一大堆家务事就会把她包围起来，因此卧室就成了她唯一的避难所。刚才她一走进育儿室，英国保姆和马特廖娜就抓住机会,向她提了几个不容耽搁而且只有她才能回答的问题:孩子们出去散步穿什么衣服?让不让他们喝牛奶?要不要派人去找一个新厨子?

“嗳,别来打扰我,别来打扰我!”她说着回到卧室,在她刚才同丈夫谈话的地方坐下,紧握着瘦得戒指都要从手指上滑下来的双手,从头至尾重温那场谈话。“他走了。但他同她到底怎么断绝关系呢?”她想,“他是不是还在同她见面?我刚才怎么不问问他?不,不,和解是不可能的。即使我们还住在一座房子里,我们彼此也是外人,永远是外人!”她特别感慨地重复着这个她觉得十分可怕的词儿,“我本来多么爱他,多么爱他呀!……多么爱他呀!难道现在就不爱他了?我现在?不是比以前更爱他吗?最可怕的是……”她刚想到这里,马特廖娜从门口探进头来,把她的思路打断了。

“太太,您把我的兄弟叫来吧,”她说,“他很会做饭,要不然孩子们又会像昨天那样,到六点钟还吃不上饭呢。”

“好吧,我这就去安排。新鲜牛奶叫人去拿了吗?”

就这样,陶丽又忙起日常的家务来,让家务把她的痛苦暂时淹没掉。

5

奥勃朗斯基凭着一点小聪明,在学校里书念得不坏,但他常常偷懒,又喜欢淘气,因此毕业时名次还是排在末尾。他生活放荡,年资不高,却在莫斯科官厅里担任一个体面而且俸金优厚的官职。这个位置他是通过妹妹安娜的丈夫阿历克赛·阿历山德罗维奇·卡列宁的关系谋得的。卡列宁在部里身居要职,奥勃朗斯基的官厅就隶属于他那个部。不过,即使卡列宁不给他的内兄谋得这个位置,奥勃朗斯基通过其他许多亲戚——兄弟、姐妹、从表兄弟、从表姐妹、叔伯、舅父、姑妈、姨妈等等——的关系,也可以弄到这个或其他类似的位置,每年约莫有六千卢布俸金。他需要这笔进款,因为他的妻子虽说有大宗财产,他自己经营的事业却总是很不顺手。

奥勃朗斯基的亲戚朋友极多,莫斯科和彼得堡几乎有一半人认识他。

他生于烜赫的官宦世家。官场里上了年纪的人，有三分之一是他父亲的朋友，从小就认识他；另外三分之一是他的知交；再有三分之一是他的老相识。这样，地位、租金、租赁权等尘世福利的支配者都是他的朋友，他们是不会把一个自己人忘记的。因此，奥勃朗斯基要弄到一个肥缺并不太费力。他只要不固执己见，不妒忌，不同人吵架，不发火就行，而他生性随和，素来没有这些毛病。要是人家说，他不能得到他所需要的肥缺，他会觉得可笑，再说他也没有什么非分的要求。他所要求的只是领取跟他的同龄人一样的俸金，因为他任这类官职绝不比别人差。

凡是认识奥勃朗斯基的人都喜欢他，不仅因为他善良乐天，诚实可靠，还因为在他的身上，在他英俊健康的外貌上，在他闪闪发亮的眼睛，乌黑的眉毛、头发和白里透红的脸上，有一种招人喜爱的生理上的力量。“哦！斯基华！奥勃朗斯基！是他来了！”谁遇见他都会这样笑逐颜开地叫起来。即使有时同他谈话并不特别有趣，但到了第二天或者第三天，遇见他还是很高兴。

奥勃朗斯基主管莫斯科那个官厅已有三年，他不仅获得同僚、下属、上司和同他打过交道的一切人的好感，而且受到他们的尊敬。奥勃朗斯基赢得他的同事普遍尊敬的主要原因是：第一，他由于知道自己的缺点，待人接物极其宽大；第二，他的自由主义不是从报上学来，而是天赋的，因此很彻底，本着这样的自由主义思想，他对人一视同仁，不问他们的身份和头衔；第三，也是最重要的一点，他对职务总是很随便，从来不卖力，也从来不犯错误。

奥勃朗斯基到了官厅，在毕恭毕敬的看门人陪同下，挟着公事包走进他的小办公室，换上制服，这才走到办公大厅里。全体文书和公务员纷纷起立，快乐而恭敬地向他鞠躬。奥勃朗斯基照例走向自己的位子，一路上跟同事们一一握手，然后坐下来。他先讲几句笑话，讲得很有分寸，接着开始办公。办公时应保持多少自由、随便和礼节，才能使大家愉快地工作，这一层奥勃朗斯基比谁都懂得。秘书像其他官员那样，愉快而恭敬地拿着公文走过来，并且用奥勃朗斯基所提倡的没有拘束的亲昵语气说：

“我们终于拿到奔萨省的报告了。这就是,你要不要……”

“终于拿到了?”奥勃朗斯基用一只手指按住公文说,“哦,各位……”办公就这样开始了。

“他们不知道,我这个长官半小时前还像一个做错事的孩子呢!”他一面煞有介事地低下头听报告,一面想,但眼睛里含着笑意。办公要持续到两点钟,这以后才能休息和进餐。

不到两点钟的时候,办公厅的大玻璃门突然打开了,有一个人闯进来。坐在沙皇像和守法镜下办公的全体官员,看到有机会松散松散都很高兴,纷纷向门口回过头去。但看门人立刻把闯进来的人赶了出去,随手把玻璃门关上。

等秘书读完公文,奥勃朗斯基站起来,伸了个懒腰,按照时髦的自由主义作风,就在办公厅里掏出一支烟,往他的小办公室走去。他的两个同僚——老资格的官员尼基丁和侍从官格里涅维奇跟着他走去。

“吃过饭还来得及办完。”奥勃朗斯基说。

“当然来得及!”尼基丁说。

“福明那家伙是个十足的骗子手。”格里涅维奇说到同他们正在办的案件有关的一个人。

奥勃朗斯基听了格里涅维奇的话皱皱眉头,表示不该过早地下判断,但一句话也没有说。

“刚才闯进来的是谁?”他问看门人。

“大人,有个人趁我一转身,问也不问就钻了进来。他要见您。我说,等官员都走了,再……”

“他在哪里?”

“大概在门厅里,刚才还在这儿走来走去呢。哦,就是他。”看门人指着一个体格强壮、肩膀宽阔、蓄有鬈曲大胡子的男人说。那人也不脱下羊皮帽,就沿着石级磨损的台阶矫捷地跑上来。一个瘦小的官员挟着公事包正好往下走,就站住了,不以为然地望望这个跑上来的人的两只脚,然后用询问的目光对奥勃朗斯基瞟了一眼。

奥勃朗斯基站在台阶顶上。他一认出跑上来的人是谁,他那张被制服的绣花领子托住的和颜悦色的脸就更加容光焕发了。

"哦,原来是你! 列文[①],你到底来啦!"他打量着迎面走来的列文,带着友好而嘲弄的微笑说。"你怎么屈驾到这鬼地方来找我呀?"奥勃朗斯基说。他不以握手为满足,又吻了吻他的朋友,"你来好久了吗?"

"我刚到,很想看看你。"列文一面回答,一面羞怯而愤怒地向周围望望。

"嗯,到我的办公室去吧。"奥勃朗斯基知道这位朋友自尊心很强,容易恼羞,就说。他挽住列文的胳膊,拉着他走,仿佛带着他经过什么危险的地方。

凡是相识的人,奥勃朗斯基差不多都"你我"相称;不论是六十岁的老人还是二十岁的青年,是演员还是大臣,是商人还是侍从武官,他都一视同仁,因此在社会最上层和最下层,他都有许多老朋友。这些处于社会两极的人,要是知道通过奥勃朗斯基的关系,他们之间也有共同的东西,准会感到惊奇的。他会跟随便什么人一起喝香槟酒,凡是同他喝过香槟酒的人,他都同他们"你我"相称。因此,如果有下属在场,他遇见一些不体面的"你"——他就这样戏称他的许多朋友,——他也会凭他的机灵冲淡下属不愉快的印象。列文并不是一个不体面的"你",但奥勃朗斯基凭他的机灵感觉到,列文以为他也许不愿在下属面前暴露同他的亲密关系,因此连忙把他领到他的小办公室里去。

列文跟奥勃朗斯基的年龄不相上下,他们彼此"你我"相称也并非只是因为香槟酒的缘故。列文从小就是他的同伴和朋友。他们尽管性格不同,志趣各异,却像一般从小就熟识的朋友那样感情深厚。不过他们也像一般行业不同的朋友那样,对对方的工作,口头上也会谈论并表示赞成,心底里却总是鄙薄的。他们各人都以为自己所过的是唯一正确的生活,

---

① "列文"这个名字照俄文应译作"廖文",但"列文"在中国已相当流行,本书就不再改动。

而别人却在虚度年华。奥勃朗斯基一看见列文,就忍不住露出嘲弄的微笑。他看见列文从乡下来到莫斯科不知有多少次了。列文在乡下忙忙碌碌,但究竟在忙些什么,奥勃朗斯基从来不很清楚,而且也不感兴趣。列文每次来莫斯科,总是情绪激动,慌慌张张,手足无措,又因自己这种窘态而恼怒,而且对各种事物往往抱着人家意料不到的新观点。奥勃朗斯基对他的这种态度又是嘲笑,又是欣赏。同样,列文心里也瞧不起朋友这种城市生活方式和他的职务,认为他办的公事根本没有意思,因而经常加以嘲笑。所不同的只是,奥勃朗斯基做着一般人都在做的事,笑得很自在,很淳朴,而列文却笑得不自在,有时还有点气愤。

"我们盼了你好久了!"奥勃朗斯基说着走进了办公室,这才放下列文的胳膊,仿佛表示这里没有危险了。"看见你真是太高兴了,太高兴了!"他继续说。"你说说,你好吗? 过得怎么样? 几时到的?"

列文不做声,打量着奥勃朗斯基那两个同事陌生的脸,特别注意到文质彬彬的格里涅维奇的两只手。这两只手的手指那么白皙细长,尖端弯曲的指甲那么焦黄,还有袖口上的纽扣那么大那么亮,仿佛把列文的全部注意力都吸引住了,使他无法自由思想。奥勃朗斯基立刻发觉这一点,微微一笑。

"哦,对了,让我来给你们介绍一下,"他说,"这两位是我的同事:菲里浦·伊凡诺奇·尼基丁,米哈伊尔·斯坦尼斯拉维奇·格里涅维奇。"接着他又转身介绍列文说:"地方自治会会员,自治会里的新派人物,一手举得起五普特[①]的体育家、畜牧家、猎手,我的朋友康斯坦京·德米特里奇·列文,谢尔盖·伊凡诺维奇·柯兹尼雪夫的老弟。"

"不胜荣幸。"那个小老头说。

"我有幸认识令兄谢尔盖·伊凡诺维奇。"格里涅维奇伸出他那指甲很长的瘦手,说。

列文皱起眉头,冷冷地握了握他的手,立刻又转身跟奥勃朗斯基说

---

① 1普特等于16.38公斤。

话。虽然他很尊敬他的异父同母的哥哥——那位全国闻名的作家，但遇到人家不是把他当作康斯坦京·列文，而是把他当作名作家柯兹尼雪夫的兄弟和他交往时，他就觉得不舒服。

“不，我已经不是地方自治会会员了。我同每个人都吵过架，不再参加会议了。”他转身对奥勃朗斯基说。

“这么快吗？”奥勃朗斯基微笑着说，“这是怎么一回事？为什么？”

“说来话长。我以后告诉你，”列文说，但接着就讲了起来，“好吧，简单地说，我确信地方自治会根本没有事干，也不可能有事干。”他气愤地说，仿佛刚才有人得罪了他，“一方面，它玩弄议会的一套，现在要我搞这玩意儿，既不够年轻，也不够年老；另一方面(他口吃了一下)，这是县里某一帮人发财致富的手段。从前有监护机关，有法院，现在有地方自治会，只不过不是受贿而是支干薪罢了。”他说得十分激动，仿佛有人在反对他的意见。

“哈哈！我看你又变了，变成保守派了，”奥勃朗斯基说，“不过这事我们以后再谈吧。”

“好的，以后再谈。现在我有事要找你。”列文一面说，一面嫌恶地瞧着格里涅维奇的手。

奥勃朗斯基几乎看不出来地微微一笑。

“你不是说过你不再穿西装了吗？”他打量着列文身上那套显然是法国裁缝缝制的新衣服，说，“对了！我看这也是新的变化。”

列文的脸刷地一下红了，但不是像一般成年人那样微微有点红，而是像孩子那样满脸通红。他对自己的腼腆感到可笑，因此更加害臊，脸也就红得更厉害，简直要流出眼泪来。这张聪明的、男子汉的脸上竟现出如此孩子般天真的神气，看上去真是别扭，奥勃朗斯基就不再向他看了。

“我们到什么地方见面，我有话要向你谈谈呢？”列文说。

奥勃朗斯基仿佛沉吟了一下，说：

“这样吧，我们到古林那里去吃午饭，到那边去谈谈。三点钟以前我有空。”

“不，”列文想了想回答，“我还得到别的地方去一下。”

“噢，那我们就一起吃晚饭吧。”

“吃晚饭？其实我也没有什么特别的事，我只要问你两句话，我们以后谈吧。”

“那你现在先把这两句话告诉我，到吃晚饭的时候我们再详细谈。”

“唔，就是这么两句话，”列文说，“其实也没有什么特别的事。”

他竭力克制着腼腆，脸上现出尴尬的神气。

“谢尔巴茨基一家怎么样？没有什么新情况吧？”他说。

奥勃朗斯基早就知道列文爱上了他的姨妹吉娣，脸上就微微一笑，眼睛里闪出愉快的光芒。

“你问的只有两句话，可我不能用两句话来回答你，因为……对不起，你等一下……”

秘书现出亲切而又恭敬的样子走进来，并且像每个做秘书的人那样，自信在办公事方面比上司高明。他拿着公文走到奥勃朗斯基眼前，嘴里说是请示，其实是向他说明困难所在。奥勃朗斯基没有听完他的话，就亲切地用手按住他的衣袖。

“不，您就照我说的那样去办吧！”他说，微微一笑来缓和语气。接着，他三言两语说明了自己对这桩公事的看法，然后推开公文说：“请您就这样去办吧，查哈尔·尼基奇。”

秘书尴尬地退了出去。列文趁奥勃朗斯基同秘书谈话的时候，克服了窘态。他双臂搁在椅背上，脸上露出嘲弄的神气。

“我不明白，我真不明白！”他说。

“你不明白什么呀？”奥勃朗斯基依旧那么快乐地微笑着，掏出一支烟。他期待列文说出什么古怪的话来。

“我不明白你们在做些什么，”列文耸耸肩膀说，“你怎么会这样认真哪？”

“为什么不会呢？”

“为什么不会吗？因为没有意思。”

“这是你的想法,可我们还忙不过来呢!”

“忙于纸上谈兵。不过你干这种事是很有才能的。”列文补了一句。

“你是不是认为我有什么缺点?”

“也许是的,”列文说,“但我还是很欣赏你的魄力,并且因为跟你这样一位伟大的人物做朋友而感到荣幸。不过你并没有回答我的问题。”他补充说,竭力想正视奥勃朗斯基的眼睛。

“嗯,好的,好的。你等着吧,你将来也会弄到这个地步的。你现在在卡拉金县拥有三千亩[①]土地,你身上的肌肉这么发达,脸色又像十二岁的小姑娘那样红润,你当然很得意喽。但有朝一日你也会到我们这里来的。至于你所打听的事:没有什么变化,可惜你太久没到这儿来了。”

“哦,出什么事了?”列文恐惧地问。

“没什么,”奥勃朗斯基回答,“我们以后再谈吧。你这次来莫斯科到底有什么事?”

“嗯,这个我们也以后再谈吧。”列文回答,脸又红到耳根了。

“好的,我明白了!”奥勃朗斯基说,“老实说,我本来要请你到我家去的,可是我妻子身体不太好。对了,你要是想见他们,那么可以到动物园去,他们四五点钟大概在那里。吉娣在那里溜冰。你先坐车去吧,我回头去找你。我们再一起到什么地方去吃晚饭。”

“太好了。那就再见吧。”

“留神别忘了。你这个人,我知道,弄不好又会忘记的,或者一转身又回乡下去了!”奥勃朗斯基笑着大声说。

“不会的。”

列文走出办公室,直到门外才想起他忘记同奥勃朗斯基那两位同事告别了。

“这位先生看上去精力充沛得很。”列文走后,格里涅维奇说。

“可不是,朋友,”奥勃朗斯基摇摇头说,“他真是个幸运儿!在卡拉金

① 本书中的“亩”表示“俄亩”。

县有三千亩土地，真是前途无量！身体又强壮！可不像我们这班人。”

“您还有什么可抱怨的呢，斯吉邦·阿尔卡迪奇？”

“唉，我的事情可糟啦！”奥勃朗斯基长叹了一声，说。

6

奥勃朗斯基问到列文这次来莫斯科的目的时，列文脸红了，并且因为脸红而生自己的气，因为他不能回答说：“我是来向你姨妹求婚的。”虽然他正是为了这件事来的。

列文家和谢尔巴茨基家都是莫斯科的贵族世家，彼此交谊深厚。他们的关系在列文读大学时更加深了。列文同陶丽和吉娣的哥哥，谢尔巴茨基公爵少爷，一起准备应考，一起进了大学。他经常出入谢尔巴茨基家，并且爱上了他们一家人。看来似乎有点奇怪，但列文确实爱上了他们一家，特别是他们家的姑娘。列文已经记不起他的生母了，他唯一的姐姐又比他大好多岁，因此正是在谢尔巴茨基家里，他初次看到了有教养的名门望族的生活；而这样的生活，他由于父母去世，早就丧失了。他们家的每个人，特别是姑娘，列文觉得仿佛都披着一重诗意盎然的神秘纱幕，他不仅看不到他们身上有什么缺点，而且隔着这一重充满诗意的纱幕，他还感觉到他们都赋有最崇高的感情和完美无瑕的品德。为什么这三位小姐必须今天说法语，明天讲英语呢？为什么她们必须在规定的时间轮流弹钢琴，却让琴声送到楼上她们哥哥那间有两个大学生在做功课的房间里呢？为什么要请教师上门来教她们法国文学、音乐、绘画和跳舞呢？为什么她们每天要在规定的时间穿上缎子外套——陶丽穿长外套，娜塔丽雅穿中外套，吉娣穿短外套——这外套短得连她那双紧裹在红袜子里的小腿都暴露无遗了——同林依小姐一起坐马车在特维尔林阴大道上兜风呢？为什么她们还要让有金色帽徽的仆人保护着，在那里散步呢？这一切以及她们在她们的神秘世界里所做的其他许多事，列文都无法理解，但他知道她们所做的一切都是美好的；他呢，就是喜爱这种神秘的生活。

在大学时代，他差点儿爱上了大小姐陶丽，但陶丽不久就嫁给了奥勃朗斯基。接着他爱起二小姐来。他觉得他一定要在她们姐妹中间爱上一个。至于究竟爱哪一个,他却拿不定主意。娜塔丽雅踏进社交界不久就嫁给了外交官李伏夫。列文大学毕业的时候,吉娣还是个孩子。谢尔巴茨基少爷进海军不久,在波罗的海淹死了。这样,列文同谢尔巴茨基一家人的关系,尽管有同奥勃朗斯基的交情,从此也就疏远了。列文在乡下住了一年,今年初冬又来到莫斯科,看见了谢尔巴茨基一家人。这时他才明白,在这三姐妹中他真正应该爱的是哪一个。

他这个出身望族、算得上富有的三十二岁男子,去向谢尔巴茨基公爵小姐求婚,在别人看来真是太容易了。他可能立刻就会被看做是一个理想的夫婿。但列文正在热恋中,他觉得吉娣是个十全十美的姑娘,是下凡的仙女,他自己则是个庸夫俗子,因此他简直不敢想象,别人和她本人会认为他能高攀得上。

列文为了要看见吉娣,几乎天天出入交际场所。他就这样神魂颠倒地在莫斯科混了两个月。后来他忽然断定这件事没有希望,就回乡下去了。

列文认为这件事没有希望,理由是他在她亲戚的眼里根本配不上迷人的吉娣,而吉娣本人也不会爱他。在她亲戚的眼里,他这人已经三十二岁了,却还没有固定的事业和社会地位;他的同辈,有的已是上校和侍从武官,有的当上教授,有的做了银行行长和铁路经理,有的就像奥勃朗斯基那样当上政府机关的长官。可他呢(他很知道他在人家眼里是个什么样的人物)?是个地主,只会养养牛,打打大鹬,盖盖仓库,也就是说,是个毫无出息的傻小子。他所干的,照社交界看来,正是蠢才干的事。

至于神秘而迷人的吉娣本人呢,她是不可能爱上像他这样相貌不好看而又才具平庸的人的。还有,他认为他一向对待吉娣的态度——他是她哥哥的朋友,因此待她就像大人对待孩子一样——也是他们恋爱上的一个障碍。他认为像他这样相貌不好看而心地善良的人,只能得到人家的友谊,而要获得像他对吉娣那样的爱情,就必须是个相貌英俊、才华出众的人才行。

据说，女人往往会爱上丑陋而平庸的人。但他不信，因为平心而论，他自己觉得，他也只能爱美丽、神秘而不同凡响的女人。

但是，在乡下独自待了两个月以后，他相信这次恋爱同他青年时期所经历的不一样。这次的爱情使他得不到片刻的安宁。她肯不肯做他的妻子，这个问题不解决，他简直一天也活不下去。而他的绝望完全是由于他自己的推测，因为没有任何证据表明他将遭到拒绝。他终于下定决心到莫斯科来求婚。要是成功，就结婚；或者……要是遭到拒绝，他无法想象他将会怎么样。

7

列文乘早班车来到莫斯科，住在他异父同母的哥哥柯兹尼雪夫家里。他换好衣服，走进哥哥的书房，想立刻告诉他此行的目的，征求一下他的意见。但他发现书房里不止他哥哥一个人，还坐着一位著名的哲学教授。这位教授特地从哈尔科夫赶来，要和他解释他们之间由于一个重要哲学问题而发生的误会。教授那时正在同唯物论者展开激烈的辩论，而柯兹尼雪夫则兴致勃勃地观察着这场辩论。他读了教授最近发表的一篇论文，就写信给他表示不同意见。他责备教授对唯物论者过分让步。教授立刻赶来向他辩论。他们辩论的是一个时髦问题：在人类活动中，心理现象和生理现象之间有没有界线？如果有，又在哪里？

柯兹尼雪夫迎接弟弟时，露出他那种对任何人一视同仁的亲切而冷淡的微笑。他给弟弟和教授作过介绍后，又继续他们的讨论。

这位教授前额狭窄，脸色枯黄，身材矮小，戴着一副眼镜。他停住话头，同列文打了个招呼，又说下去，不再理他。列文坐下来，想等教授走，但很快就对他们所讨论的问题发生了兴趣。

列文在报刊上读到过他们正在讨论的那些文章。他在大学里读的是自然科学，因此对那些文章很感兴趣，认为它们发展了科学原理。不过，他从没把作为动物的人类的起源以及反射作用、生物学和社会学等科学论断同生和死的意义问题联系起来。这些问题近来越来越频繁地在他的头脑里盘旋。

他听着哥哥同教授的谈话,注意到他们把科学问题同精神问题联系起来,有几次甚至要专门探讨精神问题,但每次他们一接触到这个他认为最重要的问题,总是立刻避开,又转入琐碎的分类、保留条件、引证论据、暗示和引用权威意见等方面,使他很难听懂他们的讨论。

"我不能容忍,"柯兹尼雪夫用他一贯明确的叙述和文雅的措辞说,"我说什么也不能同意凯斯的话,他认为我对外部世界的全部概念都是从印象产生的。事实上,我关于存在这个最根本的概念就不是通过感觉获得的,因为没有传达这种概念的专门器官。"

"是的,但是他们,伍斯特也好,克瑙斯特也好,普利巴索夫也好,都会回答您说,存在这一意识是由全部感觉的总和产生的,存在这一意识是感觉的结果。伍斯特甚至直率地说,如果没有感觉,也就没有存在的概念。"

"我认为相反。"柯兹尼雪夫又开口了……

这时列文又觉得他们快要接触到最核心的问题,但他们又离开了这个题目。他决定向教授提一个问题。

"这样说来,如果我的感觉不存在了,如果我的肉体死亡了,就不可能有任何存在了吗?"他问。

教授恼怒地、仿佛因话头被打断而痛苦地打量了一下这位古怪的提问者(他与其说像个哲学家,不如说像个拉纤夫),然后把目光转向柯兹尼雪夫,仿佛在问"叫我怎么说呢?"不过,柯兹尼雪夫说话远不像教授那样激动,那样偏激。他从容不迫,既能回答教授的话,又能理解列文提这问题的淳朴而自然的想法。他微微一笑说:

"这个问题我们还没有权利解决……"

"我们没有资料……"教授应和着说,又继续阐述他的论点,"不,我要指出的是,如果确实像普利巴索夫所明白提出的那样,感觉是以印象为基础的,那么我们就应该严格区别这两个概念。"

列文不再倾听他们的谈话了,他一心只等教授告辞。

8

等教授走了以后，柯兹尼雪夫对弟弟说：

“你来了，我很高兴。要住一阵吧？农场搞得怎么样？”

列文知道哥哥对农业并不太感兴趣，他这样问只是客套一番，因此只告诉他出卖小麦和金钱上的一些事。

列文原想把结婚的打算告诉哥哥，并征求一下他的意见。他确实下了决心，可是一看见哥哥，听了他同教授的谈话，又听到哥哥询问农业（他们母亲遗下的田产还没有分，列文同时管理着两房产业）时那种居高临下的语气，不知怎的，他感到不能把决心要结婚的事告诉哥哥。他觉得哥哥不会像他所希望的那样看待这件事。

“那么，你们那边的地方自治会弄得怎么样？”柯兹尼雪夫问。他对地方自治会很感兴趣，对它很重视。

“哦，说实在的，我可不知道……”

“怎么？你不是地方自治会的理事吗？”

“不，已经不是理事了，我辞职了，”列文回答，“我不再出席他们的会议了。”

“可惜！”柯兹尼雪夫皱起眉头低声说。

列文讲起县地方自治会的情况来替自己辩白。

“事情总是这样！”柯兹尼雪夫打断他的话说，“我们俄国人总是这样。能看到自己的缺点，这也许是我们的长处，但我们往往夸大其词，随便讽刺挖苦，聊以自慰。我老实对你说，要是把我们地方自治会的权利交给任何一个欧洲国家的人，譬如说德国人或者英国人，他们准会把这种权利变成自由，可是到了我们手里，只会变成一种嘲弄。”

“可是有什么办法呢？”列文负疚地说，“这是我最近的感受。我诚心诚意地试过了。我没有办法，无能为力。”

“不是无能为力，”柯兹尼雪夫说，“是你对这件事的看法不对。”

“也有可能。”列文颓丧地回答。

“告诉你,尼古拉弟弟又来这儿了。”

尼古拉是列文的亲哥哥,柯兹尼雪夫异父同母的弟弟。他自甘堕落,荡光了大部分家产,在最荒唐的下层社会里混日子,同兄弟们都闹翻了。

“真的吗?”列文恐惧地叫道,“你怎么知道的?”

“普罗科菲在街上看到他了。”

“他在这里,在莫斯科吗?他在哪里?你知道吗?”列文站起来,仿佛马上就要去找他。

“我悔不该把这事告诉你,”柯兹尼雪夫看到弟弟那副激动的样子,摇摇头说,“我派人打听到他的住处,替他还清了欠特鲁宾的债,把借据给他送去。可是你瞧,他是怎么回答我的!”

柯兹尼雪夫说着从吸墨纸底下抽出一张条子,交给弟弟。

列文看了看这张字迹古怪而熟识的条子:“我恳求你们别来打扰我。这是我要求我亲爱的兄弟们给我的唯一恩典。尼古拉·列文。”

列文看完这张条子,没有抬起头来,却拿着条子站在柯兹尼雪夫面前。

他想从此忘记这个不幸的哥哥,但又觉得这样做是卑鄙的。这两种思想在他心里斗争着。

“他显然是要侮辱我,”柯兹尼雪夫继续说,“但要侮辱我他又办不到。我原来倒确实是愿意帮助他的,可是现在我明白了,这是无可奈何的事。”

“是的,是的!”列文连声说,“我了解并且看重你对他的态度,但我还是要去看看他。”

“你要去就去吧,可我劝你别去!”柯兹尼雪夫说。“就我来说,我没有什么顾虑,他不会调唆你来跟我闹的。至于你,我劝你最好还是别去。要帮助他也没有办法,不过,你高兴怎么办就怎么办吧。”

“也许是没办法帮助他,但我觉得于心不忍……特别是现在这种时候……不过那当然是另一回事……”

“噢,这一层我可不明白!”柯兹尼雪夫说。“我只明白了一件事,也就是学会了宽恕。自从看到尼古拉弟弟变成这个样子以后,我对所谓卑鄙行为的看法改变了,变得宽宏大量了……你真不知道他干了些什么……”

“哦,这太可怕了,太可怕了!”列文反复说。

列文从柯兹尼雪夫的仆人那里打听到尼古拉的地址,本想立刻去看他,但经过一番考虑后,决定改到下午去。要做到心情平静,首先要解决促使他这次来莫斯科的那件事。列文从他哥哥那里出来,先到了奥勃朗斯基的官厅里去。他打听到了谢尔巴茨基家的情况,就坐上马车到可能找到吉娣的地方去了。

9

四点钟光景,列文感到他的心怦怦直跳。他在动物园门口下车,沿着小径向山上溜冰场走去。他知道一定可以在那边找到吉娣,因为看见谢尔巴茨基家的马车停在入口处。

这是一个严寒而晴朗的日子。入口处停着一排排私人马车、雪橇、出租马车,还可以看到许多宪兵。服装整洁的人群,帽子被灿烂的阳光照得闪闪发亮,在入口处和打扫得干干净净的甬道上,在俄国式雕花小木屋之间,熙来攘往。园里的老桦树,枝叶扶疏,被雪压得低垂下来,看上去仿佛穿着节日的新装。

他沿着小径向溜冰场走去,一路上自言自语:“不要激动,要镇定。你激动什么呀?你怎么啦?安静些,傻东西!”他在心里这样责备自己。可他越是想镇定,就越是紧张得喘不过气来。有个熟人看见他,喊他的名字,可是他连那人是谁都没有认出来。他向山上走去,那里传来滑下来和拖上去的雪橇链子的铿锵声、雪橇滑动的刷刷声和欢乐的人声。他又走了几步,看见溜冰场就在前面,并且立刻就在溜冰的人群中认出她来了。

他认出她就在这里,不禁惊喜交集。她站在溜冰场的那一头,正在同一位太太谈话。她的服装和姿势都没有什么与众不同的地方,但列文一下子就在人群中认出她来,就像从荨麻丛中找出玫瑰花一样。一切都因她而生辉。她是照亮周围一切的微笑。他想:“难道我真的可以走到她跟前去吗?”他觉得她所在的地方是不可接近的圣地。刹那间,他竟然害怕到这个地步:他差点儿逃走。他不得不竭力克制自己的激动,并且用形形色色的人都在她周围运动、他也可以到那边去溜冰的想法来宽慰自己。他走了过去,像对着太阳似的不敢朝她多望,但也像对着太阳一般,即使不去望她,还是看得见她。

每星期的这一天,只要到了这个时刻,溜冰场上就都聚集着同一个圈子里的人,他们彼此认识。这里有大显身手的溜冰健儿,也有扶着椅背胆怯而笨拙地学步的新手,有小孩,还有为了增进健康而来溜冰的老人。列文觉得他们个个都是得天独厚的幸运儿,因为他们就在这里,就在她旁边。所有溜冰的人似乎都若无其事地赶上她,超过她,甚至同她攀谈,完全不把她放在心上,纯粹因为冰场出色和天气晴朗而兴高采烈,纵情欢乐。

吉娣的堂弟尼古拉·谢尔巴茨基穿着短上装和紧身裤,脚上套着溜冰鞋,坐在长凳上。他一看见列文,就对他叫道:

"喂,全俄溜冰冠军!您来了好久了吗?冰面挺不错,快穿上溜冰鞋吧!"

"我没有溜冰鞋。"列文回答。她面前居然这样放肆,连他自己都感到惊奇。他虽然没向她那边望,却没有一秒钟不看见她。他觉得"太阳"在向他靠近。她在拐弯的地方,转动她那双裹在长靴里的窄小的脚,显然胆怯地向他溜过来。一个身穿俄式服装的少年,放肆地挥动双臂,身子低低地弯向地面,追上了她。她溜得不很稳;她的双手从带子吊着的小袖筒里伸出来,以防摔倒。她的眼睛望着列文。她认出他来了,向他微微笑着,同时因为自己的胆怯而露出羞涩的神气。她拐了个弯,一只脚富有弹性地往冰上一蹬直溜到她的堂弟跟前。她抓住他的手臂,微微笑着向列文点点头。她比他所想象的还要美。

他一想到她,她的整个形象就会生动地浮现在他的眼前,特别是在她那少女秀美的肩上灵活地转动着的淡黄头发的玲珑脑袋,再加上她孩子气的开朗善良的面貌,使她显得格外妩媚动人。她脸上天真无邪的神气,配上她柔美苗条的身材,具有一种超凡的魅力,深深地留在他的心坎里。

不过,使他感到惊奇的,往往是她那温柔、安详和真挚的眼神。而最使他难忘的是她的微笑,这笑容每次都把列文带到一个神奇的仙境,使他心驰神往,流连忘返,好像回到童年时代难得遇到的快乐日子里一般。

“您来这儿好久了吗?”她向他伸出一只手,说。列文捡起从她袖筒里掉下的手帕,她说了声:“谢谢。”

“我吗? 没多久,我是昨天……我是说今天……才到的。”列文由于激动,没有立刻明白她问这话的意思,这样回答。“我要来看看您,”他说,但一想到他来找她的用意,顿时涨红了脸,窘态毕露,“我不知道您会溜冰,而且溜得这样漂亮。”

她留神地向他瞧瞧,仿佛想弄明白他发窘的原因。

“我得珍重您的夸奖。大家都说您是一位了不起的溜冰大师呢。”她一面说,一面用戴黑手套的小手拂去落在袖筒上的霜花。

“是的,我一度对溜冰入过迷,希望能达到尽善尽美的水平。”

“看来您干什么事都挺认真,”她笑眯眯地说,“我真想瞧瞧您溜冰。您就穿上溜冰鞋,让我们一起溜吧!”

“一起溜! 真会有这样的事吗?”列文望着她想。

“我这就去穿。”他说。

说着他就去穿溜冰鞋。

“先生,您好久没到我们这儿来了。”溜冰场的侍者扶住他的脚,替他拧紧溜冰鞋,说。“您一走,这儿就没有一个真正的溜冰大师了。这样行吗?”他拉紧皮带问。

“行,行,就是请快一点儿。”列文回答,好不容易才忍住脸上幸福的微笑。他想:“是的,这就是生活,这就是幸福! 她说:‘一起,让我们一起溜吧。’我现在就对她说吗? 可我很怕向她开口,因为我现在很幸福,至少充满幸福的希望……要是现在不说呢? ……可我得说! 一定得说,一定得说! 不要胆怯!”

列文站起来,脱下大衣,沿着小屋旁边高低不平的冰面滑出去。一滑到光滑的冰场上,就毫不费力地溜起来,随心所欲地加快速度,不断弯来弯去，改变方向。他怯生生地接近她，但她的微笑使他放下心来。

她向他伸出一只手，他们就肩并肩地溜起来，不断加快速度。他们溜得越快，她把他的手握得越紧。

“同您一起溜，我会学得快一点。不知怎的，我就是相信您。”她对他说。

“您靠着我，我也就更加有信心了。”他说，但立刻因为说了这句话而感到害怕，脸都红了。果然，他一说出这句话，她脸上亲切的表情顿时消失，好像太阳躲进乌云里。列文熟悉她脸上这种变化，知道她在深思，她那光滑的前额上也出现了皱纹。

“您没有什么不愉快的事吧？不过我没有权利问您。”他慌忙说。

“为什么？……不，我没有什么不愉快的事。”她冷冷地回答，立刻又补了一句：“您没有看见林侬小姐吗？”

“还没有。”

“您去看看她吧，她可喜欢您啦！”

“这是什么意思？我得罪她了。上帝啊，你帮助我吧！”列文想着，就向坐在长凳上的那个满头灰白鬈发的法国老妇人跑去。她笑眯眯地露出一口假牙，像老朋友一般迎接他。

“您瞧，我们的孩子都长大了，”她看看吉娣，对他说，“可我们也老了。**小熊**①都变成大熊啦！”法国老妇人笑着继续说，提到他以前曾拿英国童话中的三只熊来戏称她们三姐妹。“您还记得您这样说过她们吗？”

这件事他完全不记得了，可是她十年来一直在笑这句话，并且很欣赏它。

“嗯，去吧，去吧，你们去溜吧！我们的吉娣现在溜得可好啦，是不是？”

列文跑回吉娣身边的时候，她已经不再绷着脸，眼神也显得诚恳亲切了，但列文觉得她的亲切中含有一种故作镇定的特殊味道。他感到不痛

---

① 原文为英语。

快。她谈了一下这位上了年纪的家庭女教师，谈到她的怪癖，然后问起他的生活情况来。

“冬天您在乡下不觉得寂寞吗？”她问道。

“不，不寂寞，我忙得很。”他一面说，一面感到她在用镇定的语气控制他，使他无法越出这样的话题，就同初冬那次一样。

“您要在这里住一阵儿吗？”吉娣问。

“我不知道。”他嘴里回答着，自己也不知道在说些什么。他心里想，如果他又被她那种平静友好的语气控制住，那他这次又会空手回去的。他决定打破这种局面。

“怎么不知道？”

“我不知道。这要看您了。”他说，但说过后又立刻感到恐惧。

是她没有听见他这句话呢，还是她不愿意听，她仿佛绊了一跤，顿了两次脚，就匆匆地从他身边溜走了。她溜到林依小姐面前，对她说了些什么，又向妇女换鞋的那所小房子溜去。

“上帝呀，我做了什么啦！上帝呀，帮助我，引导我吧！”列文祷告着。他觉得需要剧烈地运动一下，就奔跑起来，在冰上兜着大大小小的圈子。

这时候，一个年轻人，溜冰场上的新秀，嘴里衔着一支香烟，穿着溜冰鞋从咖啡室里出来。他起步滑了一下，沿着台阶一级级跳下来，发出嗒嗒的响声。接着，他飞跑下来，两臂的姿势都没有改变，就在冰场上溜了起来。

“啧，这倒是一种新鲜玩意儿！”列文说着跑上去，也要试试这种新花样。

“当心别摔死了，这是要练过的！”尼古拉·谢尔巴茨基对他大声说。

列文走到台阶上，从上面一个劲儿直冲下来，伸开两臂在这种不熟练的溜法中保持着平衡。在最后一个台阶上他绊了一下，一只手几乎触到冰面，但他猛一使劲恢复了平衡，就笑着溜开去了。

“他这人真好，真可爱！”这会儿，吉娣同林依小姐从小房子里出来，脸上露出亲切宁静的微笑，像瞧着心爱的哥哥那样瞧着他，心里想。“难道是我的过错吗？难道我做了什么坏事了吗？他们说我卖弄风情。我知道我爱的不是他，但我同他在一起总觉得很快活，他这人实在好。但他为什么要说这种话呢？……"

列文由于剧烈的运动而满脸通红。他看见吉娣要走，她母亲在台阶上接她，他就站住，想了想。他连忙脱下溜冰鞋，在动物园门口追上了她们母女俩。

"看见您很高兴，"公爵夫人说，"我们仍旧每逢星期四招待客人。"

"这么说，就是今天啰？"

"您要是能来，我们将感到很高兴。"公爵夫人冷冷地说。

母亲这种冷淡的态度使吉娣觉得难受。她忍不住想弥补一下，就回过头，笑盈盈地对他说了一声："再见！"

这时候，奥勃朗斯基歪戴着帽子，容光焕发，眼睛发亮，以胜利者的快乐姿态走进动物园。但他一走到丈母娘跟前，就露出负疚的忧郁神色，回答她关于陶丽健康状况的询问。他沮丧地同丈母娘低声交谈了几句，就挺起胸膛，挽住列文的手臂。

"我们现在就走吗，呃？"他问。"我一直在惦记你。你来了，我真高兴。"他意味深长地盯住列文的眼睛，说。

"走吧，走吧！"列文兴高采烈地回答。他的耳朵里还一直响着"再见"这个声音，眼前还浮现着她说这句话时的那张笑脸。

"到英国饭店还是爱弥塔日饭店？"

"随便。"

"那就到英国饭店吧。"奥勃朗斯基说。他所以挑选英国饭店，是因为他欠英国饭店的账比欠爱弥塔日饭店的更多，他觉得避着不到那里去是不好的。"你有马车吗？那太好了，我把我那辆打发走了。"

两个朋友一路上沉默不语，列文在捉摸吉娣脸上表情变化的原因。他一会儿信心十足，一会儿又悲观失望，分明看出他的希望是不现实的，同时又觉得在看到她的笑容、听到她说"再见"之后，他仿佛已变成了另一个人。

奥勃朗斯基一路上考虑着菜单。

“你不是爱吃比目鱼吗?”当他们到达饭店时,他问列文。

“什么?”列文反问了一句,“比目鱼吗? 是的,我太喜欢比目鱼了。”

10

列文同奥勃朗斯基一起走进饭店的时候,发现奥勃朗斯基脸上和身上显然有一种特殊的表情,仿佛是抑制着的欢乐。奥勃朗斯基脱下外套,歪戴着帽子,走进餐厅,对那些身穿燕尾服、手拿餐巾围拢过来的鞑靼侍者吩咐了一下。他向遇见的熟人一一点头致意。这里也像别处一样,凡是认识的人见到他都很高兴。他走到酒台旁边,喝了一杯伏特加,吃了一点鱼,对柜台后面那个浓妆艳抹,一身都是缎带、花边和满头鬈发的法国女人说了几句俏皮话,引得她格格格地笑起来。对这个全身仿佛都是用假发、**花粉和香油**做成的法国女人,列文极其厌恶,连一口酒都没有喝。他连忙从她身边走开,好像避开脏地方一样。他的整个心灵都沉浸在对吉娣的回忆里,他的眼睛闪耀着胜利和幸福的微笑。

“请到这边来,大人,这边没有人打扰,大人。”一个头发花白的鞑靼老头特别殷勤地说。他的臀部很宽,把燕尾服都撑得叉开了。“大人,您请。”他对列文说,表示由于尊敬奥勃朗斯基,对他的客人也格外殷勤。

他一转眼工夫就在青铜吊灯下面那张原来已铺有桌布的圆桌上再铺上一块干净桌布,挪了挪丝绒面椅子,手里拿着餐巾和菜单,站在奥勃朗斯基面前,听候吩咐。

“大人,您要是喜欢单间,马上就有一间要空出来了,戈里曾公爵同一位夫人就要走了。今天有新鲜牡蛎。”

“啊,牡蛎!”

奥勃朗斯基考虑起来。

“原来的计划不变吧,列文?”他指着菜单,脸上露出迟疑不决的神色说。“牡蛎好不好? 你得注意了!”

“是弗仑斯堡[①]货，大人，奥斯坦德[②]货没有。”

“弗仑斯堡货就弗仑斯堡货吧。新鲜不新鲜？”

“昨天刚到的。”

“那就先来个牡蛎，咱们再把整个计划改动一下，你看怎么样？”

“我反正都一样。我最喜欢蔬菜汤和麦片粥，不过这里当然不会有这种东西。”

“您要吃俄国麦片粥吗？”鞑靼人弯腰问列文，好像保姆问孩子一样。

“不，我相信你点的菜一定错不了。我刚溜过冰，肚子饿得很。”他发现奥勃朗斯基脸上有点不高兴，又补充说：“你别以为我不欣赏你的挑选。我吃起来一定满意。”

“那当然！不论怎么说，吃是人生一大乐事！”奥勃朗斯基说。“伙计，那么就给我来二十个，不，二十个太少，来三十个牡蛎，再有蔬菜汤……”

“青菜汤。”鞑靼人用法语应和说。不过，奥勃朗斯基显然不让他再卖弄法文菜名的知识。

“蔬菜汤，懂吗？再来个浓汁比目鱼，再来……煎牛排。注意了，要好的。或者再来个阉鸡，还有罐头水果。”

鞑靼人记起奥勃朗斯基一向不喜欢照法文菜单点菜，就不再用法文菜名重复一遍，但他还是自得其乐地把整张菜单用法语念了一遍。接着又像装了弹簧一样灵活，啪的一下把菜单放下，拿起酒单递给奥勃朗斯基。

“咱们喝什么酒呢？”

“随便，只是少一点儿，就喝香槟吧。”列文说。

“怎么？一开始就喝香槟？不过也行。你喜欢白封的吧？”

“白封的。”鞑靼人又用法语附和说。

“好，那就先来那种酒和牡蛎吧，后面的菜回头再说。”

---

① 德国城市。

② 比利时城市。

“是，大人，来点什么下菜酒呢？”

“来纽意酒吧……不，还是来点老牌沙白立葡萄酒。”

“是，大人。要不要来一点您的干酪？”

“好，来点帕尔玛[①]干酪。你也许要来点别的什么吧？”

“不，我无所谓。”列文忍不住笑着说。

鞑靼人摆动着燕尾服后襟跑开了。过了五分钟，他端着一盘珍珠母色贝壳都打开了的牡蛎，手指间夹着一瓶酒，飞奔而来。

奥勃朗斯基揉了揉浆过的餐巾，把巾角塞到背心领口里，稳稳当当地摆开双臂，动手吃牡蛎。

“真不错！”他用银叉把滑腻腻的牡蛎从珍珠母色的贝壳里挑出来，一个又一个地吞下去。“真不错！”他连声说，那双湿润发亮的眼睛忽而望望列文，忽而望望鞑靼人。

列文也吃着牡蛎，虽然他更爱吃白面包夹干酪。他欣赏着奥勃朗斯基那种吃得津津有味的模样。就连那个鞑靼侍者也一面开瓶塞，把起泡的葡萄酒倒进精致的酒杯里，一面现出得意的笑容，整整他的白领带，不时望望奥勃朗斯基。

“你不太喜欢牡蛎，是吗？”奥勃朗斯基说着，把杯子里的酒喝干。“你是不是有什么心事，呃？”

他想让列文高兴，可是列文不仅不高兴，还感到局促不安。他心事重重；在这个饭店里，在男人带着太太一起用餐的这些单独房间之间，在这种嘈杂的闹声中，他觉得难受，觉得不舒服。这里的青铜器、镜子、煤气灯、鞑靼侍者，这一切都使他感到讨厌。他唯恐充满心灵的美好感情遭到玷污。

“我？是的，我有心事；不过这一切都使我不舒服，”他说，“你不能想象，这一切对我这个乡下人来说有多么古怪，就像我在你们那里看见那位先生的长指甲一样……”

---

① 意大利城市。

“是的，我也发觉你很注意可怜的格里涅维奇的指甲。”奥勃朗斯基笑着说。

“我真看不惯，”列文回答，“你设身处地替我想一想，用乡下人的眼光来看一看吧。我们在乡下总是竭力使自己的一双手便于干活，因此经常剪指甲，有时还把袖子卷起来。可是这里大家故意留指甲，留得越长越好，还有袖口的钮子也大得像碟子，弄得两只手什么事也不能做。”

奥勃朗斯基快乐地微笑着。

“是的，这表示他不用干粗活。他只用脑力劳动……”

“也许是这样。可我总觉得别扭，就像在吃饭这件事上觉得别扭一样；我们乡下人吃饭，总是尽量吃得快一点，吃完了好干活，可咱们在这里却想尽量吃得慢一点，因此先弄点牡蛎来吃吃……”

“哦，这个当然！”奥勃朗斯基随和地说，“不过这也就是文明的目的：处处讲究享受。”

“嗯，如果这就是文明的目的，那我宁可做个野蛮人。”

“你本来就很野蛮。你们列文家的人都很野蛮。”

列文叹了一口气。他想起尼古拉哥哥，感到羞愧和痛苦，皱起了眉头，但奥勃朗斯基一谈到另一个题目，立刻就吸引了他的注意。

“那么，今天晚上你到我们那里，就是谢尔巴茨基家去吗？”奥勃朗斯基推开粗糙的空牡蛎壳，把干酪挪到面前，意味深长地闪亮眼睛说。

“去，一定去！”列文回答，“尽管我觉得公爵夫人的邀请并不热情。”

“你这算什么话！真是胡说八道！这是她的派头……喂，伙计，来汤！……这是她的派头，**贵夫人**的派头嘛！”奥勃朗斯基说。“我也要去，不过我得先去参加一下巴宁娜伯爵夫人的音乐会。嗐，你这个人还不算野蛮吗？你忽然从莫斯科失踪了，这事该怎么解释呢？谢尔巴茨基一家人一再问我，你到哪里去了，仿佛我一定知道似的。其实我只知道一点：你常常做些人家不会做的事。”

“是的，”列文缓慢而激动地说，“你说得对，我这人是有点野蛮。不过我的野蛮不在于离开这儿，而在于现在又来了。我现在来……”

“嗬,你好幸福哇!”奥勃朗斯基盯住列文的眼睛,打断他的话说。

“何以见得?”

“‘我凭烙印识别骏马,从小伙子的眼睛看出他有了情人。’”奥勃朗斯基背诵着诗句,“你真是前途似锦啊!”

“难道你的一切都过去了吗?”

“虽不是一切都过去了,但你有前途,可我只有现实生活,而且是颠三倒四的。”

“怎么回事?”

“糟得很。唉,我不想谈我的事,其实也无从谈起。”奥勃朗斯基说,“那么你来莫斯科到底有什么事? ……来,收掉!”他大声吩咐鞑靼人。

“你猜得着吗?”列文回答,他那双炯炯发亮的眼睛盯住奥勃朗斯基。

“猜得着,但这事我不好先开口。你从这一点上也可以看出,我猜得对不对。”奥勃朗斯基带着微妙的笑容瞧着列文,说。

“那么你有什么话要对我说呢?”列文声音哆嗦地说,觉得自己脸上的全部肌肉都在抽搐,“这问题你怎么看?”

奥勃朗斯基慢吞吞地喝干了那杯沙白立酒,眼睛一直盯住列文。

“我吗?”奥勃朗斯基说,“我所希望的,再没有比这更好的事了,没有了。真是再好也没有了。”

“那么你没有搞错吧? 你知道我们谈的是什么事吗?”列文眼睛盯住对方问,“你看这事有希望吗?”

“我想有希望。为什么没有呢?”

“不,你真的以为这事有希望吗? 不,你把你的想法统统说出来! 不过,万一,万一我遭到拒绝呢? ……我简直相信会遭到拒绝……”

“你究竟凭什么这样想呢?”奥勃朗斯基看到他这样激动,笑着说。

“我有时就有这样的感觉。因为这事对我也好,对她也好,都是太可怕了。”

“嗳,这对一位姑娘来说绝没有什么好怕的。随便哪一位姑娘遇到人家来求婚,总是挺得意的。”

“对,随便哪一位姑娘都是这样,可她是个例外。”

奥勃朗斯基微微一笑。他很懂得列文的这种感情,懂得在他看来天下的姑娘可以分成两类:一类是除了她以外的天下所有的姑娘,这些姑娘个个具有人类的各种缺点,都平凡得很;另一类就是她一个人,没有任何缺点,而且凌驾于全人类之上。

“等一下,你加点酱油。”他捉住列文那只正在推开酱油瓶的手说。

列文听话地加了点酱油,但他不让奥勃朗斯基吃。

“不,等一下,等一下!”列文说,“你要明白,对我来说这是个生死攸关的问题。这件事我同谁都没有谈过,我同谁都不能像同你这样坦率地谈。其实咱俩处处不一样:趣味不一样,观点不一样,什么都不一样,但我知道,你喜欢我,了解我,我也非常喜欢你。啊呀,看在上帝分上,你就把实话全说出来吧。”

“我怎么想,就怎么对你说,”奥勃朗斯基微笑着说。“不过我先要对你说:我妻子是个极其古怪的女人……”奥勃朗斯基想到同妻子的关系,叹了一口气。他沉默了一下,又说:“她有先见之明。她看人看得很透,可这还不算,她还能未卜先知,特别是在婚姻问题上。譬如说,她曾预言沙霍夫斯卡雅小姐将嫁给勃仑登。当时谁也不相信,但后来果然如此。这会儿她是赞成你的。”

“你这话怎么说?”

“是这样的,她不仅喜欢你,她还说吉娣一定会做你的妻子。”

列文一听到这话,立即笑逐颜开,感动得几乎要掉眼泪。

“她说得太好了!”列文叫道。“我一向说她是个极好的人,你的夫人是个极好的人。好,这事谈得够了,够了。”他一边站起来,一边说。

“好的,可是你坐呀!”

但列文坐不住了。他迈着矫健的步伐在这小房间里来回踱了两次,眨眨眼睛,免得人家看见他的眼泪。然后又回到桌旁坐下。

“你要明白,”他说,“这不是一般的爱情。我谈过恋爱,但这不是那么一回事。我这不是出于自己的感情,而是受一种外界力量的支配。说实在的,我上次离开这儿,因为觉得那事没有希望,那是一种人间不可能有的幸福;但我经过一番内心斗争,觉得没有她我活不下去,我一定要解决……"

"那你究竟为什么要离开这儿呢?"

"啊,这个回头再说! 啊呀,我心里有多少想法,有多少事要问问你呀! 你准不能想象,你刚才的话对我起了多大的作用。我太幸福了,幸福得简直叫人家讨厌。我把什么都忘记了……我今天才知道尼古拉哥哥……才知道他也在这里……可我连他都给忘了。我仿佛觉得连他都是幸福的。我简直疯了。但有一件事太可怕……你已经结过婚,你一定能够理解这种感情……可怕的是,如今我们都有了年纪,以前我们都有过……不是爱情,而是罪孽……可如今我们忽然要同一个纯洁无瑕的姑娘接近。这太可憎了,因此不能不觉得自己高攀不上。"

"嗳,你并没有多少罪孽。"

"咳,还是有的,"列文说,"毕竟还是有的。'我嫌恶地回顾我的生活,我战栗,我诅咒,我痛恨自己……'就是这样。"

"有什么办法呢? 做人就是这样的。"奥勃朗斯基说。

"我唯一的安慰就是想到我喜爱的那句祷告:'不是我可以将功赎罪,而是凭你的慈爱饶恕我。'也只有这样,她才能饶恕我。"

11

列文把酒杯里的酒喝干了。他们沉默了一阵。

"我还有一句话要跟你说。你认识伏伦斯基吗?"奥勃朗斯基问列文。

"不,我不认识。你问这干什么?"

"再来一瓶酒。"奥勃朗斯基吩咐鞑靼侍者。那个侍者没有事也守在他们旁边,转来转去,替他们斟酒。

"为什么要我同伏伦斯基认识呢?"

"你应该同他认识一下,因为他是你的情敌之一。"

"伏伦斯基是个什么人?"列文问。他的脸色顿时变了,从奥勃朗斯基刚才还在欣赏的天真的喜悦变成凶狠和恼怒。

“伏伦斯基是基里尔·伊凡诺维奇·伏伦斯基伯爵的儿子，是彼得堡花花公子的一个活标本。我在特维尔服役时就同他认识了，他常常到那边去招募新兵。非常有钱，人又长得漂亮，交游又广。他在担任宫廷武官，是个心地善良的好小子。不仅心地善良，我来到这儿以后还发现他很有教养，又很聪明，是个前程远大的人物。”

列文皱起眉头，不做声。

“对了，你走了没多久，他就来到这儿了。据我了解，他爱吉娣爱得入了迷，还有，她母亲……”

“对不起，这个我实在不明白。”列文忧郁地皱着眉头说。他立刻想到了尼古拉哥哥，痛恨自己竟把他给忘了。

“你不要激动，不要激动！”奥勃朗斯基笑眯眯地摸摸他的手说，“我把我所知道的全告诉你了。我再说一遍，我认为在这件微妙的事上，从各方面看来，希望都在你这一边。”

列文身子往椅背上一靠，脸色发白。

“不过我劝你赶紧把这事解决掉。”奥勃朗斯基给他斟满酒，继续说。

“不，谢谢，我不能再喝了，”列文推开酒杯说，“我要醉了……那么，你近来怎么样？”他问，显然想改变话题。

“再说一遍：我劝你无论如何要赶紧解决。今晚不要谈了，”奥勃朗斯基说，“明天一早正式去求婚，愿上帝保佑你……”

“哦，你不是一直想到我们那边去打猎吗？你明年春天来吧。”列文说。

他心里十分悔恨，真不该同奥勃朗斯基谈这件事。奥勃朗斯基竟然跟他谈什么彼得堡的一个军官在跟他竞争，还做了猜测，提了劝告，这可亵渎了他的特殊的感情。

奥勃朗斯基微微一笑。他懂得列文内心的活动。

“我以后一定去。”他说，“是啊，老弟，女人好比螺旋桨，弄得你老是团团打转。我的情况也很糟，糟得很呢。都是女人的缘故。你坦率告诉我，”他掏出一支雪茄，一只手按住酒杯说下去，“你给我出出主意。”

“你究竟有什么事？”

“是这么一回事。假定你结过婚，你爱你的妻子，可是另外有个女人把你迷住了……”

“对不起，这种事我可一点也不理解，就好像……譬如说，我现在吃饱了饭，经过面包店，又溜进去偷面包。”

奥勃朗斯基的眼睛比平时更加闪闪发亮。

“为什么不？奶油面包有时香得会使你克制不住。

我若能克制尘世欲望，
那当然无比高尚；
我若忍耐不了这寂寞，
毕竟也享尽人间欢乐！”①

奥勃朗斯基一边说，一边微妙地笑着。列文也忍不住笑了一笑。

“好吧，言归正传！”奥勃朗斯基继续说。“你要知道，那女人温柔多情，真是可爱，而且孤苦伶仃，她牺牲了一切。如今木已成舟，我又怎么能把她抛弃呢？就算为了不破坏家庭生活，非得同她分手不可，难道就不能可怜可怜她，设法减轻点儿她的痛苦吗？”

“哟，对不起，你也知道，我认为天下女人可以分成两种……不……说得确切些：真正的女人只有一种……那种既堕落又可爱的女人，我没有见过，我看也不会有。至于那个坐在柜台后面、满头鬈发、涂脂抹粉的法国女人，我觉得她不是女人，简直是个妖精。凡是堕落的女人都是这样的。”

“那么福音书中的那个女人②呢？”

“啊呀，别说了！基督要是知道人们会滥用他的话，就绝不会说了。一部福音书大家就只记得这样几句话。不过我所说的并不是我所想的，而是我所感觉的。我嫌恶堕落的女人。你害怕蜘蛛，我可害怕那些妖精。

---

① 奥地利音乐家约翰·施特劳斯著名歌剧《蝙蝠》中的歌词，原文是德文。

② 指《圣经》中改邪归正的女人抹大拉的马利亚，事见《路加福音》和《约翰福音》。

你一定没有研究过蜘蛛,所以不知道它们的特性;我对那些女人也是这样。"

"你说说倒轻巧,好像狄更斯小说中的那位先生,他遇到难题,就用左手一个个从右肩上往后扔。不过,抹杀事实并不解决问题。你倒说说,叫我怎么办呢,怎么办呢? 妻子老了,可你还精力旺盛。你只要看上一眼,就会觉得你再也无法爱你的妻子了,不管你怎样尊敬她。一旦遇到一位可爱的人儿,你就完了,完了!"奥勃朗斯基颓丧地说。

列文嗨地笑了一声。

"是啊,完了!"奥勃朗斯基继续说,"可是有什么办法呢?"

"但总不能去偷奶油面包哇!"

奥勃朗斯基哈哈大笑起来。

"吓,真是一位道学先生! 但你要明白,现在有两个女人:一个始终坚持她的权利,也就是坚持要你的爱情,但你却不能给她;另一个女人为你牺牲了一切,对你却毫无所求。你该怎么办呢? 怎么办才好呢? 这是一大悲剧。"

"如果你想知道我对这种事情的看法,那我可以告诉你,我不相信这里有什么悲剧。理由是这样的:我认为恋爱……就是柏拉图在《酒宴》中所说的两种恋爱,这两种不同的恋爱就是对人们的试金石。有些人只懂得这种恋爱,有些人只懂得另一种。对那些只懂得非柏拉图式恋爱的人,根本谈不上什么悲剧不悲剧。那种恋爱是不会有什么悲剧的。'多谢您使我得到了满足,再见!'……这就是全部悲剧。至于柏拉图式的恋爱是不会有什么悲剧的,因为这种恋爱始终是纯洁无瑕的,因为……"

这当儿,列文想起自己的罪孽和经历过的内心斗争,出其不意地补充说:

"但你说的话也许是对的。很可能是对的……可我说不上来,实在说不上来。"

"但要知道,"奥勃朗斯基说,"你是个一丝不苟的人。这是你的美德,也是你的缺点。你自己具有一丝不苟的脾气,你就要求实际生活里一切都一丝不苟,但这是办不到的。譬如说,你瞧不起公益事业,因为你要求它都能符合你的目的,可这是办不到的。你要求人家的一举一动都具有目的性,要求恋爱和家庭生活永远统一,可这是办不到的。人生的一切变化,一切魅力,一切美,都是由光和影组成的。”

列文叹了一口气,什么也没回答。他在想心事,没有听奥勃朗斯基说话。

两人忽然发觉,他们虽然是朋友,虽然在一起吃饭喝酒,关系似乎应该更加融洽,其实各人在想各人的心事,彼此互不关心。奥勃朗斯基多次发觉,他们在饭后往往意见更加分歧,而不是更加融洽,但是他知道遇到这种情况应该怎么办。

“开账!”他吩咐侍者,起身走到隔壁大厅,在那里遇见一个熟识的副官,就同他谈起某女演员和她的供养者来。奥勃朗斯基同那个副官一谈话,顿时感到轻松愉快,同列文谈话时产生的那种思想上和精神上的极度紧张感也消除了。

鞑靼人送来账单,总共是二十六卢布零几个戈比,外加小账,其中列文吃的酒菜账是十四卢布。要是在别的时候,他这个乡下人准会大吃一惊,但今天他毫不在意,立刻付清了账,以便回家去换衣服,再坐车到决定他命运的谢尔巴茨基家去。

12

吉娣·谢尔巴茨基公爵小姐今年才十八岁。冬天里,她第一次进入社交界。她在交际场中获得的成功超过他的两位姐姐,甚至出乎公爵夫人的意料之外。不仅涉足莫斯科舞会的青年几乎个个拜倒在吉娣脚下,而且在这第一个冬天就出现了两位认真的求婚者:列文和在他走后立即出现的伏伦斯基伯爵。

列文在初冬时节的出现,他的频繁来访和对吉娣明显的爱慕之情,使做父母的第一次正式谈论吉娣的前途并发生了争吵。公爵中意列文,认为他配吉娣再合适也没有了。公爵夫人呢,她以女人家回避问题的惯用手法，说吉娣年纪还小，说看不出列文有诚意，说吉娣对他没有意思，用诸如此类的话加以推托；但她没有把主要的理由讲出来，那就是她希望替女儿选择个更好的对象，而列文不中她的意，她不了解他的为人。上次列文突然从莫斯科不辞而别，公爵夫人倒很高兴，她得意洋洋地对丈夫说："你瞧，被我说中了吧！"后来伏伦斯基一出现，她就更加高兴了，确信吉娣准能找到一个不仅是好的而且是杰出的夫婿。

在吉娣母亲看来，列文同伏伦斯基是怎么也不能相比的。她不喜欢列文偏激而古怪的议论，不喜欢他在交际场所表现出来的笨拙行为——她认为这是由于他的傲慢而产生的，——不喜欢他整天同牲口和农民打交道的这种她认为粗野的乡下生活。她特别不喜欢的是，他爱上她的女儿，出入她们家也有一个半月了，却还在等待，还在观察，唯恐开口求婚会使他有失面子，他不懂得，一个男子经常出入有年轻姑娘的人家是非表明来意不可的。后来他又突然不别而行。"幸好他一点也不招人喜欢，吉娣没有爱上他。"做母亲的这样想。

伏伦斯基能使吉娣母亲的愿望全部得到满足。他很有钱，又很聪明，家庭出身好，当上了宫廷武官，更是前程似锦，而且又是个招人喜欢的男人。再也找不到比他更理想的女婿了。

伏伦斯基在舞会上露骨地向吉娣献媚，他同她跳舞，经常出入她们的家，因此他的一片心意是毋庸置疑的。虽然如此，整整一个冬天，母亲的心情却一直极其烦躁。

三十年前公爵夫人自己出嫁，那是姑妈做的媒。未婚夫——他的情况事先都已知道——上门来相亲，他也就露了脸。做媒的姑妈事后分头传达了双方的印象。印象都很好。然后约定日期，公爵向女方父母求婚，当场就被接受了。这件事的经过很简单很顺利。至少公爵夫人有这样的感觉。但轮到给她的女儿择婿，她才体会到这件事看来平常，做起来却不简单，不容易。为了两个大女儿——陶丽和娜塔丽雅——出嫁，她担了多少忧，操了多少心，花了多少钱，同丈夫争吵了多少回呀！如今小女儿要出嫁，她还是那样恐惧，那样忧虑，同丈夫争吵得比前两次更厉害。老公爵也像天下一切做父亲的人那样，对女儿的名誉和贞操管得特别严。他狂热地守着女儿，特别是他的爱女吉娣，处处同公爵夫人吵嘴，说她败坏了女儿的名声。在两个大女儿的婚事上，公爵夫人对公爵这一套已经习惯了，如今她更觉得公爵的严格管教是有道理的。她看到近来世风日下，做母亲的责任更重了。她看到，像吉娣这样年纪轻轻的姑娘都在组织什么团体，听什么演讲，同男人自由交往，单独坐车上街，有许多人甚至不行屈膝礼，而最主要的是，她们都坚持选择丈夫是她们本人的事，与父母无关。“现在出嫁同以前不一样了。”年轻姑娘都这么想这么说，就连上了年纪的人也一样。可是究竟该怎样出嫁，公爵夫人却怎么也打听不到。父母替儿女做主的法国规矩行不通，还遭到非难。女孩子完全自己做主的英国风俗也不能被接受，在俄国社会也行不通。通过别人做媒的俄国风俗被认为不开明，遭到大家的唾弃，包括公爵夫人在内。可是究竟女孩子该怎样出嫁，做父母的该怎样嫁女儿，谁也说不上来。公爵夫人不论同谁谈这件事，大家都说：“算了吧，那种老规矩如今该丢掉了。结婚的可是年轻人，不是他们的父母，还是让年轻人自己做主去吧。”没有女儿的人说说这种风凉话当然很容易，可是公爵夫人懂得，女孩子同男人接触就可能发生爱情，她可能爱上一个不想结婚的人，或者一个不配做她丈夫的人。不管人家怎样劝告公爵夫人，说如今应该让年轻人自己去安排生活，她却怎么也不能接受，就像她不能接受有朝一日实弹手枪将成为五岁孩子最好的玩具这种说法一样。因此，公爵夫人为吉娣比为两个大女儿操的心就更多了。

她唯恐伏伦斯基对待她的女儿只不过玩弄玩弄罢了。她看出女儿已经爱上了他，不过她认为他是个正派人，不至于做出那种事来，并以此自慰。但她也知道，如今社交自由，女孩子很容易丧失理智，而男人对那种罪孽又不当一回事。上星期吉娣把她同伏伦斯基跳玛祖卡舞时谈的话告诉了母亲。这番话使公爵夫人稍稍宽了心，但她还不能完全放心。伏伦斯基对吉娣说，他们弟兄俩都很听母亲的话，凡是重大的事，不同她商量是从来不做决定的。他说：“眼下我在等我妈从彼得堡来，也就是在等待一种特殊的幸福。”

吉娣讲这几句话的时候，并没有什么特别的意思。但做母亲的对这事有做母亲的想法。她知道伏伦斯基天天都在等老夫人到来，老夫人对儿子的选择也一定会高兴的。使公爵夫人感到纳闷的是，他竟因唯恐违反母亲的心意而绝口不提婚事。但她渴望这件婚事成功，特别是要使自己定心，就更相信女儿的话了。公爵夫人看到大女儿陶丽遭到这样的不幸，竟至准备离开丈夫，心里虽然十分难过，但她的全部感情还是集中在这件决定小女儿命运的事上。今天，列文的出现更增添了她的焦虑。她觉得女儿曾一度钟情于列文，因此唯恐她过分单纯而拒绝伏伦斯基的求婚。总之，她唯恐列文的到来会使这桩眼看就要成功的好事受到影响，横生波折。

“什么，他来了好久了？”她们回到家里时，公爵夫人问到列文说。

“今天刚来，妈妈。”

“我有一句话要说。”公爵夫人开了头。从她严肃而激动的脸色上，吉娣猜到她要谈的是什么事。

“妈妈，”她涨红了脸，连忙向她回过头去说，“我请求您，我请求您不要说。我知道了，我全知道了。”

她的愿望同她母亲是一样的，但母亲的动机却使她感到委屈。

“我只想说，在给了一个人希望以后……”

“啊，妈妈，好妈妈，看在上帝分上，不要说吧。说那种事太可怕了。”

“不说，不说！”母亲看到女儿眼睛里的泪水，说，“但是有一件事，我的心肝，你曾经答应过我，说你不会对我隐瞒任何事情的。你这么说了，不会做不到吧？”

“永远不会的，妈妈，我对你什么事也不隐瞒！”吉娣涨红脸，眼睛盯住母亲回答，“可我现在没有什么话要说。我……我……就是想说，我也不知道该说什么，该怎么说……”

“对，凭她这种眼神，她是不会说谎的。”母亲想，看见女儿激动和幸福的模样，微笑起来。公爵夫人笑的是，这个可怜的孩子一定以为她自己此刻所想的事是多么重大,多么意义深远。

13

在吃过晚饭到晚会开始前的这段时间里,吉娣的心情就像一个初临战场的新兵。她的心扑扑直跳,头脑里思潮翻腾。

她觉得他们两人第一次见面的这个晚会,将决定她的命运。她不停地想着他们两个,忽而分开想,忽而连起来想。回顾往事,她愉快而亲切地想起了她同列文的交往。她回忆起童年时代以及列文和她已故哥哥的友谊,这使他们之间的关系显得格外富有诗意。她相信列文是爱她的,列文对她的爱慕使她觉得荣幸和欣喜。她想到列文就觉得愉快。可是一想到伏伦斯基,却有一种局促不安的感觉,尽管他温文尔雅,彬彬有礼。和伏伦斯基在一起,仿佛有一点矫揉造作,但不在他那一边——他是很诚挚可爱的——而是在她这一边。她同列文在一起,却觉得十分自在。不过,她一想到将来同伏伦斯基在一起,她的面前就出现了一片光辉灿烂的前景;同列文在一起,却觉得面前是一片迷雾。

她上楼去穿上夜礼服,照了照镜子,快乐地想到今天是她的一个好日子,她有足够的力量来应付当前的局面;她觉得自己镇定自若,举止优雅。

七点半钟,她刚走进客厅,仆人就来通报说:"康斯坦京·德米特里奇·列文到。"这时公爵夫人还在自己的房间里,公爵也还没有出来。"果然来了!"吉娣想,全身的血液似乎都涌到了心里。她照了照镜子,看到自己脸色苍白,吃了一惊。

现在她才断定,他之所以来得特别早,就是为了要与她单独见面,以便向她求婚。直到此刻,她才看到事情的另一面。直到此刻,她才明白问题不仅关系到她一个人——她同谁在一起生活才会幸福,她爱的又是哪一个——就在这一分钟里她将使一个她所爱的人感到屈辱,而且将残酷地使他感到屈辱……为的是什么?为的是这个可爱的人爱上了她,对她发生了爱情。可是没有办法,她需要这样做,她应该这样做。

"天哪,难道真的要我亲口对他说吗?"她想,"叫我对他说什么好呢?

难道真的要我对他说我不爱他吗？那分明是说谎。叫我对他说什么好呢？难道要对他说我爱上别人了？不，这可办不到。我要逃走，逃走。”

听到脚步声时，她已走到门口了。“不！这样做是不行的。可我怕什么呢？我又没有做过什么坏事。该怎么办就怎么办吧！我要说实话。同他在一起是不会觉得局促不安的。瞧，他来了！”看见他那强壮而又拘谨的身影和那双紧盯着她的明亮的眼睛，她自言自语。她对着他的脸瞧了一眼，仿佛在请求他宽恕，同时向他伸出一只手。

“我没有按时来，看样子来得太早了。”他扫视了一下空荡荡的客厅，说。他看到他的愿望已经达到，没有谁会妨碍他向她开口，脸色顿时变得紧张起来。

“嗳，不！”吉娣说着在桌旁坐下。

“不过，我就是想同您单独见面。”他开口说，没有坐下来，也没有向她看，唯恐丧失勇气。

“妈妈马上就下来。她昨天太累了。昨天……”

她嘴里说着，但她自己也不知道在说些什么。她那恳求和怜爱的目光也一直没有离开过他。

他望了她一眼，她脸红了，不再说下去。

“我告诉过您；我不知道是不是要住好久……这要看您了……”

她的头垂得越来越低，自己也不知道该怎样回答他眼看就要出口的话。

“这要看您了。”他又说了一遍。“我想说……我想说……我来是为了……为了要您做我的妻子！”他嗫嚅地说，自己也不知道在说些什么；不过他觉得最可怕的话已经说出来了，就住了口，对她望了望。

她眼睛避开他，重重地喘着气。她兴奋极了，心里洋溢着幸福感。她怎么也没想到，他的爱情表白竟会对她产生这样强烈的作用。但这只是一刹那的事。她想起了伏伦斯基。她抬起她那双诚实明亮的眼睛望着列文，看见他那绝望的神色，慌忙回答：

“这不可能……请您原谅……”

一分钟以前，她对他是那么亲近，对他的生命是那么重要！可此刻，她对他又是多么隔膜多么疏远哪！

“不可能有别的结果。”他眼睛避开她，说。

他鞠了一躬想走。

14

就在这当儿，公爵夫人进来了。她看见只有他们两人在场，又发觉他们那副尴尬的模样，脸上顿时现出焦虑的神色。列文向她鞠了个躬，一句话也没有说。吉娣不做声，也没有抬起眼睛来。“赞美上帝，她拒绝他了。”做母亲的想。她的脸上又浮起每星期四接待客人时惯常的微笑。她坐下来，问起列文乡下的生活。列文只得又坐下，等待别的客人到来，以便悄悄溜掉。

过了五分钟，吉娣的朋友，去年冬天才结婚的诺德斯顿伯爵夫人来了。

这是一个消瘦、枯黄、病态的神经质女人，生有一双乌黑发亮的眼睛。她像一般已婚女人爱姑娘那样爱吉娣，总是照她自己的幸福观来替吉娣择婿，因此希望她嫁给伏伦斯基。今年初冬，她在吉娣家里常常遇到列文，她一直不喜欢他。她一遇到他，总是爱拿他开玩笑。

“我就喜欢他那种居高临下的神气，他不是认为我愚蠢而不愿在我面前高谈阔论，就是摆出一副宽容大度的样子。他那副样子，我觉得怪好玩的！我就喜欢他看见我受不了。”她这样说到列文。

她说得对，列文看到她确实受不了，并且瞧不起她，因为她竟认为神经质是她的长处，值得自豪，又因为她对一切庸俗粗野的事物总是抱着满不在乎的冷漠态度。

在诺德斯顿伯爵夫人和列文之间形成了一种社交界常见的关系，那就是表面上客客气气，心底里彼此却极其蔑视，不可能相互认真对待，甚至也不会生对方的气。

诺德斯顿伯爵夫人一见面就向列文进攻。

“嘿！康斯坦京·德米特里奇！您又光临我们这个腐化堕落的巴比伦[①]了。”她伸出瘦黄的小手给他，想起初冬时他有一次把莫斯科说成巴比伦，说，“那么，是巴比伦改邪归正了呢，还是您堕落了？”她嘲弄地打量着吉娣，加上一句。

“哟，伯爵夫人，承您这样牢牢记住我的话，真是不胜荣幸！”列文答，他已经恢复了常态，立刻照老规矩对诺德斯顿伯爵夫人反唇相讥。“我这话对您的作用真是太大了。”

“可不是！我总是把您的话一字不漏地记下来。啊，吉娣，你又溜过冰了？……”

然后她同吉娣谈起话来。列文觉得，不管现在退席有多么尴尬，总比整个晚上留在这里，面对着偶尔瞅他一眼又慌忙避开他的视线的吉娣要好过一些。他刚要起身，公爵夫人却发现他不做声，就对他说：

“您这次来莫斯科，可以住一阵吗？您一定是忙于地方自治会的工作，不能耽搁得太久，是吗？”

“不，公爵夫人，地方自治会的事我已经不管了，”他说，“我要在这里住几天。”

“他出什么事了？”诺德斯顿伯爵夫人注视着他那一本正经的脸色，思忖着，“今天他怎么不高兴辩论辩论呢？我要逗他一逗。我最爱在吉娣面前出出他的丑，我要逗他一下。”

“康斯坦京·德米特里奇，”她对他说，“请您给我讲讲，这是怎么一回事——您是无所不知的——我们卡卢加乡下的庄稼汉和婆娘把他们的东西统统喝酒喝光了，如今弄得没钱给我们付租子。这算什么呀？您一向总是很称赞庄稼汉的。”

这时候，客厅里又进来一位太太。列文就站起身来。

“对不起，伯爵夫人，这事我确实一点也不知道，所以无可奉告。”他说着，回头望了望跟着那位太太进来的军官。

---

① 巴比伦是古代繁华城市，这里指奢侈堕落的都市。

“这一定是伏伦斯基。”列文想，为了证实这一点，他对吉娣望了望。吉娣瞟了一眼伏伦斯基，又回头瞅了一下列文。单从她那情不自禁地闪出光芒的眼睛，列文就看出，她爱的正是这个人；他看得清清楚楚，就跟她亲口告诉他一样。但他到底是个怎样的人呢？

如今不管是不是合适，列文都只好留下来，因为他需要知道吉娣所爱的究竟是个怎样的人。

有些人一遇到一个在某方面幸运的情敌，就立刻抹杀他的一切优点，只看到他身上的缺点；但有些人正好相反，他们最希望在这幸运的情敌身上发现胜过自己的地方，并且忍住揪心的剧痛，一味找寻对方的长处。列文属于后一种人。不过，他要在伏伦斯基身上找出他的长处和迷人的地方并不困难，这是一眼就看得出来的。伏伦斯基是个个儿不高、体格强壮的黑发男子，相貌端正英俊，性格沉着刚毅而又和蔼可亲。从他的面孔到身材，从他剪得短短的黑发、刮得光光的下巴到宽舒的崭新军服，一切都显得落落大方，雅致洒脱。伏伦斯基给进来的太太让了路，走到公爵夫人面前，然后又走到吉娣身边。

当他走近吉娣的时候，他那双漂亮的眼睛闪出特别温柔的光芒。他带着隐隐约约的幸福、谦逊而得意的微笑（列文有这样的感觉），彬彬有礼地向她鞠躬，又把他那短小而宽阔的手伸给她。

他同每个人点头致意，寒暄几句，这才坐下来，就是没有对列文望一眼，而列文却一直盯着他看个不停。

“让我来给你们介绍一下，”公爵夫人指着列文说，“这位是康斯坦京·德米特里奇·列文。这位是阿历克塞·基利洛维奇·伏伦斯基伯爵。”

伏伦斯基站起来，友好地望着列文的眼睛，握了握他的手。

“今年冬天我本来有个机会同您一起吃顿饭，”他露出诚恳而开朗的微笑说，“可您忽然回乡下去了。”

“康斯坦京·德米特里奇瞧不起甚至憎恨城市和我们这些城里人。”诺德斯顿伯爵夫人说。

“看来我的话对您的作用太大了，使您记得这样牢。”列文说。想到这话刚才已经说过，他脸红了。

伏伦斯基对列文和诺德斯顿伯爵夫人瞧了一眼，微微一笑。

“您一直住在乡下吗？”他问，“想来冬天一定很寂寞吧？”

“要是事情忙，就不寂寞，再说在自己家里是不会寂寞的。”列文生硬地回答。

“我喜欢乡下。”伏伦斯基说，听出列文那种生硬的语气，但假装没有注意。

“但我想，伯爵，您是不肯一辈子都住在乡下的吧！”诺德斯顿伯爵夫人说。

“我不知道，我没有长期住过，但我有过一种奇怪的心情，”伏伦斯基回答，“我同我妈在尼斯[①]住过一个冬天，我从来没有那么怀念过乡村，那有树皮鞋和庄稼汉的俄国乡村。说实在的，尼斯这地方很枯燥乏味。还有，那不勒斯、索伦多，短期住住是不错的，可是待在那些地方就特别怀念俄国，怀念俄国乡村。那些地方就像……”

他对吉娣，也对列文说着。他那安详友好的目光一会儿看看这个，一会儿看看那个。他说话显然毫不拘束。

他发觉诺德斯顿伯爵夫人想说话，就住了口，留神地听她说。

谈话没有片刻停顿，弄得老公爵夫人随时备用的两门重炮——古今教育问题和普遍兵役制问题——没有机会搬出来，诺德斯顿伯爵夫人也没有机会向列文挑衅。

列文想加入大家的谈话，但是插不进嘴。他时刻都对自己说：“现在可以走了。”但他没有走，仿佛在等待着什么。

谈话转到扶乩和灵魂的问题。诺德斯顿伯爵夫人相信招魂术，就讲起一桩她亲眼目睹的奇迹来。

“啊，伯爵夫人，看在上帝分上，请您务必带我去看看！我从没见过这

---

① 法国南部著名游览和疗养地。

样的怪事，虽然我一直在到处找寻。”伏伦斯基笑眯眯地说。

“好的，下星期六陪您去。”诺德斯顿伯爵夫人回答，“那么您，康斯坦京·德米特里奇，相信不相信哪？”她问列文。

“您何必问我呢？您一定知道我会怎么说的。”

“不过我想听听您的意见。”

“我的意见就是，”列文回答，“相信扶乩只能证明所谓有教养的上流社会并不比庄稼汉高明。庄稼汉相信毒眼①，相信中邪，相信蛊术，而我们却……”

“怎么，您不相信吗？”

“我没有办法相信，伯爵夫人。”

“如果是我亲眼目睹的呢？”

“乡下女人也都说，她们亲眼目睹过妖魔鬼怪。”

“那您认为我是在撒谎吗？”

她不高兴地笑了。

“不是的，玛莎，康斯坦京·德米特里奇是说，他没有办法相信。”吉娣说，她为列文脸红了。列文察觉到了这一点，心里更加恼火。他正要对诺德斯顿伯爵夫人进行反击，但这时伏伦斯基眼看再谈下去会弄得不愉快，就带着开朗快活的微笑来打圆场。

“您认为完全没有这种可能吗？”他问，“为什么？我们承认电是存在的，虽然我们并不懂得电。既然如此，为什么不可能有我们还不知道的东西存在呢……”

“人们最初发现电的时候，”列文立刻打断他的话说，“只是发现了它的现象，还不知道它是从哪儿来的，有什么作用。一直过了多少世纪，才想到应用它。招魂术呢，正好相反，一开头就是什么茶几写字，灵魂降临，然后才说这是一种未知的力。”

伏伦斯基照例用心听着列文的话，对这些话显然很感兴趣。

---

① 按古代传说，一种看人就能害人的有魔法的眼睛。

"是的，不过招魂术家说：现在我们还不知道这是一种什么力，但力是存在的，并且在一定条件下会起作用。至于这种力是由什么组成的，那就让科学家去揭示吧。我不懂为什么这不可能是一种新的力，如果它……"

"那是因为，"列文打断他的话说，"你每次拿松香在皮毛上摩擦，就会产生电的现象，可是招魂术并不是每次都灵的，所以它不是自然现象。"

伏伦斯基大概觉得在客厅里谈这类事太严肃了，因此没有反驳列文的话，却竭力转变话题。他只快乐地微微一笑，向太太们转过身去。

"让我们现在就来试一试吧，伯爵夫人！"伏伦斯基说，但列文要把他想说的话说完。

"我想，"列文继续说，"招魂术家企图把自己的奇迹说成是一种新的力，这是完全徒劳的。他们直率地谈论灵魂力，想用物质的方式来检验它。"

大家都希望列文快点把话说完，他也感觉到了。

"我想您可以成为一个出色的降神家，"诺德斯顿伯爵夫人说，"您身上有一股灵气。"

列文涨红了脸，张开嘴想再说些什么，却一句也说不出来。

"公爵小姐，让我们现在就来试一试扶乩吧，"伏伦斯基说，"公爵夫人，您答应吗？"

伏伦斯基说着站起来，眼睛找寻着小桌子。

吉娣也站起来找小桌子。她经过列文身边时，目光同列文相遇了。她从心底里可怜他，特别是因为他的痛苦都是由她造成的。"要是你能原谅我，那就请原谅我吧，"她的眼神这样说，"我实在太幸福了。"

"我恨所有的人，包括您和我自己在内。"他的眼神这样回答。接着他拿起帽子，但他还是命定不能脱身。正当大家在小桌子旁坐下而列文想离开的时候，老公爵走了进来。他向太太们问了好，就招呼列文。

"啊！"他高兴地说，"来了好久了？我还不知道你来了。看见您真高兴。"

老公爵对列文说话，忽而用"你"，忽而用"您"。他拥抱了列文，同他说话时没有注意到伏伦斯基。伏伦斯基站起来，镇定地等待公爵同他说话。

吉娣发现，经过刚才那件事以后，父亲的亲热使列文觉得难堪。她也看到，她父亲终于回答了伏伦斯基的鞠躬，但态度十分冷淡。伏伦斯基带着亲切的怀疑神气望了望她的父亲，竭力想弄明白为什么老公爵对他这样不友好，却怎么也弄不明白。吉娣看到这情景，脸红了。

“公爵，您让康斯坦京·德米特里奇过来吧，”诺德斯顿伯爵夫人说，“我们要做试验了。”

“什么试验？扶乩吗？嗳，各位太太，各位先生，请原谅我，依我看，投铁圈都要比这有趣多了。”老公爵望着伏伦斯基说，猜想这玩意儿一定是他想出来的，“投铁圈要比这有意思些。”

伏伦斯基用他那双刚毅的眼睛惊奇地望望公爵，接着微微一笑，同诺德斯顿伯爵夫人谈起下星期将要举行的一次盛大舞会来。

“我想您也会参加吧？”他对吉娣说。

列文等老公爵一离开他，就悄悄地溜了出去。这天晚上给他留下的最后一个印象，就是吉娣回答伏伦斯基问她参加舞会一事时那张幸福的笑脸。

15

晚会结束后，吉娣把同列文的那场谈话都讲给母亲听了。她虽然很怜悯列文，但是想到有人向她求过婚，心里觉得乐滋滋的。她绝不怀疑她这样做是不是对。但她上床以后好久都睡不着觉。她的头脑里一直萦绕着一个景象，那就是列文皱紧眉头、善良的眼睛忧郁地凝望着的脸，当时他在客厅里一面听她父亲说话，一面打量着她和伏伦斯基。她真替他难过，眼泪忍不住簌簌地落下来。但她立刻想到，她是拿谁来替换他的。她历历在目地回想着他那张刚毅俊俏的脸庞，他那高贵大方的仪态和他待人接物的和蔼风度；她想起她所爱的这个人对她的爱情，心里又一次觉得甜滋滋的。她带着幸福的微笑靠在枕头上。“他真可怜，真可怜，可是有什么办法呢？又不是我的错。”她这样对自己说，内心却发出不同的声音。她不知道，她后悔的是她当初引起了列文的爱情，还是现在拒绝了他的求婚。但是她的幸福却被心里的这种疑虑破坏了。“上帝保佑，上帝保佑，上帝保佑！”她这样自言自语着直到睡去。

这时候，在楼下公爵书房里，父母之间像往常一样，又为爱女发生了一场争吵。

“什么？让我来告诉你！”公爵挥动双臂嚷道，又把身上的灰鼠皮晨衣裹裹紧，“你没有自尊心，不要面子，用这种恶劣愚蠢的攀亲手段来侮辱女儿，把女儿毁掉！”

“看在上帝的分上，公爵，你别这样，我到底做了什么坏事啦？”公爵夫人说着差点儿哭出来。

她同女儿谈过话以后满心欢喜，像平时一样走来向公爵道晚安。她虽然不想告诉丈夫列文求婚和吉娣拒绝的事，但向他暗示，她认为女儿同伏伦斯基的事已成定局，只等他母亲一到，就可以宣布。公爵一听到这话，勃然大怒，嘴里吐出难听的话来。

“你做了什么吗？我来告诉你：第一，你勾引求婚的小伙子，结果一定会弄得莫斯科满城风雨，这是不可避免的。你既然举行晚会，就应该把大家都请来，不要单请你挑出来的那几个小伙子。你把所有的花花公子（公爵这样称呼莫斯科的年轻人）统统叫来，再请一位钢琴师来，让大家都来跳舞，不要像今天这样光找求婚的小伙子。我看见这些小伙子就讨厌，讨厌，你把女儿弄得昏头昏脑的。列文要比他们好一千倍。至于彼得堡的那个花花公子，这种人都是机器造出来的，都是一个模子，都是坏蛋。尽管他有皇族的血统，我的女儿可用不着这种人！”

“我到底做了什么啦？”

“做了……”公爵怒吼道。

“我知道，要是听你的话，”公爵夫人打断他的话说，“我们永远也别想把女儿嫁出去。要是这样，我们还不如到乡下去的好。”

“到乡下去，再好也没有了。”

“你听我说。难道是我在巴结他吗？我一点也没有巴结他。人家小伙子，很好的小伙子，爱上了她，她好像也……”

“哼，好像！要是她真的爱上了，可他却像我这老头子一样，根本不想结婚，那又怎么办？……咳，我真不愿意看到这种局面！‘啊，招魂术！啊，尼斯！啊，舞会……’”公爵想象着妻子的样子，每说一句话，行一下屈膝礼。“瞧着吧，我们会害苦吉娣的，真的会把她弄得昏头昏脑的……”

“你为什么要这样想呢？”

“我不是想，我是知道；对这种事我们有眼光，女人家就没有。我看有一个人倒是有诚意的，那就是列文；我还看到一只鹌鹑，就是那个花言巧语的花花公子。”

“哼，你自己倒是真的昏了头……”

“等你将来想到我的话，就晚了，就像陶丽的事那样。”

“唉，好吧，好吧，我们不谈了！”公爵夫人想起不幸的陶丽，便不让他再讲下去。

“那么好，明天见！”

于是夫妇俩相互画了十字，接了吻分手，但感到各人还是坚持各人的意见。

公爵夫人起初坚信吉娣的命运今天晚上已经决定，对伏伦斯基的诚意无须怀疑，可是丈夫的话弄得她心烦意乱。她回到自己房里，也像吉娣一样对茫茫的前途感到恐惧，心里不断祷告：“上帝保佑！上帝保佑！上帝保佑！”

16

伏伦斯基从来没有过过真正的家庭生活。他母亲年轻时是个社交界红极一时的人物，婚后，特别是在丈夫去世后的孀居生活中，有过许多风流韵事，在社交界闹得沸沸扬扬。至于他的父亲，他几乎记不起来了。他自己是在贵胄军官学校教育成长的。

毕业的时候，他是个风头十足的青年军官，很快就加入了彼得堡富有军官的圈子。他虽然有时也涉足彼得堡的社交界，但他的风流韵事却都发生在社交界之外。

在经历了彼得堡奢侈放荡的生活之后，他在莫斯科初次尝到了同一位纯洁可爱而又倾心于他的上流社会姑娘接近的乐趣。他根本没有想到，他同吉娣接近会产生什么不良后果。在舞会上，他多半同她一起跳舞；他经常出入她的家。他同她谈的，无非就是交际场中流行的那套废话，但他说的时候往往情不自禁地加上些使她觉得别有用意的东西。尽管他没有对她说过什么当着别人的面不能说的话，他却感到她对他越来越依恋。他越是感觉到这一点，心里就越高兴，对她也越发温柔体贴了。他不知道他对待吉娣的这种行为有一个特殊的叫法，叫作“不想结婚而勾引姑娘”，而这种行为正是像他那样的翩翩少年所常犯的罪孽。他觉得他这是第一次尝到这样的乐趣，就尽情加以享受。

要是他听见这天晚上吉娣父母的谈话，要是他能设身处地替她的家庭想一想，并且知道他不同吉娣结婚她将会很不幸，那他一定会感到惊奇而无法相信。他无法相信，这件给了他尤其是给了她这么大乐趣的事，会有什么不好。他更无法相信他应当结婚。

结婚这件事在他永远是无法想象的。他不仅不喜欢家庭生活，而且从他们这批单身汉的观点看来，成立家庭，特别是做一个丈夫，是很别扭，很不习惯，简直是十分可笑的。不过，伏伦斯基虽然根本没有想到她父母所说的话，这天晚上离开谢尔巴茨基家的时候，却觉得他同吉娣精神上的秘密联系大大加强了，非采取一些措施不可。但是可以而且应当采取什么措施，他却想不出来。

“妙的是，”当他从谢尔巴茨基家出来时想，每次他从他们那儿出来，总带着那种由于整晚没抽烟而产生的神清气爽的感觉，以及被她的爱情所打动的新的醉意，“妙的是我们彼此都默默无言，然而我们通过眉目和举动的微妙交谈，彼此是多么了解呀！今晚她比以前任何时候都更露骨地向我表示她对我的爱情，而且表示得多么可爱，多么淳朴，多么信任哪！我自己也觉得我变好了，变纯洁了。我觉得我有了热情，有了许多优点。她那双脉脉含情的眼睛多么使人心醉呀！当她说：‘我实在……’”

“那又怎么样？那也没什么。我很快乐，她也很快乐。”接着他就开始考虑再到什么地方去消磨这个残余的夜晚。

他考虑着他可以去的地方。“俱乐部吗？去打牌，同伊格拿托夫一起喝香槟酒吗？不，不去。到‘花市’去，在那边准可以找到奥勃朗斯基，有唱歌，有康康舞①。不，都玩腻了。我爱到谢尔巴茨基家去，因为自从去他们家以后我就变得好了。回家去吧。”于是他一直走回杜索旅馆，吃了晚饭，脱掉衣服，他的头一放到枕头上，照例立刻就安宁地睡熟了。

17

第二天上午十一点钟，伏伦斯基坐车到彼得堡车站去接他母亲。他在车站大台阶上遇到的第一个人就是奥勃朗斯基。奥勃朗斯基在等候坐同一班车来的妹妹。

“啊，阁下！”奥勃朗斯基高声喊道，“你来接谁呀？”

“我来接妈妈。”伏伦斯基像别的遇见奥勃朗斯基的人那样，笑逐颜开地回答。他握了握他的手，同他一起走上台阶。“她今天从彼得堡来。”

“我昨夜等你等到两点钟。你从谢尔巴茨基家出来又上哪儿去啦？”

“回家了，”伏伦斯基回答，“老实说，我昨天从谢尔巴茨基家出来，心里太高兴了，哪儿也不想去。”

“‘我凭烙印识别骏马，从小伙子的眼睛看出他有了情人。’”奥勃朗斯基像上次对列文一样朗诵了这两句诗。

伏伦斯基摆出并不否认的样子笑了笑，但立刻把话岔开去。

“那么你来接谁呀？”他问。

“我吗？我来接一位漂亮的女人。”奥勃朗斯基说。

“原来如此！”

“你这是以小人之心，度君子之腹！我是来接我的亲妹妹安娜的。”

---

① 康康舞起源于19世纪的法国，原是一种轻快粗犷的舞蹈，之后风行于歌舞厅。最初是由男性开始，后来逐渐被女性模仿并取代。1896年的巴黎，康康舞因有让女演员掀起裙子的不雅动作而被禁止。

"哦,是卡列宁夫人吗?"伏伦斯基问。

"你大概认识她吧?"

"好像见过。也许没见过……说真的,我记不得了。"伏伦斯基心不在焉地回答。一提到卡列宁这个名字,他就模模糊糊地联想到一种古板乏味的东西。

"那你一定知道我那位赫赫有名的妹夫阿历克赛·阿历山德罗维奇吧。他是个举世闻名的人物。"

"我只知道他的名声和相貌。我听说他这人聪明,有学问,很虔诚……不过说实在的,这些个……我都不感兴趣①。"伏伦斯基说。

"是的,他是个杰出的人物,稍微有点保守,但人挺不错,"奥勃朗斯基说,"人挺不错。"

"啊,那太好了!"伏伦斯基微笑着说。"嗬,你也来了,"他对站在门口的母亲的那个高个子老当差说,"到这儿来吧。"

伏伦斯基近来同奥勃朗斯基特别热乎,除了因为奥勃朗斯基为人和蔼可亲外,还因为伏伦斯基知道他同吉娣平时常有来往。

"我们礼拜天请那位女歌星吃晚饭,你说好吗?"他笑嘻嘻地挽着奥勃朗斯基的手臂对他说。

"好极了。我来约人参加公请。哦,你昨天同我的朋友列文认识了吗?"奥勃朗斯基问。

"那还用说。但他不知怎的很快就走了。"

"他是个好小子,是不是?"奥勃朗斯基继续说。

"我不知道,"伏伦斯基回答,"莫斯科人怎么个个都很凶——当然现在同我说话的这一位不在其内——他们总是摆出一副架势,怒气冲冲的,仿佛要给人家一点颜色瞧瞧……"

"是的,确实是这样……"奥勃朗斯基快活地笑着说。

"车快到了吗?"伏伦斯基问车站上的一个职工。

---

① 原文是英语。

“信号已经发出了。”那个职工回答。

车站上紧张的准备工作，搬运工的往来奔走，宪兵和铁路职工的出动，以及来接客的人们的集中，都越来越明显地表示火车已经驶近了。透过寒冷的雾气，可以看见那些身穿羊皮袄、脚蹬软毡靴的工人穿过弯弯曲曲的铁轨，奔走忙碌。从远处的铁轨那里传来机车的汽笛声和沉重的隆隆声。

“不！”奥勃朗斯基说，急于想把列文向吉娣求婚的事讲给伏伦斯基听。“不，你对我们列文的评价不恰当。他这人很神经质，确实常常不讨人喜欢，但因此有时倒很可爱。他天性忠厚，生有一颗像金子一样的心，不过昨天有特殊原因。”奥勃朗斯基别有含意地笑着说下去，完全忘记他昨天是那么真心实意地同情列文。今天他虽然又产生同样的感情，但那是对伏伦斯基的。“是的，他昨天忽而特别高兴，忽而特别痛苦，那是有原因的。”

伏伦斯基站住了，单刀直入地问：

“这是怎么一回事？是不是他昨天向你姨妹求婚了？……”

“可能！”奥勃朗斯基说，“我看昨天有过这类事。他走得很早，而且情绪很坏，那准是……他爱上她好久了。我真替他难过。”

“原来如此！……不过我想她可以指望找到一个更好的对象。”伏伦斯基说，又挺起胸膛，来回地踱起步来。“但我不了解他，”他补充说。“是的，一个人遇到这种事确实很痛苦！就因为这个道理许多人情愿去找窑姐儿。在那种地方，除非你没有钱，没有谁弄不到手；可是在这儿人家总要掂掂你的分量。啊，火车来了。”

真的，机车已在远处鸣笛了。不多一会儿，站台震动起来，火车喷出的蒸气在严寒的空气中低低地散开，中轮的杠杆缓慢而有节奏地一上一下移动着。从头到脚穿得很暖和的司机，身上盖满霜花，弯着腰把机车开过来。接着是煤水车，煤水车之后是行李车，行李车里有一条狗在汪汪乱叫。火车开得越来越慢，站台震动得越来越厉害。最后，客车进站了，车厢抖动了一下，停了下来。

身子矫捷的列车员不等车停就吹着哨子跳了下来。性急的乘客也一个个跟着往下跳，其中有腰骨笔挺、威严地向周围眺望的近卫军军官，有满脸笑容、手拿提包的轻浮小商人，有掮着袋子的农民。

伏伦斯基站在奥勃朗斯基旁边，环顾着车厢和下车的旅客，把母亲完全给忘了。刚才听到的有关吉娣的事使他兴高采烈。他不由得挺起胸膛，眼睛闪闪发亮，觉得自己是个胜利者。

"伏伦斯基伯爵夫人在这节车厢里。"身子矫捷的列车员走到伏伦斯基面前说。

列车员的话提醒了他，使他想到了母亲，以及很快就要同她见面这件事。他内心并不尊敬母亲，也不爱她，只是口头上没有承认这一点罢了。就他所处的社会地位和所受的教育来说，他对待母亲除了极端顺从和尊重之外，不能有别的态度。而表面上对她越顺从和尊重，心里对她却越不敬爱。

18

伏伦斯基跟着列车员登上车厢，在入口处站住了，给一位下车的太太让路。伏伦斯基凭他丰富的社交经验，一眼就从这位太太的外表上看出，她是上流社会的妇女。他道歉了一声，正要走进车厢，忽然觉得必须再看她一眼。那倒不是因为她长得美，也不是因为她整个姿态所显示的风韵和妩媚，而是因为经过他身边时，她那可爱的脸上现出一种异常亲切温柔的神态。他转过身去看她，她也向他回过头来。她那双深藏在浓密睫毛下闪闪发亮的灰色眼睛，友好而关注地盯着他的脸。仿佛在辨认他似的，接着又立刻转向走近来的人群，仿佛在找寻什么人。在这短促的一瞥中，伏伦斯基发现她脸上有一股被压抑着的生气，从她那双亮晶晶的眼睛和笑盈盈的樱唇中掠过，仿佛她身上洋溢着过剩的青春，不由自主地忽而从眼睛的闪光里，忽而从微笑中透露出来。她故意收起眼睛里的光辉，但它违反她的意志，又在她那隐隐约约的笑意中闪烁着。

伏伦斯基走进车厢。伏伦斯基的母亲是个黑眼睛、鬈头发的干瘪老太太。她眯缝着眼睛打量儿子，薄薄的嘴唇露出一丝笑意。她从座位上站起身来，把手提包递给侍女，伸出一只皮包骨头的小手给儿子亲吻，接着又托起儿子的脑袋,在他的脸上吻了吻。

“电报收到了? 你身体好吗? 赞美上帝!”

“您一路平安吧?”儿子说,在她旁边坐下来,不由自主地倾听门外一个女人的声音。他知道这就是刚才门口遇见的那位太太在说话。

“我还是不同意您的话。”那位太太说。

“这是彼得堡的观点,夫人。”

“不是彼得堡的观点,纯粹是女人家的观点。”她回答。

“那么让我吻吻您的手。”

“再见,伊凡·彼得罗维奇。请您去看看我哥哥来了没有,要是来了,叫他到我这儿来。”那位太太在门口说,说完又回到车厢里。

“怎么样,找到哥哥了吗?”伏伦斯基伯爵夫人问那位太太。

伏伦斯基这才想起,她就是卡列宁夫人。

“您哥哥就在这儿,”他站起来说,“对不起,我刚才没认出您来。说实在的,我们过去见面的时间太短促,您一定不会记得我了。”伏伦斯基一面鞠躬,一面说。

“哦,不!”她说,“我可以说已经认识您了,因为您妈妈一路上尽是跟我谈您的事情,”她说,终于让那股按捺不住的生气从微笑中流露出来,“哥哥我可还没见到呢。”

“你去把他找来,阿历克赛。”老伯爵夫人说。

伏伦斯基走到站台上,叫道:

“奥勃朗斯基! 这儿来!”

但安娜不等哥哥走过来,一看到他,就迈着矫健而又轻盈的步子下了车。等哥哥一走到她面前,她就用一种使伏伦斯基吃惊的果断而优美的动作,左手搂住哥哥的脖子,迅速地把他拉到面前,紧紧地吻了吻他的面颊。伏伦斯基目不转睛地瞧着她,自己也不知道为什么,一直微笑着。但是一想到母亲在等他,就又回到车厢里。

“她挺可爱,是不是?”伯爵夫人说到卡列宁夫人,“她丈夫让她同我坐在一起,我很高兴。我同她一路上尽是谈天。噢,我听说你……你一直还在追求理想的爱情。这太好了，我的宝贝，太好了。”

“我不知道您指的是什么，妈妈！”儿子冷冷地回答，“那么妈妈，我们走吧。”

安娜又走进车厢，来同伯爵夫人告别。

“您瞧，伯爵夫人，您见到了儿子，我见到了哥哥，”她快活地说，“我的故事全讲完了，再没有什么可讲的了。”

“哦，不！”伯爵夫人拉住她的手说。“我同您在一起，就是走遍天涯也不会觉得寂寞的。有些女人就是那么可爱，你同她谈话觉得愉快，不谈话同她一起坐坐也觉得愉快。您就是这样一位女人。您不必为您的儿子担心：总不能一辈子不离开呀！”

安娜挺直身子，一动不动地站着。她的眼睛含着笑意。

“安娜·阿尔卡迪耶夫娜有个八岁的儿子，”伯爵夫人向儿子解释说，“她从没离开过儿子，这回把儿子留在家里，她总是不放心。”

“是啊，伯爵夫人同我一路上谈个没完，我谈我的儿子，她谈她的儿子。”安娜说。她的脸上又浮起了微笑，一个对他而发的亲切的微笑。

“这一定使您感到很厌烦吧。”伏伦斯基立刻接住她抛给他的献媚之球，应声说。不过，安娜显然不愿继续用这种腔调谈下去，就转身对伯爵夫人说：

“我真感谢您。我简直没留意昨天一天是怎么过的。再见，伯爵夫人。”

“再见，我的朋友，”伯爵夫人回答，“让我吻吻您漂亮的脸。不瞒您说，我这老太婆可真的爱上您了。”

这句话尽管是老一套，安娜却显然信以为真，并且感到很高兴。她涨红了脸，微微弯下腰，把面颊凑近伯爵夫人的嘴唇，接着又挺直身子，带着荡漾在嘴唇和眼睛之间的微笑，把右手伸给伏伦斯基。伏伦斯基握了握她伸给他的手，安娜也大胆地紧紧握了握他的手。她这样使劲握手使伏伦斯基觉得高兴。安娜迅速地迈开步子走出车厢。她的身段那么丰满，步态却那么轻盈，真使人感到惊奇。

“她真可爱!”老太婆说。

她的儿子也这样想。伏伦斯基目送着她,直到她那婀娜的身姿看不见为止。伏伦斯基脸上一直挂着微笑。他从窗口看着她走到哥哥面前,拉住他的手,热烈地对他说话,说的显然是同他伏伦斯基不相干的事。这使他感到不快。

“哦,妈妈,您身体好吗?”他又一次对母亲说。

“很好,一切都很好。阿历山大长得很可爱,玛丽雅长得挺漂亮。她真好玩。”

伯爵夫人又说起她最得意的事——孙儿的洗礼。她就是为这事特地到彼得堡去了一次。她还谈到皇上赐给她大儿子的特殊恩典。

“啊,拉夫伦基来了,”伏伦斯基望着窗外说,“您要是愿意,现在可以走了。”

伯爵夫人的老当差走进车厢报告说,一切准备就绪。伯爵夫人站起来准备动身了。

“走吧,现在人少了。”伏伦斯基说。

侍女拿着手提包,牵着狗;老当差和搬运工拿着其他行李。伏伦斯基挽着母亲的手臂。他们走出车厢的时候,忽然有几个人神色慌张地从他们身边跑过。戴着颜色与众不同的制帽的站长也跑过去了。显然是出了什么事。已经下车的旅客也纷纷跑回来。

“什么?……什么?……自己扑上去的!……压死了!……”过路人中传出这一类呼声。

奥勃朗斯基挽住妹妹的手臂,也神色慌张地走回来。他们在车厢门口站住,避开拥挤的人群。

太太们走到车厢里,伏伦斯基同奥勃朗斯基跟着人群去打听这场车祸的详情。

一个看路工,不知是喝醉了酒,还是由于严寒蒙住耳朵,没有听见火车倒车,竟被轧死了。

不等伏伦斯基和奥勃朗斯基回来,太太们已从老当差那儿打听到了详细经过。

奥勃朗斯基和伏伦斯基都看到了血肉模糊的尸体。奥勃朗斯基显然很难过。他皱着眉头,眼看就要哭出来了。

“哎呀,真可怕! 哎呀,安娜,还好你没看见! 哎呀,真可怕!”他喃喃地说。

伏伦斯基不做声。他那张俊美的脸很严肃,但十分平静。

“哎呀,伯爵夫人,您还好没看见,”奥勃朗斯基说,“他老婆也来了……看见她真难受……她一头扑在尸体上。据说,家里有一大帮子人全靠他一个人养活。真可怜!”

“不能替她想点办法吗?”安娜激动地低声说。

伏伦斯基瞅了她一眼,立刻走下车去。

“我马上回来,妈。”他从门口回过头来说。

几分钟以后,当他回来的时候,奥勃朗斯基已经在同伯爵夫人谈论那个新来的歌星了,但伯爵夫人却不耐烦地望着门口,等儿子回来。

“现在我们走吧。”伏伦斯基走进来说。

他们一起下了车。伏伦斯基同母亲走在前面。安娜同她哥哥走在后面。在车站出口处,站长追上了伏伦斯基。

“您给了我的助手两百卢布。请问您这是赏给谁的?”

“给那个寡妇,”伏伦斯基耸耸肩膀说,“这还用问吗?”

“是您给的吗?”奥勃朗斯基在后面大声问。他握住妹妹的手说:“真漂亮! 真漂亮! 他这人挺可爱,是吗? 再见,伯爵夫人。”

他同妹妹站住了,找寻她的侍女。

他们出站的时候,伏伦斯基家的马车已经走了。从站里出来的人们还纷纷议论着刚才发生的事。

“死得真惨哪!”一位先生在旁边走过说,“听说被轧成两段了。”

“我的看法正好相反,这是最好过的死法,一眨眼就完了。”另一个人说。

“怎么不采取一些预防措施啊!”第三个人说。

安娜坐上马车。奥勃朗斯基惊奇地看到她的嘴唇在哆嗦,她好容易才忍住眼泪。

“你怎么啦,安娜?”他们走了有几百码路,他问道。

“这可是个凶兆。”她说。

“胡说八道!”奥勃朗斯基说,“最要紧的是你来了。你真不能想象,我对你抱有多大的希望啊!”

“你早就认识伏伦斯基了?”她问。

“是的。不瞒你说,我们都希望他同吉娣结婚呢。”

“是吗?”安娜悄声说。“哦,现在来谈谈你的事吧!”她接着说,抖了抖脑袋,仿佛要从身上抖掉什么妨碍她的累赘似的。“让我们来谈谈你的事。我接到你的信就来了。”

“是啊,如今全部希望都在你身上了!”奥勃朗斯基说。

“那么,你把事情经过都给我讲讲吧。”

奥勃朗斯基就讲了起来。

到了家门口,奥勃朗斯基扶妹妹下了车,叹了一口气,握了握她的手,自己就到官厅办公去了。

19

安娜走进房里的时候,陶丽正同如今已长得很像他父亲的留着浅色头发的胖男孩坐在小会客室里,听他念法文。那孩子一面读书,一面转动上装上一颗勉强挂住的纽扣,竭力想把它拽下来。母亲几次把他的手拉开,可是胖鼓鼓的小手还是不停地玩弄那个纽扣。母亲索性把那个纽扣扯下来,放到口袋里。

“手放安分些,格里沙!”她说着又拿起她编织了好久的毛毯。每逢她心里烦恼的时候,她总是做这个活儿。这会儿她又心神不宁地织起来,手指哆哆嗦嗦地数着针数。尽管她昨天就吩咐仆人告诉丈夫,他的妹妹来不来不关她的事,她还是一直在做招待她的准备工作,并且急切地等待着小姑到来。

陶丽受尽悲痛的折磨，心力交瘁。不过，她没有忘记，她的小姑安娜是彼得堡一位大人物的太太，是彼得堡的贵夫人。因为这个缘故，她没有按照恫吓丈夫的话行事，也就是说没有忘记小姑要来作客这件事。“是的，安娜说什么也是没有过错的，”陶丽想。“我觉得她这人真是再好也没有了，她待我一向都挺亲热。”的确，从她在彼得堡卡列宁家获得的印象而言，她不喜欢他们的家庭，觉得他们的家庭生活中有一种虚伪的气氛。“但是我有什么理由不接待她呢？只要她不来规劝我就行！”陶丽想，“什么安慰啦，劝解啦，基督式的宽恕啦，这一切我都想过一千遍了，全没有用。”

这几天，陶丽一直单独同孩子们在一起。她不愿意诉说心头的伤心事；而心情这样悲痛去谈别的事，她又办不到。陶丽知道，不管怎么说，她总会把这事向安娜和盘托出的。一会儿，她因为想到可以痛痛快快地诉说一下而高兴；一会儿，她又因为必须把自己的屈辱告诉她——他的妹妹，并且听她那老一套的劝慰而生气。

陶丽不住地看表，时刻都在等待安娜的到来，但正如常有的情况那样，等到客人当真到了，却偏偏没有听见铃声。

直到听见门口衣服的窸窣声和轻轻的脚步声，她才回过头去。从她那憔悴的脸上情不自禁地流露出来的神色，不是快乐，而是惊奇。她站起来，一下子把小姑抱住。

“怎么，你已经到啦？！”陶丽吻着安娜说。

“陶丽，我看见你真高兴！”

“我也很高兴！”陶丽勉强微笑着说，竭力想从安娜的脸色上看出，她知道不知道那件事。“多半知道了。”她察觉安娜脸上的同情，想。“哦，来吧，我带你到你的房里去。”她继续说，竭力想把说明那件事的时间往后推。

“这是格里沙吗？我的天哪，他长得多大了！”安娜说着，吻了吻他，眼睛却一直盯着陶丽。她站住不走，脸涨得通红。“不，哪儿也不用去了，就在这里好了。”

她取下头巾和帽子。她那鬈曲的乌黑头发有一绺被帽子缠住。她摆摆头，把那绺头发抖落下来。

“你可真是容光焕发，精神饱满哪！”陶丽几乎带着妒意说。

“我吗？……是啊！”安娜说。“哎哟，塔尼雅！你跟我的谢辽查一样大，”她对跑进来的女孩子说，并把她抱起来，吻了吻，“真是个好姑娘，真可爱！把几个孩子都让我看看。”

安娜提到每一个孩子，不仅记得他们的名字，而且记得他们的出生年月、性格以及害过什么病。这使陶丽十分感动。

“好吧，那么我们就去看看他们，”陶丽说，“可惜华夏这会儿睡着了。”

看过孩子以后，她们俩就在客厅里坐下来喝咖啡。安娜拿起托盘，然后又把它推开。

“陶丽，”她说，“哥哥都告诉我了。”

陶丽冷冷地望了望安娜。她等待着故作同情的客套，可是安娜没有说那一类话。

“陶丽，亲爱的！”她说，“我不想在你面前替他说话，也不想安慰你；这可不是办法。不过，好嫂子，我真替你难过，打从心底里替你难过！”

从安娜那双覆盖着浓密睫毛的亮晶晶的眼睛里，突然涌出了泪水。她坐得更靠近嫂嫂一点，用她那双有力的小手握住嫂嫂的手。陶丽没有把手缩回去，不过她面部的冷淡表情并没有改变。她说：

“安慰我是没有用的。自从出了那件事以后，一切都失去了，一切都完了！”

她一说出这句话，脸上的神气顿时变得温和了。安娜提起陶丽干瘪的小手，吻了吻，说：

“不过，陶丽，这可怎么办，可怎么办呢？遇到这样糟的事，怎么办比较好——你得想一想啊。”

“一切都完了，再没有什么好想的了！”陶丽说。“你要知道，最糟糕的是我没法摆脱他，我离不开孩子们。可是同他生活在一起，我又办不到，我看见他就受不了。”

“陶丽，我的好朋友，他已经告诉我了，可是我想从你嘴里听听，你把前后经过都给我讲讲吧。”

陶丽用询问的目光对她望了望。

安娜脸上现出真挚的同情和友爱。

“好吧，”她突然开口说，“不过我要从头说起。我怎样结婚你是知道的。我受了我妈的教育，不仅天真无知，简直是愚蠢得很。我什么也不懂。人家说，做丈夫的都把自己过去的事情讲给妻子听，可是斯基华……”她改口说，“斯吉邦 · 阿尔卡迪奇却什么也没有告诉我。说起来你也许不相信，我一向认为我是他亲近过的唯一女人。我就这样生活了八年。说实话，我不仅从来没有想到过他会不忠实，而且认为这是不可能的。你想想，我一向是这样想的，可是现在突然知道了这全部可怕的丑事……你替我想想。我满以为自己很幸福，可是忽然……”陶丽忍住呜咽说下去，“忽然看到一封信……一封他写给他的情妇、写给我们以前的家庭女教师的信。真的，这真是太可怕了！”她慌忙掏出手帕捂住脸。“如果是一时感情冲动，那还可以谅解，”她停了停继续说，“没想到他竟是这样处心积虑，狡猾地欺骗我……而且是跟哪一个呀？……一面继续做我的丈夫，一面却同她……这太可怕了！你是不会理解的……”

“不，我能理解！我能理解的，我的好陶丽，能理解的！”安娜握住她的手说。

“你以为他会理解我的全部痛苦吗？”陶丽继续说，“丝毫也不！他可称心得很呢。”

“嗳，不！”安娜连忙打断她的话说，“他挺可怜，他悔恨得要命……”

“他会悔恨吗？”陶丽凝视着小姑的脸，插了一句。

“是的，我了解他。我看着他不能不替他难过。我们俩都是了解他的。他这人心地很好，就是有点儿骄傲，可现在他抬不起头来。使我感动的主要是(安娜猜到最能打动陶丽心弦的事)……有两件事在折磨他：一件是他没脸见孩子们，另外一件是他爱你……是的，世界上他最爱的就是你，”她急忙打断想反驳她的陶丽，“但他却弄得你很痛苦，弄得你伤透了心。他总是说：‘不，不，她不会饶恕我的。’”

陶丽一面听着小姑的话,一面若有所思地望着旁的地方。

“是的,我懂得他的处境很痛苦。有罪的人总是比无罪的人更痛苦,要是他明白全部不幸都是由他的罪孽造成的。”她说,“可是我怎么能饶恕他呢?他有了那个女人,我怎么能再做他的妻子呢?如今再叫我同他生活在一起,那是活受罪,因为我珍惜过去对他的爱情……”

她又痛哭起来,说不下去了。

但她像故意似的,每次心一软下来,就又说些话来激怒自己。

“是的,那个女人年轻,漂亮,”她继续说。“你知道,安娜,我的青春和美丽都被谁糟蹋了?被他和他的孩子们。我为他操劳,我的一切都在这上面消耗掉了;如今他遇到一个新鲜的贱货,自然就被迷住了。他们一定在背后议论我,或者更恶劣,就是根本不提到我。你明白吗?”她的眼睛里又燃起怒火来,“以后他还会对我说……可是我能相信他吗?再也不能了。不,一切都完了,包括安慰、劳动的快乐、受罪……你能相信吗?我刚才教格里沙念书,这本来是我的一种乐趣,如今却成了痛苦。我何必辛辛苦苦干个没完呢?要孩子干什么呢?可怕的是,如今我已横下了一条心,我对他没有爱,没有情,我对他只有恨。我恨不得把他杀了……”

“陶丽,好人儿,我全明白,但你不要折磨自己。你太委屈太气愤了,因此许多事情就看不清楚了。”

陶丽安静下来。她们沉默了有两分钟光景。

“怎么办呢?你替我想想,安娜,帮助帮助我吧。我反复考虑,可是一点办法也想不出来。”

安娜也想不出什么办法,但她心里对嫂嫂的每句话和脸上的每个表情都发生了共鸣。

“我只说一点,”安娜开口了,“我是他的妹妹,我知道他的脾气。他这人什么事都容易忘记(她在脑门前做了个手势),容易极度着迷,但也容易极度后悔。现在他无法相信,也无法明白,他怎么会做出那样的事来。”

“不,他明白,一向都明白!”陶丽打断她的话说。“可是我……你把我给忘了……难道我好过吗?”

“你听我说:当他把这事告诉我的时候,老实说,我还不知道你的处境有那么痛苦。我只看到他那一方面,只看到家庭给搞得乱糟糟的,我为他难受;可是同你谈了话以后,我作为一个女人,看法就变了。我看到你的痛苦,心里真说不出多么替你难受!不过,陶丽,我的好人儿,我完全理解你的痛苦,只有一点我不知道:我不知道……不知道你心里对他还有多少爱。你是不是还有足够的爱来原谅他,这一点只有你自己知道。要是有,那你就原谅他吧!”

“不!”陶丽开口说,可是安娜再次吻吻她的手,把她的话打断了。

“我比你了解上流社会的男人,”安娜说,“我知道像斯基华那样的男人怎样看待这一类事。你说斯基华同她在一起议论你。没有这回事。这些男人尽管干着这种不老实的事,但他们还是把家庭和妻子看得很神圣的。他们瞧不起被他们玩弄的女人,那些女人也破坏不了他们的家庭。他们在家庭和那些女人之间划了一条不可逾越的界线。我不明白这是什么道理,但情况确实是这样。”

“是的,可是他同她亲过嘴了……”

“陶丽,听我说,好人儿。当年斯基华爱上你的时候,我是看见的。我记得他当时跑到我那儿,流着眼泪谈到你,你在他心目中真是多么崇高和富有诗意呀!我知道,他同你一起生活得越长久,就把你看得越崇高。我们还常常取笑他每说一句话总要加上一句‘陶丽真是个少见的好女人。’你在他心目中一向是个天仙,现在也没有变。他这次感情冲动并不是真心爱上她……”

“但要是下次再冲动呢?”

“我想不会再有了……”

“好吧,那么要是换了你,你能原谅他吗?”

“我不知道,我说不上来……不,我能原谅。”安娜想了想说。她想象了一下这样的处境,在心里衡量了一番,补充说:“不,我能,我能,我能。是的,我会原谅的。可能我同原来有点不一样,但我会原谅的,我会完全原谅他,就像根本没有过那件事一样。”

“哦,这个当然!”陶丽很快地插嘴说,仿佛经过多次考虑,“否则就说不上原谅了。要原谅就得完完全全地原谅。哦,我们走吧,我带你到你房间里去,”她说着站起来,一路上搂住安娜。“我亲爱的朋友,你来了我真高兴! 我现在好过些了,好过多了。”

20

这一天,安娜整天都待在家里,就是说,待在奥勃朗斯基家里。她没有接见任何人,虽然有几个熟人知道她到了莫斯科,当天就来拜访她。安娜一早晨都同陶丽和孩子们在一起。她只送了一个条子给哥哥,叫他务必回家来吃午饭。“来吧,上帝是仁慈的!”她写道。

奥勃朗斯基真的回家来吃午饭了。吃饭时谈的话很一般。妻子同他谈话,又随便地用“你”称呼他,这是好久没有的事。夫妻之间还有隔阂,但已经不再讲什么分离之类的话了。奥勃朗斯基看到有解释与和解的可能。

午饭刚吃完,吉娣就来了。她认识安娜,但不熟。她现在到姐姐家里来,不免有点紧张,不知道那位人人称赞的彼得堡上流社会的贵夫人将怎样接待她。但安娜很喜欢她。这一层吉娣立刻看出来了。安娜显然很欣赏她这样美丽和年轻。吉娣还没有定下神来,就感到自己不仅被安娜所左右,而且爱慕安娜,就像一般年轻的姑娘往往爱慕年长的已婚妇女那样。安娜不像上流社会的贵夫人,也不像是有个八岁孩子的母亲。要不是她眼睛里有一种使吉娣吃惊和倾倒的既严肃又时而显得忧郁的神情,凭她动作的轻灵,模样的妩媚,以及忽而通过微笑忽而通过目光流露出来的勃勃生气,她看上去很像一个二十岁的姑娘。吉娣觉得安娜十分淳朴,她什么也不掩饰,但在她的内心里另有一个感情丰富而又诗意盎然的超凡脱俗的世界,那是吉娣所无法捉摸的。

饭后,等陶丽一回自己的房里,安娜就连忙站起来,走到正在吸雪茄的哥哥面前。

“斯基华,”她快乐地使着眼色,替他画着十字,用眼睛指指门,对他说，“去吧，上帝保佑你。”

奥勃朗斯基领会她的意思，丢下雪茄，走了出去。

等奥勃朗斯基走了以后，她又回到沙发上。她在沙发上坐着，被孩子们团团围住。不知是因为孩子们看出妈妈喜欢这位姑妈呢，还是因为他们自己觉得她身上有一种特殊的吸引力，先是两个大的，然后是两个小的照例学他们的样，在饭前就一直缠住新来的姑妈，一刻也不肯离开她。他们仿佛在玩一种游戏，都想尽量挨近姑妈坐，并且抚摩抚摩她，拉住她那玲珑的手，吻吻她，抚弄她的戒指，或者至少摸摸她衣服上的褶裥。

“来，来，我们像刚才一样坐法。”安娜坐到原位上说。

于是格里沙又把头钻到她的胳膊底下，贴住她身上的衣服，现出得意而幸福的神气。

“那么，什么时候举行舞会呀？”她问吉娣。

“下个星期。将是一次盛大的舞会，这样的舞会总是挺快活的。”

“哦，总是挺快活，原来还有那么一种舞会吗？”安娜带着亲切的嘲弄口吻说。

“看起来奇怪，其实倒是有的。在鲍勃利歇夫家开总是快活的，在尼基京家开也是这样，可是在梅日科夫家开却总是很沉闷。您难道没有发觉吗？”

“不，我的宝贝，对我来说已经没有什么快活的舞会了。”安娜说。吉娣又在她的眼睛里看到那个没有对她开放的特殊世界。“对我来说，只是有些舞会不那么叫人难受和沉闷罢了……”

“您在舞会上怎么会感到沉闷呢？”

“我又怎么不会在舞会上感到沉闷呢？”安娜问。

吉娣发觉安娜知道会得到什么样的回答。

“因为您总是比谁都美。”

安娜容易脸红。这会儿她飞红了脸说：

“第一，从来没有这回事；第二，就算是这样，对我又有什么用？”

“这次舞会您来参加吗？”吉娣问。

“我想不能不参加吧。你拿去吧。”她对塔尼雅说。她正从姑妈尖端纤细的雪白手指上拉下宽松的戒指来。

“您来,我太高兴了。我真想在舞会上见到您呢!”

“如果您一定要我来,我只要想到,至少可以使您高兴,我也就心甘情愿了……格里沙,不要拉我的头发,已经够乱的了。”她一面说,一面整理着格里沙正在玩弄的那绺散乱的头发。

“我猜想你参加舞会,会穿紫色的衣服。”

“为什么一定要穿紫色的呢?”安娜笑笑问。“喂,孩子们,去吧,去吧。听见没有? 古丽小姐在叫你们去喝茶呢。”她说着把那些孩子打发到餐室里去,摆脱了他们。

“我可知道您为什么叫我去参加舞会。您对这次舞会抱着很大的希望。您要人人都在场,人人都参加。”

“您怎么知道? 您说。”

“嘿! 您现在的年华真太宝贵了,”安娜继续说,“我清清楚楚地记得,那好比弥漫在瑞士群山中的蔚蓝色雾霭。这种蔚蓝色雾霭笼罩着童年即将结束时那个幸福年代的一切,过了这快乐幸福的阶段,路就越来越窄了,踏上这段道路真叫人又惊又喜,尽管它看来还是光明美好的……谁不是这条路上的过来人哪!”

吉娣默默地微笑着。“可她是怎么走过来的呢? 我真想知道她的全部恋爱史。”吉娣想,同时想起安娜的丈夫卡列宁那副俗不可耐的相貌。

“您的事我知道一些了。斯基华告诉了我,我向您祝贺,我很喜欢他,”安娜继续说,“我在火车站遇见伏伦斯基了。”

“啊,他上车站去了?”吉娣涨红了脸问,“斯基华对您说了些什么?”

“斯基华全讲给我听了。我真高兴啊! 我昨天是同伏伦斯基的母亲同车来的,”她继续说,“他母亲一直同我谈着他的事。他是她的宝贝。我知道做母亲的都有偏心,但是……”

“那么他母亲对你说了些什么?”

“嚯,说了许多! 我知道他是她的宝贝,但他这人显然很讲义气……

譬如她讲到他要把全部财产都让给他哥哥，他小时候就做过不寻常的事：从水里救起过一个女人。一句话，是个英雄。”安娜一面说，一面微笑着回想他在车站上送给人家两百卢布的事。

不过，她没有讲到那两百卢布。不知怎的，她想到这件事有点不愉快。她觉得这事同她有点关系，而那个情况是不应该发生的。

“老太太再三请我到她家里去，”安娜继续说，“我也很愿意看到这位老太太，我明天就去看看她。啊，赞美上帝，斯基华在陶丽房里待了这么久！”安娜改变话题，补了一句，接着站起身来。吉娣觉得她仿佛有什么事不高兴。

“不，是我第一！不，是我！”孩子们喝完茶，吵吵闹闹地跑回到安娜姑妈身边来了。

“大家一齐到！”安娜说。她笑着跑过去迎接这群高兴得尖声大叫的活泼的孩子，把他们都抱住，并且一起摔倒在地上。

21

陶丽在大人们吃茶的时候才走出房门。奥勃朗斯基没有出来。他大概从后门走出了妻子的房间。

“我怕你住楼上会冷，”陶丽对安娜说，“我想让你搬到楼下来。这样我们也就靠得更近了。”

“嗳，你可不用再为我操心了。”安娜回答，打量着陶丽的脸，竭力想看出有没有和解。

“你住这儿亮一点。”嫂嫂回答。

“我同你说实话，我不论在哪儿都睡得像土拨鼠一样熟。”

“你们在谈什么呀？”奥勃朗斯基从书房里走出来，问妻子。

一听他的语气，吉娣和安娜都立刻知道他们夫妻俩已经和解了。

“我要让安娜搬到楼下来，可是得换个窗帘。谁也不会换，只好我自己动手了。”陶丽回答他说。

“天知道他们是不是完全和解了？”安娜听见她那冷淡而平静的语气，

心里想。

“嗳，行了，陶丽，你老是自找麻烦，”丈夫说。“要是你同意，这一切都让我来办吧……”

“是的，他们一定和解了。”安娜想。

“我知道这些事你会怎么做，”陶丽回答，“你会叫马特维去做他不会做的事，你自己就跑掉，结果准会把事情弄得一团糟。”陶丽说着，嘴角上浮起了惯常的嘲讽笑意。

“完完全全和解了，完完全全！”安娜想，“感谢上帝！”因为和解是她一手促成的，她从心里感到高兴，就走到陶丽面前，吻了吻她。

“保证不会，你怎么这样瞧不起我和马特维呢？”奥勃朗斯基露出隐约的微笑对妻子说。

整个晚上，陶丽对丈夫说话照例稍微带点讽刺，而奥勃朗斯基则心满意足，但他注意分寸，不让人家觉得他得到了宽恕就忘了自己的过错。

到九点半钟的时候，奥勃朗斯基家愉快欢乐的谈笑，被一件看来似乎很平凡、但不知怎的大家都认为突兀的事破坏了。在谈到彼得堡共同的熟人时，安娜忽然站起身来。

“我的照相簿里有她的照片，”她说，“顺便也让你们看看我的谢辽查。”她带着母性的傲然微笑加了一句。

都快十点钟了——她平日总是在这个时候同儿子分手，并且在自己去赴舞会之前往往亲自安置儿子睡觉，——她感到惆怅，因为离开儿子这么远。不论他们在谈什么事，她总会不知不觉地想到她那个头发鬈曲的谢辽查。她很想看看他的照片，谈谈他。她抓住第一个机会，就站起来，迈着她那轻盈而有力的步子去取照相簿。通往她房间的楼梯正对着大门的台阶。

当她离开客厅的时候，门廊里传来了铃声。

“这会是谁呢？”陶丽说。

“来接我还不到时候，也许是谁这么晚才来。”吉娣说。

“一定是来送公文的。”奥勃朗斯基插嘴说。当安娜走到楼梯口，仆人跑上来正要通报有客的时候，来客已经站在灯光下。安娜往下一望，立刻认出是伏伦斯基，一种惊喜交集的奇怪感觉一下子袭上她的心头。他站着，没有脱外套，却从口袋里掏出一样东西来。在她走到楼梯一半的当儿，他抬起眼睛，看见了她。他的脸上现出一种羞愧和惊惶的神色。她微微点了点头，上楼去了，接着就听见奥勃朗斯基叫他进去的洪亮声音，以及伏伦斯基谢绝他的温和、平静的低声回答。

当安娜拿着照相簿回来的时候，他已经不在了。奥勃朗斯基说，他是来打听他们明天请一位外来的名流吃饭的事的。

“他说什么也不肯进来。真是个怪人！”奥勃朗斯基又说。

吉娣脸红了。她以为只有她一个人明白他为什么跑来，又为什么不进来。“他到我们家去过了，”她想，“没有找到我，猜想我在这里，可他又不进来；因为想到时间晚了，而且安娜在这里。”

大家彼此瞧了一眼，什么话也没有说，接着翻阅起安娜的照相簿来。

一个人在晚上九点半到朋友家打听一次预定宴会的细节，没有进去，这事本没有什么特别和奇怪。可是此刻，大家却觉得奇怪。而在所有的人当中，最感到奇怪和别扭的却是安娜。

22

当吉娣同母亲踏上灯火辉煌，摆满鲜花，两边站着脸上搽粉、身穿红色长袍的仆人的大楼梯时，舞会刚刚开始。大厅里传来窸窣声，像蜂房里发出来的蜂鸣一样均匀。当她们站在楼梯口，在两旁摆有盆花的镜子前整理头发和服饰时，听到乐队开始演奏第一支华尔兹的准确而清晰的提琴声。一个穿便服的小老头，在另一面镜子前整理了一下斑白的鬓发，身上散发出香水的气味，在楼梯上碰到她们，让了路，显然在欣赏他不认识的吉娣。一个没有胡子的青年——被谢尔巴茨基老公爵称为“花花公子”的上流社会青年——穿着一件领口特别大的背心，一路上整理着雪白的领带，向她们鞠躬，走过去之后，又回来请吉娣跳卡德里尔舞。第一圈卡德里尔舞她已经答应了伏伦斯基，所以她只能答应同那位青年跳第二圈。

一个军官正在扣手套纽扣，在门口让了路，摸摸小胡子，欣赏着像玫瑰花一般娇艳的吉娣。

在服饰、发式和参加舞会前的全部准备工作上，吉娣煞费苦心，很花了一番工夫，不过她现在穿着一身玫瑰红衬裙打底、上面饰有花纹复杂的网纱衣裳，那么轻盈洒脱地走进舞厅，仿佛这一切都没有费过她和她的家里人什么心思，仿佛她生下来就带着网纱、花边和高高的头发，头上还戴着一朵有两片叶子的玫瑰花。

走进舞厅之前，老公爵夫人想替她拉拉好卷起来的腰带，吉娣稍稍避开了。她觉得身上的一切已很雅致完美，用不着再整理什么了。

今天是吉娣一生中幸福的日子。她的衣服没有一处不合身，花边披肩没有滑下，玫瑰花结没有压皱，也没有脱落，粉红色高跟鞋没有夹脚，穿着觉得舒服。浅黄色假髻服帖地覆在她的小脑袋上，就像她自己的头发一样。她的长手套上的三颗纽扣都扣上了，一个也没有松开，手套紧裹住她的手，把她小手的轮廓显露得清清楚楚。系着肖像颈饰的黑丝绒带子，特别雅致地绕着她的脖子。这条带子实在美，吉娣在家里对着镜子照照脖子，觉得它十分逗人喜爱。别的东西也许还有美中不足之处，但这条丝绒带子真是完美无缺。吉娣在舞厅里对镜子瞧了一眼，也忍不住微微一笑。吉娣裸露的肩膀和手臂使人产生一种大理石般凉快的感觉，她自己特别欣赏。她的眼睛闪闪发亮，她的樱唇因为意识到自己的魅力而忍不住浮起笑意。吉娣还没有走进舞厅，走近那群满身都是网纱、丝带、花边和鲜花，正在等待人家来邀舞的妇女，就有人来请她跳华尔兹。来请的不是别人，而是最杰出的舞伴、舞蹈明星、著名舞蹈教练、舞会司仪、身材匀称的已婚美男子科尔松斯基。他同巴宁伯爵夫人跳了第一圈华尔兹，刚刚把她放下，就环顾了一下他的学生，也就是几对开始跳舞的男女。他一看见吉娣进来，就以那种舞蹈教练特有的洒脱步伐飞奔到她面前，鞠了一躬，也不问她是不是愿意，就伸出手去搂住她的细腰。她向周围望了一下，想把扇子交给什么人。女主人就笑眯眯地把扇子接了过去。

“太好了，您来得很准时，”他揽住她的腰，对她说，“迟到可是一种坏作风。”

她把左手搭在他的肩上。她那双穿着粉红皮鞋的小脚，就按着音乐的节拍，敏捷、轻盈而整齐地在光滑的镶花地板上转动起来。

“同您跳华尔兹简直是一种享受！”他在跳华尔兹开头的慢步舞时对她说。“好极了，多么轻快，多么**合拍！**”他对她说。他对所有的好舞伴几乎都是这样说的。

她听了他的恭维话，嫣然一笑，接着打他的肩膀上面望出去，继续环顾整个舞厅。她不是一个初次参加跳舞的姑娘，在她的眼里，舞池里的脸不会汇成光怪陆离的一片。她也不是一个经常出入舞会的老手，对所有的脸都熟识得有点腻烦。她介于两者之间：她很兴奋，但还能冷静地观察周围的一切。她看见舞厅的左角聚集着社交界的精华。那边有放肆地大袒胸的美人丽蒂，她是科尔松斯基的妻子；有女主人；有秃头亮光光的克里文，凡是社交界精华荟萃的地方总有他的份；小伙子们都往那边望，但不敢走拢去；吉娣还看见斯基华在那边，接着她又看到了穿黑丝绒衣裳的安娜的优美身材和头部。还有他也在那边。吉娣自从拒绝列文求婚的那天晚上起，就没有再见过他。吉娣锐利的眼睛立刻认出他来，甚至发觉他在看她。

“怎么样，再跳一圈吗？您累不累？”科尔松斯基稍微有点气喘，说。

“不了，谢谢您。”

“把您送到哪儿去呀？”

“卡列宁夫人好像在这儿……您把我送到她那儿去吧。”

“遵命。”

于是科尔松斯基就放慢步子跳着华尔兹，一直向舞厅左角人群那边跳去，嘴里说着法语：“**对不起，太太们！对不起，对不起，太太们！**”他在花边、网纱、丝带的海洋中转来转去，没有触动谁的帽饰上的一根羽毛。最后他把他的舞伴急剧地旋转了一圈，转得她那双穿着绣花长筒丝袜的纤长腿子露了出来，她的裙子展开得像一把大扇子，遮住了克里文的膝盖。科尔松斯基鞠了个躬，整了整敞开的衣服的胸襟，伸出手想把她领到安娜跟前去。吉娣飞红了脸,把裙裾从克里文膝盖上拉开。她稍微有点晕眩,向周围环顾了一下,找寻着安娜。安娜并没有像吉娣所渴望的那样穿紫色衣裳,却穿了一件黑丝绒的敞胸连衫裙,露出她那像老象牙雕成的丰满的肩膀和胸脯,以及圆圆的胳膊和短小的手。她整件衣裳都镶满威尼斯花边。她的头上,在她天然的乌黑头发中间插着一束小小的紫罗兰,而在钉有白色花边的黑腰带上也插着同样的花束。她的发式并没有什么引人注目的地方;引人注目的是那些老从后颈和鬓角里露出来的一圈圈倔强的鬈发,这使她更加妩媚动人。在她那仿佛象牙雕成的健美脖子上挂着一串珍珠。

吉娣每次看见安娜,都爱慕她,想象她总是穿着紫色衣裳。可是现在看见她穿着黑衣裳,才发觉以前并没有真正领会她的全部魅力。吉娣现在看到了她这副意料不到的全新模样,才懂得安娜不能穿紫衣裳,她的魅力在于她这个人总是比服装更引人注目,装饰在她身上从来不引人注意。她身上那件钉着华丽花边的黑衣裳是不显眼的。这只是一个镜框,引人注目的是她这个人:单纯、自然、雅致、快乐而充满生气。

她像平时一样挺直身子站着。当吉娣走近他们这一伙时,安娜正微微侧着头同主人谈话。

“不,我不会过分责备的,”她正在回答他什么问题,“虽然我不明白。”她耸耸肩膀继续说。然后像老大姐对待小妹妹那样和蔼地微笑着,转身招呼吉娣。她用女性的急促目光扫了一眼吉娣的服装,轻微到难以察觉,却能为吉娣所领会地点了点头,对她的服饰和美丽表示赞赏。“你们跳舞跳到这个大厅里来了!”她添了一句。

“这位是我最忠实的舞伴之一。”科尔松斯基对他初次见面的安娜说。“公爵小姐使这次舞会增光不少。安娜·阿尔卡迪耶夫娜,您跳一个华尔兹吧!”他弯了弯腰说。

“你们认识吗?”主人问。

“我们什么人不认识啊?我们两口子就像一对白狼,人人都认识我们,”科尔松斯基回答。“跳一个华尔兹吧,安娜·阿尔卡迪耶夫娜。”

“要能不跳，我就不跳。”她说。

“今天您非跳不可！”科尔松斯基回答。

这时伏伦斯基走了过来。

“啊，既然今天非跳不可，那就来吧。”她没有理睬伏伦斯基的鞠躬，说。接着她就敏捷地把手搭在科尔松斯基的肩上。

“她为什么看见他有点不高兴啊？”吉娣察觉安娜故意不理伏伦斯基的鞠躬，心里想。伏伦斯基走到吉娣面前，向她提起第一圈卡德里尔舞，并且因为这一阵没有机会去看她而表示歉意。吉娣一面欣赏安娜跳华尔兹的翩翩舞姿，一面听伏伦斯基说话。她等着他邀请她跳华尔兹，可是他没有邀请。她纳闷地瞧了他一眼。他脸红了，慌忙请她跳华尔兹，可是他刚搂住她的细腰，迈出第一步，音乐就突然停止了。吉娣瞧了瞧他那同她挨得很近的脸。她这含情脉脉却没有得到反应的一瞥，到好久以后，甚至过了好几年，还使她感到难堪的羞辱，一直刺痛着她的心。

“对不起，对不起！跳华尔兹，跳华尔兹了！”科尔松斯基在大厅的另一头叫道。他抓住最先遇见的一位小姐，就同她跳了起来。

23

伏伦斯基同吉娣跳了几个华尔兹。跳完华尔兹，吉娣走到母亲跟前，刚刚同诺德斯顿伯爵夫人说了几句话，伏伦斯基就又来邀请她跳第一圈卡德里尔舞。在跳卡德里尔舞时，他们没有说过什么重要的话，只断断续续地谈到科尔松斯基夫妇，他戏称他们是一对可爱的四十岁孩子，还谈到未来的公共剧场。只有一次，当他问起列文是不是还在这里，并且说他很喜欢他时，才真正触动了她的心。不过，吉娣在跳卡德里尔舞时并没抱多大希望。她心情激动地等待着跳玛祖卡舞。她认为到跳玛祖卡舞时情况就清楚了。在跳卡德里尔舞时，他没有约请她跳玛祖卡舞，这一点倒没有使她不安。她相信，他准会像在过去几次舞会上那样同她跳玛祖卡舞的，因此她谢绝了五个约舞的男人，说她已经答应别人了。整个舞会，直到最后一圈卡德里尔舞，对吉娣来说，就像一个充满欢乐的色彩、音响和动作的美妙梦境。她只有在过度疲劳、要求休息的时候,才停止跳舞。但当她同一个推脱不掉的讨厌青年跳最后一圈卡德里尔舞时,她碰巧做了伏伦斯基和安娜的**对舞者**。自从舞会开始以来,她没有同安娜在一起过,这会儿忽然看见安娜又换了一种意料不到的崭新模样。吉娣看见她脸上现出那种她自己常常出现的由于成功而兴奋的神色。她看出安娜因为人家对她倾倒而陶醉。她懂得这种感情,知道它的特征,并且在安娜身上看到了。她看到了安娜眼睛里闪烁的光辉,看到了不由自主地洋溢在她嘴唇上的幸福和兴奋的微笑,以及她那优雅、准确和轻盈的动作。

"是谁使她这样陶醉呀?"她问自己,"是大家还是一个人呢?"同她跳舞的青年话说到一半中断了,却怎么也接不上来。她没有去帮那个青年摆脱窘态,表面上服从科尔松斯基得意洋洋的洪亮口令。科尔松斯基一会儿叫大家围成一个**大圈子**,一会儿叫大家排成**一排**。她仔细观察,她的心越来越揪紧了。"不,使她陶醉的不是众人的欣赏,而是一个人的拜倒。这个人是谁呢?难道就是他吗?"每次他同安娜说话,安娜的眼睛里就闪出快乐的光辉,她的樱唇上也泛出幸福的微笑。她仿佛在竭力克制,不露出快乐的迹象,可是这些迹象却自然地表现在她的脸上。"那么他怎么样呢?"吉娣对他望了望,心里感到一阵恐惧。吉娣在安娜脸上看得那么清楚的东西,在他身上也看到了。他那一向坚定沉着的风度和泰然自若的神情到哪里去了?不,现在他每次对她说话,总是稍稍低下头,仿佛要在她面前跪下来,而在他的眼神里却只有顺从和惶恐。"我不愿亵渎您,"他的眼神仿佛每次都这样说,"但我要拯救自己,我不知道该怎么办才好。"他脸上的表情是吉娣从来没有见过的。

他们谈到共同的熟人,谈的都是些无关紧要的话,但吉娣却觉得他们说的每一句话都在决定他们两人和吉娣的命运。奇怪的是,尽管他们确实是在谈什么伊凡·伊凡诺维奇的法国话讲得多么可笑,什么叶列茨卡雅应该能找到更好的对象,这些话对他们却具有特殊的意义。吉娣有这样的感觉,他们自己也有这样的感觉,在吉娣的心目中,整个舞会,整个世界,都笼罩着一片迷雾。只有她所受的严格的教养在支持她的精神,使她还能照规矩行动，也就是跳舞，回答，说话，甚至微笑。不过，在玛祖卡舞开始之前，当他们拉开椅子，有几对舞伴从小房间走到大厅里来的时候，吉娣刹那间感到绝望和恐惧。她回绝了五个人的邀舞，此刻就没有人同她跳玛祖卡舞了。就连人家再邀请她跳舞的希望也没有了，因为她在社交界的风头太健，谁也不会想到至今还没有人邀请她跳舞。应当对母亲说她身体不舒服，要回家去，可是她又没有勇气这样做。她觉得自己彻底给毁了。

她走到小会客室的尽头，颓然倒在安乐椅上。轻飘飘的裙子像云雾一般环绕着她那苗条的身材；她的一条瘦小娇嫩的少女胳膊无力地垂下来，沉没在粉红色宽裙的褶裥里；她的另一只手拿着扇子，急促地使劲扇着她那火辣辣的脸。虽然她的模样好像一只蝴蝶在草丛中被缠住，正准备展开彩虹般的翅膀飞走，她的心却被可怕的绝望刺痛了。

"也许是我误会了，也许根本没有这回事。"

她又回想着刚才看到的种种情景。

"吉娣，你怎么了？"诺德斯顿伯爵夫人在地毯上悄没声儿地走到她跟前，说，"我不明白。"

吉娣的下唇哆嗦了一下，她慌忙站起身来。

"吉娣，你不跳玛祖卡舞吗？"

"不，不！"吉娣含着眼泪颤声说。

"他当着我的面请她跳玛祖卡舞，"诺德斯顿伯爵夫人说，她知道吉娣明白，"他"和"她"指的是谁。"她说：'您怎么不同谢尔巴茨基公爵小姐跳哇？'"

"哼，我什么都无所谓！"吉娣回答。

除了她自己，谁也不了解她的处境，谁也不知道她昨天拒绝了一个她也许心里爱着的男人的求婚，而她之所以拒绝，是因为她信任另一个人。

诺德斯顿伯爵夫人找到了同她跳玛祖卡舞的科尔松斯基，叫他去请吉娣跳舞。

吉娣跳了第一圈，算她走运的是她不用说话，因为科尔松斯基一直在奔走忙碌，指挥他所负责的舞会。伏伦斯基同安娜几乎就坐在她对面。吉娣用她锐利的眼睛望着他们；当大家跳到一处的时候，她又就近看他们。她越看越相信她的不幸是确定无疑的了。她看到他们在人头攒动的大厅里旁若无人。而在伏伦斯基一向都很泰然自若的脸上，她看到了那种使她惊奇的困惑和顺从的表情，就像一条伶俐的狗做了错事一样。

安娜微笑着，而她的微笑也传染给了他。她若有所思，他也变得严肃起来。一种超自然的力量把吉娣的目光引到安娜脸上。安娜穿着朴素的黑衣裳是迷人的，她那双戴着手镯的丰满胳膊是迷人的，她那挂着一串珍珠的脖子是迷人的，她那蓬松的鬈发是迷人的，她那小巧的手脚的轻盈优美的动作是迷人的，她那生气勃勃的美丽的脸是迷人的，但在她的迷人之中却包含着一种极其残酷的东西。

吉娣对她比以前更加叹赏，同时心里也越发痛苦。吉娣觉得自己在精神上垮了，这从她的脸色上也看得出来。当伏伦斯基在跳玛祖卡舞碰见她时，他竟没有立刻认出她来——她变得太厉害了。

"这个舞会真热闹哇！"伏伦斯基对吉娣说，纯粹是为了应酬一下。

"是啊。"吉娣回答。

玛祖卡舞跳到一半，大家重复着科尔松斯基想出来的复杂花样。这时，安娜走到圆圈中央，挑了两个男人，又把一位太太和吉娣叫到跟前。吉娣走到她身边，恐惧地望着她。安娜眯缝着眼睛对她瞧瞧，握了握她的手，微微一笑，就转过身去，同另一位太太快乐地谈起话来。

"是的，她身上有一种与众不同的像魔鬼般媚人的东西。"吉娣自言自语。

安娜不愿留下来吃晚饭，主人来挽留她。

"好了，安娜·阿尔卡迪耶夫娜，"科尔松斯基用燕尾服袖子挽住她裸露的胳膊说，"我还想来一场科奇里翁舞呢！那才美啦！"

科尔松斯基慢慢移动脚步，竭力想把安娜拉过去。主人赞许地微笑着。

"不，我不能留下来。"安娜笑盈盈地回答。尽管她脸上浮着笑意，科尔松斯基和主人从她坚定的语气中还是听得出没法子把她留住。

“不了,说实在的,我到了莫斯科,在你们这个舞会上跳的舞,比在彼得堡整整一个冬天跳的还要多呢!”安娜回头望望站在她旁边的伏伦斯基,说。“动身以前我要休息一下。”

“您明天一定要走吗?”伏伦斯基问。

“是的,我想走。”安娜回答,仿佛对他大胆的询问感到惊奇。不过,当她说这句话的时候,她的眼神和微笑中闪动的难以克制的光辉,像火一样燃烧着他的全身。

安娜没有留下来吃饭,就走了。

三

复　活

第一部

《马太福音》第十八章第二十一节至第二十二节："那时彼得进前来，对耶稣说：'主啊，我弟兄得罪我，我当饶恕他几次呢？到七次可以么？'耶稣说：'我对你说，不是到七次，乃是到七十个七次。'"

《马太福音》第七章第三节："为什么看见你弟兄眼中有刺，却不想自己眼中有梁木呢？"

《约翰福音》第八章第七节："……你们中间谁是没有罪的，谁就可以先拿石头打她。"

《路加福音》第六章第四十节："学生不能高过先生，凡学成了的不过和先生一样。"

1

尽管好几十万人聚居在一小块地方，竭力把土地糟蹋得面目全非，尽管他们肆意把石头砸进地里，不让花草树木生长，尽管他们锄尽刚出土的小草，把煤炭和石油烧得烟雾腾腾，尽管他们滥伐树木，驱逐鸟兽，在城市里，春天毕竟还是春天。阳光和煦，青草又到处生长，不仅在林荫道上，而且在石板缝里。凡是青草没有锄尽的地方，都一片翠绿，生机盎然。桦树、杨树和稠李纷纷抽出芬芳的黏糊糊的嫩叶，菩提树上鼓起一个个胀裂的新芽。寒鸦、麻雀和鸽子感到春天已经来临，都在欢乐地筑巢。就连苍蝇都被阳光照暖，在墙脚下嘤嘤嗡嗡地骚动。花草树木也好，鸟雀昆虫也好，儿童也好，全都欢欢喜喜，生气蓬勃。唯独成年人却一直在自欺欺人，折磨自己，也折磨别人。他们认为神圣而重要的，不是这春色迷人的早晨，不是上帝为造福众生所创造的人间的美，那种使万物趋向和平、协调、互爱的美；他们认为神圣而重要的，是他们自己发明的统治别人的种种手段。

就因为这个缘故，省监狱办公室官员认为神圣而重要的，不是飞禽走兽和男女老幼都在享受的春色和欢乐，他们认为神圣而重要的，是昨天接到的那份编号盖印、写明案由的公文。公文指定今天，四月二十八日，上午九时以前把三名受过侦讯的在押犯，一男两女，解送法院受审。其中一名女的是主犯，须单独押解送审。由于接到这张传票，这天早晨八时监狱看守长走进又暗又臭的女监走廊。他后面跟着一个面容憔悴、鬈发花白的女人，身穿袖口镶金绦的制服，腰束一根蓝边带子。这是女看守。

“您是要玛丝洛娃吧？”她同值班的看守来到一间直通走廊的牢房门口，问看守长说。

值班的看守哐啷一声开了铁锁，打开牢门，一股比走廊里更难闻的恶臭立即从里面冲了出来。看守吆喝道：

“玛丝洛娃，过堂去！”随即又带上牢门，等待着。

监狱院子里，空气就比较新鲜爽快些，那是从田野上吹来的。但监狱走廊里却弥漫着令人作呕的污浊空气，里面充满伤寒菌以及粪便、煤焦油和霉烂物品的臭味，不论谁一进来都会感到郁闷和沮丧。女看守虽已闻惯这种污浊空气，但从院子里一进来，也免不了有这样的感觉。她一进走廊，就觉得浑身无力，昏昏欲睡。

牢房里传出女人的说话声和光脚板的走路声。

“喂，玛丝洛娃，快点儿，别磨磨蹭蹭的，听见没有！”看守长对着牢门喝道。

过了两分钟光景，一个个儿不高、胸部丰满的年轻女人，身穿白衣白裙,外面套着一件灰色囚袍,大踏步走出牢房,敏捷地转过身子,在看守长旁边站住。这个女人脚穿麻布袜,外面套着囚犯穿的棉鞋,头上扎着一块白头巾,显然有意让几绺乌黑的鬈发从头巾里露出来。她的脸色异常苍白,仿佛储存在地窖里的土豆的新芽。那是长期坐牢的人的通病。她那双短而阔的手和从囚袍宽大领口里露出来的丰满脖子也是那样苍白。她那双眼睛,在苍白无光的脸庞衬托下,显得格外乌黑发亮,虽然有点浮肿,但十分灵活,其中一只眼睛稍微有些斜视。她挺直身子站着,丰满的胸部高高地隆起。她来到走廊里,微微仰起头,盯住看守长的眼睛,现出一副唯命是从的样子。看守长刚要关门,一个没戴头巾的白发老太婆从牢房里探出她那张严厉、苍白而满是皱纹的脸来。老太婆对玛丝洛娃说了几句话。看守长就对着老太婆的脑袋推上牢门,把她们隔开了。牢房里响起了女人的哄笑声。玛丝洛娃也微微一笑,向牢门上装有铁栅的小窗洞转过脸去。老太婆在里面凑近窗洞,哑着嗓子说:

"千万别跟他们多啰唆,咬定了别改口,就行了。"

"只要有个结局就行,不会比现在更糟的。"玛丝洛娃晃了晃脑袋说。

"结局当然只有一个,不会有两个,"看守长煞有介事地摆出长官的架势说,显然自以为说得很俏皮。"跟我来,走!"

老太婆的眼睛从窗洞里消失了。玛丝洛娃来到走廊中间,跟在看守长后面,疾步走着。他们走下石楼梯。经过比女监更臭更闹、每个窗洞里都有眼睛盯着他们的男监,走进办公室。办公室里已有两个持枪的押送兵等着。坐在那里的文书把一份烟味很重的公文交给一个押送兵,说:

"把她带去!"

那押送兵是下城的一个农民,红脸,有麻子,他把公文掖在军大衣翻袖里,目光对着那女犯,笑嘻嘻地向颧骨很高的楚瓦什同伴挤挤眼。这两个士兵押着女犯走下台阶,向大门口走去。

大门上的一扇便门开了,两个士兵押着女犯穿过这道门走到院子里,再走出围墙,来到石子铺成的大街上。

马车夫、小店老板、厨娘、工人、官吏纷纷站住,好奇地打量着女犯。

有人摇摇头,心里想:“瞧,不像我们那样规规矩矩做人,就会弄到这个下场!”孩子们恐惧地望着这个女强盗,唯一可以放心的是她被士兵押着,不能再干坏事了。一个乡下人卖掉了煤炭,在茶馆里喝够了茶,走到她身边,画了个十字,送给她一个戈比。女犯脸红了,低下头,嘴里喃喃地说了句什么。

女犯察觉向她射来的一道道目光,并不转过头,却悄悄地斜睨着那些向她注视的人。大家在注意她,她觉得高兴。这里的空气比牢房里清爽些,带有春天的气息,这也使她高兴。不过,她好久没有在石子路上行走,这会儿又穿着笨重的囚鞋,她的脚感到疼痛。她瞧瞧自己的双脚,竭力走得轻一点。他们经过一家面粉店,店门前有许多鸽子,摇摇摆摆地走来走去,没有人来打扰它们。女犯的脚差点儿碰到一只瓦灰鸽。那只鸽子拍拍翅膀飞起来,从女犯耳边飞过,给她送来一阵清风。女犯微微一笑,接着想到自己的处境,不禁长叹了一声。

2

女犯玛丝洛娃的身世极其平凡。她是一个未婚的女农奴的私生子。这女农奴跟着饲养牲口的母亲一起,在两个地主老姑娘的庄院里干活。这个没有结过婚的女人年年都生一个孩子,并且按照乡下习惯,总是给孩子行洗礼,然后做母亲的不再给这个违背她的心愿来到人间的孩子喂奶,因为这会影响她干活。于是,孩子不久就饿死了。

就这样死了五个孩子。个个都行了洗礼,个个都没有吃奶,个个都死掉了。第六个孩子是跟一个过路的吉卜赛人生的,是个女孩。她的命运本来也不会有什么两样,可是那两个老姑娘中有一个凑巧来到牲口棚,斥责饲养员做的奶油有牛臊气。当时产妇和她那个白白胖胖的娃娃正躺在牲口棚里,那老姑娘因为奶油做得不好吃,又因为把产妇放进牲口棚里,大骂了一通,骂完正要走,忽然看见那娃娃,觉得很惹人爱怜,就自愿做她的教母。她给女孩行了洗礼,又因怜悯这个教女,常给做母亲的送点牛奶和钱。这样,女孩就活了下来。两个老姑娘从此就叫她“再生儿”。

孩子三岁那年，她母亲害病死了。饲养牲口的外婆觉得外孙女是个累赘，两个老姑娘就把女孩领到身边抚养。这个眼睛乌溜溜的小女孩长得非常活泼可爱，两个老姑娘就常常拿她消遣解闷。

这两个老姑娘中，妹妹索菲雅·伊凡诺夫娜心地比较善良，给女孩行洗礼的就是她；姐姐玛丽雅·伊凡诺夫娜脾气比较急躁。索菲雅把这娃娃打扮得漂漂亮亮，还教她念书，一心想把她培养成自己的养女。玛丽雅却要把她训练成一名出色的侍女，因此对她很严格，遇到自己情绪不好，就罚她甚至打她。由于两个老姑娘持不同的态度，小姑娘长大成人后，便一半成了个侍女，一半成了个养女。她的名字也不上不下，叫卡秋莎，而不叫卡吉卡，也不叫卡金卡。[①] 她缝补衣服，收拾房间，擦拭圣像，煮茶烧菜，磨咖啡豆，煮咖啡，洗零星衣物，有时还坐下来给两个老姑娘读书解闷。

有人来给她说媒，她一概谢绝，觉得嫁给卖力气过活的男人，日子一定很苦。她已经过惯地主家的舒适生活。

她就这样一直生活到十六岁，在满十六岁那年，两个老姑娘的侄儿，一个在大学念书的阔绰的公爵少爷来到她们家。卡秋莎暗暗爱上了他，却不敢向他表白，连自己都不敢承认产生了这种感情。两年后，这位侄少爷出发远征，途经姑妈家，又待了四天。临行前夜，他引诱了卡秋莎，动身那天塞给她一张一百卢布的钞票。他走了五个月后，她才断定自己怀孕了。

从那时起，她变得情绪烦躁，一味想着怎样才能避免即将临头的羞辱。她服侍两个老姑娘，不仅敷衍塞责，而且连自己都没想到，竟发起脾气来。她顶撞老姑娘，对她们说了不少粗话，事后又觉得懊悔，就要求辞工。

两个老姑娘对她也很不满意，就放她走了。她从她们家里出来，到警

---

① 她的本名叫卡吉琳娜，卡吉卡是粗俗的叫法，卡金卡是高雅的称呼，而卡秋莎则是普通的小名。

察局长家做侍女，但只做了三个月，因为那局长虽然年已半百，还是对她纠缠不清。有一次，他逼得特别厉害，她发起火来，骂他混蛋和老鬼，狠狠地把他推开，他竟被推倒在地。她因此被解雇了。她再找工作已不可能，因为快要分娩，就寄居到乡下一个给人接生兼贩私酒的寡妇家里。分娩很顺利，可是那接生婆刚给一个有病的乡下女人接过生，便把产褥热传染给了卡秋莎。男孩一生下来就被送到育婴堂。据送去的老太婆说，婴儿一到那里就死了。

卡秋莎住到接生婆家里的时候，身上总共有一百二十七卢布：二十七卢布是她自己挣的，一百卢布是引诱她的公爵少爷送的。等她从接生婆家里出来，手头只剩下六个卢布。她不懂得省吃俭用，很会花钱，待人又厚道，总是有求必应。接生婆向她要了四十卢布，作为两个月的伙食费和茶点钱，又要了二十五卢布，算是把婴儿送到育婴堂的费用。另外，接生婆又向她借了四十卢布买牛。剩下的二十几个卢布，卡秋莎自己买衣服、送礼，零星花掉了。这样，当卡秋莎身体复原时，她已身无分文，不得不重新找工作。她到林务官家干活。林务官虽然已有老婆，但也跟警察局长一样，从第一天起就缠住卡秋莎不放。卡秋莎讨厌他，竭力回避他。但他比卡秋莎狡猾老练，主要因为他是东家，可以任意支使她，终于找到了一个机会，把她占有了。做妻子的知道了这件事，有一次看到丈夫同卡秋莎单独待在房间里，就扑过去打她。卡秋莎不甘示弱，两个人厮打起来。结果卡秋莎被撵出来，连工资都没有拿到。此后卡秋莎来到城里，住在姨妈家。姨父是个装订工，原先日子过得不错，后来主顾越来越少，他就借酒解愁，把家里的东西都变卖喝掉了。

姨妈开了一家小洗衣店，借以养活儿女，供养潦倒的丈夫。姨妈要玛丝洛娃进她的洗衣店干活。但玛丝洛娃看到洗衣店里女工的艰苦生活，犹豫不决，就到荐头行找工作，给人家当女仆。她找到了一户人家，有一位太太和两个念中学的男孩。进去才一星期，那个念中学六年级的留小胡子的大儿子就丢下功课，缠住玛丝洛娃，不让她安宁。做母亲的却一味责怪玛丝洛娃，把她解雇了。玛丝洛娃没有找到新的工作，但在荐头行里无意中遇到一位手上戴满戒指、肥胖的光胳膊上戴着手镯的太太。这位太太知道了玛丝洛娃的处境，就留下地址，请玛丝洛娃到她家去。玛丝洛娃去找她。这位太太亲热地招待她，请她吃馅饼和甜酒，同时打发侍女送一封信到什么地方去。傍晚就有一个须发花白的高个子来到这屋里。这老头子一来就挨着玛丝洛娃坐下，眼睛闪闪发亮，笑嘻嘻地打量着她，同她说笑。女主人把他叫到另一个房间，玛丝洛娃只听得女主人说："刚从乡下来的，新鲜得很呐！"然后女主人把玛丝洛娃叫去，对她说他是作家，钱多得要命，只要她能如他的意，他是不会舍不得花钱的。她果然如了他的意，他就给了她二十五卢布，还答应常常同她相会。她付清了姨妈家的生活费，买了新衣服、帽子和缎带，很快就把钱花光了。过了几天，作家又来请她去。她去了。他又给了她二十五卢布，叫她搬到一个独门独户的寓所去住。

玛丝洛娃住在作家替她租下的寓所里，却爱上了同院一个快乐的店员。她主动把这事告诉作家，然后又搬到一个更小的独户寓所里去住。那个店员起初答应同她结婚，后来竟不辞而别，到下城去，显然是把她抛弃了。这样，玛丝洛娃又剩下孤零零一个人。她本想独个儿继续住在那个寓所里，可是人家不答应。派出所所长对她说，她要领到黄色执照①，接受医生检查，才能单独居住。于是她又回到姨妈家。姨妈见她穿戴着时髦的衣服、披肩和帽子，客客气气接待她，再也不敢要她做洗衣妇，认为她现在的身价高了。而对玛丝洛娃来说，她根本不考虑做洗衣妇的问题。她瞧着前面几个屋子里的洗衣妇，对她们充满怜悯。她们脸色苍白，胳膊干瘦，有的已得了痨病，过着苦役犯一般的生活。那里不论冬夏，窗子一直敞开着，她们就在三十度②高温的肥皂蒸汽里洗熨衣服。玛丝洛娃一想到她也可能服这样的苦役，不禁感到恐惧。

---

① 帝俄政府发的妓女执照。

② 指列氏温度。列氏温度计把 0 度作为冰点，把 80 度作为沸点，30 列氏度等于 37.5 摄氏度。

就在玛丝洛娃没有任何依靠，生活无着的时候，一个为妓院物色姑娘的牙婆找到了她。

玛丝洛娃早就抽上香烟，而在她同店员姘居的后期和被他抛弃以后，就越来越离不开酒瓶。她之所以离不开酒瓶，不仅因为酒味醇美，更因为酒能使她忘记身受的一切痛苦，暂时解脱烦闷，增强自尊心。而这样的精神状态不喝酒是无法维持的。她不喝酒就觉得意气消沉，羞耻难当。

牙婆招待姨妈吃饭，把玛丝洛娃灌醉，要她到城里一家最高级的妓院去做生意，又向她列举干这个营生的种种好处。玛丝洛娃面临着一场选择：或者低声下气去当女仆，但这样就逃避不了男人的纠缠，不得不同人临时秘密通奸；或者取得生活安定而又合法的地位，就是进行法律所容许而又报酬丰厚的长期的公开通奸。她选择了后一条。此外，她想用这种方式来报复诱奸她的年轻公爵、店员和一切欺侮过她的男人。同时还有一个条件诱惑她，使她最后打定主意，那就是牙婆答应她，她喜爱什么衣服，就可以做什么衣服，丝绒的、法伊绉[①]的、绸缎的、袒胸露臂的舞衫，等等，任凭挑选。玛丝洛娃想象着自己穿上一件袒胸黑丝绒滚边的鹅黄连衣裙的情景，再也经不住诱惑，就交出身份证去换取黄色执照。当天晚上，牙婆雇来一辆马车，把她带到著名的基塔耶娃妓院里。

从此以后，玛丝洛娃就经常违背上帝的诫命和人类道德，过起犯罪的生活来。千百万妇女过着这种生活，不仅获得关心公民福利的政府的许可，而且受到它的保护。最后，这类妇女十个倒有九个受着恶疾的折磨，未老先衰，甚至夭折。

夜间纵酒作乐，白天昏睡不醒。下午两三点钟，她们才懒洋洋地从肮脏的床上爬起来，喝矿泉水醒酒，或者喝咖啡，身上穿着罩衫、短上衣或者长睡衣，没精打采地在几个房间里走来走去，隔着窗帘望望窗外，有气无力地对骂几句。接着是梳洗，擦油，往身上和头发上洒香水，试衣服，为服饰同老鸨吵嘴，反复照镜子，涂脂抹粉，画眉毛，吃油腻的甜点心；最后穿

① 正反两面都有横条纹的丝织品或毛织品。

上袒露肉体的鲜艳绸衫,来到灯火辉煌的华丽大厅里。客人陆续到来,奏乐,跳舞,吃糖,喝酒,吸烟,通奸。客人中间有年轻的,有中年的,有半大孩子,有龙钟的老头,有单身的,有成家的,有商人,有店员,有亚美尼亚人,有犹太人,有鞑靼人,有富裕的,有贫穷的,有强壮的,有病弱的,有喝醉的,有清醒的,有粗野的,有温柔的,有军人,有文官,有大学生,有中学生。总之,各种不同身份、不同年龄、不同性格的男人,应有尽有。又是喧闹又是调笑,又是打架又是音乐,吸烟喝酒,喝酒吸烟,音乐从黄昏一直响到天明。直到早晨,她们才得脱身和睡觉。天天如此,每个星期都是这样。每到周末,她们乘车去到政府机关——警察分局,那里坐着官员和医生,都是男人,他们的态度有时严肃认真,有时轻浮粗野,蹂躏了不仅为人类所赋有、甚至连禽兽都具备的那种足以防止犯罪的羞耻心,给这些女人检查身体,发给她们许可证,使她们可以和同谋者再干上一星期同类罪行。下一个星期还是这样。天天如此,不分冬夏,没有假期。

玛丝洛娃就这样过了七年。在这期间,她换过两家妓院,住过一次医院。在她进妓院的第七年,也是她初次失身后的第八年,那时她才二十六岁,不料出了一件事,使她进了监狱。她在牢里同杀人犯和盗贼一起生活了六个月,今天被押解到法院受审。

3

当玛丝洛娃在士兵押送下走了许多路,筋疲力尽,好容易才走到州法院大厦时,她两个养母的侄儿,当年诱奸她的德米特里·伊凡内奇·聂赫留朵夫公爵正躺在高高的弹簧床上,床上铺着鸭绒垫褥,被单被揉得很皱。他穿着一件前襟皱裥熨得笔挺的洁净荷兰细麻布睡衣,敞开领子,吸着香烟,他目光呆滞地瞪着前方,想着今天有什么事要做,昨天发生过什么事。

昨天他在有钱有势的柯察金家度过黄昏。大家都认为他应该同他们家的小姐结婚。他想起昨晚的事。叹了一口气,丢掉手里的烟蒂,想从银烟盒里再取出一支烟,可是忽然改变主意,从床上挂下两条光溜溜的白腿，用脚找到拖鞋，他拿起一件绸晨衣往胖胖的肩膀上一披，迈着沉重的步子，急速走到卧室旁的盥洗室里。盥洗室里充满甘香酒剂、花露水、发蜡和香水的香味。他在那里用特等牙粉刷他那口补过多处的牙齿，用香喷喷的漱口药水漱口。然后上上下下擦洗身子，再用几块不同的毛巾擦干。他拿香皂洗手，用刷子仔细刷净长指甲，在巨大的大理石洗脸盆里洗了脸和肥胖的脖子，然后走到卧室旁的第三间屋里，那里已为他准备好了淋浴。他用凉水冲洗丰满白净、肌肉累累的身子，拿软毛巾擦干，穿上熨得笔挺的洁净衬衫和擦得像镜子一样光亮的皮鞋，坐到梳妆台前，用两把刷子梳理他那鬈曲的黑胡子和头顶前面已变得稀疏的鬈发。

凡是他使用的东西，衬衫、外衣、皮鞋、领带、别针、袖扣，样样都是最贵重最讲究的，都很高雅，大方，坚固，名贵。

聂赫留朵夫从好多领带和胸针中随手取了一条领带和一枚胸针（以前他对挑选领带和胸针很感兴趣，现在却毫不在意），又从椅子上拿起刷净的衣服穿好。这下子他虽算不上精神抖擞，却也浑身上下整洁芳香。他走进长方形饭厅。饭厅里的镶木地板昨天已由三个农民擦得锃光闪亮，上面摆着麻栎大酒台和一张活动大餐桌，桌腿雕成张开的狮爪，很有气派。桌上铺一块浆得笔挺、绣有巨大花体字母拼成的家徽的薄桌布，上面放着装有香气扑鼻的咖啡的银咖啡壶、银糖缸、盛有煮沸过的奶油的银壶和装满新鲜白面包、面包干和饼干的篮子。食具旁放着刚收到的信件、报纸和一本新出的法文杂志《**两个世界**》①。聂赫留朵夫刚要拆信，从通向走廊的门里忽然悄悄地进来一个肥胖的老妇人。她身穿丧服，头上扎着花边头带，把她那宽阔的头都遮住了。她叫阿格拉斐娜，原是聂赫留朵夫的母亲的侍女，前不久母亲在这个房子里去世，她就留下担任少爷的女管家。

阿格拉斐娜跟随聂赫留朵夫的母亲前后在国外待了十年，很有点贵妇人的风度和气派。她从小就生活在聂赫留朵夫家，在德米特里·伊凡

---

① 1829年起在巴黎印行的文艺和政论法语杂志，在俄国知识分子中间流行很广。

内奇还叫小名米金卡的时候就知道他了。

“您早,德米特里·伊凡内奇!”

“您好,阿格拉斐娜!有什么新鲜事儿啊?”聂赫留朵夫戏谑地问。

“有一封信,也不知是公爵夫人写来的,还是公爵小姐写来的,她们家的女佣人送来有好半天了,现在她还在我屋里等着呢。”阿格拉斐娜说着把信交给聂赫留朵夫,脸上现出会心的微笑。

“好,等一下。”聂赫留朵夫接过信说,察觉阿格拉斐娜脸上的笑意,不由得皱起眉头。

阿格拉斐娜的笑容表示,信是柯察金公爵小姐写来的。她以为聂赫留朵夫已准备同她结婚。阿格拉斐娜笑容的含义却使聂赫留朵夫不快。

“那我去叫她再等一下。”阿格拉斐娜拿起那把放错地方的扫面包屑小刷子,将它放回老地方,悄悄地走出饭厅。

聂赫留朵夫拆开阿格拉斐娜交给他的那封香气扑鼻的信,抽出一张曲边的灰色厚信纸,看见上面的字迹尖细而稀疏,读了起来:

> 我既已承担责任,把您的事随时提醒您,现在就通知您,今天四月二十八日您应该出庭陪审,因为您不能照您一贯的轻率作风,如昨天所答应的那样,陪我们和柯洛索夫去观看画展,**除非您情愿向州法院缴纳三百卢布罚金,相当于您舍不得买的那匹马的价钱,**为的是您没有准时出庭。昨天您一走,我就记起这件事。请您务必不要忘记。
>
> 玛·柯察金公爵小姐

信纸背面又加了两句:

> 妈要我告诉您,为您准备的正餐将等您到深夜。请您务必光临,迟早听便。
>
> 玛·柯

聂赫留朵夫皱起眉头。这封信是柯察金公爵小姐两个月来向他巧妙进攻的又一招,目的是要用无形的千丝万缕把他同自己拴得越来越紧。凡是年纪已不很轻、又不是在热恋中的男人,对结婚问题往往患得患失,犹豫不决。不过，除了这一点，聂赫留朵夫还有一个重大原因，使他就算拿定主意，也不能立刻去求婚。这原因并非他在十年前诱奸了卡秋莎又把她抛弃了。这件事他已经忘记得一干二净，即使想起来，也不会把它看作结婚的障碍。这原因是他同一个有夫之妇有过私情，虽然从他这方面来说，这种关系现在已经结束，但她却不认为已一刀两断。

聂赫留朵夫见到女人很腼腆。正因为他腼腆，这个有夫之妇才想要征服他。这个女人是聂赫留朵夫参加选举的那个县的首席贵族的妻子。她终于把聂赫留朵夫引入彀中；聂赫留朵夫一天比一天迷恋她，同时又一天比一天嫌恶她。聂赫留朵夫起初经不住她的诱惑，后来又在她面前感到内疚，因此若不取得她的同意，就不能断绝这种关系。也就因为这个缘故，聂赫留朵夫认为即使他心里愿意，也无权向柯察金小姐求婚。

桌上正好放着那个女人的丈夫的来信。聂赫留朵夫一看见他的笔迹和邮戳，就脸红耳赤，心惊肉跳。他每次面临危险，总有这样的感觉。不过，他的紧张是多余的；那个丈夫，聂赫留朵夫主要地产所在县的首席贵族，通知聂赫留朵夫说，五月底将召开地方自治会非常会议，他要求聂赫留朵夫务必出席，以便在讨论有关学校和马路等当前重大问题时支持他，因为估计将遭到反对派的坚决反对。

首席贵族是个自由派，他和几个志同道合的人一起反对亚历山大三世[①]登位后逐渐抬头的反动势力，一心一意投入这场斗争，根本不知道家里出了不幸的变故。

聂赫留朵夫想起由于这个人而产生的种种烦恼。记得有一次他以为那女人的丈夫已知道这事，就做好同他决斗的准备，决斗时他将朝天开枪。还记得她跟他大闹过一场，她在绝望中奔往花园的池塘，想投水自尽，他连忙追了上去。“我现在不能到她那边去，在她没有答复我以前，我也不能采取任何措施。”聂赫留朵夫心里盘算着。一星期以前，他写了一

---

① 俄国沙皇，1881—1894 年在位，因他父亲被民意党人杀害，所以实行恐怖统治，怂恿反动势力抬头。

封信给她,语气很坚决,承认自己有罪,不惜用任何方式赎罪,但认为为了她的幸福,他们的关系必须一刀两断。他现在就在等她的回信,但没有等到。没有回信多少也是个好兆头。她要是不同意断绝关系,早就该来信了,说不定还会像上次那样亲自赶来。聂赫留朵夫听说现在有个军官在追求她,这使他心里酸溜溜的,但同时又因为可以不再撒谎做假而感到高兴,并松了一口气。

另一封信是经营他地产的总管写来的。总管在信里说,他聂赫留朵夫必须亲自回乡一次,以便办理遗产过户手续,同时就农业的经营方式做出决定:继续照公爵夫人在世时那样经营呢,还是采取他总管以前曾向公爵夫人提出,如今再向公爵少爷提出的办法,也就是增加农具,把租给农民的土地全部收回自己耕种?总管认为自己耕种要划算得多。此外,总管还表示歉意说,原定月初汇出的三千卢布得耽搁几天,这笔钱将随下一班邮车汇出。耽搁的原因是农民不肯缴租,他收不齐租金,只得求助于官府,强制农民缴纳。聂赫留朵夫收到这封信,又高兴又不高兴。高兴的是他意识到自己掌握了大量产业。不高兴的是他当年原是斯宾塞①的忠实信徒,而且身为大地主,对斯宾塞在《社会静力学》②中所提出的“正义不容许土地私有”这个论点特别折服。他出于青年人的正直和果断,不仅口头上拥护土地不该成为私有财产的观点,在大学里还就这个问题写过论文,而且真的曾把一小块土地(那块土地不属于他母亲所有,而是他从父亲名下直接继承来的)分给农民。他不愿违反自己的信念而占有土地。如今继承了母亲的遗产而成为大地主,他必须在两条道路中间选择一条:或者像十年前处理父亲遗下的两百俄亩土地那样,放弃他名下的产业;或者默认自己以前的全部想法是荒谬的。

第一条道路他不能走,因为除了土地他没有任何其他生活资料。他既不愿意做官,又不能放弃早已过惯的奢侈生活。再说,他也没有必要放

---

① 赫伯特·斯宾塞(1820—1903),英国社会学家,不可知论者,唯心主义哲学家。

② 原文是英语。

弃这样的生活，因为年轻时的信仰、决心、虚荣和一鸣惊人的欲望，如今都没有了。至于第二条道路，要否定他从斯宾塞的《社会静力学》中汲取来、后来又从亨利·乔治[①]的著作里找到光辉论证的“土地私有不合理”这个论点，他可怎么也办不到。

就因为这个缘故，总管的信使他不高兴。

4

聂赫留朵夫喝完咖啡，到书房查看法院通知，应该几点钟出庭，再给公爵小姐写回信。去书房就得经过画室。画室里放着一个画架，架上反放着一幅开了头的画稿，墙上挂着几张习作。看到这幅他花了两年功夫画的画稿，看到那些习作和整个画室，他又一次深切地感到，他的绘画水平已无法再提高了。这种心情是他近来常有的。他认为这是由于审美观过分高雅的缘故，但不管怎样，总是不愉快的。

七年前，他断定自己有绘画天才，就辞去军职。他把艺术创作看得高于一切，瞧不起其他活动。现在事实证明他无权妄自尊大。因此一想到这事就不愉快。他心情沉重地瞧瞧画室里豪华的设备，闷闷不乐地走进书房。书房又高又大，里面有各种装饰、用品和舒适的家具。

聂赫留朵夫立刻在大写字台标明“急事”的抽屉里找到那份通知，知道必须在十一时出庭。接着他坐下来给公爵小姐写信，感谢她的邀请，并表示将尽量赶去吃饭。但他写完后就把信撕掉，觉得口气太亲热。他重新写了一封，却又觉得太冷淡，人家看了会生气。他又把信撕掉，然后按了按电铃。一个脸色阴沉的老仆人，留着络腮胡子，嘴唇和下巴刮得光光的，腰系灰细布围裙，走了进来。

“请您派人去雇一辆马车来。”

“是，老爷。”

“再对柯察金家来的人说一声，谢谢他们东家，我会尽量赶到的。”

---

① 亨利·乔治(1839—1897)，美国经济学家和社会活动家。

“是。”

“这样有点失礼,可是我写不成。反正今天我要同她见面的。”聂赫留朵夫心里想着,离开书房去换衣服。

他换好衣服,走到大门口,那个熟识的车夫驾着橡胶轮马车已在那里等着他了。

“昨天您刚离开柯察金家,我就到了,”车夫把他那套在白衬衫领子里的黧黑强壮的脖子半扭过来说,“看门的说,老爷您才走不久。”

“连马车夫都知道我同柯察金家的关系。”聂赫留朵夫想,又考虑起近来经常盘踞在他头脑里的问题:该不该同柯察金小姐结婚。这个问题也像当前他遇到的许多问题一样,怎么也无法解决。

聂赫留朵夫想结婚的原因是:第一,除了获得家庭的温暖外,还可以避免不正常的两性关系,过合乎道德的生活;第二,也是主要的原因,他希望家庭和孩子能充实他目前这种空虚的生活。他想结婚无非就是这些原因。不想结婚的原因是:第一,唯恐丧失自由,凡是年纪不轻的单身汉都有这样的顾虑;第二,对女人这种神秘的生物抱着一种莫名的恐惧。

他愿意同米西(柯察金小姐的本名是玛利亚,如同他们这种圈子里所有的家庭一样,她有一个别名)结婚还有一些特殊原因,那就是:第一,她出身名门,衣着、谈吐、步态、笑容,处处与众不同,她给人的印象不是别的,而是“教养有素”——他再也想不出更适当的形容词,并且很重视这种品质;第二,她认为他是个出类拔萃的人物,因此他认为只有她才了解他。对他的这种了解,也就是对他崇高品格的肯定,聂赫留朵夫认为这足以证明她聪明颖悟,独具慧眼。不想同米西结婚的特殊原因是:第一,他很可能找到比米西好得多因而同他更相配的姑娘;第二,她今年已二十七岁,因此以前一定谈过恋爱。这个想法使聂赫留朵夫感到很不是滋味。他的自尊心使他无法忍受这种情况,哪怕这已是往事。当然她以前不可能知道她日后会遇见他,但是一想到她可能爱过别人,他还是感到屈辱。

这样,想结婚和不想结婚,都有理由,二者势均力敌,不相上下,因此聂赫留朵夫嘲笑自己是布里丹的驴子①。他始终拿不定主意，不知道该选哪一捆干草好。

“反正还没有收到玛丽雅(首席贵族的妻子)的回信，那事还没有完全结束，我还不能采取任何行动，”他自言自语。

想到他可以而且不得不推迟做出决定，他感到高兴。

“不过，这些事以后再考虑吧。”当他的轻便马车悄悄地来到法院门口的柏油马路上时，他这样想。

“现在我得照例忠实履行我的社会职责，我应该这样做。再说，这种事多半都挺有意思。”他心里想着，从看门人旁边走过，进入法院的门廊。

5

聂赫留朵夫走进法院的时候，走廊里已很热闹了。

法警手拿公文，跑来跑去，执行任务，有的快步，有的小跑，两脚不离地面，鞋底擦着地板，沙沙发响，都累得上气不接下气。民事执行吏、律师和司法官来来往往，川流不息，原告和没有在押的被告垂头丧气地在墙边踱步，有的坐在那儿等待。

“区法庭在哪里?”聂赫留朵夫问一个法警。

“你要哪一个法庭? 有民事法庭，有高等法庭。”

“我是陪审员。”

“那是刑事法庭。您该早说，从这儿向右走，然后往左拐，第二个门就是。”

聂赫留朵夫照他的话走去。

法警说的那个门口站着两个人：一个是体格魁伟的商人，模样和善，显然刚喝过酒，吃过点心，情绪极好；另一个是犹太籍店员。聂赫留朵夫走到他们跟前，问他们这里是不是陪审员议事室时，他们正在谈论毛皮的

① 法国14世纪哲学家布里丹写有一个寓言，说一匹驴子看到两捆干草，外形和质量完全一样，它犹豫不决，不知道选哪一捆好，结果饿死。

价格。

“就是这儿，先生，就是这儿。您跟我们一样也是陪审员吧？”模样和善的商人快乐地挤挤眼问。“那好，我们一起来干吧！”他听到聂赫留朵夫肯定的回答，继续说，“我是二等商人[1]巴克拉肖夫，”他伸出一只又软又宽又厚的手说，“得辛苦一番了。请教贵姓？”

聂赫留朵夫报了姓名，走进陪审员议事室。

在不大的陪审员议事室里，有十来个不同行业的人。大家都刚刚到，有的坐着，有的走来走去，互相打量着，作着介绍。有一个退役军人身穿军服，其余的人都穿着礼服或便服，只有一个穿着农民的紧身长袍。

尽管有不少人是放下本职工作来参加陪审的，嘴里还抱怨这事麻烦，但个个都得意洋洋，自认为是在做一项重大的社会工作。

陪审员有的已相互认识，有的还在揣测对方的身份，但都在交谈，谈天气，谈早来的春天，谈当前要审理的案子。那些还不认识聂赫留朵夫的人，赶紧来同他认识，显然认为这是一种特殊的荣誉。聂赫留朵夫却像平素同陌生人应酬一样，觉得这种情况是很自然的。要是有人问他，为什么他自认为高人一等，他可答不上来，因为他这辈子并没有什么出众的地方。他讲得一口流利的英语、法语和德语，身上的衬衫、衣服、领带、袖扣都是头等货，但这些都不能成为他地位优越的理由。这一层他自己也明白。然而他无疑还是以此自豪，把人家对他的尊敬看作天经地义。要是人家不尊敬他，他就会生气。在陪审员议事室里，恰恰有人不尊敬他，使他很不高兴。原来在陪审员中有一个聂赫留朵夫认识的人，叫彼得·盖拉西莫维奇（聂赫留朵夫不知道他姓什么，很瞧不起他，因此从来没有和他谈过话），在他姐姐家做过家庭教师，大学毕业后当了中学教师。聂赫留朵夫对他的不拘礼节，对他那种旁若无人的纵声大笑，总之对他那种像聂赫留朵夫姐姐所说的“粗鲁无礼”，一向很反感。

“嘿，连您也掉进来了！”彼得·盖拉西莫维奇迎着聂赫留朵夫哈哈大

---

① 帝俄商人同业公会中，商人按资本多少分三等，小商人无权参加。

笑。“您也逃不掉吗？”

“我根本就不想逃。”聂赫留朵夫严厉而冷淡地回答。

“嗯，这可是一种公民的献身精神哪！不过，您等着吧，他们会搞得您吃不上饭，睡不成觉的。到那时您就会换一种调子了！”彼得·盖拉西莫维奇笑得更响亮，说。

“这个大司祭的儿子马上就要同我称兄道弟了。”聂赫留朵夫想，脸上现出极其不快的神色，仿佛刚刚接到亲人全部死光的噩耗。聂赫留朵夫撇下他，往人群走去。那里人们围着一个脸刮得光光的相貌堂堂的高个子，听他眉飞色舞地说话。这位先生讲着此刻正在民事法庭审理的一个案子，似乎很熟悉案情，叫得出法官和著名律师的名字与父名。他讲到那位著名律师神通广大，怎样使那个案子急转直下，叫那个道理全在她一边的老太太不得不拿出一大笔钱付给对方。

“真是一位天才律师！”他说。

大家听着都肃然起敬，有些人想插嘴发表一些观感，可是都被他打断，仿佛只有他一人知道全部底细。

聂赫留朵夫虽然迟到，但还得等待好久。有一名法官直到此刻还没有来，把审讯工作耽搁了。

6

庭长一早就来到法庭。他体格魁伟，留着一大把花白的络腮胡子。他是个有妻室的人，可是生活十分放荡，他的妻子也是这样。他们互不干涉。今天早晨他收到瑞士籍家庭女教师——去年夏天她住在他们家里，最近从南方来到彼得堡——来信，说她下午三时至六时在城里的“意大利旅馆”等他。因此他希望今天早点开庭，早点结束，好赶在六点钟以前去看望那个红头发的克拉拉。去年夏天在别墅里他跟她可有过一段风流韵事啊。

他走进办公室，扣上房门，从文件柜的最下层拿出一副哑铃，向上，向前，向两边和向下各举了二十下，然后又把哑铃举过头顶，身子毫不费力地蹲下来三次。

“要锻炼身体,再没有比洗淋浴和做体操更好的办法了。”他边想边用无名指上戴着金戒指的左手摸摸右臂上隆起的一大块肌肉。他还要练一套击剑动作(他在长时间审理案子以前总要做这两种运动),这时房门动了一下,有人想推门进来。庭长慌忙把哑铃放回原处,开了门。

“对不起。”他说。

一个身材不高的法官,戴一副金丝边眼镜,耸起肩膀,脸色阴沉,走了进来。

“玛特维又没有来。”那个法官不高兴地说。

“还没有来,”庭长一边穿制服,一边回答,“他总是迟到。”

“真弄不懂,他怎么不害臊。”法官说,怒气冲冲地坐下来,掏出一支香烟。

这个法官是个古板君子。今天早晨同妻子吵过嘴,因为妻子不到时候就把这个月的生活费用光了。妻子要求他预支给她一些钱,他说决不通融。结果就闹了起来。妻子说,既然这样,那就不开伙,他别想在家里吃到饭。他听了这话转身就走,唯恐妻子真的照她威胁的那样办,因为她这人是什么事都做得出来的。“嘿,规规矩矩过日子就落得如此下场,”他心里想,眼睛瞧着那容光焕发、和蔼可亲的庭长,庭长正宽宽地叉开两臂,用细嫩的白手理着绣花领子两边又长又密的花白络腮胡子,“他总是洋洋得意,可我却在活受罪。”

书记官走进来,拿来一份卷宗。

“多谢!”庭长说着,点上一支烟。“先审哪个案?”

“我看就审毒死人命案吧!”书记官若无其事地说。

“好,毒死人命案就毒死人命案吧!”庭长说。他估计这个案四时以前可以结束,然后他就可以走,“玛特维还没有来吗?”

“还没有来。”

“那么勃列威来了吗?”

“他来了。”书记官回答。

“您要是看见他，就告诉他，我们先审毒死人命案。”

勃列威是在这个案子中负责提出公诉的副检察官。

书记官来到走廊里，遇见勃列威。勃列威耸起肩膀，敞开制服，腋下夹一个公文包，沿着走廊像跑步一般匆匆走来，鞋后跟踩得咯咯发响，那只空手拼命前后摆动。

“米哈伊尔·彼得罗维奇要我问一下，您准备好了没有。”书记官说。

“当然，我随时都可以出庭，”副检察官说，“先审哪个案？”

“毒死人命案。”

“太好了！”副检察官嘴里这样说，其实他一点也不觉得好，因为他通宵没有睡觉。他们给一个同事饯行，喝了许多酒，打牌一直打到半夜两点钟，又到正好是玛丝洛娃六个月前待过的那家妓院去玩女人，因此他没有来得及阅读毒死人命案的案卷，此刻想草草翻阅一遍。书记官明明知道他没有看过这案的案卷，却有意刁难，要庭长先审这个案。就思想来说，书记官是个自由派，甚至是个激进派。勃列威却思想保守，而且也像一切在俄国做官的德国人那样，特别笃信东正教。书记官不喜欢他，但又很羡慕他这个位置。

“那么，阉割派[①]教徒一案怎么样了？”书记官问。

“我说过我不能审理这个案子，”副检察官说，“因为缺乏证人，我也将这样向法庭声明。”

“那有什么关系……”

“我不能审理。”副检察官说完，又这样摆动手臂，跑到自己的办公室去了。

他借口一个证人没有传到而推迟审理阉割派教徒的案子，其实这个证人对本案无足轻重，他之所以推迟审理只是担心由受过教育的陪审员组成的法庭来审理，被告很可能被宣告无罪释放。但只要同庭长商量妥当，这个案子就可以转到县法庭去审理，那里陪审员中农民较多，判罪的

① 基督教的一个教派，认为生育是罪恶，因而阉割自己。

机会也就大得多。

走廊里熙熙攘攘,越来越热闹。人群多半聚集在民事法庭附近,那里正在审理那个喜欢打听案情的相貌堂堂的先生向陪审员们讲述的案子。在审讯休息时,民事法庭里走出一位老太太,就是她被那个天才律师硬敲出一大笔钱给一个生意人,而那个生意人本来是根本无权得到这笔钱的。这一点法官们都很清楚,原告和他的律师当然更清楚;可是律师想出来的办法太狠毒了,逼得那老太太非拿出这笔钱来不可。老太太身体肥胖,衣着讲究,帽子上插着几朵很大的鲜花。她从门里出来,摊开两条又短又粗的胳膊,嘴里不断地对她的律师说:"这究竟是怎么一回事? 请您帮个忙! 究竟是怎么一回事?"律师望着她帽子上的鲜花,自己想着心事,根本没有听她。

那位名律师跟在老太太后面,敏捷地从民事法庭走出来。他敞开背心,露出浆得笔挺的雪白硬胸,脸上现出得意洋洋的神色,因为他使头上戴花的老太太倾家荡产,而那个付给他一万卢布的生意人却得到了十万以上。大家的目光都集中在律师身上,他也察觉到这一点。他那副神气仿佛在说:"我没什么值得大家崇拜的。"他迅速地从人群旁边走过去了。

7

玛特维终于来了。还有那个脖子很长的瘦民事执行吏,下嘴唇撇向一边,趔趄着走进陪审员议事室。

这个民事执行吏为人正直,受过高等教育,但不论到哪里都保不住位置,因为他嗜酒成癖。三个月前,他妻子的保护人,一位伯爵夫人,给他谋得了这个职位,他总算保持到现在,并因此觉得高兴。

"怎么样,诸位先生,人都到齐了吗?"他戴上夹鼻眼镜后,从眼镜上方向四下里打量了下,说。

"看样子全到了。"快乐的商人说。

"让我们来核对一下。"民事执行吏说。他从口袋里掏出一张纸,开始点名,有时越过眼镜有时透过眼镜看看被点到名的人。

"五等文官尼基福罗夫。"

“是我。”那个相貌堂堂、熟悉各种案情的先生答应。

“退役上校伊凡诺夫。”

“有。”那个身穿退役军官制服的瘦子回答。

“二等商人巴克拉肖夫。”

“到，”那个和颜悦色、笑得咧开嘴巴的商人答道，“都准备好了！”

“近卫军中尉聂赫留朵夫公爵。”

“是我。”聂赫留朵夫回答。

民事执行吏越过眼镜向他瞧瞧，特别恭敬而愉快地向他鞠躬，借此表示聂赫留朵夫的身份与众不同。

“上尉丹钦科，商人库列肖夫。”等等，等等。

少了两个人，其余的都到了。

“诸位先生，现在请出庭。”民事执行吏愉快地指指门口，说。

大家纷纷起身，在门口互相让路，进入走廊，再从走廊来到法庭。

法庭是一个长方形大厅。大厅一端是一座高台，上去要走三级台阶。台中央放一张桌子，桌上铺一块绿呢桌布，边缘饰着深绿色穗子。桌子后面放着三把麻栎扶手椅，椅背很高，上面雕有花纹。椅子后面的墙上挂着一个金边镜框，框里嵌着一个色泽鲜明的将军全身像[①]。将军的军服上挂着绥带，一只脚跨前一步，一只手按住佩刀柄。右墙角上挂着一个神龛，里面供着头戴荆冠的基督像，神龛前面立着读经台。右边放着检察官的高写字台。左边，同高写字台对称，远远地放着书记官的小桌，靠近旁听席有一道光滑的麻栎栏杆，栏杆后面是被告坐的长凳。现在凳子还空着没有人坐。高台的右边放着两排高背椅，那是供陪审员坐的，高台下面的几张桌子是给律师用的。大厅被栏杆分成两部分，这一切都在大厅的前半部。大厅的后半部摆满长凳，一排比一排高，直到后面的墙壁。法庭后半部的前排长凳上坐着四个女人，又像工厂的女工，又像公馆里的女佣，还有两个男人，也是工人。他们显然被法庭的庄严肃穆气氛镇住了，因此

---

① 指沙皇像。

交谈时怯生生地压低声音。

陪审员们一坐好,民事执行吏就趔趄着来到法庭中央,仿佛要吓唬在场的人似的,放开嗓门叫道:

“开庭了!”

全体起立。法官纷纷走到台上:领头的是体格魁伟、留络腮胡子的庭长,然后是那个脸色阴沉、戴金丝边眼镜的法官。此刻他的脸色更加阴沉,因为他在出庭前遇到在当见习法官的内弟,内弟告诉他说,他刚才到姐姐那里去过,姐姐向他宣布家里不开饭。

“看来咱们只好上小饭店去吃饭了。”内弟笑着说。

“有什么可笑的!”脸色阴沉的法官说,他的脸色变得更加阴沉了。

最后上去的法官就是那个向来迟到的玛特维。他留着大胡子,一双善良的大眼睛向下耷拉着。这个法官长期患胃炎,遵照医生嘱咐今天早晨开始采用新的疗法,因此今天他在家里耽搁得比平时更久。此刻他走上台去,脸上现出专注的神气,因为他有一个习惯,常用各种不同方式预测各种问题。此刻他就在占卜,要是从办公室到法庭扶手椅座位的步数可以被三除尽,那么新的疗法定能治好他的胃炎,要是除不尽,那就治不好。走下来是二十六步,但他把最后一步缩小,这样就正好走了二十七步。

庭长和法官穿着衣领上镶有金线的制服,走上高台,气势十分威严。他们自己也意识到这一点,仿佛都为自己的威严感到不好意思,慌忙谦逊地垂下眼睛,坐到铺着绿呢桌布后面的雕花扶手椅上。桌上竖立着一个上面雕着一只鹰的三角形打击器,还放着几个食品店里盛糖果用的玻璃缸和墨水瓶、钢笔、白纸以及几支削尖的粗细铅笔。副检察官随着法官们进来。他还是那么匆匆忙忙,腋下夹着公文包,还是那么拼命摆动一只手,迅速走到窗边自己的座位上,一坐下就埋头翻阅文件,充分利用每一分钟时间为审案做着准备。副检察官提出公诉还是第四次。他热衷于功名,一心向上爬,因此凡是由他提出公诉的案子,最后非判刑不可。这个毒死人命案的性质他大致知道,并且已拟好发言提纲,不过他还需要一些资料,此刻正急急忙忙从卷宗中摘录着。

书记官坐在台上另一角，已把可能需要宣读的文件准备好，然后把昨天才弄到手和阅读过的一篇查禁的文章重读了一遍。他想跟那个同他观点一致的大胡子法官谈谈这篇文章，在谈论以前再好好看一遍。

8

庭长翻阅了一些文件，向民事执行吏和书记官提出几个问题，得到肯定的答复，就传被告出庭。栏杆后面的那扇门开了，两个宪兵头戴军帽，手拿出鞘的佩刀，走了进来。后面跟着三个被告，先是一个红棕色头发、脸上有雀斑的男人，再是两个女人。那男人穿着一件长大得同他的身材极不相称的囚袍。他一边走进法庭，一边叉开两手的大拇指，用手紧贴住裤缝，使过分长的衣袖不致滑下来。他眼睛不看法官和旁听者，却注视着他绕过的长凳。他绕过长凳，规规矩矩地坐在边上，留下位子给别人坐，然后眼睛盯住庭长，颊上的肌肉抖动起来，仿佛在嘟囔着什么。跟在他后面进来的是个年纪不轻的女人，身上也穿着囚袍。她头上包着一块囚犯用的三角头巾，脸色灰白，眼睛发红，没有眉毛，也没有睫毛。这个女人看上去十分镇定。她走到自己的位子旁边，长袍被什么东西钩住。她不慌不忙小心地把它摘开，坐下来。

第三个被告是玛丝洛娃。

玛丝洛娃一进来，法庭里的男人便都把目光转到她身上，久久地盯住她那张白嫩的脸、那双水汪汪的黑眼睛和长袍底下高高隆起的胸部。当她在人们面前走过时，就连那个宪兵也目不转睛地盯着她，直到她坐下。等她坐下了，宪兵这才仿佛觉得有失体统，慌忙转过脸去，振作精神，木然望着窗外。

庭长等着被告坐好；玛丝洛娃坐下来，他就转过脸去对书记官说话。

例行的审讯程序开始了：清点陪审员人数，讨论缺席陪审员问题，决定他们的罚款，处理请假陪审员的事，以及指定候补陪审员的名单。然后庭长折拢几张小纸片，把它们放到玻璃缸里，这才稍稍卷起制服的绣花袖口，露出汗毛浓密的双手，像魔术师似的摸出一张张纸条，打开来，念着纸条上的名字。随后庭长放下袖口,请司祭带陪审员们宣誓。

司祭是个小老头,脸上浮肿,脸色白中带黄。他身穿棕色法衣,胸前挂着金十字架,法衣一侧还别着一个小勋章。他慢吞吞地挪动法衣里的两条肿腿,走到圣像下面的读经台旁。

陪审员们都站起来,往读经台挤去。

"请过来!"司祭用浮肿的手摸摸胸前的十字架,等陪审员们走过去。

这个司祭任职已超过四十六年,再过三年就要像大司祭前不久那样庆祝任职五十周年了。自从陪审法庭开办以来[①]他就在区法庭任职,并感到十分自豪,因为由他带领宣誓的已多达几万人,而且到了晚年还能为教会、祖国和家庭出力。他死后不仅能给家人留下一座房子,而且还有不下于三万卢布的有息证券。他在法庭里带领人们凭福音书宣誓,而福音书恰恰禁止人们起誓,因此这项工作是不正当的。这一点他可从来没有想到过。他不仅从来不感到于心有愧,而且还很喜爱它,因为可以借此结识许多名流。今天他就认识了那位名律师,对他佩服得五体投地,因为他只办了击败那个帽子上戴花的老太太一案,就净到手一万卢布。

等陪审员都顺着台阶走到台上,司祭就侧着花白头发的秃头,套上油腻的圣带,然后理理稀疏的头发,向陪审员们转过脸去。

"举起右手,手指这样并拢。"他用苍老的声音慢吞吞地说,举起每个手指上都有小窝的浮肿的手,手指并拢,像捏住什么东西。"现在大家跟着我念,"他说着就领头宣誓,"凭万能的上帝,当着他神圣的福音书和赋予生命的十字架,我答应并宣誓,在审理本案时……"他说一句,顿一顿。"手这样举好,不要放下,"他对一个放下手来的年轻人说,"在审理本案时……"

留络腮胡子的相貌堂堂的人、上校、商人和另外几个人,都遵照司祭的要求举起右手,并拢手指,而且举得很高很有精神,看上去很高兴,可是其他的人似乎有点勉强,不大乐意这样做。有些人念誓词念得特别响,仿佛有意在挑衅说:"我照念就是了,照念就是了。"有些人只是喃喃地动动

① 俄国在1864年实行司法改革,成立陪审法院,刑事案件公开审判。

嘴巴，落在司祭后面，后来忽然惊觉了，慌忙赶上去，有些人恶狠狠地使劲捏拢手，仿佛怕落掉什么东西。有些人把手指松开又捏拢。个个都觉得别扭，只有小老头司祭满怀信心，自以为在干一件有益的大事。宣誓完毕，庭长请陪审员们选出一名首席陪审员来。陪审员们纷纷起立，挤在一起走进议事室。一到议事室，他们都立刻掏出香烟，吸起烟来。有人提议请那位相貌堂堂的绅士当首席陪审员，大家立刻赞同。他们丢掉或者捻灭烟蒂，回到法庭。当选的首席陪审员向庭长报告谁当选了，大家又回到原位，跨过别人的脚，在两排高背椅上坐好。

一切都进行得很顺利，毫不耽搁，气氛十分庄严。这种有条不紊、一丝不苟的仪式使参加者都很满意，更加坚信他们是在参加一项严肃而重大的社会工作。这一点聂赫留朵夫也感觉到了。

等陪审员们一坐好，庭长就向他们说明陪审员的权利、责任和义务。庭长讲话的时候不断改变姿势，一会儿身子支在左臂肘上，一会儿支在右臂肘上，一会儿靠在椅背上，一会儿搁在椅子的扶手上，一会儿弄齐一叠纸，一会儿摩挲裁纸刀，一会儿摸弄着铅笔。

庭长说，陪审员的权利是可以通过庭长审问被告，可以使用铅笔和纸，可以查看物证。他们的责任是审判必须公正，不准弄虚作假。他们的义务是保守会议秘密，不得与外界私通消息，如有违反，将受惩罚。

大家都恭恭敬敬地用心听着。那个商人周身散发出酒气，勉强忍住饱嗝，听到一句话，就点一下头表示赞成。

9

庭长讲话完毕，就向几个被告转过身去。

“西蒙 · 卡尔津金，站起来。”他说。

西蒙紧张地跳起来，颊上的肌肉抖动得更快了。

“你叫什么名字？”

“西蒙 · 彼得罗夫 · 卡尔津金。”他粗声粗气地急急说，显然事先已准备好了答辞。

“你的身份是什么?”

“农民。”

“什么省,什么县人?”

“土拉省,克拉比文县,库比央乡,包尔基村人。”

“多大年纪?”

“三十三岁,生于一千八百……”

“信什么教?”

“我们信俄国教,东正教。”

“结过婚吗?”

“没有,老爷。”

“做什么工作?”

“在摩尔旅馆当茶房。”

“以前吃过官司吗?”

“从来没有吃过官司,因为我们以前过日子……”

“以前没有吃过官司吗?”

“上帝保佑,从来没有吃过。”

“起诉书副本收到了吗?”

“收到了。”

“请坐下。叶菲米雅·伊凡诺娃·包奇科娃。”庭长叫下一个被告的名字。

但西蒙仍旧站着,把包奇科娃挡住。

“卡尔津金,请坐下。”

卡尔津金还是站着。

“卡尔津金,坐下!”

但卡尔津金一直站着,直到民事执行吏跑过去,侧着头,不自然地睁大眼睛,不胜感慨地低声说:“坐下吧,坐下吧!”他才坐下来。

卡尔津金像站起来时一样快地坐下,把身上的长袍裹裹紧,颊上的肌肉又不出声地抖动起来。

“你叫什么名字？”庭长不胜疲劳地叹了口气，问第二个被告，眼睛不瞧她，只顾查阅着面前的文件。对于庭长来说，审理案件已是家常便饭，若要加速审讯，他可以把两个案件一次审完。

包奇科娃四十三岁，出身科洛美诺城的小市民，也在摩尔旅馆当茶房。以前没有吃过官司，起诉书副本收到了。包奇科娃回答问题非常泼辣，那种口气仿佛在回答每句话时都说：“对，我叫叶菲米雅，也就是包奇科娃，起诉书副本收到了，我觉得挺有面子，谁也不许嘲笑我。”等庭长一问完，包奇科娃不等人家叫她坐，就立刻自动坐下。

“你叫什么名字啊？”好色的庭长特别亲切地问第三个被告，“你得站起来。”他发现玛丝洛娃坐着不动，和颜悦色地说。

玛丝洛娃身姿矫捷地站起来，现出唯命是从的神气，挺起高耸的胸部，用她那双笑盈盈而略微斜睨的黑眼睛盯住庭长的脸，什么也没回答。

“你叫什么名字？”

“柳波芙。”她迅速地说。

聂赫留朵夫这时已戴上**夹鼻眼镜**，随着庭长审问，挨个儿瞧着被告。他眼睛没有离开这第三个被告的脸，想：“这不可能，她怎么会叫柳波芙呢？”他听见她的回答，心里琢磨着。

庭长还想问下去，但那个戴眼镜的法官怒气冲冲地嘀咕了一句，把他拦住了。庭长点点头表示同意，又对被告说：

“怎么叫柳波芙呢？”他说，“你登记的不是这个名字。”

被告不做声。

“我问你，你的真名字叫什么？”

“你的教名叫什么？”那个怒容满面的法官问。

“以前叫卡吉琳娜。”

“这不可能。”聂赫留朵夫嘴里仍这样自言自语，但心里已毫不怀疑，断定她就是那个他一度热恋过，确确实实是热恋过的姑娘，姑妈家的养女兼侍女。当年他在情欲冲动下诱奸了她，后来又抛弃了她。从此以后，他再也不去想她，因为想到这件事实在太痛苦了。这件事使他原形毕露，表明他这个以正派人自居的人不仅一点也不正派，对那个女人的行为简直是十分下流。

对，这个女人就是她。这会儿他看出了她脸上那种独一无二的神秘特点。这种特点使每张脸都自成一格，与其他人不同。尽管她的脸苍白和丰满得有点异样，她的特点，与众不同的可爱特点，还是表现在脸上，嘴唇上，表现在略微斜睨的眼睛里，尤其是表现在她那天真烂漫、笑盈盈的目光中，表现在脸上和全身流露出来的唯命是从的神态上。

“你早就该这么说了，”庭长又特别和颜悦色地说，“你的父名叫什么？”

“我是个私生子。”玛丝洛娃说。

“那么按照你教父的名字该怎么称呼你呢？”

“米哈依洛娃。”

“她会做什么坏事呢？”聂赫留朵夫心里仍在琢磨，他的呼吸有点急促了。

“你姓什么，通常人家叫你什么？”庭长继续问。

“通常用母亲的姓玛丝洛娃。”

“身份呢？”

“小市民。”

“信东正教吗？”

“信东正教。”

“职业呢？你做什么工作？”

玛丝洛娃不做声。

“你做什么工作？”庭长又问。

“在店里。”她说。

“什么店？”戴眼镜的法官严厉地问。

“什么店您自己知道。”玛丝洛娃说，她扑哧一笑，接着迅速地向周围扫了一眼，又盯住庭长。

她脸上现出一种异乎寻常的神情，她的话、她的微笑和她迅速扫视法庭的目光是那么可怕和可怜，弄得庭长不禁垂下了头。庭上刹那间变得鸦雀无声。接着，这种寂静被一个旁听者的笑声打破了。有人向他发出嘘声。庭长抬起头，继续问她：

“你以前没有受到审判和侦讯吗？”

“没有。”玛丝洛娃叹了一口气，低声说。

“起诉书副本收到了吗？”

“收到了。”

“你坐下。”庭长说。

被告就像盛装的贵妇人提起拖地长裙那样提了提裙子，然后坐下来，一双白净的不大的手拢在囚袍袖子里，眼睛一直盯住庭长。

接着传证人，再把那些用不着的证人带下去，又推定法医，请他出庭，然后书记官起立，宣读起诉书。他念得很响很清楚，但因为念得太快，混淆了舌尖音和卷舌音，以致发出来的声音成了一片连续不断的嗡嗡声，令人昏昏欲睡。法官们一会儿把身子靠在椅子的这边扶手上，一会儿靠在那边扶手上，一会儿搁在桌上，一会儿靠在椅背上，一会儿闭上眼睛，一会儿睁开眼睛，交头接耳。有一个宪兵好几次要打呵欠，都勉强忍住。

几个被告中，卡尔津金颊上的肌肉不断抖动。包奇科娃挺直腰板坐在那里，镇定自若，偶尔用一只手指伸到头巾里搔搔头皮。

玛丝洛娃忽而一动不动地望着书记官，听他宣读，忽而全身抖动，脸涨得通红，似乎想进行反驳，然后又沉重地叹着气，双手换一种姿势，往四下里看了看，又盯住书记官。

聂赫留朵夫坐在第一排靠边第二座的高背椅上，摘下**夹鼻眼镜**，望着玛丝洛娃，他的内心展开了一场复杂而痛苦的活动。

10

起诉书全文如下：

“188×年 1 月 17 日摩尔旅馆有一名旅客突然死亡，经查明该旅客乃库尔干二等商人费拉邦特·叶密里央内奇·斯梅里科夫。

“经第四警察分局法医验明，死亡乃因饮酒过量、心力衰竭所致。斯梅里科夫尸体当即入土掩埋。

“案发数日后，斯梅里科夫同乡好友商人季莫兴自彼得堡归来，获悉斯梅里科夫死亡一事，疑有人谋财害命。

“关于此项怀疑，已由预审查明下列事实：（一）斯梅里科夫死亡前不久曾向银行提取现款三千八百银卢布。然而在封存死者遗物清单中只开列了现金三百一十二卢布十六戈比。（二）斯梅里科夫临死前一日曾在妓院和摩尔旅馆同妓女柳波芙（叶卡吉琳娜·玛丝洛娃）相处达一昼夜之久。叶卡吉琳娜·玛丝洛娃曾受斯梅里科夫之托，自妓院径赴摩尔旅馆取款。该玛丝洛娃即会同摩尔旅馆茶房叶菲米雅·包奇科娃和西蒙·卡尔津金，使用斯梅里科夫交与之钥匙，打开皮箱，取出现款。玛丝洛娃开箱时，包奇科娃和卡尔津金在场目睹箱内装有百卢布钞票若干叠。（三）斯梅里科夫偕同妓女玛丝洛娃自妓院回到摩尔旅馆后，玛丝洛娃受茶房卡尔津金怂恿，将彼交予的白色药粉掺入一杯白兰地中，使斯梅里科夫饮下。（四）次日早晨该妓女玛丝洛娃即将斯梅里科夫钻石戒指一枚售与女掌班，即妓院女老板和本案证人基达耶娃，声称戒指系斯梅里科夫所赠。（五）斯梅里科夫死后第二日，摩尔旅馆女茶房叶菲米雅·包奇科娃即至本地商业银行，在本人活期存款户中存入一千八百银卢布。

“经法医解剖尸体，化验内脏，查明死者体内确有毒药，据此足以断定该斯梅里科夫系中毒身亡。

“被告玛丝洛娃、包奇科娃与卡尔津金在受审时均不承认犯有罪行。玛丝洛娃供称，在彼所谓‘工作’的妓院中，斯梅里科夫确曾令彼到摩尔旅馆为该商人取款，彼即用交与之钥匙打开商人皮箱，并遵嘱取出四十银卢布，未曾多取分文，此点包奇科娃和卡尔津金都能证明，因开箱、取款、锁箱之际两人均在场目睹。玛丝洛娃又供称，彼第二次到商人斯梅里科夫房间后，确曾受卡尔津金教唆使商人饮下掺有药粉之白兰地，以为此药粉是安眠药，使商人服后熟睡，彼可及早脱身。戒指一枚确系商人斯梅里科夫所赠，因彼受到商人殴打，放声痛哭，且欲离去，该商人即以戒指相赠。”

“叶菲米雅·包奇科娃供称，失款一节彼毫无所知，彼从未踏进该商人房间，一切勾当均系玛丝洛娃一人所为，因此该商人如有失窃情事，定系玛丝洛娃持商人钥匙取款时谋财所致。”玛丝洛娃听到这里，全身打了个哆嗦，张开嘴巴，回头瞧了一眼包奇科娃。“当法庭向叶菲米雅·包奇科娃出示一千八百银卢布存款单并查询该存款来源时，彼供称：此乃彼同西蒙·卡尔津金二人十二年积攒所得，彼并准备同西蒙·卡尔津金结婚。又据西蒙·卡尔津金第一次受审时供称，玛丝洛娃持钥匙自妓院来旅馆，教唆彼与包奇科娃共同窃取现款，然后三人分赃。”玛丝洛娃听到这里身子又哆嗦了一下，甚至跳起来，脸涨得通红，嘴里嘀咕着什么，但被民事执行吏所制止。“最后卡尔津金还供认，彼曾将药粉交给玛丝洛娃，使该商人安眠；但在第二次审讯时又推翻前供，声称并未参与谋财案件，亦未曾将药粉交与玛丝洛娃，而将全部罪责推到玛丝洛娃一人身上。至于包奇科娃在银行存款一节，彼同包奇科娃供词相同，声称系彼二人十二年来在旅馆听差所得之小费。”

接着，起诉书列举被告对质记录、证人供词、法院鉴定人意见，等等。

起诉书结尾如下：

“综上所述，包尔基村农民西蒙·彼得罗夫·卡尔津金，年三十三岁，小市民叶菲米雅·伊凡诺娃·包奇科娃，年四十三岁，小市民叶卡吉琳娜·米哈依洛娃·玛丝洛娃，年二十七岁，被控于188×年1月17日经过预谋，窃取商人斯梅里科夫现款和戒指一枚，共值二千五百银卢布，谋财害命，以毒药掺酒灌醉斯梅里科夫，致彼死亡。

“查此项罪行触犯刑法第一四五三条第四款和第五款。据此按《刑事诉讼程序条例》第二〇一条规定，农民西蒙·卡尔津金、叶菲米雅·包奇科娃和小市民叶卡吉琳娜·玛丝洛娃应交由地方法院会同陪审员审理。”

书记官这才念完长篇起诉书，收拾好文件，坐下来，双手理理长头发。大家都轻松地舒了一口气，愉快地感觉到审讯就要开始，一切都会水落石出，正义就可得到伸张。只有聂赫留朵夫一人没有这样的感觉。他想到十年前他所认识的天真可爱的姑娘玛丝洛娃竟会犯下这样的罪行，不由得大惊失色。

11

等到起诉书念完,庭长同两个法官商量了一番,然后转身对卡尔津金说话,脸上的神情分明表示,这下子我们就会把全部案情弄个水落石出了。

“农民西蒙·卡尔津金。”他身子侧向左边,开口说。

西蒙·卡尔津金站起来,两手贴住裤子两侧的接缝,整个身子向前冲,两边腮帮无声地抖动个不停。

“你被控于188×年1月17日串通叶菲米雅·包奇科娃和叶卡吉琳娜·玛丝洛娃盗窃商人斯梅里科夫皮箱里的现款,然后拿来砒霜,唆使叶卡吉琳娜·玛丝洛娃放在酒里给商人斯梅里科夫喝下,致使斯梅里科夫中毒毙命。你承认自己犯了罪吗?”他说完把身子侧向右边。

“绝对没这回事,因为我们的本分是伺候客人……”

“这话你留到以后再说。你承认自己犯了罪吗?”

“绝对没有,老爷,我只是……”

“有话以后再说。你承认自己犯了罪吗?”庭长从容而坚决地再次问道。

“我可不会干这种事,因为……”

民事执行吏又连忙奔到西蒙·卡尔津金身边,悲天悯人地低声制止他。

庭长现出对他的审问已经完毕的神气,把拿文件那只手的臂肘挪了个地方,转身对叶菲米雅·包奇科娃说话。

“叶菲米雅·包奇科娃,你被控于188×年1月17日在摩尔旅馆串通西蒙·卡尔津金和叶卡吉琳娜·玛丝洛娃从商人斯梅里科夫皮箱里盗窃其现款与戒指一枚,三人分赃,并为掩盖你们的罪行,让商人斯梅里科夫喝下毒酒,致使他毙命。你承认自己犯了罪吗?”

“我什么罪也没有,”这个女被告神气活现地断然说,“我连那个房间都没有进去过……既然那个贱货进去过,那就是她作的案。”

“这话你以后再说，”庭长又是那么软中带硬地说，“那么你不承认自己犯了罪吗？”

“钱不是我拿的，酒也不是我灌的，我连房门都没有踏进去过。我要是在场，准会把她撵走。”

“你不承认自己犯了罪吗？”

“从来没犯过。”

“很好。”

“叶卡吉琳娜·玛丝洛娃，”庭长转身对第三个被告说，“你被控带着商人斯梅里科夫的皮箱钥匙从妓院去到摩尔旅馆，窃取箱里现款和戒指一枚。”他像背书一般熟练地说，同时把耳朵凑近左边的法官，那个法官对他说，查对物证清单还少一个酒瓶。“窃取箱里现款和戒指一枚，”庭长又说了一遍，“你们分了赃，然后你又同商人斯梅里科夫一起回到摩尔旅馆，你给斯梅里科夫喝了毒酒，因而使他毙命。你承认自己犯了罪吗？”

“我什么罪也没有，”她急急地说，“我原先这么说，现在也这么说，我没有拿过，没有拿过就是没有拿过，我什么也没有拿过，至于戒指，是他自己给我的……”

“你不承认犯有盗窃两千五百卢布现款的罪行吗？”庭长问。

“我说过，除了四十卢布以外，我什么也没有拿过。”

“那么，你犯了给商人斯梅里科夫喝毒酒的罪行，你承认吗？”

“这事我承认。不过人家告诉我那是安眠药，吃了没有关系，我也就相信了。我没有想到他会死，我也没有存心要害他。我可以当着上帝的面起誓，我没有这个念头。”她说。

“这么说，你不承认犯有盗窃商人斯梅里科夫现款和戒指的罪行，”庭长说，“可是你承认给他喝过毒酒，是吗？”

“承认是承认，不过我以为那是安眠药。我给他吃是为了要他睡觉。我没有想害死他，我没有这个念头。”

“很好，”庭长说，对取得的结果显然很满意，“那么你把事情的经过说一说，”他说，身子往椅背一靠，两手放在桌上，“把全部经过从头到尾说一说。你老实招供就可以得到从宽发落。”

玛丝洛娃眼睛一直盯着庭长，一言不发。

“你把事情的经过说一说。”

“事情的经过吗？”玛丝洛娃忽然很快地说，“我乘马车到了旅馆，他们把我领到他的房间里，当时他已经喝得烂醉了。”她说到他这个字时，脸上露出异常恐惧的神色，眼睛睁得老大。“我想走，他不放。”

她住了口，仿佛思路突然断了，或者想到了别的事。

“那么，后来呢？”

“后来还有什么呢？后来在那里待了一阵，就回家了。”

这当儿，副检察官怪模怪样地用一个臂肘支撑着，欠起身来。

“您要提问吗？”庭长问，听到副检察官肯定的回答，就做做手势，表示给他提问的权利。

“我想提一个问题：被告以前是不是认识西蒙·卡尔津金？”副检察官眼睛不望玛丝洛娃，说。

他提了问题，就抿紧嘴唇，皱起眉头。

庭长把这个问题重说了一遍，玛丝洛娃恐惧地直盯着副检察官。

“西蒙吗？以前就认识。”她说。

“现在我想知道被告同卡尔津金的交情怎么样。他们是不是常常见面？”

“交情怎么样吗？他常常找我去接客，谈不到什么交情。”玛丝洛娃回答，惊惶不安地瞧瞧副检察官，又望望庭长，然后又瞧瞧副检察官。

“我想知道，为什么卡尔津金总是只找玛丝洛娃接客，而不找别的姑娘。”副检察官眯缝起眼睛，带着阴险多疑的微笑，说。

“我不知道。教我怎么知道？”玛丝洛娃怯生生地向四下里瞧了瞧，她的目光在聂赫留朵夫身上停留了一刹那。她回答说，“他想找谁就找谁。”

“难道被她认出来了？”聂赫留朵夫心惊胆战地想，觉得血往脸上直涌。其实玛丝洛娃并没有认出他，她立刻转过身去，又带着恐惧的神情凝视着副检察官。

“这么说,被告否认她同卡尔津金有过什么亲密关系,是吗？很好。我没有别的话要问了。”

副检察官立刻把臂肘从写字台上挪开,动手做笔记。其实他什么也没有记,只是用钢笔随意描着笔记本上的第一个字母。他常常看到检察官和律师这样做:当他们提了一个巧妙的问题以后,就在足以给对方致命打击的地方做个记号。

庭长没有立刻对被告说话,因为他这时正在问戴眼镜的法官,他同意不同意提出事先准备好并开列在纸上的那些问题。

“那么后来怎么样呢?”庭长又问玛丝洛娃。

“我回到家里,”玛丝洛娃继续说,比较大胆地瞧着庭长一个人,“我把钱交给掌班,就上床睡觉了。刚刚睡着,我们的姐妹别尔塔就把我唤醒了。她说:‘走吧,你那个做买卖的又来了。’我不愿意去,可是掌班硬叫我去。他就在旁边,”她一说到他字,显然又现出恐惧的神色,“他一直在给我们那些姐妹灌酒,后来他还要买酒,可是身上的钱花光了。掌班不信任他,不肯赊账。他就派我到旅馆去。他告诉我钱在哪里,取多少。我就去了。”

庭长这时正在同左边那个法官低声交谈,没有听见玛丝洛娃在说什么,但为了假装他全听见了,就重复说了一遍她最后的那句话。

“你就乘车去了。那么后来又怎么样呢?”他说。

“我到了那里,就照他的话办,走进他的房间。不是自己一个人走进房间的,我叫了西蒙·米哈伊洛维奇一起进去,还有她。”她说着指指包奇科娃。

“她胡说,我压根儿没有进去过……”包奇科娃刚开口,就被制止了。

“我当着他们的面拿了四张红票子[①]。”玛丝洛娃皱起眉头,眼睛不瞧包奇科娃,继续说。

“那么,被告取出四十卢布时,有没有注意到里面有多少钱?”副检察官又问。

---

① 10卢布面值的钞票。

副检察官刚提问,玛丝洛娃就全身打了个哆嗦。她不懂是什么缘故,但觉得他对她不怀好意。

“我没有数过,我只看见都是些百卢布钞票。”

“被告看见了百卢布钞票,那么,我没有别的话要问了。”

“那么,后来你把钱取来了?”庭长看看表,又问。

“取来了。”

“那么,后来呢?”庭长问。

“后来他又把我带走了。”玛丝洛娃说。

“那么,你是怎样把药粉放在酒里给他喝下去的?”庭长问。

“怎样给吗?我把药粉撒在酒里,就给他喝了。”

“你为什么要给他喝呢?”

她没有回答,只无可奈何地长叹了一口气。

“他一直不肯放我走,”她沉默了一下,说,“我被他搞得筋疲力尽。我走到走廊里,对西蒙·米哈伊洛维奇说:‘但愿他能放我走。我累坏了。’西蒙·米哈伊洛维奇说:‘他把我们也弄得烦死了。我们来让他吃点安眠药,他一睡着,你就可以脱身了。’我说:‘好的。’我还以为那不是毒药。他就给了我一个小纸包。我走进房间,他躺在隔板后面,一看见我就要我给他倒白兰地。我拿起桌上一瓶上等白兰地,倒了两杯,一杯自己喝,一杯给他喝。我把药粉撒在他的杯子里。给他吃。我要是知道那是毒药,还会给他吃吗?”

“那么,那个戒指怎么会落到你手里的?”庭长问。

“戒指,那是他自己送给我的。”

“他什么时候送给你的?”

“我跟他一回到旅馆就想走,他就打我的脑袋,把梳子都打断了。我生气了,拔脚要走。他就摘下手上的戒指送给我,叫我别走。”玛丝洛娃说。

这时副检察官又站起来,仍旧装腔作势地要求庭长允许他再提几个问题。在取得许可以后,他把脑袋歪在绣花领子上,问道:

“我想知道，被告在商人斯梅里科夫房间里待了多少时间。”

玛丝洛娃又露出惊惶失措的神色，目光不安地从副检察官脸上移到庭长脸上，急急地说：

“我不记得待了多久。”

“那么，被告是不是记得，她从商人斯梅里科夫房间里出来后，有没有到旅馆别的什么地方去过？”

玛丝洛娃想了想。

“到隔壁一个空房间里去过。”她说。

“你到那里去干什么？”副检察官忘乎所以，竟直接向她提问题了。[①]

“我去理理衣服，等马车来。”

“那么，卡尔津金有没有同被告一起待在房间里？”

“他也去了。”

“他去干什么？”

“那商人还剩下一点白兰地，我们就一块儿喝了。”

“噢，一块儿喝了。很好。”

“那么，被告有没有同西蒙说过话？说了些什么？”

玛丝洛娃忽然皱起眉头，脸涨得通红，急急地说：

“说了什么？我什么也没有说。有过什么，我全讲了，别的什么也不知道。你们要拿我怎么办，就怎么办吧。我没有罪，就是这样。”

“我没有别的话了。”副检察官对庭长说，装腔作势地耸起肩膀，动手在他的发言提纲上迅速记下被告的供词：她同西蒙一起到过那个空房间。

法庭上沉默了一阵子。

“你没有什么别的话要说吗？”

“我都说了。”玛丝洛娃叹口气说，坐下来。

随后庭长在一张纸上记了些什么，接着听了左边的法官在他耳边低声说的话，就宣布审讯暂停十分钟，匆匆地站起来，走出法庭。庭长同左

---

① 检察官按理必须通过庭长才能提问题，不能直接审问被告。

边那个高个儿、大胡子、生有一双善良大眼睛的法官交谈的是这样一件事：那个法官感到胃里有点不舒服，自己要按摩一下，吃点药水。他把这事告诉了庭长，庭长就宣布审讯暂停。

陪审员、律师、证人随着法官纷纷站起来，大家高兴地感到一个重要案件已审完了一部分，开始走动。

聂赫留朵夫走进陪审员议事室，在窗前坐下来。

12

对，她就是卡秋莎。

聂赫留朵夫同卡秋莎的关系是这样的：

聂赫留朵夫第一次见到卡秋莎，是在他念大学三年级那年的夏天。当时他住在姑妈家，准备写一篇关于土地所有制的论文。往年，他总是同母亲和姐姐一起在莫斯科郊区他母亲的大庄园里歇夏。但那年夏天他姐姐出嫁了，母亲出国到温泉疗养去了。聂赫留朵夫要写论文，就决定到姑妈家去写。姑妈家里十分清静，没有什么玩乐使他分心，两位姑妈又十分疼爱他这个侄儿兼遗产继承人。他也很爱她们，喜欢她们淳朴的旧式生活。

那年夏天，聂赫留朵夫在姑妈家里感到身上充满活力，心情舒畅。一个青年人，第一次不按照人家的指点，亲自体会到生活的美丽和庄严，领悟到人类活动的全部意义，看到人的心灵和整个世界都可以达到尽善尽美的地步。他对此不仅抱着希望，而且充满信心。那年聂赫留朵夫在大学里读了斯宾塞的《社会静力学》。斯宾塞关于土地私有制的论述给他留下深刻的印象，这特别是由于他本身是个大地主的儿子。他的父亲并不富有，但母亲有一万俄亩光景的陪嫁。那时他第一次懂得土地私有制的残酷和荒谬，而他又十分看重道德，认为因道德而自我牺牲是最高的精神享受，因此决定放弃土地所有权，把他从父亲名下继承来的土地赠送给农民。现在他正在写一篇论文，论述这个问题。

那年他在乡下姑妈家的生活是这样过的：每天一早起身，有时才三点钟,太阳还没有出来,就到山脚下河里去洗澡,有时在晨雾弥漫中洗完澡回家,花草上还滚动着露珠。早晨他有时喝完咖啡,就坐下来写论文或者查阅资料,但多半是既不读书也不写作,又走到户外,到田野和树林里散步。午饭以前,他在花园里打个瞌睡,然后高高兴兴地吃午饭,一边吃一边说些有趣的事,逗得姑妈们哈哈大笑。饭后他去骑车或者划船,晚上又是读书,或者陪姑妈们坐着摆牌阵。夜里,特别是在月光溶溶的夜里,他往往睡不着觉,原因只是他觉得生活实在太快乐迷人了。有时他睡不着觉,就一面胡思乱想,一面在花园里散步,直到天亮。

他就这样快乐而平静地在姑妈家里住了一个月,根本没有留意那个既是养女又是侍女、脚步轻快、眼睛乌黑的卡秋莎。

聂赫留朵夫从小由他母亲抚养成长。当年他才十九岁,是个十分纯洁的青年。在他的心目中,只有妻子才是女人。凡是不能成为他妻子的女人都不是女人,而只是人。但事有凑巧,那年夏天的升天节①,姑妈家有个女邻居带着孩子们来做客,其中包括两个小姐、一个中学生和一个寄住在她家的农民出身的青年画家。

吃过茶点以后,大家在屋前修剪平坦的草地上玩“捉人”游戏。他们叫卡秋莎也参加。玩了一阵,轮到聂赫留朵夫同卡秋莎一起跑。聂赫留朵夫看到卡秋莎,总是很高兴,但他从没想到他同她会有什么特殊关系。

“哦,这下子说什么也捉不到他们两个了,”轮到“捉人”的快乐画家说,他那两条农民的短壮罗圈腿跑得飞快,“除非他们自己摔跤。”

“您才捉不到哪!”

“一,二,三!”

他们拍了三次手。卡秋莎忍不住格格地笑着,敏捷地同聂赫留朵夫交换着位子。她用粗糙有力的小手握了握他的大手,向左边跑去,她那浆过的裙子发出窸窸窣窣的响声。

聂赫留朵夫跑得很快,他不愿意让画家捉到,就一个劲儿地飞跑。他

---

① 基督教节日,在复活节后四十天,5月1日至6月4日之间。

回头一看，瞧见画家在追卡秋莎，但卡秋莎那两条年轻的富有弹性的腿灵活地飞跑着，不让他追上，向左边跑去。前面是一个丁香花坛，没有一个人跑到那里去，但卡秋莎回过头来看了聂赫留朵夫一眼，点头示意，要他也到花坛后面去。聂赫留朵夫领会她的意思，就往丁香花坛后面跑去。谁知花丛前面有一道小沟，沟里长满荨麻，聂赫留朵夫不知道，一脚踏空，掉到沟里去。他双手被荨麻刺破，还沾满了晚露。但他立刻对自己的鲁莽感到好笑，爬了起来，跑到一块干净的地方。

卡秋莎那双水灵灵的乌梅子般的眼睛也闪耀着笑意，她飞也似的迎着他跑来。他们跑到一块儿，握住手。①

"我看，您准是刺破手了。"卡秋莎说。她用那只空着的手理理松开的辫子，一面不住地喘气，一面笑眯眯地从脚到头打量着他。

"我不知道这里有一道沟。"聂赫留朵夫也笑着说，没有放掉她的手。

她向他靠近些，他自己也不知道怎么搞的，竟向她凑过脸去。她没有躲避，他更紧地握住她的手，吻了吻她的嘴唇。

"你这是干什么！"卡秋莎说。她慌忙抽出被他握着的手，从他身边跑开去。

卡秋莎跑到丁香花旁，摘下两支已经凋谢的白丁香，拿它们打打她那热辣辣的脸，回过头来向他望望，就使劲摆动两臂，向做游戏的人们那里走去。

从那时起，聂赫留朵夫同卡秋莎之间的关系就变了，那是一个纯洁无邪的青年同一个纯洁无邪的少女相互吸引的特殊关系。

只要卡秋莎一走进房间，或者聂赫留朵夫老远看见她的白围裙，世间万物在他的眼睛里就仿佛变得光辉灿烂，一切事情就变得更有趣，更逗人喜爱，更有意思，生活也更加充满欢乐。她也有同样的感觉。不过，不仅卡秋莎在场或者同他接近时有这样的作用，聂赫留朵夫只要一想到世界上有一个卡秋莎，就会产生这样的感觉。而对卡秋莎来说，只要想到聂赫

---

① 在这种游戏中，被追的两人在一个地方会合，相互握手，表示胜利。

留朵夫，也会产生同样的感觉。聂赫留朵夫收到母亲令人不快的信也罢，论文写得不顺利也罢，或者心头起了青年人莫名的惆怅也罢，只要一想到世界上有一个卡秋莎，他可以看见她，一切烦恼就都烟消云散了。

卡秋莎在家里事情很多，但她总能一件件做好，还偷空看些书。聂赫留朵夫把自己刚看过的陀思妥耶夫斯基和屠格涅夫的小说借给她看。她最喜爱屠格涅夫的中篇小说《僻静的角落》。他们只能找机会交谈几句，有时在走廊里，有时在阳台或者院子里，有时在姑妈家老女仆玛特廖娜的房间里——卡秋莎跟她同住——有时聂赫留朵夫就在她们的小房间里喝茶，嘴里含着糖块。他们当着玛特廖娜的面谈话，感到最轻松愉快。可是到了剩下他们两人的时候，谈话就比较别扭。在这种时候，他们眼睛所表达的话和嘴里所说的话截然不同，而眼睛所表达的要重要得多。他们总是撅起嘴，提心吊胆，待不了多久就匆匆分开。

聂赫留朵夫第一次住在姑妈家，他同卡秋莎一直维持着这样的关系。两个姑妈发现他们这种关系，有点担心，甚至写信到国外去告诉聂赫留朵夫的母亲叶莲娜·伊凡诺夫娜公爵夫人。玛丽雅姑妈唯恐德米特里同卡秋莎发生暧昧关系。但她这种担心是多余的，因为聂赫留朵夫也像一切纯洁的人谈恋爱那样，不自觉地爱着卡秋莎，他对她的这种不自觉的爱情就保证了他们不致堕落。他不仅没有在肉体上占有她的欲望，而且一想到可能同她发生这样的关系就心惊胆战。但具有诗人气质的索菲雅姑妈的忧虑就要切实得多。她生怕具有敢作敢为的可贵性格的德米特里一旦爱上这姑娘，就会不顾她的出身和地位，毫不迟疑地同她结婚。

如果聂赫留朵夫当时明确地意识到自己爱上了卡秋莎，尤其是如果当时有人劝他绝不能也不应该把他的命运同这样一个姑娘结合在一起，那么，凭着他的憨直性格，他就会断然决定非同她结婚不可，不管她是个怎样的人，只要他爱她就行。不过，两位姑妈并没有把她们的忧虑告诉他，因此他没有意识到自己对这个姑娘的爱情，就这样离开了姑妈家。

他当时满心相信，他对卡秋莎的感情只是他全身充溢着生的欢乐的一种表现，而这个活泼可爱的姑娘也有着和他一样的感情。临到他动身的时刻,卡秋莎同两位姑妈一起站在台阶上,用她那双泪水盈眶、略带斜睨的乌溜溜的眼睛送着他,他这才感到他正在失去一种美丽、珍贵、一去不返的东西。他觉得有种说不出的惆怅。

“再见,卡秋莎,一切都得谢谢你!”他坐上马车,隔着索菲雅姑妈的睡帽,对她说。

“再见,德米特里·伊凡内奇!”她用亲切悦耳的声音说,忍住满眶的眼泪,跑到门廊里,在那儿放声哭了起来。

13

从那时起,聂赫留朵夫整整三年没有同卡秋莎见面。直到三年后他升为军官,动身去部队,路过姑妈家,这才又见到了她。但同三年前的夏天住在她们家里时相比,他已换了个人了。

那时他是个正派青年,富有自我牺牲精神,乐意为一切高尚事业献身;如今他可成了一个彻头彻尾的利己主义者,迷恋酒色,享乐成癖。那时,上帝创造的世界在他看来是个谜,他兴致勃勃地企图解开这个谜;现在呢,生活中的一切事情都简单明了,都是由他所处的生活环境安排的。那时,接触大自然,接触前人——在他以前生活、思想和感觉过的哲学家、诗人——是重要的;现在呢,重要的是社会制度和跟同事们的交际活动。那时,他觉得女人是神秘而迷人的,正因为神秘就更加迷人;现在呢,女人,除了亲人和朋友的妻子,她们的作用都很清楚:女人是他领略过的最好的玩乐用具。那时他不需要钱,母亲给他的钱连三分之一都花不掉,他可以放弃父亲名下的地产,分赠给他的佃户;现在呢,母亲按月给他一千五百卢布,他还不够用,为了钱他跟母亲拌过嘴。那时,他认为精神的生命才是真正的“我”;现在呢,他以为精力充沛的强壮的兽性的“我”才是他自己。

他身上发生各种可怕的变化,只是由于他不再坚持自己的信念而相信别人的理论。他不再坚持自己的信念而相信别人的理论,因为要是坚持自己的信念,日子就太不好过。要是坚持自己的信念,处理一切事情就不利于追求轻浮享乐的兽性的我，而总会同它抵触。相信别人的理论，就根本无须处理什么，一切问题都迎刃而解，而且总是同精神的我抵触而有利于兽性的“我”。此外，他要是坚持自己的信念，总会遭到人家的谴责；他要是相信别人的理论，就会获得周围人们的赞扬。

譬如，聂赫留朵夫思索上帝、真理、财富、贫穷等问题，阅读有关书籍并同人家谈论这些事，人家就会觉得不合时宜，简直有点可笑，他的母亲和姑妈就会好意地取笑他，戏称他是*我们亲爱的哲学家*。但他看爱情小说，讲淫秽笑话，到法国剧院看轻松喜剧，并且津津乐道，大家就称赞他，鼓励他。他省吃俭用，穿旧大衣，不喝酒，大家就觉得他脾气古怪，有意标新立异。他在打猎上挥金如土，在布置书房上穷奢极侈，大家就吹捧他风雅脱俗，还送给他贵重礼品。他原来童贞无瑕，并且想保持到结婚，但他的亲人都为他担忧，以为他有病，后来他母亲知道他从同事手里夺了一个法国女人，成了真正的男子汉，不仅不难过，反而感到高兴。但公爵夫人一想到儿子同卡秋莎的关系，而且可能同她结婚，就感到忧心忡忡。

同样，聂赫留朵夫成年以后，他把父亲遗留给他的一块面积不大的地产分赠给农民，因为他认为地主拥有土地是不合理的。不料他这种行为却使他的母亲和亲戚大为吃惊，并且从此成为大家嘲弄的话题。人家多次告诉他，获得土地的农民不仅没有发财，反而更穷了，因为他们开了三家小酒店，索性不干农活。等聂赫留朵夫进了近卫军，跟门第高贵的同僚们一起花天酒地，输去许多钱，弄得叶莲娜·伊凡诺夫娜不得不动用存款，她却满不在乎，反而认为这是理所当然的，甚至觉得年轻时在上流社会种些痘苗以增加免疫力，还是件好事。

聂赫留朵夫起初作过反抗，但十分困难，因为凡是他凭自己的信念认为是好的，别人却认为是坏的；反之，他凭自己的信念认为是坏的，别人却认为是好的。最后聂赫留朵夫屈服了，不再坚持自己的信念而相信别人的话。开头这样的自我否定是很不愉快的，但这种不愉快的感觉并没有持续多久。就在这时聂赫留朵夫开始吸烟喝酒，他不再感到不愉快，甚至觉得轻松自在了。

聂赫留朵夫天生热情好动，不久就沉湎于这种受亲友称道的新生活中，把内心的其他要求一概排斥了。这种变化开始于他来到彼得堡以后，而在他进入军界后彻底完成。

军官生活本来就容易使人堕落。一个人一旦进入军界，就终日无所事事，也就是说脱离合理的有益劳动，逃避人们共同负担的义务，而换来的则是军队、军服、军旗的荣誉。再有，一方面是颐指气使，对别人享有无限权力；另一方面，在长官面前却又奴颜婢膝，唯命是从。

不过，除了进军队服务以及军服、军旗和合法的暴行屠杀所造成的一般性堕落外，在有钱有势的军官才能进入的近卫军团里，军官们因为富裕和接近皇室而格外堕落。这批人很容易发展成为疯狂的利己主义者。聂赫留朵夫自从担任军职，开始像同僚们那样生活以来，他就落入了这种疯狂的利己主义的泥沼之中。

他没有什么正经事要做，只需穿上不是他自己而是别人精心缝制、洗刷干净的军服，戴上头盔，拿起别人铸造、擦亮并交到他手里的武器，跨上一匹由别人饲养和训练的骏马，跟着那些同他一样的人去参加练兵或者检阅，也就是纵马奔驰，挥舞马刀，开枪射击，并把这一套教给别人就行了。他们没有别的事做，但那些达官贵人，不论老少，连沙皇和他的亲信都赞同他们的活动，甚至因此夸奖他们，感谢他们。这些活动结束以后，他们认为正当和重要的是到军官俱乐部或者豪华的饭店里去吃吃喝喝，纵情挥霍不知从哪里弄来的金钱；然后就是剧场，舞会，女人，然后又是骑马，舞刀，奔驰，然后又是挥金如土，喝酒，打牌，玩女人。

这样的生活对军人的腐蚀特别厉害。因为要是一个平民过这样的生活，他内心深处就会感到害臊。军人过这样的生活却心安理得，并且自吹自擂，引以为荣，特别是在战争时期。聂赫留朵夫正好是在向土耳其宣战后进入军队的。“我们准备为国捐躯，因此这种花天酒地的生活不仅可以原谅，而且在我们是必要的。所以我们才这样过日子。”

聂赫留朵夫在生命的这个阶段也隐隐约约有这样的想法。他由于冲破了以前给自己定下的种种道德藩篱，一直感到轻松愉快，并且经常处于利己主义的疯狂状态中。

三年后他到姑妈家去的时候，正处在这样的精神状态中。

14

聂赫留朵夫这次到姑妈家去，是因为他所在的部队已开赴前方，他中途要经过她们的庄园，而且两位姑妈热情邀请他去，但主要的原因是他很想看看卡秋莎。也许在灵魂深处他已产生那如今脱缰的兽性的冲动，对卡秋莎起了歹念，但这一点他自己并没有意识到。他只是想重游他曾快乐地生活过的地方，看看两位对他一向十分慈爱和赞赏、可笑而又可亲的姑妈，看看给他留下愉快回忆的天真可爱的卡秋莎。

他是在3月底耶稣受难日[①]到达的。当时冰雪初融，道路泥泞，而且下着倾盆大雨，把他淋得浑身湿透，身子冻僵，但他还是生气蓬勃，精神焕发——在那个时候，他总是这样的。"她是不是还在她们家里？"马车到达姑妈家熟识的旧式地主庄园时，他心里想。庄园院子里堆着从屋顶上掉下来的积雪，周围砌着一道矮墙。他满心希望，她一听见他的铃铛声就会跑到台阶上，但只看见两个裙裾掖在腰里的赤脚女人提着水桶从边门出来，她们显然正在擦地板。正门入口处也没有她的人影子，只见听差吉洪一人出来。他系着围裙，看来也在打扫房子。索菲雅姑妈身穿丝绸连衣裙，头戴睡帽，来到了前厅。

"啊，你到底来了，太好了！"索菲雅姑妈一边吻他，一边说。"玛丽雅姑妈有点不舒服，她刚才去教堂累了。我们领过圣餐了。"

"恭喜你，索菲雅姑妈，"聂赫留朵夫吻了吻索菲雅姑妈的手说，"对不起，我把您弄湿了。"

"快到房间里去，你浑身都湿透了。瞧你已经有胡子了……卡秋莎！卡秋莎！快给他拿咖啡来。"

"我这就来！"走廊里传来熟识的好听声音。

---

① 复活节前最后一个礼拜五。

聂赫留朵夫高兴得心都怦怦直跳。“她还在这儿!”好像太阳从云端里露出脸来。聂赫留朵夫兴高采烈地跟着吉洪到他以前住过的房间里去换衣服。

聂赫留朵夫很想向吉洪打听一下卡秋莎的情况:她身体好吗?过得怎么样?是不是快出嫁了?可是吉洪的态度是那么毕恭毕敬,庄重严肃,并且一定要亲自给他用水冲手,弄得聂赫留朵夫不好意思向他打听卡秋莎的事,只能问问他的孙子们好不好,那匹被唤作“哥哥”的老马和看家狗波尔康怎么样。原来孙子们和老马都很好,挺强壮,只有波尔康去年疯了。

聂赫留朵夫脱下身上的湿衣服,刚要穿上干净衣服,忽然听见急促的脚步声,接着是敲门声。聂赫留朵夫从脚步声和敲门声中听出是谁来了。只有她才是这样走路和敲门的。

他披上潮湿的军大衣,走到门口。

“请进!”

果然是她,是卡秋莎。还是同原来一样,但出落得越发俏丽可爱了。那双纯洁的略带斜睨的黑眼睛仍旧那么笑盈盈地从脚到头打量人。她仍旧系着洁白的围裙。姑妈让她送来一块刚剥去包装纸的香皂和两条毛巾:一条是俄国式大浴巾,一条是手巾。不论是没有用过的字迹清楚的香皂,还是那两条毛巾,或者卡秋莎本人,都是那么洁净、新鲜、纯朴、惹人喜爱。她那两片线条清楚的可爱红唇,像上次看见他时一样,由于内心难以抑制的喜悦而皱了起来。

“欢迎您,德米特里·伊凡内奇!”她好不容易才说出口,脸涨得通红。

“你好……您好,”聂赫留朵夫不知道对她说话用“你”好还是用“您”好,脸涨得像她一样红,“身体好吗?”

“感谢上帝……您瞧,姑妈叫我给您送您喜爱的玫瑰香皂来了。”她说着把肥皂放在桌上,把手巾往椅子扶手上一搭。

“人家侄少爷自己有。”吉洪夸耀客人的阔气说,得意洋洋地指指聂赫留朵夫那个打开的大梳妆箱。箱子里放着许多银盖的瓶子、刷子、发蜡、香水和其他化妆用品。

“您帮我谢谢姑妈。我来到这里，真高兴。”聂赫留朵夫说，觉得心里像上次一样开朗和温暖。

她听了这话只微微一笑，就走了。

两位姑妈一向宠爱聂赫留朵夫，这次见到他格外高兴。德米特里出去打仗，可能负伤，也可能阵亡。这就使两位姑妈格外疼他。

聂赫留朵夫原定在姑妈家只停留一天一夜，但见了卡秋莎，他就决定多待两天，过了复活节再走。于是他给他的朋友和同事申包克打了个电报，请他们到姑妈家来。他们原先约定在敖德萨会合。

聂赫留朵夫第一天看到卡秋莎，就对她燃起了旧情。他像上次一样，看见卡秋莎的白围裙就兴奋，听见她的脚步声、说话声和笑声就快乐，看见她那双水汪汪像乌梅子一样的眼睛，特别是当她微笑的时候，他就心醉，主要是当他们相遇的时候，他一看见她满脸红晕的模样，就心慌意乱。他发觉自己在恋爱了，但不像以前那样觉得恋爱是个谜，他连自己都不敢承认他在恋爱，并且认为人的一生只能恋爱一次。现在他又在恋爱了，并且意识到这一点，还因此感到高兴。他隐隐约约地知道，恋爱是怎么一回事，结果会怎么样。

聂赫留朵夫也像所有的人那样，身上同时存在着两个人。一个是精神的人，他所追求的是那种对人对己统一的幸福；一个是兽性的人，他一味追求个人幸福，并且为了个人幸福不惜牺牲全人类的幸福。在目前这个时期，彼得堡生活和部队生活唤起的利己主义在他身上恶性发作，兽性的人在他身上占了上风，把精神的人完全压倒了。不过，他看见了卡秋莎，旧情复发，精神的人又抬头了，并且重新支配着他的行动。在复活节前的这两天里，聂赫留朵夫身上一刻不停地展开着连他自己都不清楚的内心斗争。

他心里明白他该走了，他没有理由留在姑妈家里，知道留着不会有什么好事，但待在这里实在太快乐了，他不愿正视这种危险，就留了下来。

在复活节前一天，礼拜六傍晚，司祭带了助祭和诵经士乘雪橇赶来做晨祷。他们说,他们千辛万苦才穿过水塘和干地,走完从教堂到姑妈家的三里路。

聂赫留朵夫同姑妈和仆人站在一起做完晨祷,同时目不转睛地盯住卡秋莎,看她站在门口,送来了手提香炉。他同司祭和两位姑妈互吻了三次,正要到房间里去睡觉,忽然听见玛丽雅姑妈的老女仆玛特廖娜同卡秋莎一起在走廊里,正准备到教堂去行复活节蛋糕和奶饼的净化礼。他暗暗打定主意:“我也去。”

去教堂的路,马车不能通行,雪橇也不好走。聂赫留朵夫在姑妈家一向像在自己家里一样随便,他吩咐仆人把那匹叫“哥哥”的公马备好鞍子,自己不上床睡觉,却穿上漂亮的军服和紧身马裤,披上军大衣,跨上那匹不住嘶叫的膘肥体壮的老公马,摸黑穿过水塘和雪地向教堂跑去。

15

这次晨祷给聂赫留朵夫一辈子留下极其鲜明极其深刻的印象。

通过稀稀落落散布着几堆白雪的漆黑道路,他骑马蹚着水,来到教堂前的院子里。他的马看见教堂周围的点点灯火,竖起耳朵。这时候,礼拜已开始了。

有几个农民认出他是玛丽雅小姐的侄儿,就领他到干燥的地方下马,牵过马来拴好,然后把他带到教堂里。教堂里已挤满了过节的人。

右边都是庄稼汉:老头子身穿土布长袍,脚包白净的包脚布,外套树皮鞋;小伙子身穿崭新的呢长袍,腰束色彩鲜艳的阔腰带,脚登高统皮靴。左边都是女人,她们头上包着红绸巾,身穿棉绒紧身袄,配着大红衣袖,系着蓝色、绿色、红色或者花色的裙子,脚上穿着钉上铁钉的半筒靴。老年妇女衣着朴素,站在后面,她们包着白头巾,身穿灰短袄,系着老式毛织裙子,脚穿平底鞋或者崭新的树皮鞋。人群中还夹杂着孩子,他们打扮得漂漂亮亮,头发抹得油光光。农民们画十字,甩动头发鞠躬。妇女们,特别是那些上了年纪的,用她们褪了色的眼睛盯着蜡烛和圣像,用并拢的手指紧紧地按按额上的头巾、双肩和腹部,嘴里念念有词,弯腰站着或者跪下。

孩子们看见有人在瞧着他们,就学大人的样,一个劲儿地做祷告。镀金的圣像壁,被周围饰金大蜡烛和小蜡烛照得金光闪闪。枝形大烛台上插满了蜡烛,光辉灿烂。从唱诗班那里传来业余歌手欢乐的歌声,其中夹杂着嘶哑的男低音和尖细的童声。

聂赫留朵夫向前走去。教堂中央站着上层人物:一个地主带着妻子和穿水兵服的儿子,警察分局局长,电报员,穿高统皮靴的商人,佩戴奖章的乡长。在读经台右边,地主太太后面站着玛特廖娜。玛特廖娜身穿闪光的紫色连衣裙,披着有流苏的白色大围巾。卡秋莎站在她旁边,身穿一件胸前有皱褶的雪白连衣裙,腰里系着一根浅蓝带子,乌黑的头发上扎着一个鲜红的蝴蝶结。

整个教堂里都洋溢着喜悦、庄严、欢乐和美好的气氛。司祭们穿着银光闪闪的法衣,挂着金十字架。助祭和诵经士穿着有金银丝绦装饰的祭服。业余歌手们也都穿着节日的盛装,头发擦得油光闪亮。节日的赞美诗听上去像欢乐的舞曲。司祭们高举插有三支蜡烛、饰有花卉的烛台,不停地为人们祝福,嘴里反复欢呼:"基督复活了! 基督复活了!"一切都很美丽,但最美丽的却是那穿着雪白连衣裙、系着浅蓝腰带、乌黑的头发上扎着鲜红蝴蝶结、眼睛闪耀着快乐光芒的卡秋莎。

聂赫留朵夫发觉她虽然没有回过头来,却看见了他。他是在走向祭坛,经过她身边时注意到的。他对她本没有什么话要说,但就在经过她身边时想出了一句,"姑妈说,做完晚弥撒她就开斋。"

就像每次见到他那样,她那可爱的脸蛋上泛起了青春的红晕,乌黑的眼睛闪耀着笑意和欢乐,她天真烂漫地从脚到头瞅着聂赫留朵夫。

"我知道。"她笑眯眯地说。

这当儿,一个诵经士手里拿着一把铜咖啡壶,穿过人群,在经过卡秋莎身边时没有留神,他的祭服下摆触到了卡秋莎。那诵经士显然是由于尊敬聂赫留朵夫,有意从他旁边绕过去,结果却触到了卡秋莎。聂赫留朵夫心里奇怪,那个诵经士怎么会不明白,这里的一切,连全世界的一切,都是为卡秋莎一人而存在的,他可以忽视世间万物,但不能怠慢卡秋莎,因为她就是世界的中心。为了她,圣像壁才金光闪闪,烛台上的蜡烛才欢乐地燃烧;为了她,人们才高歌欢唱:"耶稣复活了,人们啊,欢乐吧!"世上一切美好的东西都是为她,为她一人而存在的。他认为卡秋莎也懂得,一切都是为了她。聂赫留朵夫注视着她那穿带皱褶雪白连衣裙的苗条身材,注视着她那张聚精会神的喜气洋洋的脸,心里有这样的感觉。他还从她脸部的表情上看出,她心里所唱的和他心里所唱的是同一首歌。

聂赫留朵夫在早弥撒和晚弥撒之间那个时刻走出教堂。人们纷纷给他让路,向他鞠躬。有人认识他,有人却问:"他是谁家的?"他在教堂门前的台阶上停住脚步。乞丐们把他团团围住。他把钱包里的零钱都分给他们,这才走下台阶。

天已经亮了,四下里一切都看得清楚,但太阳还没有升起。人们分散在教堂周围的墓地上。卡秋莎留在教堂里。聂赫留朵夫站在门口等她。

人们陆续从教堂里出来,他们靴底的钉子在石板地上敲得叮叮作响。他们走下台阶,分散到教堂前面的院子里和墓地上。

玛丽雅姑妈家的糕点师傅,老态龙钟,脑袋不断颤动,拦住聂赫留朵夫,同他互吻了三次。糕点师傅的老伴头上包着一块丝绸三角巾,头巾下面有一个皮肤打皱的小肉团。她从手绢里取出一个黄澄澄的复活节蛋,送给聂赫留朵夫。这当儿,一个体格强壮的青年庄稼汉,身穿一件崭新的紧身外套,腰里束着一条绿色宽腰带,笑嘻嘻地走过来。

"基督复活了!"他眼睛里含着笑意说。他向聂赫留朵夫凑过脸来,使他闻到一股庄稼汉身上所特有的好闻气味,他那鬈曲的大胡子扎得聂赫留朵夫脸上发痒,接着就用他那宽厚的滋润的嘴唇对住聂赫留朵夫的嘴唇吻了三次。

就在聂赫留朵夫跟那个庄稼汉亲吻,接受他所送的深棕色复活节蛋时,出现了玛特廖娜的闪光连衣裙和那个戴着鲜红蝴蝶结的可爱的乌黑脑袋。

她隔着前面过路人的头看见了他,他也看到她容光焕发的脸。

她跟玛特廖娜一起走到教堂门口的台阶上站住,散钱给乞丐。一个鼻子烂得只剩块红疤的乞丐走到卡秋莎跟前。她从手绢里取出一样东西送给他,然后向他凑拢去,丝毫没有嫌恶的样子,眼睛里依旧闪耀着快乐的光辉,同他互吻了三次。正当她同乞丐接吻的时候,她的目光同聂赫留朵夫的目光相遇了。她仿佛在问:她这样做好吗?做得对吗?

“对,对,宝贝,一切都很好,一切都很美,我喜欢这样。”他的眼神这样回答。

她们走下台阶,他就走到她跟前。他不想按复活节的规矩同她互吻,只想同她挨得近一点。

“基督复活了!”玛特廖娜说。她低下头,微笑着,那口气仿佛在说:今天大家平等。接着她把手绢揉成一团,擦擦嘴,把嘴唇向他凑过去。

“真的复活了!”聂赫留朵夫回答,同她接吻。

他回头看了卡秋莎一眼。她绯红了脸,同时向他挨过来。

“基督复活了!德米特里·伊凡内奇!”

“真的复活了!”他说。他们互吻了两次,仿佛迟疑了一下,还要不要再吻一次。终于决定再吻一次,他们就吻了第三遍。接着两人都笑了笑。

“你们不去找司祭吗?”聂赫留朵夫问。

“不,德米特里·伊凡内奇,我们要在这里坐一会儿。”卡秋莎说,仿佛在愉快的劳动以后用整个胸部深深地呼吸着,同时用她那双温柔、纯洁、热烈而略带斜睨的眼睛盯住他的眼睛。

男女之间的爱情总有达到顶点的时刻,在那样的时刻既没有自觉和理性的成分,也没有肉欲的成分。这个基督复活节的夜晚,对聂赫留朵夫来说就是这样的时刻。如今他每次回想到卡秋莎,这个夜晚的情景总是盖过了他看见她的其余各种情景。那个头发乌黑光滑的小脑袋,那件束住她处女的苗条身材和不高胸部的有皱褶的雪白连衣裙,那个泛起红晕的脸蛋,那双由于未眠而略带斜睨的乌黑发亮的眼睛,再有她全身焕发出来的特点:她那纯洁无瑕的少女的爱,不仅对着他——这一点他知道——而且对着世上一切人,一切事物,不仅对着人间一切美好的事物而且对着她刚才吻过的那个乞丐。

他知道她心里有这样的爱,因为他意识到,这一夜他通宵达旦也有这样的感情,并且知道,正是这种爱把他同她联结在一起。

唉,要是他们的关系能保持在那天夜里的感情上,那该多好!“是的,那件可怕的事是在复活节夜晚之后发生的呀!”现在聂赫留朵夫坐在陪审员议事室窗前,暗自想着。

16

聂赫留朵夫从教堂回来后,就跟姑妈们一起开斋。为了提提神,他按照军队里的习惯,喝了伏特加和葡萄酒,然后回到自己房里,和衣倒在床上睡着了。一阵敲门声把他吵醒。他从敲门声上听出,这是她,就揉揉眼睛,伸着懒腰坐起来。

“卡秋莎,是你吗? 进来。”他下了床说。

她把房门稍微推开一点。

“请您去吃饭。”她说。

她仍旧穿着那件雪白的连衣裙,但头发上的蝴蝶结不见了。她瞅了一下他的眼睛,满面春风,仿佛她告诉了他一件特殊的大喜讯。

“我这就来。”他一边回答,一边拿起梳子来梳头发。

她站在那里没有走。他一发觉,就丢下梳子,向她走去。但就在这当儿,她敏捷地转过身,像往常那样,轻快地沿着过道的花地毯走去。

“我真傻,”聂赫留朵夫自言自语,“我为什么不把她留住?”

他拔脚跑去,在过道里追上她。

他要拿她怎么样,连他自己也说不上来。不过他觉得,刚才她走进房间,他应该像一般人在这种场合那样,对她做些什么,可是他没有做。

“卡秋莎,你等一下。”他说。

她回头一看。

“您要什么?”她停住脚步说。

“没什么,不过……”

他提起精神,想到一般男人处在这种场合会怎么办,就搂住卡秋莎的腰。

她站住了，对他的眼睛瞧瞧。

“别这样，德米特里 · 伊凡内奇，别这样。”她脸红得简直要哭出来，说，同时用她那粗糙有力的手推开那只搂住她的胳膊。

聂赫留朵夫放开她，有那么一会儿，他不仅感到十分羞愧，而且觉得自己可恶。他应该相信自己的这种感情，可是他不知道这种羞耻心正是他灵魂里表现出来的最高尚的感情，反而认为他自己愚蠢，他应该像一般人那样行动才对。

他又一次追上她，搂住她，吻她的脖子。这一次的吻同前两次——那次在丁香花坛后面情不自禁的一吻和今天早晨在教堂里的接吻完全不同。这一次的吻是可怕的，这一点她也感觉到了。

“您这是干什么呀？”她惊叫起来，仿佛他打碎了一个无价之宝，再也无法补救似的。她拔腿从他身边跑掉了。

他走到餐厅。两位盛装的姑妈、一个医生和一位女邻居都站在放冷盘的桌旁等着。一切都同平时一样，可是聂赫留朵夫心里却起了风暴。人家对他说什么，他根本没有听进去，回答得牛头不对马嘴，一心只想着卡秋莎，回味着刚才在过道里追上她时的一吻。他没有心思想别的事。她每次进来，他眼睛没有看她，却总是真切地感觉到她就在旁边，他必须竭力克制自己不去看她。

午饭以后，他立刻回到自己屋里，情绪激动地走来走去，留神房子里的声音，希望能听到她的脚步声。他身上那个兽性的人，如今不仅抬起头来，而且把他初来时和今天早晨在教堂里还存在的精神的人踩在脚下。如今这个可怕的兽性的人独霸了他的心灵。尽管他一直在守候她，今天他却毫无机会同她单独见面。多半是她在躲避他吧。但到了傍晚，她凑巧有事到他隔壁房间里去。原来是医生要留下来过夜，卡秋莎只得替他铺床。聂赫留朵夫一听见她的脚步声，就屏住呼吸，蹑手蹑脚跟着她进去，仿佛去干什么犯法的事似的。

她两只手伸进干净的枕头套里，抓住枕头角，回头看了他一眼，微微一笑,但已不是原先那种轻松愉快的欢笑,而是一种恐惧的可怜巴巴的苦笑。这笑容仿佛向他表示,他这样做是要不得的。他刹那间愣住了。现在还能进行斗争。他对她真正爱的声音,虽然微弱,但毕竟还在响着,他不能不考虑到她,考虑到她的感情,她的生活。但在他的内心里还有另一个声音:别错过自己的享乐,别错过自己的幸福。后面那个声音压倒了前面的声音。他断然走到她跟前。那种按捺不住的可怕兽性控制了他。

聂赫留朵夫搂住她不放,按她坐在床上。他觉得还有些什么事要做,就在她旁边坐下。

"德米特里·伊凡内奇,好少爷,请您放手,"她哀求说,"玛特廖娜来了!"她一边叫,一边挣脱身子。门外真的传来了脚步声。

"那我晚上去找你,"聂赫留朵夫说,"屋里不是只有你一个人吗?"

"您在说什么? 千万别这样! 别这样!"她嘴里这么说,而她整个兴奋慌乱的神态表现出来的却是另一回事。

来的果然是玛特廖娜,她走进房里,手臂上搭着一条被子,不以为然地对聂赫留朵夫瞅了一眼,责备卡秋莎拿错了被子。

聂赫留朵夫默默地走了出去。他甚至没有感到羞耻。他从玛特廖娜的脸色上看出,她在责怪他,而且责怪得有理,因为他自己也知道干的事不对,但原先被他对她的纯洁爱情压制着的兽性如今控制了他,霸占了他,把其他一切感情都扼杀了。现在他知道,要满足这种兽性该怎么办,就竭力想办法。

整个黄昏他都感到心神不宁,一会儿走到姑妈们屋里,一会儿回到自己的房间,一会儿又走到台阶上,心里只盘算着一件事,怎样同她单独见面。不过,她在躲避他,而玛特廖娜却寸步不离地看住她。

17

整个黄昏就这样过去,黑夜降临了。医生去睡觉了。两位姑妈也安歇了。聂赫留朵夫知道玛特廖娜此刻在姑妈卧室里,女仆屋里只有卡秋莎一人。他又走到台阶上。户外漆黑,潮湿,温暖。空中弥漫着白茫茫的迷雾。春天里,这样的雾能化开残雪,也许雾本身就是由残雪融化而成的。房子前面百步开外的峭壁下有条小河,从那边传来一种古怪的响声,那是冰层破裂的声音。

聂赫留朵夫走下台阶,踩着冰雪覆盖的水塘,来到女仆屋子窗口。他的心在胸膛里怦怦直跳,跳得他自己都能听见。他时而屏住呼吸,时而长叹一声。女仆屋里点着一盏小灯。卡秋莎独自坐在桌旁沉思,眼睛瞪着前方。聂赫留朵夫一动不动地瞧了她好一阵,很想看看在她认为没人看见的时候她会做些什么。她木然不动地坐了两分钟光景,这才抬起眼睛,微微一笑,摆摆头,仿佛在责备自己,然后换了个姿势,突然把双臂往桌上一搁,眼睛呆呆地望着前方。

他站在那里瞧着她,不自觉地同时听着自己的心跳和从小河那边传来的古怪响声。那里,在雾蒙蒙的河上,正在发生持续不断的缓慢的变化:一会儿是什么东西在呼哧呼哧喘气,一会儿是咔嚓一声裂开,一会儿是哗啦一下崩塌,一会儿是薄冰像玻璃一样互相碰撞,发出清脆的响声。

他站在那里,瞧着卡秋莎由于内心斗争激烈而显得苦恼的沉思的脸,他很可怜她,但说来奇怪,这种怜悯心反而加强了他对她的欲念。

他被欲念完全控制了。

他敲了敲窗子。她像触电似的浑身打了个哆嗦,脸上露出恐怖的神色。接着她跳起来,走到窗前,把脸贴到窗玻璃上。她用双手在眼睛上搭了个凉棚,认出是他,但她脸上的恐惧神色并没有消失。她的神态异常严肃,他从来没有看见过她这种模样。直到他微微一笑,她也才笑了笑,仿佛只是为了迎合他才笑的。她心里根本不想笑,有的只是恐惧,他对她做了个手势,要她出来。她摇摇头,表示不出来,可是依旧站在窗边。他又一次把脸凑近玻璃窗,想喊她出来,但就在这当儿她向房门口转过身去,显然有人在叫她。聂赫留朵夫离开了窗口。雾很浓,离开房子五步就看不见窗子,只剩下一团漆黑的影子,中间现出一个似乎很大的红色灯光。河那边仍旧传来古怪的喘气、崩塌、坼裂和冰块相撞的声音。在附近浓雾弥漫的院子里,有一只公鸡啼起来,附近几只公鸡响应它,然后从远处村子里也传来互相呼应、汇成一片的鸡鸣。不过，除了河那边，四下里还是一片宁静。这时鸡已啼第二遍了。

聂赫留朵夫在房子转角来回走了两下，好几次踩在水塘里，又回到女仆屋子窗边。灯依旧亮着，卡秋莎依旧坐在桌旁，仿佛有什么事拿不定主意。他一走到窗口，她对他望了一眼。他敲了敲窗子。她没有看是谁在敲，就从屋里跑出来。他听见门钩“嗒”地响了一声，接着外道门“吱”地一声开了。他在门廊里等她，立刻默默地把她搂住了。她紧偎着他，抬起头，嘴凑过去迎接他的吻。他们站在门廊转角处干燥的地方，他全身被没有满足的欲望煎熬着。突然外道门又发出咯吱吱的响声，又传来玛特廖娜怒气冲冲的声音：

“卡秋莎！”

她从他的怀抱中挣脱出来，回到女仆屋里。他听见门钩又嗒地一声扣上。接着一切又归于寂静，窗里的灯火不见了，只剩下一片迷雾和河上的响声。

聂赫留朵夫走到窗口，一个人也看不见。他敲敲窗子，没有人答应。聂赫留朵夫从前门台阶回到房子里，但睡不着觉。他脱下靴子，光着脚板从过道走到她的房门口，旁边就是玛特廖娜的房间。起初他只听见玛特廖娜平静的鼾声，他刚要进去，忽然听见她咳嗽起来，翻了个身，弄得床铺嘎吱发响。他屏住呼吸，一动不动地站了五分钟光景。等到一切又安静下来，又听到平静的鼾声，他就竭力从那些不会吱嘎发响的地板上往前走去，一直走到她的房门口。什么声音也没有。她显然没有睡着，因为听不见她的鼾声。他刚低声唤了一声“卡秋莎”，她就霍地跳起来，走到房门边，生气地——他有这样的感觉——劝他走开。

“这像什么话？唉，这怎么行？姑妈她们会听见的，”她嘴里这样说，但整个身子却仿佛在说，“我整个人都是你的。”

这一点只有聂赫留朵夫懂得。

“喂，你开一开门。我求求你了。”他语无伦次地说。

她不做声，接着他听见一只手摸索门钩的响声。门钩嗒地一声拉开了，他钻进打开的门里。

他一把抓住她，她只穿着一件又粗又硬的衬衣，露着两条胳膊。他把她抱起来，走出房门。

“哎呀！您这是干什么？”她喃喃地说。

但他不理她，一直把她抱到自己房里。

“哎呀！别这样，您放手！”她嘴里这么说，身子却紧紧地偎着他。

……

等她浑身哆嗦，一言不发，也不答理他的话，默默地从他房里走出去，他这才来到台阶上，站在那里，竭力思索刚才发生的事的意义。

房子外面亮了一些。河那边冰块的坼裂声、撞击声和呼呼声更响了。除了这些响声，如今又增加了潺潺的流水声。迷雾开始下沉，从雾幕后面浮出一钩残月，凄凉地照着黑漆漆、阴森森的地面。

“我这是怎么啦，是交了好运还是倒了大霉？”他问自己。“这种事是常有的，人人都是这样的。”他自己回答，接着就到房间里睡觉去了。

18

第二天，申包克衣冠楚楚，兴致勃勃，到聂赫留朵夫姑妈家来找他。申包克凭他的文雅、殷勤、乐观、慷慨和对聂赫留朵夫的友爱博得了两位姑妈的欢心。他的慷慨虽然很讨姑妈们喜欢，但有点过分，使她们感到疑惑。门口来了几个瞎眼乞丐，他一给就是一个卢布。他给仆人们发赏钱，一次就发了十五卢布。索菲雅姑妈的小狮子狗修才特卡当着他的面碰破了脚，他就亲自替它包扎，毫不犹豫地掏出自己的花边麻纱手绢（索菲雅姑妈知道，这种手绢至少要十五卢布一打），把它撕成一条条，给修才特卡做绷带。姑妈们从来没有见过这样的人，根本不会想到这个申包克其实欠了二十万卢布的债，而且他自己也知道是永世还不清的，因此多二十五卢布或少二十五卢布对他没有什么区别。

申包克只逗留了一天，第二天晚上就同聂赫留朵夫一起走了。他们不能再待下去，因为到了部队报到的最后期限。

在姑妈家度过的最后一天里，聂赫留朵夫脑子里还清清楚楚地记得前一夜的事。他的内心有两种感情在搏斗着：一种是兽性爱所引起的热辣辣的充满情欲的回忆，这种情欲虽不及预期的那样醉人，但毕竟达到了目的，得到了一定的满足；另一种感情是觉得自己做了一件很坏的事，必须加以弥补，但弥补不是为了她，而是为了自己。

聂赫留朵夫身上利己主义恶性发作，他想到的只有他自己。他考虑的是，要是人家知道他对她干的事，会不会责备他，会责备到什么程度。他根本没有想到，她现在的心情怎样，将来会产生什么后果。

他以为申包克猜到了他同卡秋莎的关系，这使他的虚荣心得到了满足。

"难怪你忽然对两位姑妈恋恋不舍，在她们家里住了一个礼拜，"申包克看到卡秋莎，对聂赫留朵夫说。"我要是处在你的地位，也不肯走了。真迷人！"

聂赫留朵夫还想到，虽然没有尝够同她恋爱的欢乐，就此离开未免有点遗憾，但既然非走不可，那么索性让这种无法维持的关系一刀两断，未尝不是件好事。他还想到，应该送她一些钱，不是为了她，不是因为她可能需要钱，而是因为遇到这样的事，通常都是这么做的。既然他玩弄了她，要是不给她一些钱，人家会说他不是个正派人。于是他就给了她一笔钱，那数目，就他的身份和她的地位而言，他认为是相当丰厚的。

临走那天，他吃过午饭，在门廊里等她。她一看见他，脸刷地红起来。她对他使了个眼色，示意他女仆屋里的门开着，想走过去，但他把她拦住了。

"我想跟你告别，"他手里揉着装有一百卢布钞票的信封，说，"这是我……"

她猜到是什么，皱起眉头，摇摇头，把他的手推开。

"不，你拿去。"他喃喃地说，把信封塞在她的怀里。他像被火烫痛似的，皱起眉头，哼哼着，跑回自己房里去。

随后他在房间里来回踱了好一阵，一想起刚才那一幕，他浑身抽搐，甚至跳起来，大声呻吟，仿佛肉体上感到痛楚似的。

“可是有什么办法呢？大家都是这样。申包克同家庭女教师有过这样的事，这是他亲口讲的。格里沙叔叔也有过这类事。父亲也干过这样的事。当时父亲住在乡下，同那个农家女人生了私生子米金卡，那孩子至今还活着。既然大家都这样做，那就是合情合理的。”他这样宽慰自己，可是怎么也宽不了心。他一想起这件事，良心就受到谴责。

在他的内心，在他的内心深处，他知道他的行为很卑鄙、恶劣、残酷。一想到这事，他不仅无权责备别人，而且不敢正眼看人，更不要说像原来那样自认为是个高尚、纯洁、慷慨的青年了。但他必须保持原来那种对自己的看法，才能快快活活满怀信心地活下去。而要做到这一点，只有一个办法，就是不去想它。他就这样办了。

他开始过新的生活：来到新的环境，遇见新的同事，投入战争。这种生活过得越久，那件事的印象就越淡薄，最后他真的把它完全忘记了。

只有一次，那是在战争结束以后，他希望看到卡秋莎，就拐到姑妈家去，这才知道她已经不在了。他走后不久，她就离开姑妈家到外面去分娩，生了个孩子。两位姑妈听人家说，她完全堕落了。他心里很难受。按分娩时间推算，她生的孩子可能是他的，但也可能不是他的。两位姑妈都说她堕落了，因为她像她母亲一样生性淫荡。姑妈们这种说法他听了高兴，因为仿佛替他开脱了罪责。起初他还想找寻她和孩子，但后来，由于想到这事内心感到太痛苦太羞耻了，就不再费力气去找寻，而且忘记了自己的罪孽，不再想到它。

但是现在，这种意料不到的巧遇使他想起了一切，逼着他承认自己没有心肝，承认自己残酷卑鄙，良心上背着这样的罪孽，居然还能心安理得地过了十年。不过，要他真正承认这一点，还为时过早，目前他所考虑的只是这事不能让人家知道，她本人或者她的辩护人不要把这事和盘托出，弄得他当众出丑。

四

童　年

第一章　教师卡尔·伊凡内奇

18××年8月12日，也就是我满十岁生日、得到许多精美礼物后的第三天，早晨七点钟，卡尔·伊凡内奇用糖纸绑在棒上做成的苍蝇拍在我头顶上方拍苍蝇，把我弄醒了。他动作笨拙，碰到了挂在栎木床架上我的守护神，还让死苍蝇一直落到我的头上。我从被子下露出鼻子，用于扶住还在摇晃的圣像，把死苍蝇扔到地上，又睡意蒙眬而怒气冲冲地瞪了卡尔·伊凡内奇一眼。卡尔·伊凡内奇身穿一件花哨的棉睡袍，腰束一条同样料子的腰带，头戴一顶红色的毛线带缨子小圆帽，脚穿一双山羊皮靴，一直顺着墙壁走来走去，瞄准苍蝇就拍。

“就算我年纪小，”我想，“他凭什么吵醒我？他为什么不在伏洛嘉床边打苍蝇？瞧，他那边有多少！哼，伏洛嘉比我大，我比谁都小，所以他就欺负我。他一辈子就是跟我过不去，”我嘀咕说。“他明明看到我被他弄醒，吓了一跳，却装作没有看见……这家伙真是讨厌！他的睡袍、小圆帽、帽缨，没有一样不叫人恶心！”

我心里这样恨着卡尔·伊凡内奇，他却走到自己床前，望了望床头上方那个台座上镶玻璃珠的挂钟，把苍蝇拍挂到钉子上，心情愉快地向我们转过身来。

“起来，孩子们，起来！……该起来了，妈妈已在饭厅里等着了。”[①]他和颜悦色地用德语大声说，走到我床边坐下，又从口袋里掏出鼻烟壶。我假装睡着了。卡尔·伊凡内奇先嗅了一撮鼻烟，擦擦鼻子，弹弹手指，再来对付我。他笑着搔搔我的脚后跟，说：“喂，喂，懒骨头！”[②]

尽管我很怕痒，我仍不起床，也不理他，只是把头往枕头底下钻，两脚乱踢，竭力忍住不笑出声来。

“他这人多好，他多爱我们，可我却把他想得那么坏！”

我恨自己，也恨卡尔·伊凡内奇，我又想笑，又想哭，心情很激动。

“哦，别碰我，[③]卡尔·伊凡内奇！”我含着眼泪叫道，从枕头底下伸出头来。

卡尔·伊凡内奇大为惊讶，放下我的脚，焦急地问我是怎么回事？是不是做了噩梦？……他那和善的德国脸型，他竭力要弄清我流泪的原因，这种关怀使我哭得更伤心了。我感到害臊，我真弄不懂，一分钟之前我怎么会不喜欢卡尔·伊凡内奇，甚至讨厌他的睡袍、小圆帽和帽缨？现在，正好相反，我觉得他的一切都非常可爱，连他的帽缨也表明他这人十分善良。我对他说，我哭是因为做了噩梦，我梦见妈妈死了，她被抬去埋葬。其实这都是我瞎编的。我一点也不记得夜里做过什么梦。但卡尔·伊凡内奇却被我瞎编的故事所感动，连忙安慰我。这时，我仿佛觉得真的做过噩梦，而我流泪则是由于别的原因。

等卡尔·伊凡内奇一走，我就从床上抬起身来，把长筒袜往小脚上穿，我的眼泪减少些，但由那场瞎编的噩梦所引起的阴郁心情却一直没有消除。男仆尼古拉走来，他身材矮小，外表整洁，做事认真仔细，待人彬彬有礼，是卡尔·伊凡内奇的好朋友。他给我们送来衣服和鞋：给伏洛嘉送来靴子，给我送来我当时很不喜欢的带花结皮鞋。我不好意思在他面前

---

① 原文是德语。

② 原文是德语。

③ 原文是德语。

哭，再说朝阳正喜气洋洋地从窗子里照进来，伏洛嘉站在洗脸盆旁模仿玛丽雅·伊凡诺夫娜（姐姐的家庭教师）的动作，笑得那么快乐那么响亮，连那站在旁边、肩上搭着毛巾、一手拿肥皂一手拿脸盆的严肃的尼古拉都忍不住笑着说：

“好了，伏洛嘉少爷，您洗脸吧。”

我快活极了。

“**你们快准备好了吗？**”[①]教室里传来卡尔·伊凡内奇的声音。

卡尔·伊凡内奇的声音很严厉，已不是使我感动得落泪的那种语气。在教室里，卡尔·伊凡内奇完全变成另一个人，他是个十足的老师。我赶快穿好衣服，洗好脸，手里还拿着刷子，边抚平湿漉漉的头发，边应声走进教室。

卡尔·伊凡内奇戴着夹鼻眼镜，手里拿着一本书，坐在门窗之间他坐惯的地方。门左边有两个书架：一个是我们孩子们的，另一个是卡尔·伊凡内奇**私人的**。我们的书架上摆着各种各样的书：有教科书，也有课外读物，有些竖着，有些平放着，只有两大卷红封面的《**游记**》整整齐齐地靠墙竖着，然后是大大小小、长短厚薄不等的书，有的有封面，有的没有封面。每当课间休息前，卡尔·伊凡内奇总是吩咐我们整理图书馆（他就是这样把书架夸大为图书馆的），我们就胡乱把书往那里塞。卡尔·伊凡内奇的**私人**藏书册数虽没有我们多，但种类却五花八门。我还记得其中的三本，一本是没有硬封面的德文小册子，内容是讲大白菜的施肥方法，一本是羊皮纸精装，但烧去一角的《七年战争史》，另一本是《流体静力学》教程。卡尔·伊凡内奇大部分时间都用在读书上，因此伤了眼睛，但除了这些书和《**北方蜜蜂**》[②]外，他什么书也不读。

卡尔·伊凡内奇的书架上有一件最使我难忘的东西。那是一小片圆形纸板，下面支着木腿，可以利用几根小钉子移动。圆纸板上贴着一张图画，画的是一个贵妇人和一个理发师。这件东西，卡尔·伊凡内奇做得很

---

① 原文是德语。

② 《北方蜜蜂》是一种保守的政治、文学刊物，1825 年至 1864 年在彼得堡出版。

精巧，是他自己设计的，用来遮住强烈的光线，保护自己视力很差的眼睛。

我至今仿佛还看见卡尔·伊凡内奇：瘦长的个子，身穿棉睡袍，头戴小红帽，帽子下露出稀疏的白发。他坐在小桌旁，桌上竖着画有理发师的小圆纸板，圆纸板的阴影就落在他脸上。他一只手拿着书，另一只手搭在安乐椅扶手上，面前放着一个钟面上画着猎人的钟，还有一条方格手帕、一个圆形黑色鼻烟壶、一个绿色眼镜盒和一把放在小托盘里的剪烛花的钳子。一切都整整齐齐，井井有条，单从这一点就可以看出，卡尔·伊凡内奇是个心地纯洁、襟怀坦白的人。

有时，我在楼下大厅里玩够了，就踮着脚尖悄悄上楼，往往可以看到卡尔·伊凡内奇独自坐在安乐椅上，神态安详端庄地读着一本他喜爱的书。有时遇到他不在读书，眼镜低低地架在大鹰钩鼻上，那双蓝色的眼睛半开半闭，现出一种特别的表情，嘴唇上浮着忧郁的微笑。房间里静悄悄的，只听见他均匀的呼吸和那座画有猎人的时钟的嘀嗒声。

他往往没有发现我，我就站在门口想："老头儿真可怜，真可怜！我们人多，一起玩呀，乐呀，可他孤零零一个人，也没有人安慰他。他说他是个孤儿，这是事实。他的身世真是不幸！我记得他给尼古拉讲过这方面的事，真是可怜！"我非常可怜他，常常走到他跟前，拉住他的手说："*亲爱的*①卡尔·伊凡内奇！"他喜欢我这样称呼他，总是抚摩我，心里显然很感动。

另一面墙上挂着几幅地图，破得很厉害，但被卡尔·伊凡内奇精心修补好了。第三面墙中间有一道门通向楼梯，门的一边挂着两把尺：一把刀痕累累，是我们的；另一把完好无损，是他**私人的**，但多半被他用来训诫人，难得用来划线；门的另一边挂着一块黑板，黑板上用圆圈表示我们大的过错，用十字表示我们小的过错。黑板左边的角落是我们被罚跪的地方。

这个角落令我终生难忘！我记得那个炉门、炉门上的通风口，以及转动它时发出的响声。有时，我跪着，跪着，觉得腰酸背痛，心里想："卡尔·

① 原文是德语。

伊凡内奇把我给忘了,他准是舒舒服服坐在柔软的安乐椅上,读他的《流体静力学》,可是我呢?”为了使他想到我,我就轻轻地把炉门打开又关上,或者从墙上挖下一块灰泥,但要是有块太大的灰泥嘭地一声落到地上,我心里那份害怕啊,真是比什么惩罚都难受。我回头望望卡尔·伊凡内奇,可他依旧捧着书在那里读,仿佛什么也没有察觉。

房间中央摆着一张桌子,桌上铺着一块黑色破漆布,窟窿里许多地方露出被铅笔刀划出道道的桌子边缘。桌子周围放着几张凳子,凳子没有漆过,但因为使用久了磨得发亮。剩下的一面墙上有三扇小窗,窗外的景色是这样的:正前方有一条大路,路上每个坑洼、每颗石子、每条车辙都是我早就熟悉和感到亲切的;过了大路就是一条修剪得整整齐齐的菩提树林阴道,透过林阴道可以隐约看见几处篱笆,林阴道之后有一片草地,草地一边是打谷场,另一边是树林,树林深处有看林人的小屋。从窗口向右望,可以看见凉台一角,午饭前大人们常坐在那里。当卡尔·伊凡内奇批改听写卷子的时候,我常常往那里看,我能看见妈妈的黑头发和谁的脊背,并隐约听见那里的谈话和笑声。我不能到那里去,总感到很气恼,心里想:“我几时才能长大,不再念书,不再死读《会话课本》,而同我喜欢的人坐在一起呢?”气恼变成悲伤,天知道我怎么会这样想得出了神,连卡尔·伊凡内奇发现卷子上的错误发脾气我都没有听见。

卡尔·伊凡内奇脱下睡袍,穿上他那件肩上有垫肩和打褶的藏青燕尾服,在镜子前理好领带,这才领着我们下楼去向妈妈请安。

第二章　妈　妈

妈妈坐在客厅里斟茶。她一手扶着茶壶,一手按着茶炊龙头,龙头里的水流出来漫过茶壶口,溢到托盘里。尽管她目不转睛地望着,却没有发现这情况,也没有发现我们进去。

当我们竭力回忆亲人的相貌时,许多往事就会涌上心头,通过这种回忆,就像通过眼泪一样,看到的形象往往模糊不清。这是含泪的回忆。当我竭力回忆妈妈当年的音容笑貌时，我只能看到她那双永远流露着慈爱的棕色眼睛、她脖子上那颗生在鬈曲短发下的黑痣、她那雪白的绣花衣领、她那常常爱抚我并让我亲吻的细嫩的手，但我无法在头脑里再现她的整个神态。

沙发左边摆着一架古老的英国三角钢琴，钢琴前面坐着我那个皮肤黑黑的姐姐柳波奇卡，她那双刚在冷水里洗过的红红的小手紧张地弹着**克莱曼蒂**[①]练习曲。她那时才十一岁，穿一件短短的麻布连衣裙、一条镶花边的雪白长裤，还只能用**琶音**[②]弹八度音。她旁边侧坐着玛丽雅·伊凡诺夫娜。玛丽雅·伊凡诺夫娜头戴有红缎带的睡帽，身穿天蓝色短袄，脸色通红，怒容满面。卡尔·伊凡内奇一进来，她的脸色就更加严峻。她严厉地对他望望，也不还礼，仍用脚踏着拍子，声音更响更严厉地数着："一，二，三；一，二，三。"

卡尔·伊凡内奇对此毫不介意，还是照例按德国人的礼节走到妈妈跟前吻她的小手。她醒悟过来，摇摇头，仿佛想甩掉愁思，把手伸给卡尔·伊凡内奇，并在他吻手的时候，吻了吻他那皱纹密布的鬓角。

"**谢谢您，亲爱的**卡尔·伊凡内奇。"她接着用德语问道："孩子们睡得好吗？"

卡尔·伊凡内奇的一只耳朵本来就聋，此刻在钢琴声中更是什么也听不见。他向沙发弯下腰，一手撑着桌子，单腿站着，带着当时我觉得极文雅的笑容掀了掀头上的帽子说：

"纳塔丽雅·尼古拉耶夫娜，您能原谅我吗？"

卡尔·伊凡内奇害怕秃头着凉，总是不摘掉他那顶小红帽，但每次走进客厅，总要请求人家的原谅。

"戴上吧，卡尔·伊凡内奇……我问您，孩子们睡得好吗？"**妈妈**向他靠近一些，相当大声地说。

---

① 克莱曼蒂(1752—1832)，意大利作曲家和钢琴家。

② 原文是意大利语，琶音指按顺序奏出和弦中各个音。

但他还是什么也没有听见，用小红帽盖住秃头，笑得更和蔼可亲了。

“您停一停，咪咪[1]，”妈妈含笑对玛丽雅·伊凡诺夫娜说，“什么也听不见。”

妈妈的相貌本来就很美，她一笑，就更加迷人，仿佛周围一切也都显得喜气洋洋。在生活最痛苦的时刻，只要看一眼她的笑容，我就不知道什么叫悲哀了。我觉得相貌美不美就在于一笑；如果一笑能增添魅力，这脸就是美的；如果一笑不能改变相貌，这脸就平平常常；如果一笑损害了相貌，这脸就是难看的。

妈妈同我打过招呼后，双手托起我的头，注视着我的眼睛说：

“你今天哭过啦？”

我没有回答。她吻吻我的眼睛，又用德语问道：

“你哭什么呀？”

她同我们亲切交谈时，总是用她精通的德语说话。

“我做梦哭了，妈妈。”我说。我一想到虚构的噩梦细节，不禁浑身哆嗦。

卡尔·伊凡内奇证实我的话，但只字不提梦里的事。大家又谈到天气，咪咪也参加谈话。然后妈妈拿了六块糖放在托盘里送给几个受尊敬的老家人，自己站起身，走到窗口的绣架旁。

“好，孩子们，现在你们到爸爸那儿去，叫他去打谷场前务必先到我这儿来一下。”

又是音乐，数拍子，又是严厉的目光。我们就到爸爸那儿去。我们穿过从祖父时代起就称作**男仆室**的房间，走进书房。

第三章　爸　爸

爸爸站在写字台旁，指着一些信封、文件和几沓钞票，情绪激动，生气

---

① 咪咪是玛丽雅的法文小名。

地对管家雅可夫·米哈伊洛夫说着什么。管家站在他站惯的房门和晴雨表之间,把双手放在背后,手指迅速乱动着。

爸爸越是激动,管家的手指就动得越快;反过来,爸爸不作声,管家的手指也就不动了。但雅可夫自己说话的时候,手指就上下左右拼命乱动。从他手指的动作上,我觉得可以猜透他的心思;他的神态泰然自若,说明他既意识到自己的尊严,也没有忘记是受制于人的,他仿佛在说:"我是对的,但听您的吩咐!"

爸爸看见我们,只说了一声:

"等一等,马上就好。"

接着他用头示意,要我们哪一个把门关上。

"唉,老天爷! 你今天是怎么了,雅可夫?"他耸耸一边的肩膀(他有这个习惯),继续对管家说:"这个装着八百卢布的信封……"

雅可夫拉近算盘,拨了个八百,目光茫然地等着下文。

"……我出门后用作家里开销。你明白吗? 你从磨坊那里可以收一千卢布……对不对? 你从国库可以收回八千卢布押金;干草,照你估计可以卖七千普特,每普特算它四十五戈比,你就可以收到三千卢布;这样,你总共可以收到多少钱? 一万二千卢布……对不对?"

"对,老爷。"雅可夫说。

但从他手指乱动上我看出他要提出不同意见,但爸爸打断他的话:

"好吧,你要从这些钱里替彼得罗夫斯科耶付一万卢布给委员会。账房里存的钱,"爸爸继续说(雅可夫抹掉原来的一万二千,打上二万一千),"现在你去给我拿来,就付今天的账。(雅可夫抹掉算盘珠,把算盘翻过来,显然表示那二万一千卢布也没有了。)这封信你替我转给收件人。"

我就站在桌子附近,瞟了一眼信封上的字,只见上面写着:卡尔·伊凡内奇收。

爸爸大概发现我看了不该看的东西,把手放在我的肩上,轻轻把我从桌旁推开。我不知道他这是对我的爱抚还是责备,但不管怎样我还是吻了吻那只搭在我肩上的青筋毕露的大手。

“是,老爷,”雅可夫说。“关于哈巴罗夫卡那笔钱您有什么吩咐?”

哈巴罗夫卡是**妈妈**的庄园。

“存在账房里,没有我的吩咐绝对不准动用。”

雅可夫沉默了几秒钟,接着,他的手指更快地动起来。他一改听主人吩咐时那种呆头呆脑、唯命是从的样子,又露出他那老奸巨猾的神气,把算盘往跟前一拉,说:

“请允许我向您禀告,彼得·亚历山德雷奇,不论您高兴怎么做,委员会那笔钱是不可能如期付清的。您老爷说,”他有板有眼地继续说,“我们可以从押金、磨坊、干草上收到钱……(他说着这些项目,在算盘上打出数字。)但我怕我们算错了。”他沉默了一会儿,意味深长地瞧了爸爸一眼,添加说。

“为什么?”

“您瞧,关于磨坊的事,磨坊老板已来找过我两次,要求延期付款,赌咒发誓,说他没有钱……他现在就在这儿,您愿不愿意当面同他谈谈?”

“他有什么要说的?”爸爸问,摇摇头表示他不愿同磨坊老板谈话。

“他会说什么吗?他会说生意一点也没有,他仅有的几个钱都用在水坝上了。**老爷**,如果我们把他解职,那又有什么好处呢?至于说到押金,我好像已向您报告过,我们的钱投到那里,是不可能很快就收回来的。前几天,我往城里给伊凡·阿法纳西奇运去一车面粉,顺便问起这件事,可他老人家回答的还是那一套,说什么他很愿意为彼得·亚历山德雷奇效劳,但他做不了主。由此看来,再过两个月,您也未必能收到这笔款子。至于您说到的干草,假定可以卖三千卢布……”

他把算盘珠拨上三千,停了停,一会儿望望算盘,一会儿望望爸爸的眼睛,那副神气仿佛说:“您自己瞧,这数目太少了!要是现在我们把干草卖出去,还得亏本,这您明白……”

看来他还有一大堆理由,因此爸爸没让他再说下去。

“我不改变主意,”爸爸说,“但如果这些款子确实要拖延一阵才能收到，那也没有办法，只能动用哈巴罗夫卡那笔钱了。”

“是，老爷。”

从雅可夫的脸色和手指动作上可以看出，最后这个吩咐使他感到很满意。

雅可夫原是个农奴，对主人忠心耿耿，做事十分卖力。他像一般好管家那样，替主人精打细算，对主人的利益抱有古怪的看法。他总是千方百计损害女主人的财产以增添男主人的财产，因此竭力证明，非动用女主人庄园的全部收入来贴补彼得罗夫斯科耶（我们居住的村庄）不可。此刻他得意洋洋，因为在这方面完全如愿以偿。

爸爸跟我们打过招呼后说，我们在乡下玩得也够了，我们不再是孩子，应该好好念书了。

“我想你们已经知道，我今晚要去莫斯科，要把你们带去，”他说。“你们将住在外婆家，妈妈跟女孩子们留在这儿。你们要知道，只要听到你们学习成绩优良，大家对你们满意，妈妈就会感到欣慰。”

尽管这几天我们已有所准备，料到会发生什么不寻常的事，这个消息还是使我们大吃一惊。伏洛嘉脸涨得通红，声音哆嗦地传达了妈妈让他捎的话。

“原来我的梦预兆的是这么一回事！”我想。“但愿不要再发生什么更糟的事。”

我非常、非常舍不得妈妈，但一想到我们已经长大，心里感到很高兴。

“如果我们今天就走，那就一定不会上课了。这太妙了！”我想。“但我很舍不得卡尔·伊凡内奇。他准被辞退了，要不然也不会给他准备那个信封……最好一直在家里念书，永远不走，不离开妈妈，不让可怜的卡尔·伊凡内奇伤心。他本来就够不幸的了！”

这些思想在我头脑里掠过。我一动不动，凝视着我鞋子上的黑色花结。

爸爸跟卡尔·伊凡内奇又谈了几句晴雨表下降的事，还吩咐雅可夫不要喂狗，好在吃过午饭、临走前试一试小猎狗。随后出乎我的意料，他竟要我们去上课,但又安慰我们说,要带我们去打猎。

我上楼时顺便到凉台上看一看。爸爸心爱的老猎狗米尔卡正眯缝着眼睛躺在门口晒太阳。

"米尔卡,"我抚摩着它,吻着它的嘴脸说,"我们今天就要走了。别了! 我们再也见不到了。"

我大动感情,哭了起来。

第四章　上　课

卡尔·伊凡内奇心情很不好。这从他紧锁双眉,从他把礼服扔进五斗柜,怒气冲冲地束紧腰带,用指甲使劲在书上标明要我们背诵的段落等动作上都可以看出。伏洛嘉学习得很认真,我却心烦意乱,什么事也做不成。我茫然地望着会话课本,但一想到眼前的离别,不禁热泪盈眶,再也读不下去。轮到我给卡尔·伊凡内奇读那段会话,他眯缝着眼睛听着我读(这是一种不好的兆头)。读到一个人说:"**您从哪儿来?**"另一个回答说:"**我从咖啡馆来。**"时,我再也忍不住而失声痛哭,说不出下面一句:"**您没有看过报吗?**"①上书法课时,我的眼泪落在纸上,墨水洇开来,就像用水写在包装纸上似的。

卡尔·伊凡内奇很生气,罚我下跪,骂我脾气倔,装腔作势(这是他的口头禅)。他拿戒尺威吓我,要我讨饶,我却因不断抽噎,说不出话来。最后,他大概觉得自己这样做不好,就走进尼古拉的房间,砰地一声关上门。

从教室里可以听见下房里的谈话。

"孩子们要去莫斯科。你听说了吗,尼古拉?"卡尔·伊凡内奇走进屋里说。

"是啊,听说了。"

尼古拉准是想站起来,因为卡尔·伊凡内奇说:"坐着吧,尼古拉!"说

---

① 这句话原文是德语。

着他就把门关上。我离开墙角,走到门边偷听。

"不论你替人家做了多少好事,不论你怎样忠心耿耿,也别指望人家感激你。你说是吗,尼古拉?"卡尔·伊凡内奇不胜感慨地说。

尼古拉坐在窗口补靴子,点点头回答。

"我在这个家里生活了十二年,我可以对上帝起誓,尼古拉。"卡尔·伊凡内奇继续说,眼睛望着天花板,高高地举起鼻烟壶,"我爱护他们,照顾他们,超过自己的孩子。你记得吗,尼古拉,伏洛嘉那次发高烧,我九天九夜坐在他床边没有合过眼。是啊!那时我卡尔·伊凡内奇是个亲爱的好人,那时他们用得着我,可现在呢?"他带着调侃的语气微笑着说,"如今**孩子们长大了,他们要认真学习了**,仿佛他们在这儿没学习似的,尼古拉,你说呢?"

"好像还得学习。"尼古拉放下锥子,双手拉着麻绳说。

"是的,现在用不着我了,要把我赶走了,答应过的话到哪里去了?哪里有一点感激的意思?我敬爱纳塔丽雅·尼古拉耶夫娜,尼古拉,"他一只手按着胸口说,"但她又怎样呢?……在这个家里,她的主意就是这么一回事。"他说着富有表情地把一小块碎皮子扔到地上。"我知道这是谁出的鬼主意,为什么不要我了:因为我不会像**有些人**那样奉承拍马,随声附和。我一向对谁都说实话,"他傲然地说,"让他们去吧!我不在,他们也不会发财。我呢,上帝保佑,总能找到一口饭吃的……是不是,尼古拉?"

尼古拉抬起头来,望望卡尔·伊凡内奇,似乎想证实他是不是真的能找到一口饭吃,但他什么话也没有说。

卡尔·伊凡内奇又这样说了好一阵。他谈到他以前住在某将军家里,他们很赏识他的能力(我听到这里,心里很难过),谈到萨克森,谈到他的父母,谈到他的朋友桑海特裁缝,等等。

我很同情卡尔·伊凡内奇的悲伤。我对父亲和对卡尔·伊凡内奇几乎同样敬爱,一想到他们相互不能理解,就感到很难过。我回到角落,跪在地上,考虑怎样使他们言归于好。

卡尔·伊凡内奇回到教室，吩咐我站起来，准备好听写的练习簿。等一切都准备好了，他就威严地坐到安乐椅上，用一种发自胸腔的声音口授：“**一切缺点中最可怕的是……写好了吗？**”[①]他停了一停，慢吞吞地吸了一撮鼻烟，打起精神，接着说：“**最可怕的是忘——恩——负——义……第一个字母大写。**”[②]我写好最后一个字，望了他一眼，等他往下说。

“**句号。**”[③]他含着一丝隐约的微笑，示意要我们把练习簿交给他。

他抑扬顿挫地反复念着这句格言，得意洋洋地表达着他的心情。然后坐到窗口给我们上历史课。他的脸色已不像原来那样忧郁，显出一个人在受侮辱出了气后的轻快神态。

已是一点差一刻了，但卡尔·伊凡内奇仿佛还不想放我们走，他接连不断地给我们上新课。无聊和食欲以同样的速度增长着。我迫不及待地注意着快吃午饭的种种迹象。一会儿听见女仆拿着擦子去洗盘子；一会儿听见饭厅里食具叮当作响，以及搬桌子和椅子的声音；一会儿听见咪咪、柳波奇卡和卡金卡（卡金卡是咪咪的女儿，今年十二岁）从花园进来，但没有看见管家福卡，平时每次开饭总是由他宣布的。只有他一来，我们才可以抛下书本，不管卡尔·伊凡内奇，跑下楼去。

这时楼梯上传来了脚步声，但这不是福卡！我熟悉他的脚步声，总能听出他靴子的吱咯声。门开了。门口出现了一个我完全不认识的人。

第五章　疯修士

屋里进来一个人，五十岁光景，长脸盘，脸色苍白，满脸麻子，留着长长的白发和稀疏的红棕色胡子。他身材非常高大，进门不但要低下头，连整个身子都得弯下来。他穿着一件破衣，又像农民的长袍，又像神父的内

---

① 原文是德语。
② 原文是德语。
③ 原文是德语。

长衣；手里拄着一根大拐杖。他走进屋来，拼命用拐杖敲着地板，扬起眉毛，嘴张得老大，非常可怕、非常不自然地哈哈大笑。他瞎了一只眼睛，这只眼睛的眼白不住地乱转，使他那本来就很丑的脸显得格外可憎。

"啊哈！捉住了！"他叫道，小步跑到伏洛嘉跟前，抱住他的头，仔细察看他的头顶，然后神态严肃地离开他，走到桌旁，往漆布下吹气，又在上面画十字。"哦，真可怜！哦，真难过！……小宝贝们……要飞走了。"他用悲伤得发抖的声音说，感伤地望着伏洛嘉，用袖子擦擦掉下来的眼泪。

他的声音沙哑粗野，动作慌张冲动，说话前言不搭后语（他从不用代词），但语调昂扬动听，焦黄的丑脸上有时露出不加掩饰的悲哀神色。听他讲话，不能不使人产生又是惋惜、又是恐惧、又是感伤的复杂情绪。

他就是疯修士，云游僧格里沙。

他从哪儿来？他的父母是谁？什么原因促使他过云游生活？谁也不知道。我只知道他从十五岁起就成了众所周知的疯修士，一年四季，不论冬夏，他都赤脚走路，朝拜修道院，把小圣像送给他喜爱的人，说些古怪难懂的话，有人就把这些话看作预言。他从来就是这个样子，有时他去我外婆家。有人说他是有钱人家的不幸子弟，天性纯洁，又有人说他是庄稼汉，懒鬼。

我们期待已久的严守时刻的福卡终于出现了，我们就下楼去。格里沙一面哭，一面继续语无伦次地说话，跟在我们后面，用拐杖敲着楼梯。爸爸和**妈妈**手挽着手在客厅里踱来踱去，低声交谈着。玛丽雅·伊凡诺夫娜正襟危坐在跟长沙发摆成直角的单人沙发上，严厉但压低声音教训着坐在旁边的姑娘们。卡尔·伊凡内奇一走进去，她瞅了他一眼，立刻转过身去，脸上的表情仿佛在说："我没注意您，卡尔·伊凡内奇。"从姑娘们的眼色中可以看出，她们急于要告诉我们一个重大消息，但要是离开座位走到我们跟前，那是违反咪咪的规矩的，我们得先走到她跟前，说一声，"**您好，咪咪！**"立正行个礼，然后才能加入谈话。

咪咪可真是个讨厌的女人！在她面前总是什么话也不能说，什么事她都认为不成体统。此外，她总是喋喋不休地要我们"**讲法语**"，但当时我们有意跟她为难，偏偏讲俄语。要不就是在吃饭的时候，你刚吃到一样可口的菜，希望没有人来打扰你，可她少不了要说“**就着面包吃**，”或者“**你这是怎么拿叉子的**？”我就想：“她跟我们有什么相干！让她去教教她那些女孩子好了，我们有卡尔·伊凡内奇。”我像他一样对**有些人**非常憎恨。

“去求求妈妈，让他们带我们去打猎。”当大人们领头到餐厅去的时候，卡金卡拉拉我的短袄，低声说。

“好的，让我们试试。”

格里沙在餐厅里吃饭，但单独在一张小桌旁，他眼睛盯住盘子，偶尔叹一口气，做着可怕的鬼脸，仿佛自言自语地说：“真可怜！……飞了……鸽子飞上天……唉，坟上有块石头！……”以及诸如此类的话。

妈妈从早晨起就心情不佳。格里沙的到来，他的语言和行动显然使她更加心烦意乱。

“对了，我还有一件事忘记求你。”她把汤盆递给父亲，说。

“什么事？”

“请你叫人把你那几条恶狗锁起来。你瞧，格里沙刚才走过院子，它们险些把这个可怜的人咬伤。再说，它们也可能咬孩子们的。”

格里沙听见人家谈到他，就向餐桌转过身来，让人家看到他那件破衣服的前襟，一面咀嚼，一面说：

“他想把我咬死……但上帝不允许。纵狗伤人是罪孽！罪孽深重！别伤人，**当家的**①，为什么要伤人？上帝饶恕……世道不同了。”

“他这是在说什么呀？”爸爸问，眼睛严厉地盯着他，“我一点也不明白。”

“我可明白，”**妈妈**回答说。“他告诉过我，有个猎人故意纵狗咬他，所以他说：‘他想把我咬死，但上帝不允许。’他求你别处罚那个猎人。”

“噢！原来如此！”爸爸说。“他怎么知道我要处罚那个猎人呢？你也知道，我一向不太喜欢这些先生。”他接着用法语说：“**但这一个我特别讨**

---

① 他对所有的男人都这样称呼。——托尔斯泰

厌，想来……”

“哦，你别这样说，我的朋友，”妈妈仿佛大吃一惊，打断爸爸的话说。“你是怎么知道的？”

“我似乎有机会研究过这一类人，他们之中来拜访你的可真不少，都是一个模样。说来说去总是那一套……”

在这件事上妈妈显然有完全不同的看法，但她不愿争论。

“请给我一个油炸包子，”她说。“今天包子好吃不好吃？”

“不，我很生气，”爸爸接着说，他拿起一个包子，但离得远远的，妈妈根本够不着。“不，我看见聪明而又有教养的人受骗上当，我就很生气。”

他说着用叉子敲敲桌子。

“我请你给我一个包子！”妈妈伸出手又说。

“把这帮人关到警察局去才好！”爸爸移开手，接着说。“他们的功劳就是使本来神经衰弱的女人更加烦躁。”他含笑添加说，发现妈妈不喜欢这场谈话，就把包子递给她。

“这方面我只有一点要对你说：一个人尽管已经六十岁，冬冬夏夏都光着脚走路，脚上还要戴两普特重的铁链，坚决拒绝人家向他提供的舒适生活。我们很难相信，这种人只是出于懒惰才这样做。至于说到预言，”她顿了顿，叹了一口气又说，“我不是无缘无故相信他们的，我好像对你说过，基留沙曾经向爸爸预言他将在哪天、哪个时辰去世。”

“啊，你这是要拿我怎么样！”爸爸含笑说，举手从咪咪坐着的那一边捂住嘴。（他这样做的时候，我总是留神听，等着他讲什么笑话。）“你为什么要提到他的脚？我看了他一眼，如今可什么也吃不下了。”

午饭快结束了。柳波奇卡和卡金卡频频向我使眼色，坐在椅子上扭动身子，显得十分不安。她们的眼色表示：“你们怎么不要求带我们去打猎？”我用臂肘推推伏洛嘉，伏洛嘉推推我，最后他打定主意，先是怯生生地，然后坚决地大声说，我们今晚就要走了，因此很想带姑娘们一起坐马车去打猎。大人们商量了一下，就答应了我们的要求，尤其使我们高兴的是，妈妈说她也跟我们一起去。

第六章　准备打猎

吃点心的时候，爸爸把雅可夫叫来，吩咐他准备马车、猎狗和坐骑，吩咐得很详细，点了每匹马的名字。伏洛嘉的马瘸了，爸爸吩咐给他备一匹猎马。“猎马”这个名词妈妈觉得很刺耳，她认为猎马一定有点像疯狂的野兽，它准会把伏洛嘉摔死。不论爸爸和妈妈怎么劝慰，伏洛嘉还是好强地说，这没有关系，他最爱骑马奔驰，可怜的妈妈还是一再说，我们打猎时她会一直提心吊胆的。

吃完午饭，大人们到书房里去喝咖啡，我们就跑到花园里，一面飒飒地踩着黄叶满地的小径，一面谈着话。我们谈到伏洛嘉骑猎马，谈到柳波奇卡跑得没有卡金卡快太丢脸，还谈到要是能看看格里沙的铁链一定很有趣，等等，但只字不提我们将要分手的事。一辆马车驶过来，把我们的谈话打断了，车上每个弹簧座上都坐着一个农奴的孩子。马车后面是骑着马、带着狗的猎人们，猎人后面是车夫伊格纳特。伊格纳特骑着准备给伏洛嘉骑的那匹马，牵着我的老马。开头我们都向篱笆跑去，从篱笆那儿我们可以看见这些有趣的景象；接着我们尖叫着跑上楼去换衣服，尽量把自己打扮得像个猎人。最主要的方法就是把裤脚塞在靴子里。我们动作敏捷，毫不拖拉，急着想跑到台阶上去欣赏猎狗和马，并同猎人交谈。

天气很热。形状古怪的阴云一早就出现在天边，后来被微风吹得越来越近。偶尔把太阳都遮没了。不过，不管阴云多浓，也不会有雷雨，都不会影响我们最后一次打猎的兴致。傍晚，阴云又消散了，有的颜色变淡，有的形状拉长，向天边飘去；有的就在我们头上，变成透明的白色鳞片，只有东方停留着一大片乌云。卡尔·伊凡内奇一向懂得乌云的去向，他说这片乌云是向马斯洛夫卡飘去的，不会下雨，准是个好天气。

福卡虽然上了年纪，却轻快地跑下楼来，嘴里叫着：“赶过来！”接着就叉开两腿稳稳地站在大门口，也就是车夫停车和门槛之间的地方，还摆了一副熟练的姿态，表示他的职责无需别人提醒。太太小姐们走下楼来，稍稍商量了一下谁坐在哪边，抓住什么人（虽然我觉得根本无需抓住别人），然后坐上车，打开阳伞，马车就起步了。等马车一动，妈妈指着“猎马”，声音哆嗦地问车夫：

“这就是给伏洛嘉少爷准备的马吗？”

车夫回答说是，她就摆摆手，转过身来。我迫不及待地跨上马，伏下身子，就在院子里表演起各种马术来。

“当心别把狗踩死了。”有个猎人对我说。

“你放心，我又不是头一次骑马。”我傲然回答。

伏洛嘉骑上“猎马”，尽管他个性刚强，也不免有些胆怯。他抚摸着马，一再问：

“它老实吗？”

伏洛嘉骑马的姿势很好看，就像大人一样。他那穿着马裤的腿骑在马鞍上显得特别好看，使我不由得好生嫉妒，尤其因为我从自己的影子看出，我的姿势远不如他潇洒。

这时响起了爸爸下楼的声音。管猎狗的人把四散的猎狗赶拢来；带狼狗的猎人把各自的狼狗唤到跟前，自己骑上马。马夫把一匹马牵到台阶前，爸爸的那群猎狗，原来都姿势各异地卧在台阶前，这时一齐向他奔来。米尔卡戴着珠项圈，铃铛叮当作响，跟着爸爸快乐地跑出来。它出来总要同猎狗打招呼，同有些狗玩玩，同另一些狗互相嗅嗅鼻子，吠叫一声，再在另一些狗身上捉捉跳蚤。

爸爸骑上马，我们就出发了。

第七章　打　猎

那个绰号叫“土耳其人”的猎人，头戴毛茸茸的帽子，肩背大号角，腰里插着猎刀，骑一匹青灰色钩鼻马，一路领先。他那副阴沉凶狠的相貌使人觉得他不是去打猎，而是去同谁决一死战。在他那匹坐骑的后腿周围，一大群品种不同的猎狗东西乱跑。看到那只不幸掉队的狗，不禁令人替它的命运担心。它必须竭尽全力才能拖住和它系在一起的同伴。当它做到这一点时,后面一个管猎狗的人就会给它一个长鞭,喝令它"归队"!出了大门,爸爸就吩咐猎人和我们走大路,自己却向黑麦田走去。

正是麦收的大忙时节。一望无际的金黄色田野,只有一边同高高的蓝色树林相接。那片树林,当时我觉得是个遥远而神秘的地方,再过去不是世界的尽头,就是荒无人烟的国度。田野上到处都是麦垛和农民。稠密高大的黑麦中间,在一块割去麦子的地方,有个女人弯着腰,一抓住麦秆,麦穗就摆动起来;另外一个女人在阴凉处俯身在摇篮上,还有一束束黑麦散在长满矢车菊的麦茬地上。另一边,男人们只穿一件衬衫站在大车上,堆着麦捆,在干燥炎热的田野上扬起灰尘。村长脚穿靴子,身披粗呢外套,手里拿着记工的筹码,老远看见爸爸,就摘下羔皮帽,用毛巾擦擦红头发和胡子,同时对妇女们吆喝。爸爸骑的那匹红棕马轻快地走着,偶尔垂下头,绷紧缰绳,用蓬松的尾巴拂去贪婪地叮在它身上的牛虻和马蝇。两条狼狗紧张地卷起像镰刀一样的尾巴,跟在马后面,高抬起脚,在高高的麦茬地上姿势优美地往前跳去。米尔卡跑在前面,昂起头,等待着野味。农民的谈话声,马蹄的嘚嘚声,马车的辘辘声,鹌鹑的快乐啼声,盘旋在空中的昆虫的嗡嗡声,苦艾、干草和马汗的气味,炎热的阳光在淡黄色的麦茬、远处蓝色的树林和淡紫色云片上撒下万般色彩和明暗色调,白色的蛛丝飘浮在空中或者落在麦茬上,这一切我都看见,我都听到,我都闻到。

我们骑马来到卡里诺夫树林,发现我们的马车已在那里,我们完全没有想到还有一辆单马拉的大车,车上坐着司膳。干草下面露出一个茶炊、一只冰淇淋桶和几个诱人的包裹和盒子。毫无疑问,大家将在空气清新的野外吃茶点,包括冰淇淋和水果。我们一看见大车,就高兴得狂叫,因为在这种树林里的草地上,在这从来没有人吃过茶点的地方吃茶点真是一大乐事。

"土耳其人"骑马走近猎场,停下来,留心听爸爸的详细指示,怎样看齐,往哪儿冲,等等(不过他从不考虑这些指示,总是按照自己的意思去做)。他解开猎狗的皮带,不慌不忙地把它们绑在鞍座后面,骑上马,吹着口哨隐没在小桦树林里。那群解开皮带的狗,先摇摇尾巴表示高兴,然后身子一抖振作起精神,嗅了嗅,摇摇尾巴,敏捷地小步向四面跑去。

"你带手帕了吗?"爸爸问我。

我从口袋里掏出手帕给他看。

"好,你就用这块手帕绑住那条灰狗……"

"绑住热兰吗?"我现出懂行的神气问。

"是的,沿着大路跑。跑到树林中那块空地上停下来。注意,打不到兔子别来见我。"

我把手帕绑在热兰毛茸茸的脖子上。一个劲儿地朝指定的地点冲去。爸爸笑了,在我后面叫道:

"快一点,快一点,不然就赶不上了!"

热兰不时停下来,竖起耳朵,倾听猎人们的吆喝声。我的力气不够,拖不动它,只能对它吆喝:"快追!快追!"于是热兰往前猛冲,我好容易才把它拉住。在到达指定地点之前,我摔了好几跤。我在一棵高大的栎树下挑了个阴凉而平坦的地方,躺在草地上,让热兰留在我身边,开始等待。在这种场合,我的想象总是远远跑在现实前面。当树林里传出第一只猎狗的吠声时,我已在想象纵犬追第三只兔子的情景了。"土耳其人"的声音在树林里传播得越发响亮,越发有劲。一条猎狗尖叫起来,接着它的叫声越来越频繁,另外一条狗声音低沉地附和它,接着是第三条、第四条……这些叫声时而停止,时而又争先恐后地响起来。声音逐渐增强,连续不断,最后汇合成一片轰响、嘈杂的喧闹。正是:**猎场震天响,猎狗齐声吠**。

听见这片响声,我呆若木鸡,一动不动。我盯住树林边缘,茫然地微笑着。我脸上汗流如注,汗水沿着下巴流下来,怪痒痒的,但我没有去擦。我觉得这真是关键时刻啊!这种紧张的局面要是持续很久,那可真是要命。那群猎狗时而在树林边缘狂吠,时而渐渐离开我,可是不见一只兔子。我向四下里张望。热兰也是这样:它先是拼命挣扎,狂叫,然后在我身边躺下，把头枕在我的膝盖上，这才安静下来。

我坐在一棵栎树下。在这棵栎树光秃秃的树根周围，在干燥的灰色土地上，在栎树的枯叶、栎实、披着苔藓的干枝、黄绿色苔藓和间或冒出嫩芽的青草上，到处都爬满蚂蚁。这些蚂蚁在它们开辟的小径上奔走忙碌，有些负着重荷，有些空着身子。我拾起一根树枝，挡住它们的去路。真有趣，有些不怕危险，从树枝下面爬过去；有些从上面爬过去，但有些，特别是那些负着重物的，心慌意乱，不知道该怎么办，它们停下来找寻道路，或者退回去，再不然就是顺着树枝爬到我的手上，看样子要一直爬到上衣袖子里去。这时，一只非常迷人的黄蝴蝶在我面前飞舞，把我的注意力从蚂蚁身上吸引过去。我刚注意它，它就飞离我有两三步远，在一朵快凋谢的白色野苜蓿花上飞了几圈，然后落在上面。我不知道它是被阳光晒暖了呢，还是吸收了苜蓿花汁，因此显得非常精神。它偶尔鼓动一下小翅膀，紧偎着那朵花，最后一动不动了。我双手托着头，津津有味地瞧着它。

突然热兰吠叫起来，猛地往前一冲，险些儿把我摔倒。我回头一看，一只野兔在树林边上跳跃，它的一只耳朵垂下，一只耳朵竖起。热血涌上我的头脑，刹那间我忘了一切，我狂叫起来，松了狗，纵身跑去。但我刚这样做，就后悔了，因为那兔子蹲下身子往前一纵，我就再也看不见它了。

当“土耳其人”跟着猎狗从林中来到林边的时候，我真是羞愧极了！他看见我犯了过错(就是我**沉不住气**)，轻蔑地瞪了我一眼，只说了一声：“唉，少爷！”但他那种语气可真叫人受不了！他就是把我像兔子那样吊在马鞍上，我也要好受些。

我心灰意懒地在那里站了好半天，没有唤狗，只是拍着大腿一再说：

“天哪，我这是干了什么啦！”

我听见那群猎狗往前跑去，猎场另一边发出枪声，打中了一只兔子，“土耳其人”吹着号角唤狗，而我则留在原地一动不动……

五

伊凡·伊里奇的死

2

伊凡·伊里奇的身世极其普通,极其简单,而又极其可怕。

伊凡·伊里奇是个法官,去世时才四十五岁。他父亲是彼得堡一名官员,曾在好几个政府机关任职,虽不能胜任某些要职,但凭着他的资格和身份,从没被逐出官场,因此总能弄到一些有名无实的官职和六千到一万卢布的有名有实的年俸,并一直享受到晚年。

伊里亚·叶斐莫维奇·高洛文就是这样一个多余机关里的多余三等文官。

他有三个儿子。伊凡·伊里奇排行第二。老大像他父亲一样官运亨通,不过在另一个机关,也快到领干薪的年龄。老三没有出息。他在几个地方都败坏了名声,眼下在铁路上供职。父亲也好,两位哥哥也好,特别是两位嫂子,不仅不愿同他见面,而且非万不得已从不想到有他这样一个兄弟。姐姐嫁给了格列夫男爵,他同他岳父一样是彼得堡的官员。伊凡·伊里奇是所谓家里的佼佼者。他不像老大那样冷淡古板,也不像老三那样放荡不羁。他介于他们之间:聪明,机灵,乐观,文雅。他跟弟弟一起在法学院念过书。老三没有毕业,念到五年级就被学校开除了;伊凡·伊里奇则毕了业,而且成绩优良。他在法学院里就显示了后来终生具备的特点:能干,乐观,厚道,随和,但又能严格履行自认为应尽的责任,而他心目中的责任就是达官贵人所公认的职责。他从小不会巴结拍马,成年后还是不善于阿谀奉承，但从青年时代起就像飞蛾扑火那样追随上层人士，模仿他们的一举一动，接受他们的人生观，并同他们交朋友。童年时代和少年时代的热情在他身上消失得干干净净。他开始迷恋声色，追逐功名。最后发展到自由放纵的地步。不过，他的本性还能使他保持一定分寸，不至于过分逾越常规。

在法学院里，他认为自己的有些行为很卑劣，因此很嫌恶自己。但后来看到地位比他高的人都在那样干，而且并不认为卑劣，他也就不以为意，不再把它们放在心上，即使想到也无动于衷。

伊凡·伊里奇在法学院毕业，获得十等文官官衔，从父亲手里领到置装费，在著名的沙尔玛裁缝铺里定制了服装，表坠上挂着一块镌有"高瞻远瞩"①字样的纪念章，向导师和任校董的亲王辞了行，跟同学们在唐农大饭店欢宴话别，带着从最高级商店买来的时尚手提箱、衬衣、西服、剃刀、梳妆用品和旅行毛毯，走马上任，当了省长特派员。这个官职是他父亲替他谋得的。

伊凡·伊里奇到了外省，很快就像在法学院那样过得称心如意。他奉公守法，兢兢业业，生活得欢快而又不失体统。他有时奉命到各县视察，待人接物，稳重得体，对上对下，恰如其分，不贪赃枉法，而且总能圆满完成上司交下的差事，主要是处理好分裂派教徒事件。

他虽然年轻放荡，但处理公务却异常审慎，甚至可以说是铁面无私；在社交场中，他诙谐风趣而又和蔼有礼，正像他的上司和上司太太——他是他们家的常客——称赞他的那样，是个好小子。

他同省里一位死缠住他这个风流法学家的太太有暧昧关系；还同一个女裁缝私通；有时同巡察的副官们狂饮欢宴；饭后还去花街柳巷寻欢作乐。他奉承上级长官，甚至长官夫人，但手法高明，无懈可击，从未引起非议，人家至多说一句法国谚语：年轻时放荡在所难免。这一切他都干得体体面面，嘴里说的又是法国话，主要则是因为他跻身到最上层，容易博得

---

① 原文是拉丁语。

达官显贵的青睐。

伊凡·伊里奇就这样干了五年。接着他的工作调动了,因为成立了新的司法机关,需要新的官员。

于是伊凡·伊里奇就调任这样的新职。

伊凡·伊里奇被推荐任法院侦讯官的职务,他接受了,虽然这位置在另一个省里,他得放弃原有的各种关系,另起炉灶,重新结交朋友。朋友们给伊凡·伊里奇饯行,同他一起摄影,还赠给他一个银烟盒留念。他就走马上任去了。

伊凡·伊里奇当法院侦讯官同样循规蹈矩,公私分明,并且像做特派员一样受到普遍尊敬。对伊凡·伊里奇来说,侦讯官的工作比原来的工作有趣得多,迷人得多。以前他感到扬扬得意的是,身穿精工缝制的文官制服,昂首阔步地经过战战兢兢等待接见的来访者和对他羡慕不止的官员们面前,一直走进长官办公室,并且跟长官一起喝茶吸烟;但那时直接听命于他的人只有县警察局长和分裂派教徒,而且要在他奉命出差的时候。他对待他们总是客客气气,使他们感到,他尽管操着生杀大权,却平易近人,毫无架子。那个时候,这样直接听命于他的人不多。如今伊凡·伊里奇当上法院侦讯官,他懂得就连达官贵人的命运也都操在他手里,他只要在公文上批几句,不论哪个要人都将成为被告或证人来到他面前,并且得站着回答他的问题,如果他不请他坐下的话。伊凡·伊里奇从不滥用权力,相反总是不露锋芒,而这种权力的意识和适当用权的技术,就成了他担任新职后最感兴趣的事。从事这项新职,也就是说审查工作,伊凡·伊里奇很快就掌握一种本领,能排除一切与本案无关的情节,使各种错综复杂的案情在公文上表现得简单明了,不带丝毫个人意见,完全符合公文要求。这是一项新的工作,而伊凡·伊里奇则属于第一批执行1864年新法典的人。

自从在新地方就任法院侦讯官以来,伊凡·伊里奇结交了一批新朋友,建立了一些新关系,获得了新的社会地位,并多少采取了新作风。他在省里同政府保持一定距离,却周旋于司法界头面人物和豪门巨富之间,对当局稍表不满,发表温和的自由主义言论和开明观点。此外,伊凡·伊里奇就任新职后仍旧讲究服饰,注意仪表,只是不再刮去下巴颏上的胡子而听其自然生长。

伊凡·伊里奇在新地方过得很愉快。他跟一批反对省长的人关系很好;薪俸比以前优厚;他逢场作戏,打打纸牌,从中得到不少乐趣。他头脑聪明,很会打牌,因此常常赢钱。

伊凡·伊里奇在新地方任职两年后遇见了后来成为他妻子的普拉斯柯菲雅·费多罗夫娜·米海尔。她是伊凡·伊里奇出入的圈子里最迷人最伶俐最出色的姑娘。伊凡·伊里奇在公余之暇,找点消遣,其中包括同普拉斯柯菲雅·费多罗夫娜戏谑调情。

伊凡·伊里奇任特派员时常常跳舞,但当上侦讯官后就难得跳了。如今他跳舞只是为了要显示,尽管他身为侦讯官和五等文官,跳舞水平可绝不比别人差。这样,有时晚会将近结束,他就请普拉斯柯菲雅·费多罗夫娜一起跳舞,主要借这种机会征服普拉斯柯菲雅·费多罗夫娜的心。她爱上了他。伊凡·伊里奇并没有明确想到要结婚,但既然人家姑娘真的爱上了他,他就问自己:“是啊,那么何不就结婚呢?”

普拉斯柯菲雅·费多罗夫娜出身望族,长得不错,而且小有家产。伊凡·伊里奇可以指望找到一个更出色的配偶,但这个配偶也不错。伊凡·伊里奇自己有薪俸收入,他希望她也有同样多的进项。她出身名门,生得又温柔美丽,很有教养。说伊凡·伊里奇同她结婚是因为爱上这位小姐,并且发现她的人生观同他一致,那不符合事实。说他结婚,是因为在他的圈子里大家都赞成这门婚事,那同样不符合事实。伊凡·伊里奇结婚是出于双重考虑:娶这样一位妻子是幸福的,而达官贵人们又都赞成这门亲事。

伊凡·伊里奇就这样结了婚。

在准备结婚和婚后初期,夫妻恩爱,妻子尚未怀孕,再加上崭新的家具,崭新的餐具,崭新的衣服,日子过得很美满。伊凡·伊里奇认为他原来的生活轻松愉快而又高尚体面,并且受到上流社会的赞许,如今结婚不仅不会损害这种生活，而且使它更加美满。但在妻子怀孕几个月后，出现了一种痛苦难堪而有失体统的新局面，那是他万万没有料到的，而且怎么也无法摆脱。

伊凡·伊里奇认为妻子完全出于任性破坏快乐体面的生活，莫名其妙地动辄猜疑，要求他更加体贴她。不论什么事她都横加挑剔，动不动对他大吵大闹。

起初伊凡·伊里奇想继续用快乐体面的人生态度来排除烦恼。他不管妻子的情绪，照旧轻松愉快地过日子：请朋友到家里来打牌，自己上俱乐部或者到朋友家串门子。可是，有一次妻子气势汹汹对他破口大骂。这以后只要他稍不顺她的意，她就把他臭骂一顿，显然非把他制服不可，也就是说，要他安守在家里，并且像她一样哀声叹气，无病呻吟。这使伊凡·伊里奇感到害怕。他懂得了，夫妇生活，至少是他同妻子的生活，并不能始终维持快乐体面，相反，常常会损害这样的气氛，因此必须设法防范。伊凡·伊里奇借口公务繁忙来对付普拉斯柯菲雅·费多罗夫娜。他发现这种办法很有效，因此常用它来保卫自己的独立天地。

孩子生下后，喂养很费事，常常发生这样那样的麻烦，不是婴儿害病就是做母亲的害病，有时是真病有时是假病。不管怎样，伊凡·伊里奇都得照顾，尽管他对这些事一窍不通。而伊凡·伊里奇保卫自己独立天地、不受家庭干扰的欲望却越来越强烈。

妻子的脾气越来越暴躁，要求越来越苛刻，伊凡·伊里奇也越来越把生活的重心转移到公务上。他更加喜爱官职，醉心功名。

不久，在结婚一年后，伊凡·伊里奇懂得了，夫妇生活虽然也有一些好处，但却是一种很复杂很痛苦的事，而要尽到自己的责任，过一种受社会赞许的体面生活，必须像做官一样建立适当的关系。

伊凡·伊里奇就给自己建立了这样的夫妇关系。他对家庭生活的要求，只是能吃到家常便饭，生活上有照料和过床笫生活，而这些都是她能向他提供的。他主要的要求是维持社会所公认的体面的夫妇关系。此外，他就自寻欢乐，获得了欢乐也就心满意足。要是家里遇到不愉快，他就立刻逃到公务活动的独立天地里去,并在那里自得其乐。

伊凡·伊里奇当侦讯官,声誉显赫,三年后就升任副检察官。新的官职、重要的地位、控诉和拘捕任何人的权利、当众的演说、辉煌的功绩——这一切使伊凡·伊里奇更加迷恋公务。

孩子一个个生下来。妻子变得越来越乖戾,越来越暴躁,但伊凡·伊里奇所确立的家庭关系几乎不受妻子脾气的影响。

伊凡·伊里奇在这个城市里任职七年,接着被调到另一个省里当检察官。他们搬了家,手头的钱不多,妻子又不喜欢那新地方。薪俸尽管比原来多,但生活程度高,再说又死了两个孩子,因此伊凡·伊里奇就感到家庭生活比以前更乏味了。

普拉斯柯菲雅·费多罗夫娜搬到新地方后,不论遇到什么麻烦,总要责怪丈夫。夫妇间不论谈什么事,尤其是谈教育孩子的问题,总会联想到以前的不和,引起新的争吵。夫妇俩如今难得有恩爱的时刻,即使有,也是很短暂的。他们在爱情的小岛上临时停泊一下,不久又会掉进互相敌视的汪洋大海,彼此冷若冰霜。要是伊凡·伊里奇认为家庭生活不该如此,他准会对这种冷漠感到伤心,不过他不仅认为这样的局面是正常的,而且正是他所企求的。他的目标就是要尽量摆脱家庭生活的烦恼,而表面上又要装得若无其事,保持体面。为了达到这一目的,他尽量少同家人待在一起,如果不得已必须这样做,也总是竭力保证有旁人在场。不过伊凡·伊里奇这样过日子,主要靠的是他有公务。他把全部生活乐趣都集中在官场的天地里。这种乐趣支配了他的整个身心。意识到自己的权力,对任何人都操有生杀大权,每次走进法庭和遇到下属时那种威风凛凛的气派(即使只是表面的),在上司与下属之间周旋的本领,尤其是自觉高明的办事能力——这一切能使他洋洋得意,再加上跟同事们谈天、宴会和打牌,他的生活就显得很充实。总之,伊凡·伊里奇的生活过得合乎他的愿望:快乐而体面。

就这样他又过了七年。大女儿已经十六岁,另外又死了一个孩子,只剩下一个男孩在中学念书。这个孩子是引起夫妇争吵的一大因素。伊凡·伊里奇要送他读法学院，而普拉斯柯菲雅·费多罗夫娜却偏把他送进普通中学。女儿在家里学习，成绩良好；儿子学得也不错。

3

伊凡·伊里奇婚后就这样过了十七年的光阴。现在他已是一个老检察官了。他推辞了几次工作上的调动，一心想找个更称心的职位，不料出了一件不愉快的事，把他生活的安宁给破坏了。伊凡·伊里奇想谋取大学城首席法官位置，但被戈佩捷足先得。伊凡·伊里奇十分生气，提出责问，同戈佩吵嘴，又冒犯顶头上司；他从此受冷遇，下一次任命也没有他的份。

这是 1880 年，也是伊凡·伊里奇一生中最倒霉的年头。他一方面入不敷出，另一方面又被人家遗忘。他觉得人家待他极不公平，人家却认为对他已仁至义尽。就连父亲都认为无须再帮助他了。他觉得大家都把他抛弃了，并认为他有三千五百卢布年俸已很不错，甚至可说是十分幸福了。人家待他这么不公平，妻子经常责骂他，家里入不敷出，开始负债。这种情况当然谈不上正常，而且只有他一个人知道。

今年夏天，伊凡·伊里奇为了节省开支，同妻子一起到内弟乡下度假。

在乡下不做事，伊凡·伊里奇第一次不仅感到无聊，而且觉得十分愁闷。他认定无法这样过活，必须采取断然措施。

伊凡·伊里奇不能入睡，在露台上踱了个通宵，决定上彼得堡奔走一番，争取调到其他部门工作，以惩罚他们，惩罚那些不会赏识他才能的人。

第二天早晨，他不顾妻子和内弟的劝阻，乘车上彼得堡。

他唯一的目的就是弄到一个年俸五千卢布的位置。他不再计较是哪个机关，是哪个派别和哪种工作。他只要一个位置，年俸五千卢布的位置，不论政府机关、银行、铁路、玛丽皇后御用机关，甚至海关都行，但一定要有五千卢布收入，一定要离开那个不会赏识他才能的机关。

伊凡·伊里奇此行取得了意外收获。在库尔斯克火车站，头等车厢里上来一个熟人，名叫伊林。伊林告诉他库尔斯克省刚接到电报，部里最近人事上有重大变动，彼得·伊凡内奇的位置将由伊凡·谢苗内奇接任。

这次调动，除了对国家有一定影响外，对伊凡·伊里奇具有特殊意义。因为起用了新人彼得·彼得罗维奇和他的朋友扎哈尔·伊凡内奇。这对他伊凡·伊里奇极其有利，因为扎哈尔·伊凡内奇是伊凡·伊里奇的同学，又是他的好朋友。

在莫斯科，这个消息得到了证实。伊凡·伊里奇来到彼得堡，找到了扎哈尔·伊凡内奇，后者答应给他在原来的司法部里谋一个好差事。

一星期后，他给妻子发了一份电报：

"扎哈尔接替米勒，我申请后即可提升。"

伊凡·伊里奇通过这次人事调动在他的旧部里获得意外任命；比同事高两级，年俸五千，再加调差费三千五百。伊凡·伊里奇消除了对原来对头和整个机关的怨气，感到十分得意。

伊凡·伊里奇回到乡下，兴高采烈。他好久没有这样快活了。普拉斯柯菲雅·费多罗夫娜也很高兴，夫妻俩也和好了。伊凡·伊里奇讲到他在彼得堡怎样受祝贺，原来的对头怎样厚着脸皮巴结他，怎样羡慕他的地位，特别讲到他在彼得堡怎样受人尊敬。

普拉斯柯菲雅·费多罗夫娜听着他讲，装出相信的样子，也不打岔，心里却盘算着怎样到新地方去重新安排生活。伊凡·伊里奇高兴地看到，她的想法同他的想法不谋而合，他们一度坎坷的生活又变得快乐而体面了。

伊凡·伊里奇只回家几天。9 月 10 日他就得走马上任。此外，他还得在新地方安顿下来，把家具杂物从省里运去，再要添置和定做许多东西。总之，要根据他同普拉斯柯菲雅·费多罗夫娜几乎一致的想法把新居布置好。

现在，一切都进行得称心如意，他同妻子又意气相投。他们俩一起生活的时间很少，像现在这样投契，除了婚后头几年，还不曾有过。伊凡·

伊里奇想把家眷随身带走，可是姐姐和姐夫[①]对伊凡·伊里奇一家忽然十分亲热，弄得伊凡·伊里奇只好独自先走。

伊凡·伊里奇走了。事业上一帆风顺，同妻子言归于好，这两件事相得益彰，使他心情愉快。他找到一座精美的住宅，恰合夫妇俩的心意。高大宽敞的老式客厅、豪华舒适的书房、妻子的卧室、女儿的卧室、儿子的书房，一切都像是特意为他们设计的。伊凡·伊里奇亲自布置房间，选择墙纸，添置家具——从旧货店买来的，式样特别古雅——定制了沙发套和窗纸。房子布置得越来越漂亮，符合他的理想。他布置到一半，发觉比他希望的更美。他相信等全部完工，将更加富丽堂皇，而决不会流于庸俗。临睡前，他想象他的前厅将是什么样子。他瞧着没有布置好的客厅，仿佛看到壁炉、屏风、古董架、散放着的小椅子、墙上的挂盘和铜器都已安放得井井有条。他想妻子和女儿在这方面跟他有同样的爱好，看到这种排场，准会大吃一惊，不禁暗暗高兴。她们一定想不到会有这样的气派。他特别得意的是买到一些价廉物美的古董，使整座房子显得格外高雅。他在信里故意把情况说得差一些，这样她们一看到就会更加惊讶。他热衷于装饰新居，就连心爱的公务都不那么感兴趣了。有时法院开庭，他也心不在焉：他在考虑究竟用什么样的窗帘顶檐，直的还是拱的。他对这事兴致勃勃，亲自动手安放家具，重新挂上窗帘。有一次他爬到梯子上，指点愚笨的沙发裁缝怎样挂窗帘，一不留神失足掉下来，但他是个强壮而灵活的汉子，立刻稳住脚，只是腰部撞在窗框上。伤处痛了一阵子不久就好了。这一时期，伊凡·伊里奇觉得自己特别快乐和健康。他写信说："我感到自己仿佛年轻了十五岁。"他原想到九月底把房子布置好，结果拖到十月半。不过，房子布置得十分雅致——不仅他自己这么认为，凡是看到的人都这么说。

其实，房子里的摆设无非显示那种不太富裕、却一味模仿富裕人家的

① 从上下文看，这里似应作内弟和内弟媳妇，毛德英译本加以改译，看来是有道理的。

小康之家的派头，千篇一律地尽是花缎、红木家具、盆花、地毯、古铜器、发亮铜器，等等。一定阶级的人总是拿这些东西来表示他们一定的身份。伊凡·伊里奇家里的摆设同人家没有什么两样，因此引不起人家的注意，但他却洋洋自得，以为与众不同。他到车站去接家眷，把他们带到装修一新的寓所里，系白领带的男仆打开摆满鲜花的前厅，他们走进客厅、书房，高兴得欢呼起来。他领他们到各处观看，得意洋洋地听着他们的称赞，容光焕发，感到十分幸福。当天晚上喝茶的时候，普拉斯柯菲雅·费多罗夫娜随便问到他是怎么摔跤的，他就笑着做给他们看，他怎样从梯子上掉下来，把沙发裁缝吓坏了。

"幸亏我练过体操。要是换了别人，准会摔坏的，可我只在这儿撞了一下，摸摸有点疼，但已经好多了，只是有点青肿。"

就这样他们在新居开始生活，并且也像一般人移居到新地方那样，觉得还少一个房间，收入虽然增加，但还嫌钱少——少这么五百卢布。不过总的来说，他们感到称心如意了。最初他们过得特别愉快，房子还没有完全布置好，需要再买些什么，定制些什么，有些东西需要搬动，有些东西需要调整。尽管夫妇之间有时意见分歧，但两人对新的生活都很满意，而且有许多事要做，因此没有发生大的争吵。等一切都安排舒齐，他们开始感到有点空虚，但当时还需要去结交一批新朋友，培养新习惯，因此生活还是很充实。

伊凡·伊里奇上午在法院办公，下午回家吃饭，开头一个时期情绪很好，虽然为房子的事有时也有点烦恼(例如，他发现桌布或沙发面子上有污点，窗帘系带断了，就会发脾气，因为看到他煞费苦心置办的东西被损坏，心里难过)。不过，伊凡·伊里奇的生活还是过得合乎他的理想：轻松、愉快而体面。他每天早晨九时起床，喝咖啡，看报，然后穿上制服去法院。那儿已为他准备好"轭"，让他一到就套到身上：接见来访者，处理同诉讼有关的问题，主持诉讼案件，出席公开庭和预备庭。他必须排除各种外来干预，免得妨碍诉讼程序，同时严禁徇私枉法，严格依法办事。要是有人想探听什么事，而这事不属伊凡·伊里奇主管，他就不能同这人发生任何关系，但要是这人有正式公文，上面写明事由，那么伊凡・伊里奇就会根据法律许可的范围尽力去办，并且办得不违反人情，也就是说面子上过得去。但只要公事一结束，其他关系也就结束了。分清法律和人情，这种本领伊凡・伊里奇已达到登峰造极的地步，而且凭着天赋的才能和长期的经验，他有时故意把法律和人情混淆起来。他之所以敢于这样做，那是因为他自信总有能力划清两者的界限，如果需要的话。伊凡・伊里奇办这种事不仅轻松、愉快和体面，简直可以说是得心应手。在休庭时，他吸烟，喝茶，随便谈谈政治、社会新闻和纸牌，而谈得最多的还是官场中的任命。然后，他好像第一小提琴手，出色地演奏完毕，疲劳地乘车回家。回到家里，发现母女俩外出或者在接待客人，儿子上学了，有时在跟补课教师复习功课。一切都井井有条。饭后要是没有客来，伊凡・伊里奇就看些当时流行的书籍。晚上，他坐下来处理公事：披阅文件，查看法典，核对证词。他干这些既不感到无聊，也不觉得有趣。要是有机会打牌，那么处理公事就感到无聊；要是没有机会打牌，那么处理公事总比独自闷坐或者跟妻子面面相对要好得多。伊凡・伊里奇喜欢举行便宴，邀请有钱有势的先生夫人参加。这种消遣跟其他同样身份的人没有差别，犹如他的客厅跟人家的客厅没有差别一样。

他们家里还举行过一次舞会。舞会办得很好，伊凡・伊里奇心情愉快，可惜最后为蛋糕糖果的事同妻子大闹一场。普拉斯柯菲雅・费多罗夫娜有她的打算，但伊凡・伊里奇坚持要到最高级糖果铺去买糕点，结果买了许多蛋糕。争吵就是由于蛋糕太多吃不完，而糖果铺的账却高达四十五卢布引起的。争吵很激烈，闹得不可开交。普拉斯柯菲雅・费多罗夫娜骂他："傻瓜，低能。"伊凡・伊里奇气得双手抱住脑袋，恨恨地说出离婚之类的话来。不过，晚会本身还是很快活的，前来参加的都是社会名流。伊凡・伊里奇同特鲁丰诺娃公爵夫人跳舞。特鲁丰诺娃公爵夫人的姐姐就是著名的"消灭苦难会"的创办人。身居要职的乐趣在于自尊心的满足，社会活动的乐趣在于虚荣心的满足，但伊凡・伊里奇的真正乐趣却在于打牌。他认为，不管生活上遇到什么烦恼，那像蜡烛一样驱除黑暗的最大乐趣,就是同几个规规矩矩的好搭档坐下来一起打牌,而且一定要四人一起(五人一起打就很难有结果,虽然得装出很感兴趣的样子),认认真真地打(要是顺手的话),然后吃点夜宵,喝一大杯葡萄酒。打过牌以后睡觉,尤其是稍微赢一点儿钱(赢太多也不好),伊凡·伊里奇觉得特别愉快。

他们就这样过着日子。他们家的来客都是达官贵人,有的地位显赫,有的年少英俊。

夫妻和女儿待人的态度完全一致。凡是满脸堆笑,投奔到他们那间墙上装饰着日本盘子的客厅来的潦倒亲友,他们都加以排斥。不久,这些寒酸的亲友便不再上门,高洛文家的来客就限于达官贵人。年轻人纷纷追求丽莎,其中包括彼特利歇夫。那是德米特里·伊凡内奇·彼特利歇夫的儿子,又是他财产的唯一继承人,现任法院侦讯官。他也在热烈地追求丽莎,弄得伊凡·伊里奇已在跟普拉斯柯菲雅·费多罗夫娜商量:要不要让他们一起坐三驾马车游玩,或者举办一次家庭戏剧晚会。他们就这样过着日子:一切都称心如意,没有任何变化。

4

家里人个个身体健康。只有伊凡·伊里奇有时说,他嘴里有一种怪味,左腹有点不舒服,但不能说有病。

这种不舒服的感觉逐渐增长,虽还没有转变为疼痛,但他经常感到腰部发胀,情绪恶劣。他的心情越来越坏,影响了全家快乐而体面的生活。夫妇吵嘴的事越来越多,轻松愉快的气氛消失了,体面也很难维持。争吵更加频繁,夫妇之间相安无事的日子少得就像汪洋大海里的小岛。

如今普拉斯柯菲雅·费多罗夫娜说丈夫脾气难弄,那倒不是没有理由的。她说话喜欢夸张,往往夸张地说,他的脾气一直很坏,要不是她心地善良,这二十年可真没法子忍受。的确,现在争吵总是由伊凡·伊里奇引起的。他吃饭时总要发脾气,往往从吃汤开始。他一会儿发现碗碟有裂痕,一会儿批评饭菜烧得不好吃,一会儿责备儿子吃饭把臂肘搁在桌上，一会儿批评女儿的发式不正派，而罪魁祸首总是普拉斯柯菲雅 · 费多罗夫娜。普拉斯柯菲雅 · 费多罗夫娜起初回敬他，也对他说了一些难听的话，但有两三次他一开始吃饭就勃然大怒。她明白了，这是一种由进食而引起的病态，就克制自己，不再还嘴，只是催他快吃。普拉斯柯菲雅 · 费多罗夫娜认为自己的忍让是一种值得称道的美德。她认定丈夫脾气极坏，给她的生活带来不幸；她开始可怜自己。她越是可怜自己，就越是憎恨丈夫。她巴不得他早点死。但又觉得不能这样想，因为他一死就没有薪俸了。而这一点却使她更加恨他。她认为自己的命太苦，就连他的死都不能拯救她。她变得很容易发脾气，但又强忍着，而她这样勉强忍住脾气，却使他的脾气变得更坏。

有一次夫妻争吵，伊凡 · 伊里奇特别不讲理。事后他解释说，他确实脾气暴躁，但这是由于病的缘故。普拉斯柯菲雅 · 费多罗夫娜就对他说，既然有病，就得治疗，要他去请教一位名医。

他乘车去了。一切都不出他所料，一切都照章办理。又是等待，又是医生装出一副煞有介事的样子——这种样子他是很熟悉的，就跟他自己在法庭上一样——又是叩诊，又是听诊，又是各种不问也知道的多余问题，又是那种威风凛凛的神气，仿佛在说："你一旦落到我手里，就得听我摆布。我知道该怎么办，对付每个病人都是这样的。"一切都同法庭上一样。医生对待他的神气，就如他在法庭上对待被告那样。

医生说，如此这般的症状表明您有如此这般的病，但要是化验不能证明如此这般的病，那就得假定您有如此这般的病。要是假定有如此这般的病，那么……等等。对伊凡 · 伊里奇来说，只有一个问题是重要的：他的病有没有危险？但医生对这个不合时宜的问题置之不理。从医生的观点来说，这问题没有意思，不值得讨论：存在的问题只是估计一下可能性；是游走肾，还是慢性盲肠炎。这里不存在伊凡 · 伊里奇的生死问题，只存在游走肾和盲肠炎之间的争执。在伊凡 · 伊里奇看来，医生已明确认定是盲肠炎，但又保留说，等小便化验后可以得到新的资料，到那时再作进一步诊断。这一切，就跟伊凡 · 伊里奇上千次振振有词地对被告宣布罪状一模一样。医生也是那么得意洋洋，甚至从眼镜上方瞧了被告一眼，振振有词地作了结论。从医生的结论中伊凡·伊里奇断定情况严重，对医生或其他人都无所谓，可是对他却非同小可。这结论对伊凡·伊里奇是个沉重的打击，使他十分怜悯自己，同时十分憎恨那遇到如此严重问题却无动于衷的医生。

不过他什么也没有说，就站起来，把钱往桌上一放，叹了一口气说：

“也许我们病人常向您提些不该问的问题，”他说，“一般说来，这病是不是有危险……”

医生用一只眼睛从眼镜上方狠狠地瞪了他一下，仿佛在说：被告，你说话要是越出规定的范围，我将不得不命令把你带出法庭。

“我已把该说的话都对您说了，”医生说，“别的，等化验结果出来再说。”医生结束道。

伊凡·伊里奇慢吞吞地走出诊所，垂头丧气地坐上雪橇回家。一路上他反复分析医生的话，竭力把难懂的医学用语翻译成普通的话，想从中找出问题的答案：“我的病严重？十分严重？或者还不要紧？”他觉得医生所有的话都表示病情严重。伊凡·伊里奇觉得街上的一切都是阴郁的，车夫是阴郁的，房子是阴郁的，路上行人是阴郁的，小铺子是阴郁的。他身上的疼痛一秒钟也没有停止，听了医生模棱两可的话后就觉得越发厉害。伊凡·伊里奇如今更加心情沉重地忍受着身上的疼痛。

他回到家里，给妻子讲了看病的经过。妻子听着，他讲到一半，女儿戴着帽子进来，准备同母亲一起出去。女儿勉强坐下来听他讲这无聊的事，但她听得不耐烦了。母亲也没有听完他的话。

“哦，我很高兴，”妻子说，“今后你一定要准时吃药。把药方给我，我叫盖拉西姆到药房去抓药。”说完她就去换衣服。

妻子在屋子里时，他不敢大声喘气；等她走了，才深深地叹了一口气。

“好吧，”伊凡·伊里奇说，“也许真的还不要紧……”

他听医生的话，服药，养病。验过小便后，医生又改了药方。不过，小便化验结果和临床症状之间有矛盾。不知怎的，医生说的与实际情况不符。也许是医生疏忽了,也许是撒谎,也许有什么事瞒着他。

不过伊凡·伊里奇还是照医生的话养病,最初心里感到安慰。

伊凡·伊里奇看过病后,努力执行医生的指示,讲卫生,服药,注意疼痛和大小便。现在他最关心的是疾病和健康。人家一谈到病人、死亡、复原,特别是谈到跟他相似的病,他表面上装作镇定,其实全神贯注地听着,有时提些问题,把听到的情况同自己的病作比较。

疼痛没有减轻,但伊凡·伊里奇强迫自己认为好一点了。没有事惹他生气,他还能欺骗自己。要是同妻子发生争吵,公务上不顺利,打牌输钱,他立刻就感到病情严重。以前遇到挫折,他总是希望时来运转,打牌顺手,获得大满贯,因此还能忍受。可是现在每次遇到挫折,他都会悲观绝望,丧失信心。他对自己说:"唉,我刚刚有点好转,药物刚刚见效,就遇到这倒霉事……"于是他恨那种倒霉事,恨给他带来不幸并要置他于死命的人。他明白这种愤怒在危害他的生命,但他无法自制。照理他应该明白,他这样怨天尤人,只会使病情加重,因此遇到不愉快的事不应该放在心上,可是他的行为正好相反。他说,他需要安宁,并且特别警惕破坏安宁的事。只要他的安宁稍稍遇到破坏,他就大发雷霆。他读医书,向医生请教,结果有害无益。情况是逐渐恶化的,因此拿今天同昨天比较,差别似乎并不大,他还能聊以自慰,但同医生一商量,就觉得病情在不断恶化,而且发展得很快。尽管如此,他还是经常请教医生。

这个月里他找了一位名医。这位名医的话,简直同原来的那位一模一样,但问题的提法不同。请教这位名医,只增加伊凡·伊里奇的疑虑和恐惧。另外有位医生,是他朋友的朋友,也很出名。这位医生对他的病作了完全不同的诊断。尽管医生保证他会康复,但提出的问题和假设却使伊凡·伊里奇更加疑虑。一个提倡顺势疗法的医生又作了另一种诊断,给了不同的药,伊凡·伊里奇偷偷地服了一个星期。可是一星期后并没有见效,伊凡·伊里奇对原来的疗法丧失了信心,对这种新疗法也丧失了信心,于是越发沮丧了。有一次,一位熟识的太太给他谈圣像治病的事。伊凡·伊里奇勉强听着,并相信她的话。但这事使他不寒而栗。"难道我真的那样神经衰弱吗?”他自言自语,“废语!真是荒唐,这样神经过敏要不得,应该选定一个医生,听他的话好好疗养。就这么办。这下子主意定了。我不再胡思乱想,我要严格遵照这种疗法,坚持到夏天。到那时会见效的。别再犹豫不决了!”这话说说容易,实行起来可难了。腰痛在折磨他,越来越厉害,一刻也不停。他觉得嘴里的味道越来越难受,还有一股恶臭从嘴里出来,胃口越来越差,体力越来越弱。他不能欺骗自己:他身上出现了一种空前严重的情况。这一点只有他自己明白,周围的人谁也不知道,或者不想知道。他们总以为天下太平,一切如旧。这一点使伊凡·伊里奇觉得格外难受。家里的人,尤其是妻子和女儿,都热衷于社交活动。他看到,她们什么也不明白,还埋怨他情绪不好,难伺候,仿佛还是他不对。他看出,尽管她们嘴里不说,他已成了她们的累赘,妻子对他的病已有定见,不管他说什么或者做什么,她的态度都不会改变。

“不瞒您说,”她对熟人说,“伊凡·伊里奇也像一切老实人那样,不能认真遵照医生的话养病。今天他听医生的话服药,吃东西;明天我一疏忽,他就忘记吃药,还吃鳇鱼(那是医生禁止的),而且坐下来打牌,一打就打到深夜一点钟。”

“哼,几时有过这种事?”伊凡·伊里奇恼怒地说,“总共只在彼得·伊凡内奇家打过一次。”

“昨天不是跟谢贝克一起打过吗?”

“反正我疼得睡不着……”

“不管怎么说,这样你就永远好不了,还要折磨我们。”

普拉斯柯菲雅·费多罗夫娜向人家也向伊凡·伊里奇本人说,他生病主要是他自己不好,给她这个做妻子的带来痛苦。伊凡·伊里奇觉得她有这样的看法是很自然的,但心里总感到难受。

在法院里,伊凡·伊里奇发现或者自己感到人家对他抱着奇怪的态度:一会儿,人家把他看作一个不久将把位置空出来的人:一会儿,朋友们不怀恶意地嘲笑他神经过敏,因为他自己认为有一种神秘可怕的东西在不断吮吸他的精神,硬把他往那儿拉。朋友们觉得这事挺好玩,就拿来取笑他。尤其是施瓦尔茨说话诙谐生动而又装得彬彬有礼,使伊凡·伊里奇想起十年前他自己的模样,因而格外生气。

来了几个朋友,坐下来打牌。他拿出一副新牌,洗了洗,发了牌。他把红方块跟红方块叠在一起,总共七张。他的搭档说:没有王牌,给了他两张红方块。还指望什么呢?快乐,兴奋,得了大满贯。伊凡·伊里奇突然又感到那种抽痛,嘴里又有那股味道。他在这种情况下还能因得大满贯而高兴,未免太荒唐了。

他瞧着他的搭档米哈伊尔·米哈伊洛维奇,看他怎样用厚实的手掌拍着桌子,客客气气地不去抓一墩牌,却把它推给伊凡·伊里奇,使他一举手就能享受赢牌的乐趣。"他是不是以为我身子虚得手都伸不出去了?"伊凡·伊里奇想,忘记了王牌,却用更大的王牌去压搭档的牌,结果少了三墩牌,失去了大满贯。最可怕的是他看见米哈伊尔·米哈伊洛维奇脸色十分痛苦,却表现得若无其事。他怎么能若无其事,这一点想想也可怕。

大家看出他很痛苦,对他说:"要是您累了,我们就不打了。您休息一会儿吧。"休息?不,他一点也不累,可以把一圈牌打完。大家闷闷不乐,谁也不开口。伊凡·伊里奇觉得是他害得大家这样闷闷不乐,但又无法改变这种气氛。客人们吃过晚饭,各自回家了。伊凡·伊里奇独自留在家里,意识到他的生命遭到毒害,还毒害了别人的生命,这种毒不仅没有减轻,而且越来越深地渗透到他的全身。

他常常带着这样的思想,再加上肉体上的疼痛和恐惧,躺到床上,疼得大半夜不能合眼。可是天一亮又得起来,穿好衣服,乘车上法院,说话,批公文;要是不上班待在家里,那么一天二十四小时,每个小时都得活受罪。而且,在这样的生死边缘上,他只能独自默默地忍受,没有一个人了解他,没有一个人可怜他。

5

就这样过了两个月光景。新年前夕,他的内弟来到他们城里,住在他们家。那天,伊凡·伊里奇上法院尚未回家,普拉斯柯菲雅·费多罗夫娜上街买东西去了。伊凡·伊里奇回到家里,走进书房,看见内弟体格强壮,脸色红润,正在打开手提箱。他听见伊凡·伊里奇的脚步声,抬起头,默默地对他瞧了一会儿。他的眼神向伊凡·伊里奇说明了问题。内弟张大嘴,正要喔唷一声叫出来,但立刻忍住了。这个动作证实了一切。

“怎么,我的样子变了吗?”

“是的……有点变。”

接着,不管伊凡·伊里奇怎样想使内弟再谈谈他的模样,内弟却绝口不提。普拉斯柯菲雅·费多罗夫娜一回来,内弟就到她屋里去了。伊凡·伊里奇锁上房门,去照镜子,先照正面,再照侧面。他拿起同妻子合拍的照片,拿它同镜子里的自己做着比较。变化很大。然后他把双臂露到肘部,打量了一番,才放下袖子,在软榻上坐下来,脸色变得黑沉沉的。

“别这样,别这样!”他对自己说,霍地站起来,走到写字台边,打开卷宗,开始披阅公文,可是看不进去。他打开门,走到前厅。客厅的门关着。他踮着脚走到门边,侧着耳朵听。

“不,你太夸张了!”普拉斯柯菲雅·费多罗夫娜说。

“怎么夸张?你没发觉,他已经像个死人了。你看看他的眼睛,没有一点光。他这是怎么搞的?”

“谁也不知道。尼古拉耶夫(一位医生)说如此这般,可我不知道。列谢季茨基(就是名医)说的正好相反……”

伊凡·伊里奇回到自己屋里,躺下来想:“肾,游走肾。”他回忆起医生们对他说过的话,肾脏怎样离开原位而游走。他竭力在想象中捕捉这个肾脏,不让它游走,把它固定下来。这事看上去轻而易举。“不,我还是去找找彼得·伊凡内奇(那个有医生朋友的朋友)。”他打了铃,吩咐套车,准备出去。

“你上哪儿去,约翰?”妻子露出非常忧愁和矫揉造作的贤惠神情问。

这种矫揉造作的贤惠使他生气。他阴沉着脸对她瞅了一眼。

“我去找彼得·伊凡内奇。”

他去找这个有医生朋友的朋友。然后跟他一起到医生家去。他遇见医生,跟他谈了好半天。

医生根据解剖学和生理学对他的病作了分析,他全听懂了。

盲肠里有点毛病,有点小毛病。全会好的。只要加强一个器官的功能,减少另一个器官的活动,多吸收一点,就会好的。吃饭时,他晚到了一点。吃过饭,他兴致勃勃地谈了一通,但好一阵不能定下心来做事。最后他回到书房,立刻动手工作。他披阅公文,处理公事,但心里念念不忘有一件要事被耽误了。等公事完毕,他才记起那件事就是盲肠的毛病。但他故作镇定,走到客厅喝茶。那里有几个客人,正在说话,弹琴,唱歌。他得意的未来女婿,法院侦讯官也在座。据普拉斯柯菲雅 · 费多罗夫娜说,伊凡 · 伊里奇那天晚上过得比谁都快活,其实他一分钟也没忘记盲肠的毛病被耽误了。十一点钟他向大家告辞,回自己屋里去。自从生病以来,他就独自睡在书房里。他走进屋里,脱去衣服,拿起一本左拉的小说,但没有看,却想着心事。他想象盲肠被治愈了。通过吸收,排泄,功能恢复正常。“对了,就是那么一回事,”他自言自语,“只要补养补养身体就好了。”他想到了药,支起身来,服了药,又仰天躺下,仔细体味药物怎样在治病,怎样在制止疼痛。“只要按时服药,避免不良影响就行;我现在已觉得好一点了,好多了。”他按按腰部,按上去不疼了。“是的,不疼了,真的好多了。”他灭了蜡烛,侧身躺下……盲肠在逐渐恢复,逐渐吸收。突然他又感觉到那种熟悉的隐痛,痛得一刻不停,而且很厉害。嘴里又是那种恶臭。他顿时心头发凉,头脑发晕。“天哪! 天哪!”他喃喃地说。“又来了,又来了,再也好不了啦!”突然他觉得完全不是那么一回事。“哼,盲肠!肾脏!”他自言自语,“问题根本不在盲肠,不在肾脏,而在生和……死。是啊,有过生命,可现在它在溜走,而我又留不住它。是啊! 何必欺骗自己呢? 除了我自己,不是人人都很清楚我快死了吗? 问题只在于还有几个星期,几天,还是现在就死。原来有过光明,现在却变成一片黑暗。我此刻在这个世界,但不久就要离开! 到哪儿去?”他觉得浑身发凉,呼吸停止,只听见心脏在怦怦跳动。

“等我没有了,那还有什么呢? 什么也没有了。等我没有了,我将在哪儿？难道真的要死了吗？不，我不愿死。”他霍地跳起来，想点燃蜡烛，用颤动的双手摸索着。蜡烛和灶台被碰翻，落到地上。他又仰天倒在枕头上。“何必呢？反正都一样！”他在黑暗中瞪着一双眼睛，自言自语。“死。是的，死。他们谁也不知道，谁也不想知道，谁也不可怜我。他们玩得可乐了(他听见远处传来喧闹和伴奏声)。他们若无其事，可他们有朝一日也要死的。都是傻瓜！我先死，他们后死，他们也免不了一死。可他们还乐呢。畜生！”他愤怒得喘不过气来。他痛苦得受不了。难道谁都得受这样的罪吗！他坐起来。

“总有什么地方不对头，我得定下心，从头至尾好好想一想。”他开始思索。“对了，病是这样开始的。先是腰部撞了一下，但过了一两天我还是好好的。稍微有点疼，后来疼得厉害了，后来请医生，后来泄气了，发愁了，后来又请医生，但越来越接近深渊。体力越来越差，越来越接近……越来越接近……我的身子虚透了，我的眼睛没有光。我要死了，可我还以为是盲肠有病。我想治好盲肠，其实是死神临头了。难道真的要死吗？”他又感到魂飞魄散，呼吸急促。他侧身摸索火柴，用臂肘撑住床几。臂肘撑得发痛，他恼火了，撑得更加使劲，结果把床几推倒了。他绝望得喘不过气来，又仰天倒下，恨不得立刻死去。

这当儿，客人们纷纷走散。普拉斯柯菲雅·费多罗夫娜送他们走。她听见什么东西倒下，走进来。

“你怎么了？”

“没什么。不留神把它撞倒了。”

她走出去，拿着一支蜡烛进来。他躺着，喘息得又重又急，好像刚跑完了几里路，眼睛呆滞地瞧着她。

“你怎么了，约翰？”

“没……什么。撞……倒了。”他回答，心里却想，“有什么可说的。她不会明白的。”

她确实不明白。她扶起床几，给他点上蜡烛，又匆匆走掉了：她还得送客。

等她回来,他仍旧仰天躺着,眼睛瞪着天花板。

"你怎么了,更加不舒服吗?"

"是的。"

她摇摇头,坐下来。

"我说,约翰,我们把列谢季茨基请到家里来好吗?"

这就是说,不惜金钱,请那位名医来出诊。他冷笑了一声说:"不用了。"她坐了一会儿,走到他旁边,吻了吻他的前额。

她吻他的时候,他从心底里憎恨她,好容易才忍住不把她推开。

"再见。上帝保佑你好好睡一觉。"

"嗯。"

 六

舞会以后

“你们说，人自己无法分清什么是好，什么是坏，问题全在于环境，是环境摆布人。可我认为问题全在于机遇。好哇，就拿我自己经历的一件事来说吧……”

我们谈到，一个人要做到完美无缺，先得改变生活的环境。这时，受大家尊敬的伊凡·华西里耶维奇就说了上面这段话。其实谁也没有说过人自己无法分清什么是好，什么是坏，但伊凡·华西里耶维奇有个习惯，总喜欢解释自己在谈话中产生的想法，顺便讲讲他生活里的一些事。他讲得一来劲，往往忘记为什么要讲这些事，而且总是讲得很诚恳，很真实。

这次也是如此。

“就拿我自己的事来说吧。我这辈子这样过而不是那样过，并非由于环境，完全是由于别的原因。”

“由于什么原因？”我们问。

“这事说来话长。要让你们明白，不是三言两语讲得清的。”

“噢，那您就给我们讲一讲吧。”

伊凡·华西里耶维奇想了想，摇摇头说：

“是啊，一个晚上，或者说一个早晨，就使我这辈子的生活变了样。”

“到底出了什么事？”

“是这么一回事：我那时正热恋着一位姑娘。我恋爱过好多次，但要数这次爱得最热烈。事情早就过去了，如今她的几个女儿也都已出嫁了。她叫……华莲卡……”伊凡·华西里耶维奇说出她的名字。“直到五十岁

还是个极其出色的美人。不过，在她年轻的时候，在她十八岁的时候，就更迷人了：修长、苗条、秀丽、端庄——实在是端庄。她总是微微昂起头，身子挺得笔直，仿佛只能保持这样的姿态。这种姿态配上美丽的脸蛋和苗条的身材——她并不丰满，甚至可以说有点瘦削——就使她显得仪态万方。要不是从她的嘴唇，从她那双亮晶晶的迷人的眼睛，从她那青春洋溢的可爱的全身，都流露出亲切而永远快乐的微笑，恐怕没有人敢接近她。"

"伊凡·华西里耶维奇讲起来真是绘声绘色，生动极了。"

"再绘声绘色也无法使你们想象她是个怎样的美人。但问题不在这里。我要讲的是 40 年代的事。当时我在一所外省大学念书。那所大学里没有任何小组[①]，也不谈任何理论——我不知道这是好事还是坏事。我们都很年轻，过着青年人特有的生活：念书，作乐。我当时是个快乐活泼的小伙子，家里又有钱。我有一匹烈性的遛蹄马，常常陪小姐们上山滑雪（当时溜冰还没流行），跟同学一起饮酒作乐（当时我们只喝香槟，没有钱就什么也不喝，可不像现在这样喝伏特加）。不过，我的主要兴趣是参加晚会和舞会。我舞跳得很好，人也长得不难看。"

"得啦，您也别太谦虚了，"在座的一位女士插嘴说，"我们早就从银版照相上看到过您了。您不但不难看，而且还是个美男子呢。"

"美男子就美男子吧，问题不在这里。问题是，正当我跟她热恋的时候，在谢肉节最后一天，我参加了本城首席贵族家的一次舞会。他是位和蔼可亲的老头儿，十分有钱，又很好客，还是宫廷侍从官。他的夫人同样心地善良，待人亲切。她穿着深咖啡色丝绒连衣裙，戴着钻石头饰，袒露着她那衰老虚胖的白肩膀和胸脯，就像画像上的伊丽莎白女皇[②]那样。这次舞会非常精彩：富丽堂皇的舞厅，有音乐池座，一个酷爱音乐的地主的农奴乐队演奏着音乐，还有丰盛的菜肴和满溢的香槟。虽然我也喜欢香

① 19 世纪俄国大学生成立各种小组，探讨哲学和文学问题。

② 伊丽莎白·彼得罗夫娜，俄国女皇，1741 年至 1761 年在位。

槟,但那天没有喝,因为我就是不喝酒也在爱情里沉醉了。不过,舞我跳得很多,跳得都快累倒了:一会儿卡德里尔舞,一会儿华尔兹,一会儿波尔卡,自然总是尽可能跟华莲卡一起跳。她穿着雪白的连衣裙,束着玫瑰红腰带,手戴长达瘦小臂肘的白羊皮手套,脚穿白缎便鞋。跳玛祖卡舞的时候,有人抢在我前头。那个可恶之至的工程师阿尼西莫夫一见她进来,就请她跳舞。我至今还不能原谅他。我那天去理发店买手套①来晚了一步。结果玛祖卡舞我没有跟华莲卡跳,而跟一位德国小姐跳——我以前也向她献过殷勤。不过那天晚上我担心对华莲卡很不礼貌:我没有跟她说过一句话,没有瞧过她一眼,我只看见那穿白衣裳、束红腰带的苗条身影,只看见那有两个小酒窝的绯红脸蛋和那双妩媚可爱的眼睛。其实不光是我,不论男的还是女的,人人都在欣赏她,尽管她使所有在场的女人都黯然失色。谁也忍不住不欣赏她啊。

"照规矩,玛祖卡我不是跟她跳的,而实际上我一直在跟她跳。她穿过整个舞厅,落落大方地向我走来。我不待她邀请,就连忙站起来。她嫣然一笑,以酬谢我的机灵。我们两个男舞伴②被带到她跟前,她没有猜中我的代号③,只得把手伸给另一个男人。她耸耸瘦小的肩膀,向我微微一笑,表示歉意和安慰。玛祖卡中间插进华尔兹,我就跟她跳了好多圈。她跳得上气不接下气,但还是笑眯眯地对我说'再来一次'。我就一次又一次地同她跳,但一点也没有感觉到自己的身体。"

"嘿,怎么会感觉不到身体?您搂住她的腰,一定会感觉到自己的身体和她的身体。"一个客人说。

伊凡·华西里耶维奇顿时脸涨得通红,气冲冲地喝道:

"哼,你们现在这些年轻人哪,你们心目中只有一个肉体。我们那个时候可不同,我爱她爱得越热烈,就越不注意她的肉体。如今你们只看到

---

① 当时俄国理发店兼卖手套、领带之类的东西。

② 指两个同时邀她跳舞的男人。

③ 每个男舞伴都自定一个代号,两个人同时由第三者介绍给一个女舞伴,请她猜代号,被猜中的就可以跟她跳舞。

大腿、脚踝和别的什么，你们恨不得把所爱的女人脱个精光。可我就像优秀作家阿尔封斯·卡尔[①]说的那样，我的爱人永远穿着青铜衣服。我们不是把人家的衣服脱光，而是像挪亚的好儿子[②]那样把赤裸的身子遮起来。哼，算了吧，反正你们不会懂的……”

“别理他。后来怎么样?”我们中间有人说。

“好。我就这样多半跟她跳，也没注意时间是怎么过去的。乐师们都已筋疲力尽——舞会快到结束时总是这样的——反复演奏着同一支玛祖卡舞曲，客厅里的老先生和老太太都已离开牌桌，等着吃晚饭，男仆们端着饭菜来回奔走。时间已是半夜两点多了，必须抓紧利用最后几分钟时间。我又一次选定了她。我们在舞厅里都转了百来次了。

“‘吃过晚饭还跟我跳卡德里尔舞吗?’我领她入席时问。

“‘当然，只要家里不叫我回去。’她含笑说。

“‘我不放你走。’我说。

“‘把扇子还给我。’她说。

“‘我舍不得还。’我说着把那把普通的白羽毛扇子还给她。

“‘那就给您这个，省得您舍不得。’她从扇子上拔下一根羽毛送给我，说。

“我接过羽毛，只能用目光来表示我的喜悦和感激。我不仅觉得快乐和满足，也感到幸福和陶醉。我心里充满善良的感情，我不是原来的我，而是一个只能行善、不知有恶的圣人。我把羽毛藏进手套里，呆呆地站在她旁边，再也离不开她。

“‘您瞧，他们在请爸爸跳舞呢。’她对我说，指指她那个体格魁伟戴银色上校肩章的父亲。他跟女主人和另外几位太太站在门口。

“‘华莲卡，过来!’戴钻石头饰、袒露着伊丽莎白女皇式肩膀的女主人

---

① 阿尔封斯·卡尔(1808—1890)，法国作家。

② 典出《旧约·创世记》第九章：挪亚有一次喝醉酒，光着身子睡着了，他的儿子闪和雅弗就给他盖上衣服。

大声叫道。

“华莲卡向门口走去,我跟在她后面。

“‘好姑娘,劝您爸爸跟您跳一次吧。喂,彼得·符拉迪斯拉维奇,请!’女主人对上校说。

“华莲卡的父亲是个体格魁梧、相貌端庄的老人。他容光焕发,脸色红润,留着两撇尼古拉一世式鬈曲的银白小胡子和跟小胡子连成一片的银白络腮胡子,两边鬓发向前梳。他那明亮的眼睛和嘴唇也像女儿一样流露出亲切愉快的微笑。他仪表堂堂,宽阔的胸脯像军人那样高高隆起,胸前挂着几枚勋章。他的肩膀强壮结实,两腿匀称修长。他是个尼古拉一世时代典型的军事长官。

“我们走到门口,老上校嘴里说他对跳舞早已荒疏,但还是笑眯眯地把左手伸到腰部,解下佩剑,把它交给一个殷勤的年轻人,右手戴上麂皮手套。‘一切都得照规矩办。’他含笑说,抓住女儿的手,侧过身来等待着音乐的拍子。

“等玛祖卡舞曲一开始,他就敏捷地用一只脚跺了跺,再伸出另一只脚,魁伟的身子时而轻盈平稳,时而用靴子重重地跺了跺,两脚相碰,兴奋地在舞厅里旋转起来。华莲卡的优美身影在他的周围飘翔着,及时收缩和迈开她那穿着白缎鞋小脚的步子,轻巧得没有一点声音。舞厅里人人注视着这对舞伴的每个动作。我呢,不仅欣赏他们的舞姿,简直感到心醉神迷。我特别喜欢他那双被裤脚带绷紧的上等牛皮靴。那不是时髦的尖头靴,而是老式平跟方头靴。这双靴子显然是部队靴匠做的。我想:‘为了把女儿打扮得漂漂亮亮带进交际场,他就不买时髦的靴子而穿部队制的靴子。’我这样想着,对这双方头靴也就更有好感了。他的舞技原来一定很出色,如今人发胖了,虽然很想跳各种快速的优美步子,但两腿弹性不足。不过他还是麻利地跳了两圈。他敏捷地分开两腿又合拢,然后单膝跪下,他的身子显得有点笨重,勾住了女儿的裙子,但女儿笑眯眯地理好裙子,又轻盈地绕着他跳了一圈。这时在场的人都热烈鼓掌。他有点费力地站起来,温柔而亲热地用双手抱住女儿的头,吻了吻她的前额,然后把她领到我跟前，以为我要跟她跳舞。我说，这会儿我不是她的舞伴。

"'噢，那也没关系，现在您就跟她跳吧。'他和蔼可亲地微笑着，把佩剑插到武装带里。

"瓶里的水只要倒出一滴，里面的水就会咕嘟咕嘟地冲出来，同样，我心里对华莲卡的爱也使我身上蕴藏着的全部爱一古脑儿倾泻出来。我就用我全部的爱拥抱着整个世界。我爱那戴着头饰、袒露着伊丽莎白式胸脯的女主人，我爱她的丈夫，我爱她的客人、她的仆人，甚至爱那个对我板着脸的工程师阿尼西莫夫。对于她的父亲，连同他日常穿的皮靴和像他女儿一样亲切的微笑，我则充满了一种热烈而温柔的感情。

"玛祖卡舞结束了，主人夫妇请客人入席，但老上校说他明天得早起，谢绝参加，接着就向主人告辞。我担心他会把女儿带走，幸亏她跟她母亲都留了下来。

"晚饭后，我跟她跳了她刚才答应跟我跳的卡德里尔舞。尽管我已感到无比幸福，可是我的幸福感还在不断地增长。我们只字不提爱情。我没有问她，也没有问我自己，她爱不爱我。只要我爱她，这就足够了。我担心的只是，别让人家破坏我的幸福。

"我回到家里，脱下衣服，打算睡觉，可是发觉根本没法睡。我手里拿着那片从她扇子上拔下的羽毛和她的一只手套。这只手套是我扶她母亲和她上车时，她送给我的。我望着这两样东西，不用闭上眼睛，就清清楚楚地看见了她：一会儿，她在挑选舞伴时猜我的代号，用亲切的声音问：'是不是"骄傲"？呃？'说着快乐地伸给我一只手；一会儿，她在餐桌上一小口一小口地呷着香槟，亲热地瞧着我。不过在我头脑里浮现的多半是她跟父亲跳舞的情景，她身子轻盈地在父亲周围打转，得意洋洋地瞧着赞赏的观众。我对这父女俩不禁都产生了亲切的感情。

"当时我跟后来故世的哥哥住在一起。我哥哥不喜欢社交活动，从不参加舞会。他正在准备考副博士，过着极其严肃的生活。那天他已睡了。我瞧瞧他那埋在枕头里、半被法兰绒毯子遮住的脑袋，不禁怜惜起他来了。我对他不能分享我所体会的幸福感到惋惜。服侍我们的农奴彼得鲁施卡擎着蜡烛出来迎接我。他要帮我脱衣服,可我叫他回去休息。我看到他那睡眼惺忪的模样和蓬乱的头发,心里很同情他。我踮着脚尖走进自己屋里,竭力不弄出声音,在床上坐下来。哦,我太幸福了,我没法睡。再说,我在炉子烧得很旺的屋里感到闷热,就没脱衣服,悄悄地走到前厅,穿上外套,打开大门,走到街上。

“我四点多钟离开舞会,回到家里又坐了一会儿,大约有两个小时,所以我出门的时候,天已经亮了。那是在谢肉节,天气多雾,路上积雪渐渐融化,屋檐上滴着水。老上校住在城郊,靠近田野,田野的一头是所游乐场,另一头是女子中学。我穿过冷清的胡同来到大街上。我在大街上遇到一些行人,还有在薄雪地上运送木柴的雪橇。马匹套着光滑的车轭,有节奏地摇摆着湿漉漉的脑袋;车夫身披蓑衣,脚穿肥大的皮靴,在运货雪橇旁啪哒啪哒地走着;街两边的房屋在雾中显得格外高大——这一切在我看来都特别亲切,特别有意思。

“我来到他们家所在的田野上,看见游乐场附近有一大团黑糊糊的东西,还听到从那里传来的笛声和鼓声。我的心情一直很轻松愉快,耳边老是萦回着玛祖卡舞曲。但这会儿听到的却是另一种音乐,又粗野,又刺耳。

“‘这是怎么回事?’我边想边沿着田野中被车马轧平的光滑道路往那里走去。我走了百来步,透过一片迷雾看出那里有许多黑糊糊的人影。显然是一群士兵。‘准是在上操。’我想,同时跟一个身穿油腻短皮袄和围裙、手里拿着一样东西走在前头的铁匠一起,往那里走去。穿黑军服的士兵分两行面对面持枪立正,一动不动。鼓手和吹笛子的站在他们背后,反复奏出粗野刺耳的旋律。

“‘他们这是在干什么呀?’我问站在身边的铁匠。

“‘对一个鞑靼逃兵执行夹棍刑。’铁匠望着士兵行列的尽头,愤愤地说。

“我也往那边望去,看见两行士兵中间有一样可怕的东西在向我逼近。原来是一个光着上身的人,两手分别被捆在两支步枪上,两个士兵握住枪的一端押着他走。旁边有一个穿军大衣、戴军帽、身材魁梧的人，我觉得有点面熟。犯人浑身痉挛，两脚沙沙地踩着融雪，身上挨着雨点般从两边打来的棍子，踉踉跄跄地向我走来，一会儿身子向后倒，于是两个用枪押着他的军士就把他往前推，一会儿身子向前栽，于是军士便把他往后拉，不让他栽倒。那个身材魁梧的军官步伐稳健，大摇大摆地紧紧跟在后面。原来就是那个脸色红润、留着银白色小胡子和络腮胡子的上校，华莲卡的父亲。

"犯人每挨一下棍子，仿佛很惊讶似的，把他那痛苦得起皱的脸转向棍子落下的那一边，露出雪白的牙齿，反复说着同一句话。直到他走得很近了，我才听清那句话。他不是在说，而是在呜咽：'好兄弟，行行好吧！好兄弟，行行好吧！'可是好兄弟并没有行行好。当这一伙人走到我跟前时，我看见对面一个士兵断然向前迈出一步，呼地一声挥动棍子，狠狠打在鞑靼人的背上。鞑靼人身子向前猛冲了一下，但被军士拉住。从另一边又打来同样的一棍，接着又是这边一棍那边一棍。上校在旁边走着，一会儿望望自己脚下，一会儿瞧瞧罪犯。他吸了一口气，鼓起两颊，撅着嘴唇，慢慢把气吐出来。当这伙人走到我旁边时，我从两行士兵中间瞥了一眼犯人的脊背。这是一块色彩斑驳、血肉模糊的奇形怪状的东西，我简直无法相信这是人的身体。

"'哦，天哪！'铁匠在我旁边说。

"这伙人渐渐远去，两边的夹棍仍不断落在浑身抽搐、步履踉跄的犯人身上，鼓声和笛声仍响个不停，身材魁梧、相貌堂堂的上校仍步伐稳健地在犯人旁边走着。突然，上校停住脚步，接着快步走到一个士兵跟前。

"'你这不是在敷衍塞责吗？哼，我要让你知道敷衍塞责的后果。'我听见他愤怒的吆喝声。

"我看见他举起戴麂皮手套的手，猛地给那被吓坏的个儿矮小、力气不大的士兵一下耳光，以惩罚他没有使劲往那鞑靼人紫红的脊背上打棍子。

"'拿几根新棍子来！'他一面叫，一面向四周环顾着，终于看见了我。

他装作不认识我，恶狠狠、气冲冲地皱起眉头，迅速地转过脸去。我觉得羞愧难当，眼睛不知往哪里瞧才好，仿佛我犯了见不得人的大罪，被人揭穿了。我垂下眼睛，慌忙跑回家去。一路上我的耳朵里忽而响起鼓声和笛声，忽而传来'好兄弟，行行好吧！'忽而听到上校严厉的怒吼声：'你这不是在敷衍塞责吗？'我心里产生了一种近似恶心的感觉，不得不几次停下脚步。我觉得那个惊心动魄的场面在我内心造成的极度恐怖统统就要呕出来。我不记得我是怎样回家和躺下的。可是一闭上眼睛，我又听到和看到那一切，于是连忙爬了起来。

"'他显然懂得一个我不懂得的道理，'我想到上校。'要是我也懂得他所懂得的那个道理，我就能理解我所看到的一切，也就不会觉得痛苦了。'但不管我怎样苦苦思索，还是无法懂得上校所懂得的道理。直到晚上我才睡着，而且是在朋友家喝得烂醉以后。

"哦，你们以为我当时就明确这是一桩坏事吗？根本没有。我当时想：'既然他们干得那么认真，并且人人都认为必要，可见他们一定懂得一个我所不懂的道理。"我竭力想弄个明白。可是不管我怎样努力，都是徒然。就因为弄不明白，我无法进军界服务，当差也没有当成，我这人就像你们看到的那样，成了个废物。"

"嘿，我们可知道您是个怎样的废物，"我们中间有个人说，"还不如说：要是没有您，这世界还会产生多少废物。"

"得了，这可是十足的胡说。"伊凡·华西里耶维奇十分恼恨地说。

"那么爱情呢？"我们问。

"爱情吗？爱情从那天起就一落千丈。当她像原来那样含笑沉思的时候，我立刻想起那天广场上的上校，心里就觉得别扭和不快。我跟她见面的次数越来越少。爱情也就这样消失了。天下就有这样的事，它会彻底改变一个人的生活，改变他生活的方向。可你们还说……"他就这样结束了他的话。

1903 年 8 月 20 日于雅斯纳雅·波良纳

下　编

其他作家作品

一

老　人

安·普·普拉多诺夫[①]

整个奥特楚阜·奥特维尔舒基村(Отцовы Отвершки)从原来的地位退往俄罗斯遥远的地方去了,因为敌人——德军冲向这村子来了。

留居在奥特楚阜·奥特维尔舒基的只有最后一个人,一个矮小的,易生气的基舒卡(Тишка)老爹。他不愿意离开老家到什么地方去,因为在这个村子里度过了他全部的生命,在这儿坟地的地下躺着他的双亲,而且在这儿他还会亲自埋葬他死去的孩子,小的和成年的。同时基舒卡老爹感到生命不久就到尽头,不愿和自己的亲人分离:他曾经跟他们一块儿活在世上,他也要跟他们并卧在坟里。

同村的人们劝老头儿也跟他们一起搬走——在太平的地方等待,等到敌人被逐退,然后再跟大家一起回到老家里来。

可是基舒卡不愿意听从他们。

"这是怎样的德国人?——雀斑脸的吗?"他隔着篱笆问聚集在路上的邻人们。"噢,我知道!我看见过他们:是贪婪的,自私的人民;不论什么全都拼命往自己的佩囊里塞——哪怕是木钮扣,哪怕是玻璃瓶的颈子,统通——拿来!……他,德国人,跑回自己的村舍,只走了半俄里,你瞧,就把鞋子从脚上脱下了,便赤着脚,说是为了不要白白穿破鞋料!这是个很会想法子的民族——他们会用蜘蛛丝织网,把鸡头里的脑汁都派用场,——我还知道他们:他们的心是被肠子围着的……不,这不是那

① 现通译安·普·普拉东诺夫(1899—1951),原姓克里缅托夫。

些人！……"

"我们提早走吧,基舒卡老爹!"一个邻人对他说。

但是基舒卡并不害怕。

"我要待在这儿,"他说:"也许我一个人能够赶退全部德国兵!"

奥特楚阜·奥特维尔舒基的全部居民都走了,并且把村子里的全部财产,连鸡毛都带走了,而水井也都给埋盖得和地面一样平了。

留下了基舒卡一个人;他在屋角边放了一只缸,用来积贮从木屋顶上流下来的雨水,他坐在门阶上,数着那在庭院里寻食的小麻雀,——它们有七只;不过从前要多些,似乎麻雀也跟着庄稼人走掉了——没有庄稼人麻雀也不能过活。

村子的四周和辽远的田里现在很静寂,好像战事早已了结,世上又重新太平了。蛛丝在和暖的空气中荡漾,叫哥哥在草丛里鸣叫着,被阳光辉耀着的白云停留在天空,并且它也缓缓地,在温暖中消散,不留痕迹地隐入蔚蓝的天空里去了。只是在沉静的田里走着最后的一辆农村的荷车,从这里往远处走去,向傍晚的昏暗走去,而连它也归静寂了,留下了聋哑的土地,在这土地上,基舒卡老爹独自一个孤伶伶的坐在他的村舍旁边。他沉默地坐着,但并不感到孤独,也不觉得恐惧。

他的四周现在是空空的村舍和没有人的谷田,但是已走的那些农民的思想,他们的心和他们生活长久之后所凝滞不散的温暖却留在这里,基舒卡老爹的附近。

在这谁也没有的地方,只住着一个老年人。他能够在这里只怀着对于走掉人的想念和对于他们返回的期待随着他的心给予生命的时间而生活着。

夜里静寂继续着,在一旁显现出火烧的红光。

"这是敌人在四周包围我,"基舒卡想。"现在且忍耐一下,以后再采取我的办法。"

基舒卡还没有正确知道,他该采用什么办法来对付敌人的军队,但是他相信当必要的一刻,他立刻会想出,他该怎样做,因为已经是应该打退敌人的时候,不能不战而把土地让给敌人,但是跟他们战斗是需要全体人民的。基舒卡走出村郊,到村子的那边,德军也许会首先从那边出现。于是他就躺在那里靠近道路的地方过夜。

夜里,在基舒卡的头上,星星高高地在天上转动:老爹看见它们,心里想:"它们在平静中生活着:它们那边——生活的情形也和我们一样呢,还是,要好得许多? 让它们离我们远些闪烁吧,——或许,就让它们全部都停下来:假使它们靠近些,德国兵会用大炮射击它,会熄灭了它们,或许他们会跑到那边,在那里种下祸害;不,还是让它们远远地放光吧,让谁都不能碰到它们!"

老基舒卡放了心,因为星儿永世不会移动;他抬起头来,望望空虚的村子和平静无际的田野,他开始伤心起来,并且也就睡着了。在梦中他看见他死了,躺在别人家的大村舍里的桌子上,有陌生的人们朝着他哭泣。基舒卡由于恐惧和悲哀而醒来了。

"这是死了的人们在招呼我去,"老基舒卡揣详他的梦。"现在许多年青人在死着。所以他们奇怪我这老头儿倒还活着:但是我为什么要死呢? ——我要等到清算了账才死!"

离天亮还很远,但是基舒卡已经起来去迎接敌人了。静寂依旧护卫着大地,但是已到了打退敌人的时候,趁敌人还没有带着火与死亡在这儿村舍旁边出现。

基舒卡从地上拾起不知什么时候被过路人遗留在路旁的手杖,向前走去。

老爹在成熟了的谷物中间走着,同时冷酷地喃喃自语道:

"啊,它,宝贝,熟了而且直立着! 你怎么能烧了它,毁了它呢? ——把它留给害人的敌人也同样不行:谷物有多少力量啊! 唉! 我的妈,为什么没有问一声,就养了我呢! ……"

一个默默无声的朦胧的人远远的,从几乎纤细曙光没有碰到的黑夜中走出来,向基舒卡老爹迎面走来。

基舒卡看看后面村子:熟悉的村舍排立在那里清晨的昏暗中,多露的水气像不动的烟雾似的升起在它们上面，好像村中所有的炉灶，一早都燃烧起来过节了。

人民的精神和记忆现在还在那边——他们还在这些小屋里，在围绕它们的谷田里：人们的生活在吝啬的和真实的爱情中永远和不可分离的在这里跟谷物，土地和靠经常的劳动所积聚的财产生长着——老基舒卡不能把什么东西烧掉或毁掉……

基舒卡想了一会，便再向前走。现在从黎明前的微光中向他迎面走来的已经不是一个朦胧的人，而是许多人了。他们急促地走着，不多久他们全都一同出现在基舒卡的身旁了。他们中间有两个人拿自动枪对住了基舒卡，但是老爹在他们看见他之前已经对敌人很生气了；他把手杖往地上一敲，向近身的一个敌人喝道："滚蛋！难道你不看见这里站着的是谁吗？……"

身材矮小，长着浓密大胡子的，凶狠和受辱了的基舒卡老爹站在敌人的对面，感到自己充分的实践。

"快从这里滚开！"基舒卡高喊道。"哼，不要脸的，想什么念头！请问这算什么生活！他们是来毁灭我们民族的！假使你什么都不明白——那末我一下子就把所有的理性都教给你！……放下枪，我给你说，你这下流人！"

基舒卡怀着年青的，由于憎恨而坚硬了的心把他的走路拐杖向最近的一个德兵和他们所有的人，——他们有多少人，他没有数过——挥去。

老爹又冲去攻打另外一支军队：他知道恶人总是懦怯的；恶人在人们没有凶待他的时候，他才活动。基舒卡懂得不好的人在灵魂上是软弱的，他的心里没有真实的力量。所以基舒卡毫不恐惧地扑向敌人，像扑向丛林一样。起初他尽可能快速地冲向德军，用棍子揍他们每个人的脸，后来他丢了棍子，镇静地向他们扑去；他决定和他们作肉搏战。

"你们没有铁，没有坦克，没有你们的喧声和轰响不能战斗！"矮小的基舒卡老爹喊道。"我可没有棍子，什么也没有，也能打，——我知道你们，蚊子的队伍！你瞧，他们到这里来吓唬我们！你瞧，他们想要鞭打人民！……可是来吧，滚到旁边去，跪在地上！”

基舒卡向敌人怒吼着，并且向最近一个德国兵的喉咙上打去，使敌人咯咯地喊了起来，可是老爹的手却已经抹干了。

一个德国兵惊奇地，留神地望着陌生的俄罗斯老人，并且听着他说；他想，也许他是当地的一个重要人物，因为他说话这样气愤，好像个官长似地，虽然身材矮小，说不定身份倒是很高的。不过，另外一个被基舒卡打了一下的德国兵却向老头子开了一枪，老爹就倒下了。基舒卡也像每个人一样没有想到有一次他也会死。他以为无论如何他总会从死神手里逃脱，当他的限期到来的时候。况且他更不信他会死在别人的手里。

“不可能的！”基舒卡说，或者他想说。他倒在地上，就开始忘记了。

他觉得在左手上灼烧着。

“我醒着！”基舒卡算计着，全身软弱下去。他忧虑没有力气，并且恍惚地，漠然地想到了死，“我是白白的死呀，还不是我死的时候，——等到时候吧！”

晚上他醒来了，昏暗地，小心地，将信将疑地望望四周：一切都和原来的一样——土地是完整的，土地上平躺着道路，路旁竖立着未割的裸麦，远处可以看到有昏黑的村舍。那时他又想到了自己：他觉得手上痛楚，站起身来，撕破衬衫，熟练地把创伤裹紧了。

基舒卡跑回自己的村子。在最末的篱笆旁边一个德军步哨稍微来回地踱着步。德国人让基舒卡老爹跑近身前：他大概想，这样矮小的身材，走来的该是一个小孩子吧。

基舒卡走近敌人，从他的面孔可以猜出他就是被他在喉头一击的那个敌兵。这人也就是那个……

德国兵起初向基舒卡凝视，想作些什么；可是立刻发昏了，变得软弱了，且终于靠身在篱笆上了。事情是发生在夜间黑暗中，别人的地区里，德国人害怕，以为看到活僵尸，——那个他亲自打死了的人。基舒卡懂得敌人的懦弱，就更进一步用手摸摸他来加以证明。

“你们怕被打死了的人，可是你们还来跟活人打仗呢！”基舒卡对敌人说。"嗳！多么笨的家伙啊！"

老人沿村子再往前走。各处黑暗的村舍里都睡着德国兵，在梦中呼呼地打着鼾声。"他们也是同样地打鼾，"基舒卡想。"他们也可以做种田人，可就是没有耐心……"

现在村子里敌人很多，比老爹攻打他们的时候要多得许多了。看来，他们是从全地区聚拢到此地来进餐和休息的。不过，现在他们还是空着肚子睡着。因为人民把所有的食物都随身带走了，家畜也赶走了，就连水井也全给掩埋了。

基舒卡知道，到了早晨德国兵一发觉他，就会马上把他杀死。"唉，死神，——你可看不到！"老爹在沉思时生气起来。"不是所有的死全是苦痛的，不是所有的生全是幸福的！"

基舒卡摸了一摸手上的创伤，看来子弹只是在肉上擦过。"德国人在我身上白费气力了！"老人算计一下别人的损失，便跑到村中铁铺子近旁的小坡上。

他在那里跪了下来，脸向院子和村舍，俯地向它们叩头告别。对于他一切都完了——生命完了，希望也完了，虽然他是康健的，活着的。

"哪，现在我走了，你独个儿活着吧，亲爱的，聪明的人！——原谅我，我不能再做你的帮手了，我把一切都纵火烧掉，然后我自己去死，"基舒卡老爹出声的，对那他所敬爱的，但是除了照片以外，从来没有见过的伟人说。

基舒卡跑到熟悉的地方，那里像伟大的英雄似的堆积着打过的麦秸。它是远在三年之前搬到这里来的，而当时基舒卡老爹曾向集体农场管理处提过抗议，因为这样不是办法，这是浪费：麦秸也应该利用。现在他就走近这堆麦秸站下来考虑。基舒卡想正确知道风从哪个方向吹来，该从哪里燃点，可以从哪堆麦秸烧起而把整个故乡烧掉。

基舒卡找到适当的地方，就开始用火石点燃枯朽的麦秸；他以为从这里起可以遍及全村：近处有一座小屋，篱笆直达到麦秸，而且集体农场的晒谷场也就在旁边。村中所有的井都已掩盖，德国兵正在睡觉，这样火就会毫无阻碍地毁灭这人民的财产,直到只剩一片黑土。

古老的,干燥的村子顺着屋顶,顺着篱笆,顺着一切朽败的物件的脉管焚烧,火焰高高地升向黑暗天空的静寂中,而且火从总的火焰中分开,像云彩似的浮到敌人那面去。

基舒卡暂时跑到田里,从那儿望着火怎样吞噬村舍,没有在梦中窒息死的敌军怎样逃到外面来,然后又退回那他们出来的地方。

由于悲哀和疲劳基舒卡躺在裸麦旁边,而且睡着了,村子已被火烧掉,它独自烧光了。

基舒卡在日间醒来了,他看到在村子的地位上是一片死了的黑土。基舒卡感到同它一同生活惯的那股力量和他的灵魂也跟村子一起死了,沉默了。现在他瘫软了,好似有什么东西永远衰老了,宛若在他的心里消沉了。

基舒卡跑到村子的地方,在那本来是街道的地方找到一把德军工兵用的锄头,就开始为自己挖掘地洞作为住所:他着手在昨天还活生生的耸立着他村舍的地上工作。土地还没有冷透,而且由于火显得温暖。

挖开不多的泥土,基舒卡先找到五戈比的钱币,后来又找到锡的耳环,这耳环是他死去的妻子曾经在年青的时候戴过的。老爹想起了她,便哭起来了。

在这个时候,慢慢地,轻声地有个人走到他跟前来了,基舒卡望了一望,认清是一个德国兵;虽然敌人的脸是黝黑的,消瘦的,陌生的,但是这依旧是那个有一次伤害他,基舒卡老头儿的那敌人。

“干么你老是在这里走来走去,鬼魔?”老爹向德国兵叫哮起来。

德国兵以白色的惊惧的眼睛向基舒卡看了一看,就跑开去了。“雀斑脸的发疯了,”基舒卡想。“他们有的是凶暴和贪婪,可是真正的力量却没有,没有!是呀,他们哪来真正的力量呢?没有什么地方可来:没有一个活的灵魂会亲近他们的事业,他们的事业对于良心是无所裨益的!……”

到傍晚,近日落的时候,基舒卡给自己挖好了地洞,为了生活的舒适和方便在洞里铺了些草;在基舒卡的灵魂里又重新燃烧起已经沉默了的力量,而且他内心的衰弱也消失了,因为毁灭的创痛不会永久存在,人民就将回来,这里仍将有生活。

"我说过——要驱逐这里的敌人,真驱逐掉了!"基舒卡老爹自言自语的说。"现在,敌人在哪儿?——他们没有了,而我却在这儿!……"

从那时起基舒卡老爹开始住在他的地洞里,可是深深地感到寂寞和对人民的悲痛。不过他知道,土地既然留给了人民,人民既然把土地从敌人的手里夺回来;那末总会有一天,把什么都从土地里收回——五谷,村舍和一切财物——,而集体农场的人们又将借土地而复兴和享乐。

不久人民来到基舒卡老爹跟前,比他所期望的要早。

当基舒卡在他的地洞里还没有睡足第三夜,在清晨的曙光中有两个农民从遥远的村子来看他,他们说是游击战士,关于基舒卡他们是听见一个神经错乱的被俘的德国兵说的,敌人把这个区域称为"僵尸老头区",因为此地好像有一个僵尸老头儿在和全部德军作战;所以人民战士们就到这儿来,想探听全部真情,并且跟僵尸老头儿推心置腹的谈谈,既然他是活的。

基舒卡默默地听那两个农民说了好久,他们也是中年人,然后向他们解释道:"好,你们有多少人,就全到这里来听我的指挥吧!我既然是僵尸老头——那末就杀不死我了,也打不胜我了,你们跟我在一起是有益处的,反正是一样……"

"这不是僵尸老头儿,而是一个狡猾的战士!"游击队员们想。"可惜他的身材弱小些,不过不要紧,他的心倒是愤激的。"他们告诉他说,他可以做他们的指挥,他们需要这样严谨,愤激,无畏的人,——现在就暂时只有他们三个人,以后大家都会来参加他们的。

基舒卡老爹叹了一口气,因为他的军队还很少。于是走出地洞,他望了望敌人那面的广大的田野;那里,远远的,路上又扬起了灰沙,看光景,德军又从那里开来了。

"不过你们不怕死吗?"基舒卡问他的战士们;他们现在正在地洞里换鞋子。

“不，老爹！天天害怕，怕得腻了，”一个战士说，另外一个则叹息一声。

“不该不害怕！你们这是胡说！”基舒卡说，同时用提高的声音命令他们道：“当心死神，不要死得无谓！兵士不应该死，他应该打胜仗。唯有不相信死，军队才有力，死亡——它只是预备给敌人的，我们是不会有死亡的！”

二

当代英雄

米哈伊尔·莱蒙托夫

一、贝　拉

我搭驿车从第弗里斯出发。车上的行李只有一个小皮箱，里面足足有半箱是格鲁吉亚旅行笔记。后来，这些笔记，算你们走运，大部分都丢了；而那个皮箱和里面的其他东西，算我走运，倒完整无缺。

我的马车来到科依索尔谷的时候，太阳刚隐没到雪山后面。赶车的奥塞蒂亚人想在天黑以前登上科依索尔山，不住地鞭马，同时引吭高歌。这谷地真是个可爱的地方！四周都是崇山峻岭；红彤彤的岩石上面爬满苍翠的常春藤，顶上覆着一丛丛法国梧桐；黄色的悬崖布满流水冲蚀的痕迹；抬头远眺，那边高高地挂着一条金光闪闪的雪的穗子；往下望去，阿拉格瓦河同一条从雾气迷蒙的黑暗峡谷里哗哗地奔腾而出的无名小河汇合起来，像一根银线似的蜿蜒流去，它闪闪发亮，就像蛇鳞一般。

驿车来到科依索尔山麓，我们在一家茶馆旁停下。有一二十个格鲁吉亚人和山民闹哄哄地聚集在这儿；附近还有一帮骆驼客商歇了下来，准备过夜。我得添雇几头公牛，好把我的马车拉上这座该死的高山，因为已是入秋时节，路面上有薄冰，而翻过这座山差不多要走四里路。

无可奈何，我就雇了六头公牛和几个奥塞蒂亚人。一个奥塞蒂亚人把我的皮箱扛在肩上，另外几个就光用吆喝来催促那些牛拉车。

在我的马车后面，有四头牛拉着另一辆车。那车虽然装得满满的，几头牛却像拉着空车一样轻松。这使我感到纳闷。那辆车的主人跟在车后面，嘴里叼着一个镶银的卡巴尔达小烟斗。他身穿一件没有肩章的军官制服，头戴一顶毛茸茸的契尔克斯皮帽，看上去五十岁光景。他那黑黝黝的脸表明他跟外高加索的阳光相识已久，而他那早白的胡子却跟他那稳健的步伐和精神抖擞的样子不相称。我走到他跟前，鞠了个躬；他默默地向我还了礼，嘴里吐出一大团烟。

"看来咱们是同路的吧？"

他又默默地点了点头。

"您是上斯塔符罗波尔[①]去的吗？"

"对……给公家送东西。"

"请问，您这辆车那么重，为什么四头牛拉起来挺省力，而我这辆空车用六头牲口拉，再加上这些奥塞蒂亚人帮忙，却还这么费劲呢？"

他调皮地笑了笑，意味深长地对我瞧了一眼。

"您来高加索怕还不太久吧？"

"快一年了。"我回答。

他又微微一笑。

"您问这个干吗？"

"不为什么！这些亚细亚人简直是坏蛋！您以为他们嘴里嚷嚷是在帮忙吗？鬼才知道他们在嚷什么！牛倒懂得他们的意思；哪怕您套上二十头，只要他们这么一嚷嚷，牛就一步也不动了……混蛋透顶的骗子！可您能拿他们怎么办？……他们就爱从过路人身上多弄到几个钱……这些骗子让人给惯坏了。瞧着吧，回头他们还要问您讨酒钱呢。我可知道他们那一套，他们骗不了我。"

"您在这儿当差很久了吗？"

---

① 斯塔符罗波尔当时是北高加索的主要城市，高加索边防军司令部设在这里。

“可不是,打从阿历克赛·彼得罗维奇①那时候起,我就在这儿当差了,”他摆出煞有介事的样子回答说,“当他老人家驾临边防前线的时候,我是个少尉,”他补充说,“我在他手下,因为讨伐山民有功还升过两次官呢。”

“那您现在是在……”

“我现在在第三边防营。请问您呢?……”

我把我的身份告诉了他。

谈话就此结束,我们默默地继续紧挨着前进。到了山顶上,我们看到了积雪。太阳落山了,黑夜紧接着白天降临,中间没有一个黄昏,在南方通常都是这样的;但借着积雪的反光,我们能够毫不费劲地认清道路。这路虽然不像刚才那样陡峭,但依然通往山上。我吩咐奥塞蒂亚人把皮箱放到车上,又用马来替换牛,并且最后一次回头望望下面的谷地,可是从峡谷里像波浪般滚滚涌出的浓雾把谷地完全遮住了,也没有一点声音从那边传到我们的耳鼓里。那几个奥塞蒂亚人果然围住我闹着要酒钱,但上尉声色俱厉地对他们大喝一声,一下子就把他们驱散了。

“哼,那些家伙!”他说,“他们连俄国话‘面包’都不会讲,却学会了:‘老总,给些酒钱吧!’我看,就是鞑靼人也比他们好些,至少鞑靼人不是酒鬼……”

到驿站大约还有两里路。周围一片寂静,静得凭蚊子的嗡嗡声都能听出它在什么地方飞。左边的深谷已是一片漆黑,在峡谷和我们之间,暗蓝色的峰峦重重叠叠,布满层层积雪,矗立在剩下一抹残阳的茫茫天际。星星开始在苍茫的天空中闪烁,奇怪的是我觉得它们比我们北方的星星要高得多。道路两旁竖立着一块块光溜溜的黑色岩石;雪地里偶尔露出几丛灌木,但它们的枯叶纹丝不动。在这沉沉酣睡的大自然怀抱里,听到三匹困倦的驿马的嘶声和忽高忽低的俄罗斯铃铛的响声,倒是别有风味的。

“明儿准是好天气,”我说。上尉什么也没回答,却指给我看矗立在我

---

① 阿历克赛·彼得罗维奇·叶尔莫洛夫(1772—1861),俄国将军。1816—1827年任格鲁吉亚总督和高加索军司令。

们正前方的那座高山。

“那是什么山?”我问。

“古德山。”

“哦?”

“您瞧,它在冒烟呢。”

真的,古德山在冒烟。山的两边飘浮着一缕缕轻云,山顶上却横一片乌云。这片乌云很黑,在灰暗的天空中看上去就像一块墨迹。

我们已经望见了驿站和它周围的平顶石头房子,点点灯火在我们面前殷勤地闪烁。忽然吹来一阵潮湿的冷风,峡谷里顿时隆隆作响,接着又落起细雨来。我刚披上毡斗篷,天就下雪了。这样,我望望上尉,心里不由得对他起了敬意……

“咱们只好在这儿过夜了,”他烦恼地说,“这样的风雪天气可不能翻山越岭。喂,十字架山那边有过雪崩吗?”他问车夫道。

“没有,老爷,”奥塞蒂亚车夫回答,“可是山上的雪可多呢。”

站里没有供旅客歇脚的房间,我们被领到一所烟气弥漫的石头房子里过夜。我请我的旅伴跟我一起喝茶,因为我随身带着一把铁茶壶——这是我在高加索旅行期间唯一的消遣。

这所石头房子一面紧挨着岩壁,门口有三级潮湿泞滑的台阶。我摸索着走进屋里,就撞在一头母牛身上(这里的人用畜栏代替下房)。我不知道往哪儿走才好:这边几只羊在咩咩叫,那边一条狗在汪汪吠。这当儿,幸亏有一线微光在旁边一亮,让我找到了一个类似门的窟窿。眼前展开了一幅有趣的图画:一间宽大的石头屋子,屋顶用两根熏黑的柱子撑着,里面挤满了人。屋子中央,就地生起的火堆噼啪作响,风把烟从屋顶的窟窿里倒灌进来,整个屋子里烟雾腾腾,我好久都看不清周围的东西。火堆旁边坐着两个老婆子、好几个小孩子和一个瘦削的格鲁吉亚人,全都穿得破破烂烂的。没有法子,我们也只好在火堆旁边安下身,抽起烟斗来。不多一会儿,茶壶就亲切地咝咝叫起来,水开了。

“这些人真可怜啊!”我指着肮脏的主人们,对上尉说。他们却愣头愣脑地瞧着我们，一声不响。

“全是大笨蛋！”他回答说，“说来您也许不相信，他们什么事也不会干，什么教养也谈不上！拿我们的卡巴尔达人或者切钦人来说吧，他们虽然是强盗，穷光蛋，但都敢作敢为，可是这些人呢，对武器毫无兴趣，你看不到谁的身上有一把像样的短剑。真是地道的奥塞蒂亚人！”

“您在切钦尼亚待过好久吗？”

“是啊，我带了一连人在那边要塞里驻扎了差不多有十年，就靠近卡敏尼勃罗德，您知道那地方吗？”

“听说过。”

“哦，朋友，那些匪徒真把我们搞得伤透了脑筋。谢天谢地，如今总算太平多了。可早些时候啊，你只要离开要塞围墙一百步，就会有个披头散发的恶鬼在什么地方守着你。你一不留神，不是被一个套索套住脖子，就是给一颗子弹打中后脑勺。嘿，他们可厉害呢……”

“您恐怕遭到过不少意外吧？”我在好奇心的驱使下问他道。

“怎么没有呢！遭到过……”

他动手捻捻左边的小胡子，低下头沉思起来。我真想从他嘴里听到个把小故事——凡是出去旅行和写东西的人都有这种愿望。这当儿，茶烧好了，我从皮箱里拿出两个旅行用的杯子，斟满茶，把一杯放在他面前。他啜了一口茶，仿佛自言自语地说：“是啊，遭到过！”这一声感叹给了我无限希望。我知道在高加索待久的人都爱说话，爱讲故事。他们难得有聊天的机会，有人带了一连人在穷乡僻壤待上五年，在这整整五年中就没有人对他说过一声“您好”(因为司务长总是说“祝您健康”的)。可是要谈的话却很多，因为周围的人都很粗野而风趣，你天天都可能遇到危险，以及许多稀奇古怪的事。你也就会不由得惋惜这些事在我们这儿记载得太少了。

“您不要加一点甜酒吗？”我对我的对谈者说，“我有第弗里斯的白甜酒。这会儿天气可真冷啊！”

“不，谢谢您，我不喝酒。”

“这是为什么？”

“不为什么。我发过誓戒酒了。那时候，我还是个少尉，不瞒您说，有一次我们偷喝了一点酒，那天夜里正巧发警报，我们就醉醺醺地跑去集合。算我们倒霉，这事被阿历克赛·彼得罗维奇知道了。嚯，老天爷，可把他气坏啦！差点儿没让我们受军法处分。事实上，住在这儿往往一年到头看不见一个人影儿，再加上烧酒，一个人确实很容易堕落。”

我听了这话，几乎失望了。

“就拿契尔克斯人来说吧，”他继续讲道，“逢到婚礼或者丧事，只要多喝点儿布扎①，他们就会真刀真枪地干起来。有一次我好容易逃了命，当时我还是在一位跟我们友好的王爷家里作客呢。”

“这是怎么一回事？”

“喏，”他装满了烟斗，深深地吸了一口烟，开始讲道，“您知道，我那时带了一连人驻在捷列克河边的要塞里，这是将近五年前的事了。那年秋天，有一次来了一队粮车，队里有个青年军官，年纪大约二十五岁的样子。他穿着全副军装来见我，说是奉命要留在我的要塞里。他身子那么瘦，脸色那么白，身上的军装又那么新，我立刻看出他来到我们高加索还不久。我就问他说：‘您该是从俄罗斯调来的吧？’他回答道：‘是的，上尉先生。’我握住他的手说：‘好极了，好极了。在这儿您会感到有点寂寞的，可咱们可以像朋友一样生活在一起。对，您干脆叫我马克西姆·马克西梅奇得了。再有，您何必这样衣冠楚楚全副军装呢？您到我这儿来只要戴个军帽就行了。’我们派给他宿舍，他就在要塞里住下了。”

“他叫什么名字？”我问马克西姆·马克西梅奇。

“他叫……葛利果里·阿历山德罗维奇·毕巧林。我敢说，他是个好小子，就是有点儿怪。譬如说，下雨天也罢，大冷天也罢，他整天都在外面打猎，人家全冻坏了，累坏了，他却一点也不在乎。可是，有时候他待在屋子里，只要一刮风，他就说着凉了；板窗一响，他就吓得浑身发抖，脸色发白；可是我看见他独个儿去打过野猪呢；往往一连几小时你都逼不出他一

---

① 高加索和克里米亚半岛一带酿造的啤酒，味酸甜。

句话来，可是他一开口呀，准会使你笑痛肚子。是啊，这人确实很有点怪脾气，而且一定很有钱：他屋子里各种各样值钱的小玩意儿可多啦！……"

"他跟您一起待了好久吗？"我又问道。

"一年光景。可是这一年真叫我难忘啊！他给我添了不少麻烦，这且不去说它。是啊，确实有这样一种人，他们命里注定要遇到种种不平常的事情。"

"不平常的事情！"我露出好奇的神气嚷道，给他添了茶。

"我讲给您听吧。离开要塞十二三里地，住着一位跟我们友好的王爷。他有个儿子，年纪大约十五六岁，常常骑马到我们要塞里来玩。差不多天天都来，一会儿为了这个，一会儿为了那个，我跟毕巧林可把他惯坏了。这小子真是个淘气鬼，干什么事都眼明手快：他能骑在马上一边飞驰，一边从地上捡起帽子；打起枪来也百发百中。他就是有一个毛病：爱钱如命。有一次，毕巧林跟他开玩笑：要是他能从他父亲的羊群里把那只最好的山羊偷出来，就给他一枚金币。您想怎么样？到了第二天夜里，他就抓住犄角把那只羊拉来了。有时候我们想办法逗他，他就眼睛发红，立刻伸手拔短剑。我常常对他说：'嘿，阿扎玛特，当心你的脑袋瓜子呵！'"

"有一次老王爷亲自来请我们吃喜酒，说他要嫁大女儿了。我们跟他是老朋友，因此不好意思推辞，虽然他是个鞑靼人。我们就出发了。村子里有一大群狗，见了我们就高声吠叫。女人们一看见我们都躲起来，我们看到面孔的那几个，根本谈不上是美人儿。毕巧林对我说：'我原来以为契尔克斯女人要美得多呢。'我笑着回答他说：'您先别忙！'这事我心里有数。"

"王爷的房子里已经聚集了许多人。您知道，他们亚细亚人有个规矩，不论遇到什么人，都把他们请到家里去吃喜酒。王爷他们十分殷勤地招待我们，把我们领到客厅里。不过，我当时并没忘记留意，他们把我们的马系在什么地方。您知道，我们可不能不提防着点啊。"

"他们的喜事是怎样办的？"我向上尉打听。

“按照一般的规矩。先是由毛拉给他们诵一段《可兰经》,接下去给新郎新娘和他们的亲人送礼物,大家吃啊,喝布扎啊,然后是表演马术,并且总是由一个衣服破烂的脏小子骑一匹跛腿的老爷马,装模作样,做出种种丑态,逗得贵宾们发笑。然后,等到天一黑,客厅里就开始我们的所谓舞会。一个穷老头儿琤琤琮琮地弹起三弦琴来……我忘记那种琴他们叫什么了……嗯,有点儿像我们的巴拉莱卡。姑娘们和小伙子们都面对面分两行站好,一面拍手,一面唱歌。随后,一个姑娘和一个小伙子走到中央,开始对歌,其余的人就一起合唱帮腔。我跟毕巧林坐在贵宾席上,忽然主人的小女儿走到他跟前,这是个十六七岁的姑娘,对着他唱起……怎么说呢?……恭维之类的词句。”

“您不记得她唱了些什么吗?”

“噢,仿佛是这样的句子:‘我们年轻的骑士们好英俊,身上长袍镶着白银花边,可是年轻的俄罗斯军官比他们更英俊,他的衣服上有黄金流苏。他站在他们中间好像一棵杨树,但这树不会在我们的花园里生长和开花。’毕巧林站起来,把手按在额上和胸口,要求我给她回答。我熟悉他们的语言,就把他的答辞翻译了一遍。

“等她走开了,我就低声问毕巧林:‘喂,怎么样?’

“‘美极啦!’他回答说,‘她叫什么名字?’我告诉他:‘她叫贝拉。’

“她确实长得美:身材苗条,一双乌溜溜的眼睛活像山上的羚羊,能一直看到您的灵魂深处。毕巧林出了神,眼睛一直盯住她,她也不时偷偷地瞟他一眼。不过,当时在欣赏王爷家这个漂亮姑娘的,不止毕巧林一个人:另外有一双火辣辣的眼睛也从角落里对着她瞧个不停。我仔细一看,原来是我的老相识卡兹比奇。他这个人啊,老实说,同我们既算不上友好,也算不上对头。他有许多使人怀疑的地方,虽然人家从没发现他有什么不规矩的行为。他常常赶着一群羊到我们要塞里来卖,卖得很便宜,但从来不肯让价,他要多少,你就得给多少,少一个钱也不行。据说他喜欢跟山匪一起上库班去,说实话,他的长相可真像个强盗:个儿矮小,脸色枯黄,肩膀却很宽……至于他那个机灵啊,简直像个魔鬼。身上的棉袄老是破破烂烂的，打满了补丁，手里的武器却总是银光闪闪的。他那匹马在整个卡巴尔达都很出名。的确，你再也想象不出比它更好的马了。难怪骑手们见了这匹马个个眼红，也不止一次有人想把它偷走，只是没有成功。到如今我还分明记得这匹马的样子：一身毛像漆一样黑，四条腿像琴弦一般直，那双眼睛简直不比贝拉的差；至于它那个劲儿呀，更别提了，一口气能跑一百里；一旦骑熟了，它就能像狗一样跟住主人，连他的声音都听得出来！卡兹比奇从来不用把它拴起来。就是这样一匹强盗马！……

"那天晚上，卡兹比奇脸色比平时阴沉，我发现他在棉袄里穿了一件锁子甲。我心里想：'他不会无缘无故穿锁子甲的，准是在打什么主意。'

"屋子里闷热得很，我就到外面去换换空气。黑夜已经笼罩了山岭，峡谷里飘荡着一片迷雾。

"我想顺便到系着我们那两匹马的棚子里，去看看有没有草料，再说，小心点儿总没错。我那匹马也挺不坏，不少卡巴尔达人都很欣赏它，称赞说：'好马，真是匹好马！'

"我悄悄沿着篱笆走去，忽然听见有人在说话。我立刻听出一个人的声音，那是主人的儿子，浪荡鬼阿扎玛特；另外那个人话说得少些，声音也低些。我想：'他们在这儿谈些什么呀？莫不是在谈我的马？'我在篱笆旁边蹲下来留神细听，竭力不漏掉一个字。有时候，屋子里传出来唱歌声和说话声，把那场我很感兴趣的谈话淹没了。

"'你那匹马真棒！'阿扎玛特说，'我要是个当家人，手里有三百匹马的话，我情愿拿出一半来换你那匹千里马，卡兹比奇！'

"'噢，原来是卡兹比奇！'我心里想，同时想起那锁子甲来。

"卡兹比奇沉默了一会儿，回答说：'是的，你就是跑遍卡巴尔达也找不到这样的马。有一次，那是在捷列克河对岸，我骑着它跟山匪一起拦劫俄罗斯人的马群，那天运气不好，大家只得纷纷逃命。有四个哥萨克追我，我听见那些邪教徒在后面嚷着，前面又是一座稠密的树林子。我伏在马鞍上，把自己交托给阿拉，生平第一次用鞭子抽了马。我这匹马就像鸟儿似的在树枝之间飞驰；尖利的荆棘撕破我的衣服，榆树的枯枝抽打着我的脸。我的马儿跳过树桩,用胸膛撞开一丛丛矮树。当时我应该在树林边上扔下马,自己躲到树林子里去,可是我舍不得跟它分开,结果先知就惩罚我了。有几颗子弹嗖嗖地在我头上飞过;我听见那几个哥萨克下了马,跟踪追来……忽然面前出现了一条深沟;我的千里马犹豫了一下,就嗖的一声跳了过去。它的后蹄从对岸滑脱了,只剩两条前腿挂在那儿。我扔下缰绳,一个跟斗掉到沟里。这才救了我的马儿;平安到了对岸。这情景哥萨克们全看见了,却没有一个下来找我。他们准以为我摔死了。我只听见他们飞也似的跑去捉我的马儿。我心痛极了。我沿着长满野草的沟爬去,一看:树林子到头了,有几个哥萨克骑马从树林子里来到旷地上,而我的黑眼睛正冲着他们飞跑呢!哥萨克们一声呐喊向它冲去,他们又追了它好一阵,其中一个有两次差点儿用套索把它的脖子套住。我浑身直打哆嗦,垂下眼睛,做起祷告来。过了一会儿,我抬起眼睛一看:我的黑眼睛正摆动尾巴,像一阵风似的飞跑着,那些邪教徒却骑着累坏了的马,远远地落在后面,一个跟着一个穿过草原。真主啊!这都是实话,千真万确的实话!我在那沟里一直待到深夜。忽然间,阿扎玛特,你猜怎么着?我在黑暗中听见有匹马在沟岸上跑,打着响鼻,嘶叫着,蹄子得得地敲着地面。我听出是我的黑眼睛。果然是它,是我的好伙计!……从此以后,我们就再没有分开过。'

"接着我听见他轻轻地拍拍他那匹千里马的光滑脖子,还用种种亲热的名称呼唤它。

"'我要是有一千匹马,情愿全部给你,来换你的黑眼睛。'阿扎玛特说。

"'不,我可不愿意。'卡兹比奇冷冷地回答。

"'你听我说,卡兹比奇,'阿扎玛特讨好他说,'你是个好人,你是个勇敢的骑士,可是我爹怕俄罗斯人,他不让我到山里去。把你的马给我吧!不论你要什么,我都可以给你弄到;只要你想要,我可以把我爹顶好的步枪或者马刀偷出来给你。他的马刀可是把真正的古尔特货[1]:你只要把刀锋往手上一放,它就会自动切进肉里去,像你那种锁子甲根本不顶事。'

"卡兹比奇不作声。

"'我第一次看到你的马儿,'阿扎玛特继续说,'当时它正在你的胯下打转,蹦跳,鼓起鼻子,蹄子踢得火星直冒,我的心里就有一种说不出的滋味,从此以后我对什么都不感兴趣了:我爹那些千里马,我一匹也看不上眼了,骑着那些马出去,我觉得丢脸。我苦恼得要命,我成天坐在悬崖上,一连好几天,脑子里一刻也忘不了你那匹黑色的千里马,它那漂亮的步子,它那箭一样直的光滑的脊梁,还有它那双乌溜溜的眼睛一直盯着我,好像有什么话要说。卡兹比奇,你要是不把它卖给我,我就活不成了!'阿扎玛特声音哆嗦地说。

"我仿佛听见他哭了,可是我得告诉您,阿扎玛特平时是个硬小子,他年纪再小,你也别想叫他掉一滴眼泪。

"但回答他的眼泪的,仿佛是一阵笑声。

"'你听我说,'阿扎玛特语气坚决地说,'我什么事都准备干。你要不要我去把我的姐姐偷出来给你?她舞跳得可美啦!歌也唱得挺好!绣起花来啊,可巧呐!就是土耳其的苏丹也没有这样的老婆……你要不要?明天夜里,你在溪水流过的峡谷那边等我,我把她送到邻村去,就从那儿经过。这样她就是你的人了。难道贝拉还抵不过你那匹千里马?'

"卡兹比奇好久好久不做声。最后,他低声唱起一支古老的歌来代替回答:[2]

> 咱们村子的美人有好多,
> 她们的明亮眼睛好像黑夜的星星,
> 同她们恋爱真销魂,也叫人眼红,

---

① 古尔特名匠造的刀,在高加索十分名贵。

② "请读者原谅我把卡兹比奇唱的歌写成诗句,我当时听到的自然是散文;可是习惯是第二天性。"——莱蒙托夫

可是小伙子的自由比什么都重。
黄金能把四个老婆买回家中，
一匹骏马却是无价之宝，
它在原野上不怕狂飙旋风，
它不会变心，也不会把你作弄。

“阿扎玛特向他苦苦哀求，又是哭，又是奉承，又是赌咒，结果还是枉费心机。卡兹比奇终于不耐烦地打断他说：‘滚开，你这痴小子！你怎么能骑我的马？走不上三步，它就会把你摔下来，叫你的脑袋在石头上砸个粉碎！’

“‘把我摔下来！’阿扎玛特疯狂地嚷道。接着就听见这孩子的短剑在对方锁子甲上碰得铿锵发响。一只强有力的手把他一推，他的身子就猛撞在篱笆上，撞得篱笆都摇晃起来。‘这下子可有热闹瞧了！’我心里想，连忙奔到马棚里，给我们的马戴上嚼子，拉到后院里。不多一会儿，屋子里就乱成一团。原来是阿扎玛特跑到里面，身上的棉袄都被撕破了，他说卡兹比奇要杀他。大伙儿都从屋子里冲出来，抓起枪，这样就闹了起来。叫啊，嚷啊，开枪啊，卡兹比奇却已经骑上马奔到街上，在人群中间钻来钻去，手里挥着马刀，简直像个魔鬼。我一把抓住毕巧林的胳膊，说：‘人家打仗，咱们遭殃，这可犯不着！不如趁早走吧？’

“‘不，等一下，看看这场戏怎样收场。’

“‘准不会有好收场的。这些亚细亚人总是这样：一灌饱布扎，就动起刀枪来！’我们就骑上马回家了。”

“那么卡兹比奇怎么样啦？”我忍不住问上尉。

“像他那种人会怎么样！”他喝干那杯茶，回答说，“他溜了。”

“没受伤吗？”我问。

“那只有天知道了！那些强盗命可大啦！我还看到过一些家伙，譬如说，有一个浑身上下被刺刀戳得简直像个筛子，可他还是把马刀挥个不停。”

上尉沉默了一会儿，跺了跺脚，继续说：

“有一件事我永远不能原谅我自己。真是让鬼迷了心窍啊！我一回到要塞里，就把我在篱笆后面听到的话全讲给毕巧林听了。他笑了笑，(这家伙真狡猾！)心里却在打着主意。”

“那是怎么一回事？您倒是讲讲。”

“好吧，既然说开了头，没法子，只好说下去。

“过了三四天，阿扎玛特骑马到要塞里来了。他照例到毕巧林的屋子里去，毕巧林总是请他吃些好东西。我当时也在座。大家谈到了马，毕巧林就赞美起卡兹比奇的马来，说它样子那么漂亮，又跑得那么快，简直像只羚羊。总之，照他说来，天下再没有这样好的马了。

“这鞑靼小子的眼睛发亮了，毕巧林却装作没注意。我一谈到别的，他啊，嘿，立刻又把话题拉回到卡兹比奇的马上来。阿扎玛特每次来了都是这样。大约过了三个星期，我发现阿扎玛特变得脸色苍白憔悴，就像小说里写的在闹恋爱的人那样。真是怪事啊！……

“说实话，那件事的前前后后我是后来才知道的。当时毕巧林拼命逗他，逗得他简直受不了。有一次他对阿扎玛特说：‘阿扎玛特，我看出你很喜欢这匹马，可是你看不到它，就像看不到自己的后脑勺一样！喂，你说说，要是有人把它送给你，你愿意拿什么给人家？……’

“‘随便要什么都行！’阿扎玛特回答。

“‘既然这样，我可以把那匹马给你弄到手，就是有个条件……你要起誓保证办到……’

“‘我起誓……你也起个誓吧！’

“‘好的！我起誓让你弄到那匹马；可是你得把你姐姐贝拉拿来交换：黑眼睛就算是娶她的聘礼。我想这笔买卖对你是满有利的。’

“阿扎玛特不做声。

“‘你不愿意吗？好，那就听便！我满以为你是个男子汉，哪里知道你还是个奶娃娃：你骑马还早呢……’

“阿扎玛特脸刷地红了。他说：‘可是我爹呢？’

“‘难道他从来不出门吗？’

“‘对……’

“‘那么你同意了？……’

“‘同意了，’阿扎玛特脸白得像死人，低声说。‘什么时候呢？’

“‘就在卡兹比奇下次到这儿来的时候。他答应要赶十只公羊到这儿来。剩下的都是我的事。可要当心啊，阿扎玛特！’

“瞧，这笔买卖他们就这样讲定了。说实话，这可是笔不体面的买卖！我后来对毕巧林也这样说，他却回答道，一个契尔克斯的野姑娘能有个像他那样的好丈夫，福气总算不错啦，而在他们看来，他总是她的丈夫。至于卡兹比奇呢，他是个强盗，应该受到惩罚。您倒说说，我能拿什么话来反驳他呢？……可是当时我一点也不知道他们的阴谋。有一天，卡兹比奇果然来了，问我们要不要公羊和蜂蜜。我叫他第二天带些来。毕巧林就说：‘阿扎玛特！明天黑眼睛就要落到我的手里了。今天夜里贝拉要是到不了这儿，你就甭想看到那匹马……’

“阿扎玛特说了声：‘好！’就往山村奔去。到了晚上，毕巧林全副武装，骑马离开要塞。至于他们怎样做成这笔买卖，我不知道，只知道他们两人到夜里才回来。哨兵看见阿扎玛特的鞍子上横着一个女人，手脚捆绑着，头上包着面纱。”

“那么马呢？”我问上尉。

“别忙，别忙。第二天清早，卡兹比奇骑马跑来，赶了十只公羊来卖。他把马拴在篱笆上，走进我的屋子里。我请他喝茶，因为他虽说是个强盗，毕竟是我的朋友啊。

“我们东拉西扯地聊起天来，忽然我看见卡兹比奇打了个哆嗦，脸色都变了，他拔脚冲到窗口，不巧那窗子正好对着后院。‘你怎么啦？’我问。

“‘我的马！……马呀！’他说着浑身直打哆嗦。

“真的，我听到了得得的马蹄声，就说：‘准是哪个哥萨克小伙子骑马来了……’

“‘不！乌罗斯人坏，坏透啦！’他怒吼起来，像只雪豹似的，‘嚯’地一下蹿了出去。他三蹦两跳就到了院子里。在要塞门口，哨兵用枪挡住他的去路，他就从枪上跳过去，一个劲儿沿着大路狂奔……但见远处尘土飞扬——阿扎玛特正骑着烈性的黑眼睛飞驰。卡兹比奇一边跑，一边从套子里拔出枪来，叭地就是一枪。他一动不动地愣了一会儿，直到相信确实没有打中为止。接着，他尖声叫起来，举起枪往石头上一摔，把它砸了个粉碎，身子扑在地上，像孩子一样嚎啕大哭起来……要塞里出来了许多人，大家围着他，他却谁也不理睬。大家站了一会儿，议论了一番，都回去了。我叫人把买羊的钱放在他身边，他碰也不去碰它，却脸朝下，像个死人一动不动地躺着。他就这样一直躺到深夜，躺了个通宵。您信不信啊？……到了第二天早晨，他才回到要塞里，要求人家告诉他盗马人的名字。那个看见阿扎玛特解下马、骑着它跑掉的哨兵，认为这事无须隐瞒，就告诉了他。一听到阿扎玛特的名字，卡兹比奇的眼睛顿时亮了起来。他立刻往阿扎玛特父亲住的村子奔去。"

"他父亲怎么说呢?"

"嘿，问题就在这儿，卡兹比奇没找到老头子：他出门了，要六天才回来。要不然阿扎玛特怎么能把他姐姐弄出来呢?

"等到老头子回来，女儿和儿子都不见了。阿扎玛特这机灵鬼明白，他要是被人抓住，脑袋就要保不住。他从此失踪了，多半是上山到哪个匪帮入了伙，这好汉准是在捷列克河对岸或者库班什么地方送了命。这就是他的下场！……

"说实话，这事给我也添了不少麻烦。我一知道那契尔克斯姑娘在毕巧林那里，就戴上肩章佩好剑去找他。

"他躺在外房的床上，一只手枕着脑袋，另一只手拿着熄灭的烟斗。通里房的门挂着锁，锁眼里没有插钥匙。这一切我都看在眼里。我咳嗽几声，用靴跟在门槛上跺得咯咯直响，他却假装没听见。

"'准尉先生！'我一本正经地说，'难道您没看见我来了?'

"'啊，您好，马克西姆·马克西梅奇！您不抽一袋烟吗?'他回答道，却没有欠起身来。

"'对不起！我不是马克西姆·马克西梅奇，我是上尉。'

"'那还不一样。您不喝茶吗?您真不知道我心里有多烦啊!'

"'我全知道了。'我一边回答,一边走到床跟前。

"'那最好了:我也没心思讲它。'

"'准尉先生,您做了件错事,可能连我都得承担责任……'

"'得了吧!那有什么大不了的?咱俩早就同命运共患难了。'

"'开什么玩笑!把您的剑给我![1]'

"'米基卡,拿剑来!……'

"米基卡把剑拿来了。我尽了我应尽的责任,就在他的床边坐下说:'听我说,葛利果里·阿历山德罗维奇,你该承认,这样很不好。'

"'什么不好啊?'

"'就是你把贝拉弄了出来……阿扎玛特真是个害人精!……啊,你承认吧!'

"'要是我喜欢她呢?……'

"嘿,你叫我拿什么话来回答他?我束手无策了。沉默了一会儿,我就对他说,要是她父亲来讨人,他得把她交出去。

"'那可完全没必要!'

"'要是他知道她在这儿呢?'

"'他怎么会知道?'

"我又束手无策了。毕巧林欠起身子,说:'您听我说,马克西姆·马克西梅奇!您是个好人。如果我们把贝拉还给这蛮子,他不把她杀死也会把她卖掉。事情既然做了,那就别浇冷水。把她留在我这儿,把我的剑留在您那儿吧……'

"'那么您让我瞧瞧她!'我说。

"'她就在这门里;我自己今天想见见她,也没见着呢。她坐在墙角落里,头上蒙着面纱,不说话,也不抬头望一眼,怯生生的活像一只野羚羊。我出钱雇了茶馆的老板娘,因为她懂得鞑靼话。我让她去照顾她,使她明

---

① 按帝俄军队规矩,军官被解除佩剑,就是遭禁闭。

白她是我的人，除了我，她不属于任何人。’他用拳头捶了一下桌子，又说了这几句。这一点我也同意了。叫我怎么办呢？天下有一种人，你是没办法不同意他的主意的。”

“结果呢？”我问马克西姆·马克西梅奇。“他真的使她顺从了，还是她失去自由，想家想得憔悴了？”

“请问，她为什么要想家呢？村子里望见的那些山岭，在要塞里一样望得见，除此以外，那些蛮子再也不需要什么。再说，毕巧林又天天送她些东西。开头几天她不开口，傲慢地把礼物推开，结果那些东西就落到茶馆老板娘手里，这一来，她就施展出全部本领对贝拉花言巧语地哄个不停。唉，礼物！为了一块花布，女人什么事干不出来啊！……嗯，这且不去说它。毕巧林在她身上花了好多功夫；他又特地学了鞑靼话，她也渐渐懂得我们的话了。她终于敢正眼瞧着他了，开头是偷偷地斜着眼睛瞧，但神情还是很忧郁，嘴里低声哼着歌子，连我在隔壁屋子里听了都觉得难受。我永远忘不了这样一个场面：有一天我打那儿经过，往窗子里瞧了瞧，只见贝拉坐在炕上，头低垂在胸前，毕巧林站在她面前。他对她说：‘听我说，我的小天使！既然你知道你早晚是我的人，干吗还要折磨我呢？是不是你爱上哪个切钦小伙子啦？如果真是这样，那我就马上让你回家去。’她的身子难以察觉地微微抖了一下，摇摇头。他接下去说：‘还是你恨透我了？’她叹了一口气。‘还是你的信仰不许你爱我？’她脸色发白，一句话也没说。‘你该相信我，天上只有一个阿拉，既然他允许我爱你，他又怎么会禁止你回报我的爱情呢？’她呆呆地盯着他的脸，仿佛被这句话震动了；她的眼睛里流露出将信将疑的神气。她那双眼睛啊，嗬，就像两块黑煤似的闪闪发亮！

“‘听我说，我的好贝拉！’毕巧林继续说，‘你也明白我是多么爱你，只要你高高兴兴的，我什么都愿意牺牲，我希望你幸福。要是你再这样不高兴，那我就死在你面前。你说，你会高兴一些吗？’她沉思起来，那双乌溜溜的眼睛依旧盯着他，然后嫣然一笑，点点头表示同意。他握住她的手，要她吻他。她无力地抗拒着，只是反复说：‘啊，啊，别，别……’他缠住不放;她哆嗦着,哭了。她说:'我是你的俘虏,我是你的奴隶,你当然可以强迫我。'说着又哭了。

"毕巧林用拳头捶着脑门,奔到另一个屋子里。我走进去看他;他正抄着手神情忧郁地在那儿踱来踱去。我问他:'你怎么啦,老弟?'他回答说:'她不是女人,是个妖精。不过我向您保证,她一定是我的人……'我摇摇头。'您愿意打赌吗?'他说,'过一个星期瞧吧!'我说:'好!'我们相互击了一下掌,就分开了。

"第二天他就派一个专差到基兹略尔去买东西。买回来的波斯料子五光十色,多得数也数不清。

"他把那些东西拿给我看,问我:'您看怎么样,马克西姆·马克西梅奇,那个亚细亚美人挡得住这样的排炮吗?'我回答说:'您不了解契尔克斯女人,她们跟格鲁吉亚女人或者外高加索的鞑靼女人不一样,根本不一样。她们有她们的规矩,她们受的教养不一样。'毕巧林笑了笑,嘴里用口哨吹起了一支进行曲。

"果然不出我所料,那些礼物只起了一半作用,她变得比较温柔和相信人了,但也不过如此。于是毕巧林决定打他的王牌。有一天早晨,他吩咐备马,自己一身契尔克斯人打扮,全副武装走进她的屋子。他说:'贝拉!你知道我多么爱你。当初我决定把你弄出来,满以为等你了解了我就会爱我。我错了。别了!我的一切东西都留给你去处理;你可以回到你父亲那儿去,你自由了。是我对不起你,我该惩罚我自己。别了!至于我上哪儿去,连我自己也不知道!我恐怕不久就会尝到枪弹或者马刀的滋味,到那时希望你会想起我,饶恕我。'他转过身子,伸手向她告别。她没有握他的手,也不说话。我站在门外,但从门缝里可以望见她的脸。我也觉得很难受;她那张可爱的脸蛋苍白得像死人一样!毕巧林没听到回答,就向门口走了几步。他身子直打哆嗦。说实话,我想他真会照自己说着玩儿的话去做呢。他生来就是这样的人,真是天知道!可是他刚一碰到门,她就跳起来,哇的一声哭出来,扑过去,一把搂住他的脖子。您也许不相信,我当时站在门外也哭了,嗯,也不是哭,就是这么……哼,我有点傻了！……”

上尉沉默起来。

“是的，说实话，”他随后捋捋小胡子说，“我当时觉得有点儿伤心，因为从来就没有一个女人这样爱过我。”

“他们的幸福日子过了很久吗？”我问。

“是的，她后来向我们坦白，说自从见了毕巧林之后就常常梦见他，还说从来没有一个男人这样叫她一见倾心。是啊，他们过得可幸福啦！”

“这太乏味了！”我不由得叫起来。是的，我满以为会有个悲剧性的结局，哪知我的希望一下子落空了！……“难道她的父亲没料到她在你们的要塞里吗？”我又问。

“嗯，他多半怀疑过的。可是过了几天，我们就听说老头子被人打死了。事情是这样的……”

我又来劲了。

“先得告诉您，卡兹比奇还以为阿扎玛特是得到他父亲同意才偷他的马的，至少我这么看。有一次他在路旁守着他，离开村子大约有六里地。老头子正好出去找女儿，空着一双手回家。他的侍从们都落在后头，当时天刚黑，他正想着心事，骑着马慢吞吞地走着。卡兹比奇突然像猫似的从树丛后面窜出来，从他背后跳上他的马，一剑把他劈下马来，自己就抓住缰绳，一溜烟跑了。有几个侍从在小山上看到这情景，奔上去追赶，可是没有追上。”

“他总算为了失马出了一口气，报了仇了。”我说，想引对方说出他的意见来。

“当然，照他们看来，他做得一点儿也不错。”上尉说。

俄罗斯人善于适应他们所在地那个民族的风俗习惯，这种能力不由得使我惊奇。我不知道这种能力应受到谴责还是值得赞美，但这足以证明他们具有不可思议的灵活性和通情达理的想法，即一旦看到罪恶无可避免或无法消灭时就加以宽恕。

这时候，茶喝完了；早已套好的马在雪地里冷得打颤；月亮在西方渐渐暗淡，快要没入像撕破的幕布一样悬在远处峰峦上面的乌云里去；我们走出了石头房子。跟我旅伴的预言相反，天气晴朗了，预示我们将有一个宁静无风的早晨。群星像奇妙的花边交织在遥远的天幕上，随着暗紫色的苍穹在东方渐渐发白而逐一消失，朦胧的曙光正逐渐照射到白雪皑皑的峻峭山坡上。左右都是黑魆魆的神秘的深壑；迷雾缭绕着，像蛇一般蟠曲着，沿着附近山岩的裂罅向深壑那边爬去，仿佛感到并且害怕白天的来临。

空中和地上都很宁静，就像一个人在晨祷时的心境；只偶尔从东方吹来一阵凉风，吹动着蒙着霜花的马鬃。我们动身了。五匹瘦马费力地沿着曲折的道路把我们的车子拉上古德山；我们跟在后面步行。每当马拉不动的时候，我们就用石头搁住车轮。这条路仿佛一直通到天上，因为极目望去，它始终往山顶伸展上去，最后又消失在白云深处——那白云从黄昏起就歇在古德山的峰顶上，好像一只守候猎物的老鹰。雪在我们的脚底下飒飒发响。空气很稀薄，呼吸都感到有些困难。血不断地涌到头上，但同时有一种快感传遍我周身的血管。想到我这样高高登到世界的顶上，心里自有一种说不出的快乐。不用说，这自然是一种孩子气的感情，但是当我们远离尘世而跟大自然接近时，大家都不由得变成孩子了：心灵摆脱了后天压在身上的种种负担，恢复了本来面目，或者说，有朝一日会重新出现的面目。谁只要像我一样漫游过荒山野岭，长期欣赏过它们超凡的雄姿，并且贪婪地吞吸过泛滥在峡谷间的清新空气，谁就自然会理解我为什么要介绍、叙述和描写这些魅人的景色。啊，我们终于爬到了古德山的顶上，歇下来往四下里眺望：山顶之上悬着一大片灰云，它那阴冷的气氛，咄咄逼人地预示着风雨将临，但东方依旧是一派黄澄澄、明晃晃的曙光，使我们——我和上尉——根本忘记了那片阴云……是的，连上尉也把它忘记了：普通人的心灵对于大自然的雄伟壮丽的领悟，原比我们这些喜爱舞文弄墨、夸夸其谈的人强烈百倍、敏锐百倍啊。

“我想，您对这些壮丽的景色该早就习惯了吧？”我问他说。

“是啊，就是对子弹的啸声也能习惯的，也就是说，能习惯于藏起情不自禁的心悸。”

“可我听说，有些老战士还觉得这种音乐挺动听呢。”

“当然，您也可以说这种音乐很动听，但这只是因为心跳得更加剧烈罢了。您瞧，”他又指着东方说，“那边多美啊！”

真的，这样迷人的景色恐怕哪儿也见不着：我们的下面是科依索尔谷地，谷地里贯穿着阿拉格瓦河和另一条河，仿佛两根银线；淡蓝色的迷雾在谷地上流动着，受到温暖的曙光的照耀，向附近的峡谷飘去；左右都是白雪皑皑、灌木丛生的山脊，一个比一个高，它们互相交错，绵延不绝；远方是同样的山岭，但没有两个山岩形状彼此相似，而山上的积雪又那么喜气洋洋、那么光辉灿烂地闪耀着玫瑰红的色彩，使人真想在这儿待上一辈子；太阳稍稍从暗蓝色的山岭后面露出脸来，只有看惯这种景色的眼睛才能把山岭同阴云分辨开来；但太阳上面有一条血红的彩霞，特别吸引了我那位旅伴的注意。“我不是对您说过吗，”他大声说道，“今儿个不会有好天气。得赶紧赶路，要不然我们会在十字架山那儿遇到风雨的。走吧！”他对车夫们喊道。

车夫们把铁链放在轮子底下代替刹车，免得车子滑下去，同时拉住马笼头，开始下坡。右边是悬崖，左边是个深谷，这个谷是那么深，以致谷底的一个奥塞蒂亚人村庄看上去就像个小小的燕子窝。当我想到在这条两辆马车都不能错过的山路上，一个驿车夫每年总得有十来次坐在他的老爷马车上深夜经过这儿，我不禁打了个寒噤。在我们的车夫中间，有一个是俄罗斯的雅罗斯拉夫农民，还有一个是奥塞蒂亚人。这奥塞蒂亚人预先解下前面的两匹马，十分留神地拉着辕马的笼头下坡，而我们那个无忧无虑的俄罗斯老乡甚至没从驭座上跳下来！我对他说，他至少也该注意一下我的皮箱，因为我可不愿意为了这个皮箱爬到深谷里去。他却回答我说：“嘻，老爷！老天爷保佑，咱们准能到达目的地，决不会落在人家后头的，咱又不是头一次走这条路！”他说得对：看来似乎走不到，结果还是到达了目的地。要是人人都能仔细想一想，那就会相信，对生活确实不必过分认真。

不过，你们也许想知道贝拉这个故事的结局吧？首先得声明，我不是在写小说，而是在写旅行笔记，因此，在上尉未主动讲出来之前，我不便请他把故事讲下去。那么，只好请诸位等一下了，要不你们索性跳过几页去看，但我并不奉劝诸位这样做，因为翻越十字架山（或者像有学问的刚巴那样把它叫做圣克里斯托山）①是值得注意的。我们就这样从古德山走下契尔托夫谷……哦，这真是个罗曼蒂克的名字啊！你们也许以为会看到高不可攀的悬崖夹峙的鬼窟吧？其实根本不是这么一回事。原来契尔托夫谷是根据“契尔塔”（边界）一词，而不是根据“巧尔特”（鬼）一词得名的，因为这里原是格鲁吉亚的边界。这谷里积满雪，使人很容易联想起萨拉托夫、唐波夫和祖国其他许多可爱的地方。

“喏，这就是十字架山！”我们走下契尔托夫谷时，上尉指着一座盖满雪的小山说。山顶上有一个黑魆魆的石头十字架，十字架旁边有一条依稀可辨的路，但只有当山边的路被大雪封住时，人们才走这条路。我们的车夫说，现在还没有雪崩，但为了爱护马匹，就领我们绕着山走。我们在道路转弯的地方遇见五个奥塞蒂亚人，他们主动过来帮助我们：把住车轮，一边叫嚷，一边拖拉和护住我们的马车。这条路确实危险：右边，我们的头上悬着大堆的积雪，似乎只要起一阵风就会崩落到谷里；狭隘的路上部分盖着雪，有些地方脚踩上去就坍塌了，有些地方由于白天阳光的照耀和夜晚严寒的冰冻，雪都结成了冰，因此走起路来就很费力，马匹常常滑倒；左边是一条深邃的裂罅，山泉在那里流过，它时而覆着一层薄冰，时而在黑色的石块间跳跃激荡，泛起层层白沫。我们花了两个钟头，才绕过了十字架山——四里路走了两个钟头！这当儿，乌云低低地下沉着，落起冰雹和雪花来了；风灌进峡谷里，怒号着，呼啸着，好像传说中的夜莺大盗。不多一会儿，石头十字架就没入迷雾中——迷雾好像波浪，越来越浓，从

① 刚巴（1763—1833），法国驻第弗里斯领事，著有《高加索游记》。他在书中把十字架山（克里斯托夫山）误称为圣克里斯托山。莱蒙托夫因此嘲讽地称他为“有学问的”。

东方滚滚而来……顺便提一下,关于这十字架有一个古怪而流行的传说,说它是彼得一世路过高加索时竖立的。其实毫无根据,一则彼得一世当时只到过塔达吉斯坦,二则十字架上明明用大字写着,是根据叶尔莫洛夫将军的命令建立的,建立的年份正好是 1824 年。虽然上面有着题字,传说却根深蒂固,弄得你真不知道相信什么才好,何况我们向来是不信题字的。

我们得沿着结冰的山坡和泞滑的雪地往下再走十里路,才能到达科比站。马都筋疲力尽了,我们也冷得直打哆嗦;风雪刮得越发猛烈,就像我们北国老家的暴风雪,只是它那粗犷的吼声更加悲怆而凄凉。我心里想:"哦,你这个被放逐的,你也在为离开你那自由自在的辽阔草原而痛哭吧! 在那边你可以尽量展开寒冷的翅膀,可是在这里呢,你感到狭窄、气闷,好像笼中的鹰,一边叫,一边冲撞着铁笼子。"

"糟了!"上尉说,"您瞧,除了雾和雪,四下里什么也看不见,咱们可得留神,别滚进山沟或者跌到窟窿里去,下面的巴依达拉河恐怕也涨了水,过不去了。亚细亚就是这个样子! 人也罢,河也罢,都是一点也靠不住的。"车夫们边嚷边骂地打着马,但不管鞭子怎样呼呼地叫啸,马却喷着鼻子,用脚抵住地面,死也不肯移动一步。终于有个车夫说:"老爷,今儿个咱们到不了科比啦,不如趁早拐到左边去,您看好吗? 喏,那边山坡上黑糊糊的,大概是座石头房子吧。过路人遇到坏天气,总是在那边落脚的;他们说,您要是肯赏几个酒钱,他们可以带路。"他指着一个奥塞蒂亚人补充说。

"知道,知道,老弟,你不说我也知道,"上尉说,"这些骗子! 就是会抓住机会多弄些好处,要酒钱。"

"可您得承认,要是没有他们,咱们会更糟的。"我说。

"还不是一样,还不是一样,"他嘟囔说,"去他妈的这些向导! 他们最留意哪儿可以捞一把,仿佛没有他们,人家就找不到路了。"

我们向左边走去,费了好大劲才到达那个简陋的歇脚处。这是两间用石板和圆石砌成的平屋,围着同样的石墙。衣衫褴褛的主人亲切地招待了我们。我后来才知道,是政府养活他们,要他们专门招待被风雨所阻的旅客的。“这下可好多了，”我在火边坐下说，“现在请您把贝拉的故事给我讲完吧！我相信一定还没完。”

“您为什么这样想呢？”上尉狡猾地笑着向我挤挤眼，应声说。

“因为就这样结束不合乎情理：凡事开头不寻常，收场也一定不平凡。”

“算被您猜着了……”

“那我太高兴啦。”

“您倒高兴，可我一回想起来，实在伤心啊。真是个好姑娘，那贝拉！后来我跟她搞熟了，把她当女儿看待，她也很喜欢我。我得告诉您，我没有家，父母音讯全无，差不多有十二年了。以前我也根本没想到要娶个老婆，如今呢，您也明白，可不合适了，因此有个人让我疼，我也挺高兴。她常常唱歌给我们听，跳列兹庚舞给我们看……哦，她舞跳得可好啦！我们省城里的小姐我见得多了，有一次在莫斯科我还到过贵族俱乐部，那是二十年前的事了，可是她们跳的舞算得了什么，太不像样了！……毕巧林把贝拉打扮得像个布娃娃，照顾她，抚爱她。她在我们那儿长得可好啦！脸上和胳膊上晒黑的皮肤变白了，腮帮上泛起了红晕，她总是那么快活，老拿我开玩笑，这鬼丫头……老天爷饶恕她吧！……”

“你们把她父亲的死讯告诉她，她怎么样啊？”

“在她没有习惯新的环境以前，我们把这事瞒了她好一阵。我们告诉她以后，她哭了两天，后来也就忘记了。”

“有四个月的时间过得美满极了。我好像已经说过，毕巧林非常喜欢打猎，常常到树林子里去打野猪或者山羊。如今呢，他连要塞的围墙外面都不去了。但不久，我看见他又双手抄在背后，在屋子里踱来踱去想心事。有一天，他终于对谁也不说一声，自个儿打猎去了，整个早晨都见不着他的影子。以后一次又一次，去得越来越多了……我想：糟了，他们之间准出了什么事！

“有一天早晨我去看他们，看见这样一个景象：贝拉穿了件黑绸短棉袄坐在床上，脸色苍白，神情那么悲伤，使我吃了一惊。

"'毕巧林呢?'我问。

"'打猎去了。'

"'今天去的吗?'她不做声,仿佛说不出话来。

"'不,还是昨天去的!'她终于深深地叹了一口气说。

"'他该不会有什么事吧?'

"'我昨天整天一直想着,想着,'她含着眼泪说,'我想到了各种各样的意外:一会儿我怕他被野猪咬伤,一会儿又怕他被切钦人捉到山里去……可今天我想,准是他不爱我了。'

"'嗨,宝贝,你可别尽胡思乱想啊!'她哭了,接着又高傲地昂起头,擦掉眼泪,继续说:'要是他不爱我,又有谁会拦着他不把我送回家去呢? 我不勉强他。再这样过下去,那我自己走好了。我又不是他的奴隶,我是王爷的女儿! ……'

"我就开始劝她:'听我说,贝拉,总不能叫他一辈子坐在这儿,就像钉在你的裙子上似的。他是个年轻人,喜欢打打野味,出去一下又会回来的。你要老是愁眉苦脸,那他很快就会讨厌你的。'

"'对,对,'她回答说,'我要快活起来!'她哈哈大笑,拿起铃鼓,又是唱歌又是跳舞,在我旁边跳来跳去。但没有跳多久,她又倒在床上,双手蒙住了脸。

"叫我拿她怎么办呢? 您知道,我从来没有跟女人打过交道。我想了又想,该怎样安慰她呢,可是什么主意也想不出来。我们两人就这样默默地待了一会儿……这局面真叫人难过极了!

"最后我对她说:'你愿意的话,咱们到围墙那边去蹓跶蹓跶吧,天气真好啊!'这是 9 月里的事,天气确实很好,又明朗,又凉爽;山岭的轮廓显得特别清晰。我们走出屋子,沿着要塞的围墙默默地踱来踱去。后来她在草地上坐下,我就坐在她的旁边。唉,想起来真可笑,我跟着她跑来跑去,就像个保姆一样。

……

三

拖拉机站站长和总农艺师

加林娜·尼古拉耶娃

……

“娜斯嘉有这样一个作风……(他若有所思地继续说)在没有了解一个人之前,她总是不露声色地在那人身旁徘徊着,恭恭敬敬,一言不发。她这样做并不是出于伪装,而是出于一种高度的关注,出于期望,仿佛她对每一个人都期待着什么奇迹。而且由于这种期待,开头总是保持着沉默,好像她自己并不存在,存在的只是她那种对人的兴趣。然后她越来越用心地进行观察,好像想更正确地了解那个人。然后她心里发生了疑问,就开始用批判的态度去衡量他的价值。于是作着决定,应该用怎样的态度去对付他,应该拿自己多样性格的哪一面去给他看。在没有逐一经过这些发展阶段之前,她总是保持着沉默!等到所有这些阶段都已经通过,问题已经有了决定,那时你可得小心了!

“她对一个人有好感,态度就很随便,像对待自己人一般。要是什么人不合她的意,她就对他进攻,就像进攻我和费嘉那样。因此人家对她也很少有保持中庸态度的——要么完全倾心于她,要么一听到她的名字就打寒噤……”

讲到这里,阿列克赛·阿列克赛耶维奇又沉思起来。时间一分钟一分钟地过去,他一直沉默着。

“您刚才讲到第一书记来了。那么以后又怎样呢?”我提醒他说。

“是的……(他从沉思中醒悟过来)那天……我们大家陪书记参观拖拉机站,娜斯嘉也在旁边走着,而且目不转睛地盯着书记。能在眼面前看到这样的大人物,在她恐怕还是生平第一遭,因此似乎在期待他会做出些什么异常崇高而有趣的行为来。

“我们在拖拉机站里兜了一圈,谈了一会儿。索科洛夫同志打算走了。我们送他到停车的地方。

“说实话,这一次跟他谈话之后,大家都很兴奋,很乐观。大家都看到了春天。场子上的积雪开始融解,周围一片融解的雪水在太阳光底下闪闪发亮。还有我们的新机器也在阳光下闪放着光芒。每一颗螺丝钉都在跟太阳谈话！我走着,想等大家谈得更愉快些,好向书记提出自动卸货卡车的要求来。

“‘我们的草原上好多年没积那么厚的雪了！土地好多年没吸收那么充足的水分了!’谢尔盖·谢尔盖耶维奇说,‘你们瞧吧！蓝幽幽的一片。春光多美啊!’

“‘春天雪融得那么多,只要秋天小麦能丰收就好了！真叫人操心哪!’西伦基老大爷叹了一口气。

“省委书记转身对他说:‘草原上的春光好,手头的技术设备又出色！老大爷,收成一定很好,劳动日也一定很高！同志们,你们说对吗?’

“当然啰,大家都兴致勃勃地回答书记说:‘怎么会不对呢,谢尔盖·谢尔盖耶维奇,您说得真对啊!’

“我们的娜斯塔霞仿佛忽然被人家在背上推了一下。

“‘不,谢尔盖·谢尔盖耶维奇,不对……’

“她用深沉而嘶哑的声音开口说,接着又瞪着他看。

“谢尔盖·谢尔盖耶维奇惊奇地瞧了她一眼。这身穿滑雪裤、头打蝴蝶结的小姑娘是谁呀?

“‘为什么不对?’他问道。

“‘因为盐沼地后面那些集体农庄今年的劳动日是不会好的。’

“谢尔盖·谢尔盖耶维奇站住了。他脸上的笑容也消失了。

"'嗐,'我心里想,'瞧我们那个娜斯塔霞,真该死,她也用起自己那一套来"支配情绪"了!'

"她面对汽车站着,汽车的散热器把阳光反射在她的脸上,反光微微波动,好像水面上的涟漪,她身体一动,脸上的光波就荡漾起来,但她自己却没有注意到。谢尔盖·谢尔盖耶维奇严厉地瞧了她一眼,从容不迫地说:

"'一个总农艺师怀着这种失败主义的情绪工作,真是糟糕。在播种之前还讲这种涣散人心的话,真是糟糕!'

"她却咽了一口气,回答说:'省委第一书记许下落后的集体农庄可以获得好的劳动日,许了三年,也把人家骗了三年,那就更糟糕……'

"说完了,用她那对蓝眼睛瞧着省委书记,这眼睛既不是气愤的,也不是恐惧的,而是含怨的,有所期待的。

"一听她说出那么意外的话来,我们都呆若木鸡了。我心里想:'嗐,不顾死活的东西,你这是在干啥呀?'她明明知道她在拖拉机站里的地位已经是千钧一发了!明明知道我们一心一意想撵掉她!那她为什么还要说这种蠢话来得罪省委书记呢?……

"是什么东西在鼓舞她呢?是女孩子的傻气吗?还是那种对于无限高尚的人性所持的天真而又固执的信心呢?

"谢尔盖·谢尔盖耶维奇站着,身体显得很魁梧。当着众人的面责备省委书记欺骗,那可不是开玩笑!他仿佛从什么远处望着她,同时像扔砝码般沉重地说:

"'省委书记既没有允许也拿不出收获量和劳动日来。请您记住这一点,总农艺师同志。收获量和劳动日,这是要农庄庄员在专家的领导下,也就是说在您的领导下,用自己的劳动来争取的!这一点,您应该知道,拖拉机站总农艺师同志。至于我,在省委里工作了十一年,可从来不曾欺骗过什么人。'

"她握紧两个拳头,按住胸口,甚至有些痛心地问道:'如果那些落后集体农庄的庄员们在劳动日上还是得不到什么,您恐怕又会跑到他们那

里去说些骗人的话吧?!'

"是什么在他的眼睛里闪耀着呀? 感慨? 愤怒? 悲痛? 我不知道。但我明白,一个人只有当他隐蔽的创痛受到意外的鞭打时,眼睛才会闪出那样的光来! 他的眼睛很小,深深地嵌在眉下,但这时却从眼窝里闪出那样的光芒……不过只有一刹那! 接着眼睛越陷越深,面孔仿佛膨胀起来,并且变得阴暗了。他眼睛不看她,说:'要是明年我到那几个农庄去,我要带您一起去! 并且请您,拖拉机站的总农艺师,在庄员们面前回答,为什么他们的劳动日那么少。'

"她并不畏缩,向前走了一步说:'我现在就来回答。因为庄稼种得不对。因为轮作制定得不对,因为这一点……'

"她的嗓音忽然哽住了。嘴唇还在动,声音却没有了。

"于是我就说:'柯夫莎娃同志在一星期以前要求我们放弃三叶草,要求修改全部轮作制和跟集体农庄订的合同。但临到播种前夜修改轮作制,这等于打垮全部工作。'

"'这个问题,'谢尔盖·谢尔盖耶维奇说,'去年秋天就有好几位著名的专家研究过,并且作了否定的答复。现在谈这问题可不是时候。现在得全力进行播种!'他转身朝汽车走去,而娜斯塔霞却声嘶力竭地说:'谢尔盖·谢尔盖耶维奇! 省委书记同志! 就算不能用在所有的集体农庄上! 就只用在我那几个落后的集体农庄上吧!'

"他站住了,问道:'落后的是"您的",那么不落后的又是谁的呢?'

"她被问得愣住了,两只眼睛骨溜溜地乱转,这时西伦基老大爷忽然插嘴说:'那又有什么呢,谢尔盖·谢尔盖耶维奇?! 一个好的母亲往往特别疼爱生病的孩子,一个好的农艺师当然就首先关心落后的集体农庄了。'

"'现在可不是修改轮作制的时候,'谢尔盖·谢尔盖耶维奇重复说,'等秋天修改计划时,这个问题我们可以再来研究研究。现在你们去准备播种吧。'

"第一书记又转过身子,向汽车走去。

“我明白我的事情全给她弄完蛋了！现在再向书记请求自动卸货卡车，是没有意思的了。大家都懂得，谈话应该止。而她却一个劲儿跟在他后面，好像梦游病一般！同时嘴里说个不停，仿佛除了他们两人之外，周围就没有别的人。

“‘这件事是不能拖上一年的。那边缺乏饲料！您瞧，我从一个农家拿什么来了。这是十月农庄里的寡妇华尔华拉给她女儿吃的牛奶代用品。’

“她从口袋里掏出一瓶向日葵磨成的浆汁来。

“‘柯夫莎娃同志……’谢尔盖·谢尔盖耶维奇慢吞吞地说，那说话的声调弄得我们大家都很不自在，‘此地存在着落后的集体农庄，这一点，我们知道得并不比您差……拿这个东西来当众示威，是完全不必要的。’他的脸变得像石头一样，嘴唇也发白了。真的，我们的娜斯塔霞真会击中人家的要害！

“书记说完了，又转身走向汽车。

“我们全都站着一声不响。周围一片寂静，只有麻雀在叽叽喳喳地聒噪。我真想喝住麻雀，不让它们吵闹。省委书记向汽车走去。他那包在灰色大衣里的脊背很宽阔，步伐稳健有力，但肩膀稍微有些耸起。娜斯嘉呢，一动不动地站着，神气是那么委屈，那么恐惧和悲哀，以致在这一刹那里，我们过去那些不愉快的争吵都从我的心中消失了。”

我的旅伴垂下了头。他不愿看我的脸。他的声音变得越来越重浊，越来越不连贯……

“当时她使我感动的是什么呢？是孩子式的信任。成年人的心往往有一层厚茧，但孩子的……孩子的心是赤裸裸的！它最容易相信人。孩子的悲哀也最难受……（熄灭了的烟斗从他的手掌里滑下，悄悄落在沙发之间的地毯上，但他并没有把它拾起来，也不改变姿势）我记得小时候受过的一次委屈。那时我才四岁。我的母亲病了。晚上她哭了。我非常怜悯她。这是我一生头一次动了怜悯心。我整夜想着怎样帮助她。第二天一早她出外提水。我一骨碌跳了起来，套上短裤……拔脚就跑……她提着一桶水走来，我迎面跑上去：'妈妈，妈妈，给我，给我！'我这是打算替她提水！我的小心儿怦怦地跳着，我实在舍不得她！我实在想保护她！帮助她！我完全相信这回可以帮助她，我快活极了！她显然是很不舒服。她对我恶狠狠地说（平常她是很和善的！）：'你来干吗，闯祸坯！'我一点也摸不着头脑。我扑到她的脚边，一把抓住了桶。而她却踢了我一脚，喝道：'你给我滚开！'"

阿列克赛·阿列克赛耶维奇的嘴唇上滑过了一丝迷惘的微笑，这在他是很难得的。

"多少年过去了。多少委屈我都忘了！但这一次却忘不了。它深深印在我那颗幼嫩率真的心上。我觉得我的幼年时代就在那个时候结束了！"

他沉默起来。我也不说话，他那些意外的话实在使我惊奇。

这个样子极平凡的小伙子，这个在会上连两句像样的话都不会说的小伙子，这个从遥远的草原小站来的小伙子……

什么东西使他的感情、思想、回忆那么激动呢？是在莫斯科体验到的一切使他那么激动吗？是爱情吗，是那能支配人的全部感情、一生只有一次的伟大的爱情吗？还是他正在经历着那个对过去的一切都作重新考虑重新评价的转变时期？还是所有这些因素同时在鼓动他，改变他，豁露出他在这以前沉睡未醒的力量和可能？……

蛋壳破裂了，从那一动不动的石头般的蛋里，马上就会出现一个湿漉漉、光秃秃、没有羽毛但已经有生命有翅膀的东西来了……

也许，我正巧是在这个有趣而动人的刹那观察着一个人吧？

我觉得好像看到拖拉机站站长的心，在怎样怦怦地跳动。在这颗心里有些什么呢？是拖拉机的牌子，是熟耕地的面积，还是燃料的吨数？

这是没有磨灭的童年时代的印象，是使性格和命运猛然转变的能力，是突然汹涌澎湃的感情！

车厢里的空气似乎很紧张，虽然只有我们两个人。

火车好像一架机件有着无比力量的时钟，在一分钟一分钟地计算着时间的逝去。

“各位乘客同志，请把窗户关上，我们马上要过桥了……各位乘客同志……”

列车乘务员的声音穿过板壁尖锐地传进了耳鼓。

列车铿铿锵锵地冲上铁桥。桥架在黑暗中模模糊糊地从窗外闪过。接着又恢复了寂静。

“请讲下去……”我对我的旅伴说。

他抬起了眼睛。

“在这一刹那里，我在我的‘冤家’娜斯塔霞的眼睛里看到的，就是那种我所熟悉的……孩子式的悲哀，那种不顾死活的对人的轻信。当时她打量省委书记的那副神气，仿佛她的青年时代就要在这一分钟里结束了！她那副神气，仿佛她已经跨进悲哀的门槛，并且已经看见，心里也感到了害怕，但还不相信世界上竟会有这样的不幸。

“但书记却拉开车门，一只脚跨上踏板。我们大家都呆住了……不仅仅是娜斯塔霞一人，我们大家都那么望着，似乎此刻他的每一个动作都在解决我们思想上和生活上的一些问题。大家望着他，一动不动。而他却那样站着——一只手握住车门，一只脚踏在踏板上，忽然他回头对娜斯塔霞说：‘您知道十月农庄里的女庄员华尔华拉拿什么东西喂她的女儿。您知道这个，很好。但您可知道从前我们在盐沼地后面的那些地方怎样过活吗？您不知道。我自己就是从那边来的。不要说牛奶，连面包都看不到……住的是草棚子，吃的是满天星……’

“他已经不再烦恼，不再气愤了……在这一刹那间他改了什么主意，在内心里克服了什么感情呢？他站着……回忆着……眼睛不望我们，而是望着那片在我们的拖拉机站矮墙外面、被雪犁翻掘过的草原。

“我忽然觉得：这片草原上没有机器，没有雪犁，没有人，也没有拖拉机站；而他，谢尔盖·谢尔盖耶维奇，不戴帽子，也没有吉普车，身上穿着粗布衣服，站在无人的草原上……不知怎的，他竟变得更能为我所理解了。

“我们一声不响地听他说，他却接二连三地向娜斯嘉提出问题：‘您可知道十月农庄里有多少男人没有从前线回来？不知道吗？但我们知道。您可知道国家贷给了农庄多少钱和粮食，给了多少帮助吗？应该更多给一些……可是……您可知道当我像您那样年纪的时候，我们省里的工业是怎样的吗？乡下铁匠铺——这就是当时我们省里的全部“冶金业”了！但现在我们的五金器材，我们的机器——从中国到阿尔巴尼亚，到处都是……现在我们可以给集体农庄更多的帮助……我们也有过错误……到如今我们还没把这一个和另外几个落后的集体农庄提高……我们知道的。我们是在考虑，探索。我们在干。也因为这个缘故，党把机器、种子、专家送到这儿来，而且以后还要送更多的来。也因为这个缘故，党把您，柯夫莎娃同志，派到这儿来，目的正是要您来提高落后的集体农庄，但并不是叫您拿这样的玻璃瓶来示威。’

“他说得很慢，很吃力，好像在搬动石头，但结束却很干脆，很老练：

“‘好吧……大家来吧。让我们来考虑一下您的意见。’

“显然，在这一分钟里，在这一秒钟里，当他的一只脚搁在踏板上时，他依然在考虑，并且感到在娜斯嘉鲁莽话的后面，存在着一种伟大可贵的东西。感觉到并且考虑过这一层之后，就马上遏制自己，克服心头的怒气，一下子抛开了娜斯嘉话里的枝节，而捕捉了其中可贵的东西，自己就来了一个一百八十度的大转变。

“这是一个具有大智大勇的人物！

“‘同志们，让我们到房子里去吧，’他说，‘那边谈话方便些。’

“瓶子从娜斯嘉的手里掉下了，她的眼睛也红了，好像要哭出来似的。

大家马上喧哗起来，一面说话，一面急急忙忙地拥到房子里去了。大家都感到说不出的轻松和快乐。

“他到我们那儿去过多少次！他跟我们做过多少次事务性的谈话！我们尊敬他，但这种尊敬只是属于职务上的。然而在这一分钟里，他可把我们大家都抓在手掌心里了。不是属于职务上的，也不是由于地位，而是由于内心的信仰，我们承认他比我们强，比我们聪明。

“我们向办公室走去，吵吵闹闹，开着玩笑。西伦基老大爷当然走在最前头。他摆好椅子，让大家坐下。

“我们安安静静和和睦睦地在桌子周围坐下了。谢尔盖·谢尔盖耶维奇朝娜斯塔霞望了望，说：‘您把话都说出来吧。我们听着……’

“于是一场战斗就开始了！

“娜斯塔霞反对旧的轮作制，可是其余的人却依然坚持。伊格拿特·伊格拿托维奇把这套制度用在集体农庄里，是花过很大力气的，并因此得到省里的嘉奖。这是他心血的结晶，是他的光荣和骄傲！他肯定说，三叶草长得不好，只是因为照料不够，没有加石灰，没有施肥料。

“奇怪得很，西伦基老大爷却大大地促使这场争论得到解决……

“老大爷听着听着，然后说：

‘关于自己的集体农庄，我不想说什么，但在邻近那个强大的星星集体农庄里，这些三叶草除了可可茶，什么东西没有用过！如今只有试浇一些可可茶上去，也许可以在我们的草原上好好生长。’

“我们把鲁青科叫了来。仔细研究了十年来三叶草收获量的材料。到了傍晚终于作出了一个决定。

“谢尔盖·谢尔盖耶维奇并不主张改变全部轮作制。但他当即打电话到城里去，要那边马上派一名科学人员来作顾问，帮助我们重新审查那三个落后集体农庄的轮作制，设法使它们低落的经济很快繁荣起来。

“我试着援林诺奇卡的例子，请求书记也给我们一辆自动卸货卡车，但毫无结果。不过，在谈这个问题时，我们产生了另一个主意：去向邻近的火车站借一架掘土机来用三天，以便把肥料从车站上卸运出来。谢尔盖·谢尔盖耶维奇答应在这件事上帮我们的忙。”

“当娜斯塔霞手里拿着瓶子站着的时候,她不知怎的使大家都有些感动,但这种感情很快就过去了。

“时间是不会为美好的感情停留的。谢尔盖·谢尔盖耶维奇叫来的那个顾问,也像我们那样,认为不必放弃三叶草,而只要设法提高它们的收获量。我们那儿日夜都在争论,弄得整个拖拉机站乱糟糟,无法正常工作!一会儿打电话到区里,一会儿打电话到省里。省里发下指令来了,叫那三个落后的农庄今年不要种三叶草,而种玉米和向日葵。这在省里很方便:发一道指令,就完了!但对我是怎样呢?要在播种前夜弄到另一种种子,要修改方形点播法的工作计划,要增加‘CⅢ-6’型播种机的负担。

“特别困难的是搞那些该死的玉米!在我们的草原上只有两三个集体农庄种玉米,而且也都只种在庄地的周围,作为风障。我们手头连一公斤都没有。现在却要在三天之内弄到播种好几百公顷用的种子!

“那时我从办公室急急忙忙一会儿进,一会儿出,几乎把门槛都踏破了。

“最后,轮作的事总算搞好了。三个集体农庄里的三叶草地,都改播了玉米和向日葵。

“可是,我们的娜斯塔霞也马上变了样。

“当她争论的时候,她的样子很大胆,带些挑战的神气。但等达到目的,却畏缩起来了。

“在这以前,我们所有的集体农庄都是大家共同负责的。如今呢,她反对我们,坚持自己的主张,结果弄得她把三个最尴尬的集体农庄都背到自己一人身上去了。一领悟到这一层,她便畏缩起来。一声不响地带着恐惧的目光在拖拉机站里走来走去。她望着你的那副神气,仿佛在请求:‘您说一句话鼓励鼓励我吧!我害怕哪!’

“我们看到这光景,甚至觉得高兴。你自己酿的酸酒,你自己喝吧!

“记得有一次我骑摩托车回家。骑在车上又疲劳又饥饿,心里非常恼火——为了找这倒霉的玉米已在邻近几个区里跑了两天两夜,而且一无所得！那是一个刮风的黄昏。落日的余晖非常浓艳。雪在夕照下发出玫瑰红的反光，使人弄不懂这究竟是雪还是别的什么玩意。四周没有一丛灌木，没有一株小树，只有去年的风障——干枯的玉米秆，一排排地伸展到地平线，被风压得几乎碰到雪地。周围万籁无声，仿佛天下根本没有人和兽，没有村庄也没有城市，只有那浓艳的夕阳下的死寂的雪地。这时你觉得自己仿佛不是在地球上，而是在一个人迹不到的陌生行星上。这样的黄昏在我们那儿叫作"狼黄昏'，因为逢到这样的时光，连狼都会烦恼，它们走出洞来，站在草原上迎风狂嗥。

"就在这样的一个'狼黄昏'，我从区里骑车回来。在草原上感到很不舒服，就开足速度跑。忽然望见一个孤零零的人影在玉米秆间徘徊。我把车开过去一看，原来是娜斯塔霞。她一看见我，似乎很高兴，连忙朝我跑来。一路上双脚不时陷在雪里，两手拉着玉米秆。头发被风吹得乱蓬蓬的，身上的大衣也像要被风吹掉似的。她逆风走着，弯着身子，伸出了头，仿佛在用自己的头钻着这风。

"走到跟前，也不问好，劈头就说：'阿列克赛·阿列克赛耶维奇，您瞧，这儿的玉米长得多好！是不是？这儿去年种了玉米风障！您瞧，秆子多粗。出色的玉米！是不是？'

"她凄苦地望着我，那神气仿佛在说：'我害怕哪。你支持支持我，安慰安慰我吧。'

"我无情地回答她说：'这玉米，马马虎虎。'

"她又连忙对我说：'当然啰，它种在这儿不会成熟，但用来喂牲畜，用来作青贮饲料……不是很好吗？你瞧瞧，叶子长得多大啊！'

"'天已经晚了，'我说，'在草原上逛，瞧玉米，可不是时候了。坐上吧。我带您回去。'

"我一面说，一面心里暗想：'我为了你在草原上日夜奔走，现在还得带你回去！'

"她对我瞧瞧，显然是明白了我的心意。

"'谢谢，'她说，'我自己走回去。'

“‘那就听便。’

“我开着车走了。在转弯的地方我回头瞧了一眼。她在慢慢地走着，顺手拉着玉米秆。而那里离开村子还很远。这当儿我的头脑里半假半真地闪过一个念头：‘说不定她真的会被狼吞掉呢。’一面回头望，一面想，摩托车就冲到了沟里，人几乎掉下来，这可把我气得直骂：‘但愿狼吃掉她……也好让我们太平些！’

“不过，那几天我们那边好像是处在休战状态。仗打够了，嘴吵够了，激动得也够了，大家就安静下来。其中有两三天过的简直完全是太平日子。

“靠了谢尔盖·谢尔盖耶维奇的帮助，我们向火车站借到一架掘土机。他们答应借三天，好让我们把肥料搬出来。原来堆在我们站上的肥料，不仅供给我们一区，而且还供给内地其他地区。这几年来，在铁道路基附近又形成了一个由肥料积成的散堆。大家已经忘记这些肥料是谁的，是应该送到哪儿去的。因此我跟费嘉决定把这些肥料统统搬到田里去。区委帮助我们：决定把全区的运输工具拨给我们使用三天。于是一个声势浩大的汽车纵队就此组成了。我们拟订了交通路线。草原蒙着最后一层冰，道路还很坚固，掘土机不停地干着活，司机们在组织竞赛。工作干得热火朝天。

“我忽然看到有个女孩子，在司机们中间嘻嘻哈哈地转来转去。只从滑雪裤上我才认出那是娜斯塔霞。她因为灰尘大，用三角围巾包着头，兴高采烈地从这辆汽车跑到那辆汽车，好像一只山羊。她钻到我的跟前，叫道：

“‘啊，阿列克赛·阿列克赛耶维奇，干得多好哇！’但马上又补充说，‘只是不应该那么搞！……’

“我浑身抽搐了一下——这家伙又要教训人了。她说：‘应该两边卸。分两行！否则掘土机尽要开开停停！’

“真的，当一辆汽车装满，开始摇摇摆摆地开走，而另外一辆空车还未驶到挖泥斗下时，掘土机就只好停下来。娜斯塔霞不等我回答，就跳下散堆，跑到掘土机手跟前，对他说了几句话。接着就跑到汽车旁边，要汽车排成两行：一行在掘土机的左边，一行在掘土机的右边。装满左边的车子，挖泥斗就转到右边，而那边已正好有一辆空车等着了。工作进行得更快了。但这可伤了我的自尊心。掘土机旁站着三个汉子——我、费嘉和伊格拿特·伊格拿托维奇，而一个女孩子跑了来，五分钟工夫就干得比我们出色！她实在使我生气。她站在我旁边，从头到脚一身是灰。头巾被风吹落了，两只蝴蝶结高高地突出来，变成灰色的了。我不知是故意想寻她点开心呢，还是出于什么连我自己也莫名其妙的动机，竟用两个指头捏住她的一只蝴蝶结，嘲弄地说：

"'嗨嗨，您呀，总农艺师……您那两条"一年级学生的小玩意儿"[①]上全是土呀……'

"她微露窘态地一笑，但并不生气。

"'对啊！'她说，'我进小学一年级时，奶奶给我那样梳头，从此我就一直那样梳了。'接着她又对一个司机嚷道：'华夏，华夏，开到左边去！'

"说着又跑去排列汽车。我本想窘她一窘，但结果反而弄得自己窘起来。原来她打上蝴蝶结不是为了美观，而只是出于习惯。她根本没想到这些个。她生活的兴趣不在于此！我和阿尔卡琪，两个成年男人，只想到她这两个蝴蝶结，仿佛除此以外我们就没有别的谈话资料了。而她呢，一个女孩子，却根本没想到这些事。

"分成两行啰，打蝴蝶结啰，这都是些小事，但不知怎的却老留在我的记忆里，并且从此使我对她的看法有了些改变。说也奇怪，我忽然喜欢起她的某些行为来了。我喜欢她跟司机们开玩笑，喜欢她像泥鳅似的在汽车群里钻来钻去。就在这一分钟里，我觉得她不是农艺师柯夫莎娃，而是一个能干、快乐而很有个性的女孩子。我想：'等一切都安排好了，我们的拖拉机站就可以过太平日子了吧？'

---

① 苏联女孩子进小学一年级念书时，头上往往梳两条小辫子；因此小辫子就被谐称为"一年级学生的小玩意儿"。

“这个希望并没使我获得多久的安慰。第二天，娜斯塔霞就去找阿尔卡琪，要求他在雪地上试验方形点播法。

“‘播种机应该检验一下。’她说。

“阿尔卡琪呢，站在窗前，身体又瘦又干，嘴里吸着烟斗，眼睛从两条粗眉下望着窗外，并不转过身来，只漫不经心地回答娜斯塔霞说：‘唔？……’

“‘万一播种机有毛病呢，’娜斯塔霞说。

“‘唔？’……

“‘应该预先修好！’

“‘一点不错。’阿尔卡琪含嘲带讽地冷冷回答。

“她稍微有些窘，说：‘可以叫戈沙开到地里去吗？’

“这当儿阿尔卡琪向她转过身去；从头到脚把她看了一遍。她站在门旁，踌躇不前，个子最多只有他肩膀那么高。

“‘娜斯塔霞·华西里耶夫娜，您怎么啦，没一点儿事可做吗？’阿尔卡琪问道。‘您自己没事做吗？……哦，有的？那么，您也许最好还是去做些自己的事。技术方面的事，您可不可以让我来管，让我来负责？’说完了连瞧也不瞧农艺师一眼，就走到我的跟前，在桌旁坐下了，搂住我说，‘你真不会知道，阿廖沙，伏洛契兴诺拖拉机站弄到了一架多好的康拜因！……’

“他跟我谈着话，她却站在门旁。站了一会儿，就走开了。

“不久我跟费嘉和阿尔卡琪到区委去参加全体大会。第二天回来，一看，又出什么怪事了？一台‘CⅢ-6’型播种机停在雪地上，几个姑娘手里拿着小红旗，在草原上跑来跑去。

“我们问道：‘这在干什么呀？’

“她们回答说：‘累死了。我们在雪地上演习方形点播法，已经是第二天了。’

“‘是谁的命令？’

“‘是总农艺师的命令。’

“这是怎么一回事？这是说，她利用我们不在家的机会，违反我的命令，擅自从修配厂里调了些人，把播种机开到地里去了。我气得额上直冒汗。这是多么放肆呀？简直不能离开拖拉机站一步！

“……我记了她一次过。我叫她签字，她也签了字，始终一言不发。直到出去时，她才站在门口说：‘所有的播种机都有一轮轮的缝隙。一路上种子不但从管口里出来，而且从缝隙里漏出来。不能达到点播的目的。’

“阿尔卡琪说：‘这个我们知道。’

“他说的时候眼睛并不望她。

“她走了。

“春光越来越浓了。我们开始装配联动机①，装好后就开到地里去。

“这时我们这儿又发生了一件事，和这件事比起来，过去我们跟娜斯塔霞的冲突简直算不了一回事！

“可以说，这是两种性格——娜斯塔霞和阿尔卡琪——之间的一场生死搏斗！那场搏斗把整个拖拉机站搞得天翻地覆。

“阿尔卡琪走来说，某一号联动机已经完全准备好，今天开到生产队里去了。过了半小时，娜斯塔霞跑来说，那台联动机的犁板工作效率很坏，必须送回修配厂修理。

“阿尔卡琪嚷道：‘别干涉人家的事！’

“她回答说：‘地里有漏播——这就是我的事！’

“天天就是这样缠不清！

“邻近几个拖拉机站的联动机早已全部开到地里去了，我们的还始终摆在站里的场子上。我们报告区委，说所有的联动机都准备好了，可以开到各生产队里去了。她却写信去说联动机一台也没有准备好。最叫人生气的是：邻近的几个拖拉机站并不比我们强！他们那边你如果仔细看一下，每台联动机上也都找得出一些毛病来！但他们的农艺师都是正常的。

① 拖拉机与工作机（如播种机、收割机等）联接在一起使用时的总称。

“有一次,我跟阿尔卡琪从地里回来,看见温卡迎面跑来。

“‘我是来找你们的,’他说,‘快去！那边斯丹卡要压死农艺师了!’

“我们走到拖拉机站的场子里,遇上了这样的一个场面:大门内停着一台联动机,而娜斯塔霞却对准拖拉机站着。

“斯丹卡从拖拉机里探出身子,摇动脑袋,高声嚷道:‘走开!’

“她却镇静地回答他说:‘开回去!’

“斯丹卡大声嚷道:‘我在维斯拉河地区受过内伤①！我会压死你的!’

“她一步也不后退,反而更加镇静地说:‘你不会压的……开回场上去!’

“斯丹卡一看到阿尔卡琪,上气不接下气地说:‘阿尔卡琪 · 彼得罗维奇同志！总工程师同志！这是第四次开回去修理了！再要忍受到几时呀？您答应我……’

“阿尔卡琪一下子全明白了……客客气气地问道:‘娜斯塔霞 · 华西里耶夫娜,您是根据什么理由又把联动机扣留在场子里的呢?’

“她更加客气地反问他说:‘阿尔卡琪 · 彼得罗维奇,您可检查过播种机吗?’

“‘全部联动机我都可以负责……’

“‘你检查过吗?’

“‘检查过……’

“‘有两架播种机中央的排种装置有毛病。只弄干净了一个表面。’

“‘这个我知道。’

“她惊奇地问道:‘您知道吗？……那么为什么……’

“‘排种装置将在生产队里就地修理。’

“‘不过……在离开拖拉机站二十公里之外的地方……那边又没有修理站。如果在这里都修不好,到了那边又叫谁去修呢？怎样修法呢？阿列克赛 · 阿列克赛耶维奇,我看最好还是把联动机留到晚上！在这里修,

---

① 受过内伤的人神经往往不健全,因此对自己的行为不能完全负责。

时间又快,质量又高,又方便,又是当着大家的面!'

"我没有来得及回答她,阿尔卡琪就抢先说:'这个问题我们已经跟站长商量好了……请您放联动机走,娜斯塔霞·华西里耶夫娜!'

"斯丹卡嚷道:'滚开!'

"她让开了。阿尔卡琪向她行了一个鞠躬礼,样子很和气,甚至很殷勤,接着低低地用清晰而愤激的声音说:'我……最后一次……警告您……您在干涉我的职权……'

"他挺直身体,点点头,招呼道:'温卡,随我来!'

"斯丹卡开着联动机走了,娜斯塔霞一无所得。我们和阿尔卡琪到办公室去了,温卡跟在我们后头。

"我们一踏进办公室,阿尔卡琪就回头对温卡大发雷霆,声音震得玻璃窗都发响:'你……你这个该死的东西!……想欺骗我吗?!'

"那一个起誓说:'不是存心欺骗你,阿尔卡琪·彼得罗维奇,是没留神!是我粗心!是我太相信斯丹卡了,阿尔卡琪·彼得罗维奇!'

"'我让你尝尝粗心的结果!夜里不许睡觉!好好干一晚!到明早把所有的毛病统统修好!……'

"'统统修好!我一定照办。整夜不走开。'

"'滚吧!……'

"温卡走了。我们把费嘉叫了来,向他讲了刚才发生的事。

"这当儿娜斯塔霞出现了。她站在门口,低低地说:'你们对我……撒谎……你们……两个……你们信任温卡……你们没有检查过播种机……你们相互之间完全没有商量过……像斯丹卡这样的人撒谎——让他去!但是……做领导的人……共产党员……我不明白……我实在不明白……为什么要这样?!'

"在她的声音里没有责备……没有愤怒……仿佛只有一种悲痛,悲痛和惘然……

"我觉得难过……觉得问不过良心。我想,我们本该用合乎人情的方式去跟人家解释的……可以好好解释的呀……

“阿尔卡琪却猛地跳了起来，对她嚷道：‘为了您，我们已经落在人家后头了，现在还要叫我们听您的教训！够了！为了您，拖拉机站的声望……’

“她伤心地打断他说：‘您只要一个声望！’

“这当儿费嘉插嘴了：

“‘您不喜欢声望！可是我们拖拉机站的荣誉您总应该珍重吧？您不珍重它。但我跟阿尔卡琪·彼得罗维奇是珍重我们拖拉机站的荣誉，珍重我们的声望的！我们刚来的时候，我们这个拖拉机站是最落后中的一个，而现在呢……’

“‘而现在呢，’娜斯塔霞又打断他说，‘可和人家“并肩前进”了。这句话我听过多少遍了……你们珍重什么呢？’

“‘一个人什么事不作，就什么东西也不会珍重！……’费嘉说。

“她走了……”

“过了一天，我们那儿又发生了一件很倒霉的事……

“有两台拖拉机开回来修理。一台是在融雪积水的地方抛了锚；另外一台呢，就连田间休息站都没有开到。我们赶忙跑去调查，究竟是怎么一回事。原来自从戈沙去学习以后，制造轴承和修理的工作就由另一个工人负责，而开回来修理的，正是归他负责的两台机子。

“两台刚修好的拖拉机在播种前夜‘抛锚’，这真是拖拉机站空前的耻辱！我们的耻辱还被广泛地公布了！省报上发表了一篇文章。那篇文章上写道，茹拉文诺拖拉机站放弃既得的地位，在走下坡路了。修理工作迟缓，质量又差……

“阿尔卡琪拿了这张报纸，扔在娜斯塔霞的桌子上：

“‘欣赏欣赏吧。是您弄出来的事！’

“我们满以为这下子她总会懂得自己的错误了吧！不！她只蜷缩着身子，并不发窘，而且还向我们反攻：

“‘不是我，是你们弄出来的事！为什么在你们的拖拉机站里只有两

三个可以依靠的机修工呢？为什么你们不培养些干部？'

“阿尔卡琪甚至不屑回答她，等她走后才对我说：

“'好吧，阿廖沙，你抉择一下吧！我放下重要工作，离开大城市来到这个草原上，可不是为了让人家随便糟蹋的。不是我走就是她走……'

“我们决定把她解职，我就向区委提出了这个问题。

“这些日子，谢尔盖·谢尔盖耶维奇正巧从各省视察归来，又耽搁在我们的区里。

“我们几个人被召到区委会去。谢尔盖·谢尔盖耶维奇跟鲁青科一起坐在办公室里。

“他们招呼我们坐下。我们四人就并排坐在靠近主席桌子的墙边，娜斯塔霞也在对面墙旁一把椅子边沿上坐下了，离开我们最远。鲁青科没坐下，从这个窗口踱到那个窗口，一会儿瞧瞧我们，一会儿瞧瞧娜斯嘉。他的表情很古怪：低下了头，仿佛在用一只耳朵倾听什么依稀难辨的声音。他走近这个窗口，就望望娜斯嘉的这一面；走近那个窗口，又打量着娜斯嘉的那一面……

“谢尔盖·谢尔盖耶维奇镇静地坐在桌旁，垂下眼睛，只偶或向我们所有的人扫视一下。

“凭良心说，这个局面对两位书记可不简单。四位受人尊敬的拖拉机站老干部，一起来反对一个刚参加拖拉机站工作的专科毕业的优秀女学生。你倒来分析一下看，这究竟是怎么一回事……费嘉跟我咬了个耳朵：'要是鲁青科，可能会处理错，但我对于谢尔盖·谢尔盖耶维奇是完全信任的。他跟人家谈话，就像从胡桃里挖出核来……他说话好像选种子：壳归壳，籽归籽，清清楚楚。'

“他们叫我们说话。我是站长，就第一个说了。我客观地报告说，总工程师和伊格拿特·伊格拿托维奇向我提出声明，他们无法跟新来的总农艺师一起工作。我报告说，在最近很短的时期里，总农艺师一连两次公然违抗我站长的命令。

“其余的人也都讲了话。阿尔卡琪说的时间最长。他站了起来，抽出嘴里的烟斗,说道:‘谢尔盖·谢尔盖耶维奇,您知道我这个人,不止一年半载了……从前我身体没病,干的也不是这一行。从前……我领导过各种各样的人……跟不论怎样的人都合得来……但跟柯夫莎娃农艺师那样的人,实在无法一起工作!她既没有经验,又没有知识,也没有耐心,更不懂得什么叫纪律性。她的“工作”成绩就摆在面前:我们的拖拉机站在区里一向总是最早完成修理工作的,如今可要拖到最后。我们的拖拉机站一向总是第一个把联动机送到地里,但如今附近几个站的机器都已经在地里工作了,而我们的机器却亏她柯夫莎娃农艺师的努力,至今还搁在场子里。一两天内还不能开始播种。以前我们总是数得上第一批结束播种的工作……要是柯夫莎娃农艺师留在拖拉机站里,我们就只好掉在人家后头……’

“两位书记听完我们的话,一言不发。鲁青科在窗前站住了,背靠在窗框上;而谢尔盖·谢尔盖耶维奇却站起身来,在房间里开始踱方步。他转身很笨重,好像一只满载的平底驳船。脸上的表情,使人完全莫测高深。踱来踱去,一声不响。办公室里鸦雀无声……他站住了……向我们大家瞧了一眼,接着脸上的肌肉忽然抽动了一下,眼睛闪出了光芒,嘴唇微微一抖,仿佛忍不住笑似的。他斜眼瞟了一下鲁青科,把笑意传给他。鲁青科却不及他那么沉着,咧开嘴巴,掀动鼻孔——差点儿哈哈大笑起来。鲁青科擤了擤鼻涕,谢尔盖·谢尔盖耶维奇连忙把脸转向窗口去……我心里想,是什么事情使两个书记觉得那么好笑哇?我就以旁观的心情看了看当时的情景……办公室的一边坐着四个男子,个个身躯高大,体格魁伟,而且个个满腔愤恨地望着对面的角落。对面角落里坐着一个女孩子,又瘦又小,双脚藏在椅子底下,脚尖弯向里,低下了头,翘起两只蝴蝶结……她的脸想来该是雄赳赳气昂昂的吧。并不!……脸上的表情竟是非常伤心。

“一想到为了这个伤心的小家伙,四位身强力壮的大叔竟准备从拖拉机站里逃走,谁也会忍不住要笑出来!……

“旁人看来很滑稽,但我们可没心思笑。

“谢尔盖·谢尔盖耶维奇在窗前站了一会儿,忍住笑,走到娜斯嘉面前说:‘您瞧,是这样的一个局面,柯夫莎娃农艺师。’

“她把头垂得更低些,睐着眼睛,一言不发。

“‘您的劲头,看来确实是足够的了!’谢尔盖·谢尔盖耶维奇继续说。‘不但足够,简直是有余了,因为您一人已经把四个沉着健康的男人弄得冒火了!……但您这样消耗精力有什么意思呢?照目前的情况看来,最正确的办法恐怕是等春播一结束马上把您调到别个拖拉机站去……怎么会弄成这样的一个局面呢?’

“她勉强吐出几个字来:‘我……并没做过……什么……特别的事……’

“谢尔盖·谢尔盖耶维奇对着她站了一会儿,想了一想,他的脸上重又闪了一闪似笑非笑的神色。

“他说:‘我能想象,什么是您的所谓“并没做过什么特别的事”!’接着他又问她,声调并不愤怒,只是带些好奇的意味和善意的嘲笑:

“‘上次您随便在群众面前责备我(我不论怎样到底是省委书记!)欺骗集体农庄庄员们,您当然也认为“并没做过什么特别的事”吧?’

“她不作声。他等了一会儿,然后更严厉地继续说:‘我只看到您一次,只跟您谈过一次话。但同志们跟您并肩工作已经有好几个月了……我能想象拖拉机站里造成的那个局面!但现在问题不在这儿。同志们肯定说,您什么人也不服从。您竟敢公然违抗站长的命令……也许是同志们错了,但您也不该那样放肆吧?’

“娜斯嘉并没抬起头来,说:‘我……敢……’

“‘那么关于苏联企业中的一长负责制,您也多少该知道些吧?’

“她一直不作声。

“谢尔盖·谢尔盖耶维奇等她回答,等了一会儿没有等到,又继续说:‘我在工作中一向遵守这样的一个规矩:“你不知道,我们教你!你不能做,我们帮你!你不愿做,我们强迫你!”所以,我想弄个明白,是您不知道一长制和纪律性的原则呢,还是别的什么原因使您不能遵守,还是……您

不愿遵守?'

"她仍然不作声。又过了一会儿,才松开嘴唇,很吃力地说:'技术设备增加了……可是收获量并没增加……我说……我想……他们不肯听我!……'

"说完又不作声了。脸色有些慌张,蠢笨……我想:我们这位吵架好手怎么啦?为什么她这次不据理力争了呢?为什么在省委书记面前对于我们的控诉想都不想替自己辩护呢?我忽然想起她怎样给拖拉机手们上课,怎样在搬运肥料时安排汽车,怎样手里拿着一支玉米秆独自在草原上漫步……事实上她手里还是有王牌的,还是可以从好的方面来显示自己的。也可以在某些事上对我们痛加批评的。那么为什么一言不发呢?在需要'保卫'方形点播法时,她可说是挺起胸膛来挡住所有的枪刺!在需要'保卫'落后的集体农庄时,她毫无顾忌地当面对省委书记说了些天晓得的话!那时她的勇气和胆量真是抵得上十个人!但此刻可不是为了方形点播法,也不是为了落后的集体农庄,而是应当为自卫而斗争呀!……她这个勇猛的吵架好手,怎么坐着束手无策,一言不发了呢?……这算是种什么性格?……为别人,斗争起来好像一只猛虎,为自己……显然,她完全不会保护自己……"

一个灯火辉煌的村庄在窗外闪过了,但我们不知道它的名称。在这一夜间我们旁边掠过了多少城市和乡村呵。

我的旅伴一会儿捏紧,一会儿放松手里的那只冷烟斗。

"真的,直到此刻我还记得她在我们面前那副束手无策的可怜相……是的……娜斯塔霞当时就是那么不会保护自己。她不会保护自己……好像一个手足无措、傻里傻气的哑巴,听完大家的话,又傻里傻气地走出办公室……

"但我们却没有走,而且感到得意扬扬。说得更正确些,我们是感到轻松,因为一件不愉快的事已经解决,已经过去了。费嘉开始小心翼翼地试探，可不可跟伏洛契兴诺拖拉机站‘交换’农艺师。我们早就想把林诺奇卡拉到我们那儿去了。

“可是，谢尔盖·谢尔盖耶维奇却只心不在焉地回答我们一两个字，依旧在房间里踱来踱去。他的脸色很阴沉，不平静，又像是不满意自己，又像是不满意别的什么东西……一会儿在桌旁坐下，一会儿又站了起来，走到窗口，用手指敲敲玻璃……等我们谈了些别的话之后，他说：‘是的……作风是粗鲁的……不能容许的。’……我们听了觉得很奇怪：他又是在说娜斯嘉吗？‘不过……她的斗争性倒很强……在斗争中主要的不在乎作风……而在乎斗争的目的和对象……’说到这里他向鲁青科转过身去。‘当你对一件事的本质产生疑问时，看看哪些人处在一个阵营，哪些人处在另一个阵营，会有些用处的。有时候这可以帮助你了解……’

“我马上就想：在我们的机修工之中谁拥护她，谁反对她呢？楚马克全心全意拥护她，而斯丹卡和温卡……这是怎么搞的：我们怎么会跟这对宝货站在同一个阵营里呢？

“谢尔盖·谢尔盖耶维奇却继续说：‘农庄庄员们和机修工们都欢迎柯夫莎娃农艺师。不但欢迎，而且都很敬爱她。他们之间从来不吵架……她只跟你们吵架。她对你们几个人是抱着一视同仁的态度呢，还是你们之中有着她的主要"对头"？’

“这句话问得很意外，弄得我们一下子答不上来。阿尔卡琪最先有了主意，他冷笑一声回答说：‘她的主要"对头"，恐怕是我。’

“谢尔盖·谢尔盖耶维奇站住了，用自己那对熊眼从眼窝深处向他瞧了瞧，想了一会儿，直截了当地对他说：‘其实她的要求倒是正确的……联动机上的播种机确实有毛病……另外一台联动机上的犁板也确实不能用……镇压器确实是没有……’

“阿尔卡琪看到形势急转直下，就站起来，走到桌子边说：‘谢尔盖·谢尔盖耶维奇！请允许我明天陪您去走走……在任何一个拖拉机站的任何一台联动机上，我担保都能找出些毛病来。然而，他们那边的总农艺师可不会打报告，也不会把联动机扣留在场子上……我担保能向您证明，我们拖拉机站里的情况，决不会比邻近的几个拖拉机站差，而且还要好些！我们的拖拉机站完全是因为执行总农艺师的路线才落到末位的。'

"谢尔盖·谢尔盖耶维奇听完阿尔卡琪的话，从房间的这一头走到那一头，又转身问他：'就算如此……但您到底对什么更感兴趣些：是你们拖拉机站处于哪一种地位，还是集体农庄地里的收获量？'

"他让阿尔卡琪和伊格拿特·伊格拿托维奇先走，把我和费嘉留下了，然后他对费嘉冷淡而威严地说：'您有没有感到，有时在你们的拖拉机站里，对一些正常的要求造成一种不正常的局面？您去仔细想想……仔细瞧瞧……'

"老实说，我们走的时候很不满意，没料到有这样的结果。费嘉显然闷闷不乐。他原希望谢尔盖·谢尔盖耶维奇会完全支持他，没想到自己的路线反而挨了批评。

"不过，我们这次向娜斯嘉进攻失利，感到最痛苦的是阿尔卡琪，他原以为要撵掉她，那真是易如反掌；如今看到她在拖拉机站里的地位，竟比他所想象的要牢固得多，心里实在不是滋味。

"我记起了一天晚上的事。

"下班之后，我们几个人逗留在阿尔卡琪的办公室里。我们常常上他那儿去坐坐。他的办公室布置得很好……有长沙发，有窗帘，有花砖壁炉。大家的情绪都不太好，可是谈话却很平静，谈的是无关大局的缺乏备件的问题……

"'是啊，真见鬼……'阿尔卡琪说，'在这个冷僻的地方，连一根倒霉的轴承都会变成无法克服的障碍。大事不干干小事，你想这样总可以休息一下，养养身体了吧……谁料得到干小事比干大事还要吃力……这里连在鼻子上挖掉一个脓疱都成问题。'

"'你指什么？'我问道。

"'指什么？当然指她啰。指我们那个"少见的农艺师"……在一个大企业里，要撵掉一个破坏首长命令、捣乱集体工作的同事，那真是不费吹灰之力。可是这里呢……'

“费嘉就对他说：

“‘当时你自己不是也在区委里吗……’

“‘我也因此受了主要的打击！就我的处境要坚持下去是不大方便的。我原来希望，我走了之后，你会把事情进行到底。可是你呢……只好因为年纪轻而原谅你。’说到这里，他拍拍费嘉的肩膀。‘啊呀呀，费嘉，你这个费嘉！’

“费嘉一向是很听阿尔卡琪的话的，但这回却挪了一下肩膀，摔脱他的手，回答说：‘如果我只是个“啊呀呀，费嘉”，我怕比你更早就要撵走她了……她耗去我的心血并不比你少……不过，除了“啊呀呀，费嘉”之外，我还是个共产党员和党组织的领导人。因此我还得考虑到原因和可能性……’

“阿尔卡琪在软椅上坐下了，一条腿搁在另一条腿上。

“‘有意思！’他说。‘那你发现了些怎样的“原因和可能性”呢？讲出来吧。我们听着……’

“‘好吧。我讲……要是把一只锅炉盖紧，再在下面加热，里面的水就会沸腾，锅炉就会爆炸！蒸汽的压力越高，沸腾和爆炸得也就越厉害……这里有什么办法可想呢？走开一点。如果我只是“啊呀呀，费嘉”的话，我就那么办了……但也有别的办法。当锅炉沸腾得咕噜咕噜响时，你会想：里面有一股力量正在骚动，它在狭小的空间里容纳不下了。你给这股力量以出路和正确的方向，装上气门、活塞，接到涡轮上，它就会给你移山倒海，创造奇迹！……’

“阿尔卡琪脸上笑着，眼睛里却露出凶相：‘瞧吧！我们的费嘉说话用起讽喻来了……’

“费嘉也有些激动，但他没有表露出来。

“‘讽喻，’他说，‘是有用的东西。当你在工作中遇到拖拉机损坏和机器不能发挥力量的时候，你能不烦恼吗？还是……你只注意一点：不要落在人家的后头？既然人家也停滞着，那又何必烦恼呢？……你认为怎样？至于我的事，我想是那样的。我的工作，就是关于人的工作。我应当以负

责的态度把人力利用到最高度……’

“阿尔卡琪又笑了起来。

“‘人力！你这是指她，指农艺师吗？……唔，你晓得……这是臭虫般的力量，只能对付对付跳蚤罢了。’

“我明白我该插进去了！

“‘好了，好了，’我说。‘今天你们怎么啦？跟柯夫莎娃农艺师吵得还不够吗？要是你们两人也吵起架来，那我们的拖拉机站还成个什么样子呢?!’

“我好不容易总算阻止了这场口舌。

“接着又发生了这样的事件：上面拨下款子来叫我们进行建设。于是我就决定在一个建设季中扩展修配厂，到秋天好在新的基地上开办机修工训练班。这样做，既可以扩大修理基地，又可以培养干部——一箭双雕……

“困难和麻烦当然很多：又要确定计划，又要设法弄建筑材料，又要组织建筑工程队！这样，我们跟总农艺师的纠纷就从我的头脑里消失了，被忘却了……我没有工夫再去想到这些个。

“然而她却不肯虚度时间。她又为我们准备下了一场痛苦的考验……”

“事情是这样的：去年我们那儿很干旱，因此大多数集体农庄的种子都不合标准。省里通知我们说，将发下种子来交换，这使我们安了心。交换的种子来得迟了些，一运到，全区就马上开始交换！然而，我们那儿却因为娜斯嘉的缘故什么都跟人家不同！她不愿意交换种子！那从远地运来交换的，都是些软粒的不耐寒的品种。

“娜斯嘉说：‘我们有硬粒小麦，这是值得自豪的！如果它离开标准还差百分之几的话，那就得设法补足这个百分数，但不要交换……’

“然而，省里已经开始播种了，我们又哪来工夫搞这名堂呢！气象台报告说，再过三五天就要转暖了；那时我们的一区也得开始播种了。这就是说，我们得在三五天之内使种子达到标准：得组织选种，进行加温处理，春化处理。

“说说当然容易！……譬如，用帆布进行种子加温处理，本来是件小事情！可是整个区里偏偏就没有这种帆布！其实我也没心思来管这些个！我的头脑里尽是砖头、钢筋和木材！

“阿尔卡琪说：‘修理工作为了她耽误时间，联动机开出去是最晚一个……如今播种工作又要为她而落后了！’

“我真想痛骂她一顿，可是费嘉监视我，制止我，他在‘为正常的要求创造正常的局面’……

“我对他说：‘我无法跟她好好谈话。我感到她是在破坏我的播种工作！’

“他回答说：‘应该用温和态度去说服她……’

“哪里谈得到什么温和态度！我问她道：‘为什么所有邻近拖拉机站的集体农庄都在太太平平地交换种子，谁也没有出什么岔子？’

“她回答我说：‘这个我也不懂！怎么可以为了不到标准百分之二—三就拿当地的硬粒小麦去换远地的软粒小麦呢？！’

“我对她说：‘为什么您总是“上轿才穿耳朵眼”呢？为什么您不早说呢？为什么离开播种只有三天了才忽然想起呢？’

“‘这是我的错，应该由我来负责。但集体农庄可不能因此倒霉！再说，我怎能知道交换的种子里有着软粒品种呢？’

“我说：‘在这么短的期限内我们是无法达到标准百分数的。这件事我可不能负责。’

“她说：‘我来负责好了。’

“我说：‘但我命令您……’

“‘但我不能服从……’

“下巴又往前凸得像一把铲子，嘴唇又完全看不见了……

“阿尔卡琪撑我的腰：

“‘从上次跟省委书记的谈话中，您没有吸取到任何教训……显然，我

们只好采用上次讲过的那种极端办法了。'

“我也肯定地说：'别的办法我看是没有了……'

“其实她一点不知道上次她走后谢尔盖·谢尔盖耶维奇跟我们所谈的那些话。她只知道他怎样责备她缺乏纪律性。

“她脸色苍白，垂下头，出去了……我们想：这回可把她弄服帖了，从此会听话了吧。完全不是这么一回事！

“第二天我们知道，她那三个心爱的集体农庄拒绝交换种子，并且决定设法使自己的种子达到标准。

“这是说，她利用自己在这几个集体农庄里的威信，又在违抗我的直接命令了！这也就等于破坏那几个落后集体农庄的播种工作！……她以为她发出指示，集体农庄就会在三天之内全部照办！但我对于这几个集体农庄可不是今年才看穿的！我知道三天时间他们那边只能勉强弄明白娜斯嘉的指示。而把人集合起来，发动他们去干，至少又得三天。要查明农庄为了执行这些指示还缺乏些什么，再得三天。然后，他们又会跑到区委会和拖拉机站去抱怨缺这个少那个了！但那时人家正处在播种的紧张关头！……到那时再去交换，优秀品种早已被别的集体农庄拿光，我们只好拿些人家挑剩的东西……哪里还谈得到发展落后的集体农庄啊！一件大事就会这样被我们的总农艺师搞垮了！

“在我的想象中那么清楚地浮现着这样的画面。我抛下一切事情，坐上我那辆'加济克'，也不用司机，亲自用违章的高速度向那几个集体农庄驶去。

“还没有开到十月集体农庄，就碰上了这样一个场面。路当中搁着一辆卡车，司机在摆弄马达，而娜斯塔霞却手扶车沿，用一条腿在卡车周围跳来跳去。她的另一条腿不知是扭伤了呢，还是碰伤了……我驶拢去，跳下汽车。

“她从我的脸色上看出，这回我是不会饶恕她那种自作主张的行为的。

“她把一条腿缩得更紧些，用另一条腿站着，双手抓住车沿，眼睛盯住我，在等我走近去……

“我走了过去。就在这儿，在这空旷的草原上，在卡车旁边，我们作了一次决定性的谈话……

“我说：‘怎么，娜斯塔霞·华西里耶夫娜……您这是第三次破坏站长的直接指示了！第三次直接违抗我对一件归我负责的重要工作所下的命令了！我们跟您谈过好多次，但总是……没有结果！我警告您，您又不放在心上。我给您记过，记过对您也不起作用……省委书记跟您谈过话……您也没有从此得出结论来！跟您还有什么办法呢？我只有一个办法……’

“她垂下头……那条缩着的腿也放下了：她忘了自己的腿伤……眼睛忧郁地不望我，却望着地面，望着金花鼠的洞……

“‘我明白我无法在你们拖拉机站干下去了。你们工作做得不对，但我既不能说服你们，也不能跟你们那种做法妥协……我走好了……您把我解职吧……只是首先……我要使种子达到标准……我要给集体农庄留下硬粒小麦……’

“我什么也没有回答她。还有什么可谈的呢？我坐上汽车，扳开油门就向前开去。

“开到十月集体农庄附近，一眼望去，可又把我弄得莫名其妙了……但见打谷场旁聚集了一大群人。选种机全部开足马力工作着。娘儿们坐在谷仓门口，把一条条手织的地毯缝在一起，用来代替帆布垫在谷粒下面。农庄主席和西伦基老大爷正在谷仓里做着种子春化的各项准备工作。

“我想，这是在闹什么鬼呀？平常这儿即使在规定的时间里也不容易把人召集拢来，何况此刻快黄昏了，工作的时间也已经过了。我指指人们，问主席道：

“‘是召集拢来的吗？’

“‘召集拢来的！’他回答说。

“‘这是怎么搞的？’

“他解释说：‘这是出于信任……群众信任我们的计划，信任我们和娜斯塔霞·华西里耶夫娜。’

“我走到主席母亲的跟前，她就是那个全集体农庄最疙瘩最多嘴的老太婆。

“‘今天连您也来了？’我说。

“‘来了又怎样？’她回答，‘娜斯塔霞·华西里耶夫娜亲自跑到我家来……她瞧得起我，我还能瞧不起她吗？’

“这整个情景给我留下了深刻的印象！……

“当我还在了解这些问题时，刚才那辆卡车又飞驰而来，接着娜斯塔霞瘸着腿从车上跳下了，随后还下来了两个不知从哪儿来的年轻中尉。他们马上动手从车上卸下一具帆布篷帐。原来娜斯塔霞坐车到附近的军营里去了一趟，向他们借一具篷帐来用三天，以代替帆布进行种子的加温处理。

“我瞧瞧娜斯塔霞——简直不认得了。嘻嘻哈哈地跟小伙子们和那两个中尉说着笑话，又快乐，又淘气。仿佛刚才低头瞪着金花鼠洞的并不是她！其中一个中尉，肤色浅黑，相貌英俊，帮助大家摊开篷帐，眼睛盯住娜斯嘉，不断地问道：

“‘您的腿不疼了吗？’

“他们正在摊帆布的时候，打谷场附近来了三个戴耳环的姑娘。那三个奥尔迦跑来看中尉来了。肤色浅黑的中尉开玩笑说：

“‘我们给你们送来篷帐可不能没有报酬哇……你们要给我们一个抵押。’

“主席问道：‘你们需要什么抵押？’

“‘我们不要普通的抵押！给我们一个姑娘作抵押吧……’

“主席笑着说：‘得看你们要哪一个！让我们具体地来解决问题吧。’

“‘我们是军人，因此我们需要最勇敢最热情的姑娘……’

“一面说，一面用赞美的目光不客气地盯着娜斯嘉看。农庄庄员个个满面笑容：他们感到高兴，因为这个肤色浅黑的中尉竟那么公然欢喜他们的女农艺师。主席就说:‘中尉同志,您不论瞧上哪一个都行,但可别指望娜斯塔霞·华西里耶夫娜。她是我们这儿的栋梁,我们决不肯放她走的……’

“娜斯塔霞并不觉得窘,也笑了起来,并且指指奥尔迦们说:

“‘瞧吧,最勇敢最热情的姑娘们来了!是我们的第一流突击工作者!……她们马上会让你们看到,我们集体农庄里的人是怎样工作的!来吧,姑娘们,来掮口袋吧!’

“她一跛一跛地跑进谷仓,带头掮了一只口袋出来……奥尔迦们没办法,只好跟着她掮……于是其余的人都随在她们的后面搬口袋,连两位中尉也参加了。他们的工作就这样闹开了!他们搬着口袋,把种子撒在帆布上。选种机转动着……轰轰隆隆,非常热闹!

“我想阻止这音乐,我想命令他们把种子从帆布上倒回口袋里,运到区里去交换,可是我的舌头不听使唤!

“那个中尉一面工作,一面仍旧看着娜斯嘉,并且一直开着玩笑:‘种子夜里得有人看守呀。我们是军人,可以负责这件工作,只是你们得帮我们的忙!你们这些姑娘中谁会在夜里看守种子?’

“娜斯嘉接口说:‘我们什么都会:看守种子,唱歌,拉手风琴……晚上你们到打谷场上来看看就会相信了。’

“他们的工作沸腾着。我站在一旁,不知道现在该怎么办才好……

“站了一阵,我就坐上汽车回去了。

“一面开车,一面想……他们真的会在规定的三天中使种子达到标准的!……我是照普通办法来作估计的……我们通常是怎么办的呢?跑来作一番指示就走了……难道我和阿尔卡琪会到谷仓里去搬口袋吗?这是不合乎原则的!

“可娜斯嘉呢?……亲自去说服固执的老太婆,亲自去向中尉借帆布篷帐,而且还亲自带头掮口袋!她不摆架子。难道这也算是方法吗?……照她的知识说来,是个有学问的专家,但照她的做法说来,却只是个普通的共青团员……拖拉机站总农艺师……亲自搬口袋!成何体统！而主要的是这种工作方法大有问题！可是，靠了她这个‘有问题的方法’，集体农庄在她指导下一天所做的工作，恐怕超过平常没有她时十天所做的。自己的威信她并不关心……她所注意的只是在三天之内使种子达到标准……也许，在某些特殊场合，这种方法也就是最合乎原则的方法吧？本来即使没有她，农业指导员也已经多到几乎每个农庄庄员可以碰到十个，可是有什么用！如果你瞧，在这个集体农庄里，种子就可以在播种以前做到标准了！……而我却对她说要解她的职！……这究竟是怎么一回事？

“哦，我回到拖拉机站后实在心烦意乱！娜斯嘉在那个农庄里待了几天，在这几天中我心里就没有一分钟平静过。

“再加今年春天天气又一直不正常，变化很多：一会儿出太阳，一会儿刮风，一会儿下霜，全都不合时令……早就到播种的时候了，可是不能播！白天太阳很暖和，但到了夜里，浓霜就把地面封住了。一天我要从座位上跳起来两次，跑到蔬菜地，把温度计插进泥土里。小麦还是不能下种！我们只好动手播种向日葵，因为向日葵不怕霜冻。老实说，我们那儿的方形点播法进行得很顺利，甚至有新闻记者跑去访问戈沙 · 楚马克……

“有一天晚上，我坐在自己的办公室里，一面签署各种文件，一面顺便听听走廊里的收音机。忽然听到：‘拖拉机站站长恰里科夫’……我想，这可太奇怪了！难道天下竟有第二个姓恰里科夫的拖拉机站站长吗？接着又听见提到乔治 · 楚马克的名字……这是怎么一回事？原来是在播送《消息报》一篇关于方形点播法的通讯……我们的戈沙几乎打破了全苏纪录！通讯员在讲这件事，并且把我们当作邻近几个拖拉机站的榜样，因为他们都没有把这事情搞好。

“我独自一个站在扩音器下，而无线电却在全国各地赞扬我！它在赞扬我们的拖拉机站，赞扬戈沙 · 楚马克，赞扬阿尔卡琪……说实话，我们是有些东西可以被赞扬的……邻近的几个拖拉机站还在试验‘CⅢ-6’型播种机，调整零件，而我们的拖拉机站已经用逐日超额完成计划的进度，把全部玉米地和向日葵地都播得差不多了！

“阿尔卡琪跑进来，头发蓬乱，嘴里的烟斗也熄灭了。

“‘听到了吗?’他说，‘全国都知道了！谁想得到我们的那些方块儿会那么走运?！连我们自己也没料到居然做得这样恰到好处！’

“人们从各处跑了来，大家都很满意，都很高兴，一致向我们道贺。我一下子实在无法理解这件事。骂来骂去把我们骂了一个春天，可是现在瞧吧！……

“我回到自己的办公室里，坐下来，细细地体会自己的感受。这当儿，鲁青科从区委里打电话给我。

“‘听到了吗？好吧！以后要保持下去！’

“我回答说：‘是的，要保持下去，区委书记同志。’

“但心里却想：这究竟是什么生活啊?！简直像发冷热病！昨天温度只有三十五度儿，今天却整整四十度！昨天区委痛骂我们，省报批评我们，而今天中央的报纸和无线电却向全苏联表扬我们！奇迹，除了奇迹，不会是别的！

“林诺奇卡打电话来祝贺。小伙子们在走廊里欢天喜地，打算开会庆祝，来请我参加。

“我却坐着想心事……忽然我的头脑里涌上了一个念头……大家都很满意，大家都很快乐，只有她，娜斯嘉，自个儿在村庄边上的什么地方用一条腿跳来跳去，什么事也不知道，还在准备被拖拉机站解职呢……

“她的名字提也没有提到。显然，通讯员是不敢表扬一个刚被记过过的人的！我想，真见鬼，是怎样的局面哪！阿尔卡琪走来叫我到他那儿去。我一边答应他晚一些去，一边就离开大伙，弯到娜斯嘉住的那条街上。我想，她也许已经回家了……

“天色已黑，天气也冷了……寒气从草原上袭进村子里……娜斯嘉的大门口有一片积水未冻的草地，走不过去。她的窗子亮着——这说明她在家里。我决定去敲一下窗子，把她叫到门口来。走到窗口，我的眼前就展开了这样的一幅图画。房子里烧着火炉，火炉前面放着一只矮凳，娜斯嘉穿着一身古怪的衣服坐在那凳子上，脸对窗户，离开我只有两步路。她身上穿着一件夏天穿的没有袖子的短'萨拉方'①,下面露出了她那条心爱的青色滑雪裤。一只裤脚管卷得高高的,娜斯嘉就把那条腿放在一只大木盆上用热水蒸着。原来她这是在医治自己那条扭伤的腿……手里拿着一块涂黄油的面包,她的前面还蹲着一只鬣毛蓬乱的癞皮狗……娜斯嘉自己咬一口面包,又拧下一块给狗吃……就这样自己吃一口,给狗吃一块;而她的脸上却滚动着泪珠……是怎样的泪珠儿呵!又大又沉,好像一颗颗水银。泪珠从眼睛里涌出来,挂在睫毛上,她睒睒眼睛,就扑簌簌地沿着面颊滚下来……面孔几乎一动不动,只有当她呜咽的时候,嘴唇才会哆嗦一下。她擦去眼泪,咬一口面包,给狗吃一块,又呜咽起来……她的脸是那么伤心,那么沉痛……她的双手又瘦小又软弱,她的肩膀又瘦削,看来又疲乏。您知道当时她像谁吗?您也许会觉得好笑……你们是莫斯科人,见多识广……但我在这趟远行之前,只离开过西伯利亚一次……那是参加学生旅行团去莫斯科和列宁格勒观光。去了一次,回来后倒给弟兄们讲了一千次;在那边待了四个星期,但四年来可一直在脑子里翻腾……当时在列宁格勒的爱米塔日博物馆里,有座雕像使我非常惊奇……雕像的名字叫'温顺'……您不记得吗?您当然不会记得了,这种东西您不知道看到过多少了!……但是我却记得……一个姑娘坐着,低下了头,两手垂在膝上……我没看清楚她的脸,只看到她那条细长的脖子伸出在肩膀上,两条手臂无力地垂着——我一下子就了解这个姑娘!什么都看得出来:她是又善良,又娴静,又温顺……她就这样叫你去庇护她,帮助她……石头雕出来的,但是会说话!当时我感到很惊奇,石头的肩膀,石头的手臂怎么会说出这些感情来呢!……我感到惊奇,从此就记住了……这'温顺'。本来,这个雕像是不能拿来比拟我们的娜斯嘉的!(说到这里,阿列克赛·阿列克赛耶维奇的脸上又滑过了一道我已经熟悉的微笑。)可是此刻您瞧吧!我望着她怎样坐在木盆旁,怎样低着头,眼泪怎样一颗颗地滚下来……我从没看到过她那种样子……我想,这是怎么一

---

① 俄国农民爱穿的一种对襟长单衣,大多没有袖子。

回事呀,究竟是不是她呢?好像有什么推了我一下……我一直穿过积水到踝部的草地,冲到大门口,敲了敲门……

“她给我开了门。一看到我,她的眼睛里既没有泪水,脸上也没有悲伤的表情。两片嘴唇又完全消失了。下巴向前凸出……目光冷淡而大方。

“她不向我问好……却冷冷地问道:

“‘您有什么事,阿列克赛·阿列克赛耶维奇?’

“要是我碰到她依旧像一分钟之前那样眼泪滚滚,我真不知道该怎么办才好……可是此刻她那目光和问话却使我打了个寒噤……我手足无措了……该说些什么,该怎么说,我惘然了!

“我一本正经地对她说:‘我是来告诉您,娜斯塔霞·华西里耶夫娜,刚才无线电广播了《消息报》的一篇通讯,竭力赞扬我们的拖拉机站,特别是戈沙,因为方形点播法……’

“我想她听了这个消息不知会多么高兴。然而竟没有怎么打动她。她的脸稍微开朗了一些,但对我说话仍旧很冷淡:

“‘方形点播法在我们这儿是照规矩做的。至于戈沙,当然了不起!他的工作确实值得赞美。无线电表扬他,我很高兴。’

“说完了就不再理我。她拿开木盆和水桶,在火炉里加些木柴,忙着自己的活儿。我真想走了……可是却在凳子上坐了下来,而且像是被钉住了似的!……我坐着,眼睛瞧着她,仿佛还是头一回看到她似的。她的脸很小,很坚决。颧骨和下巴很刚强,下巴上有一个小窝。眼睛是蓝色的,非常清澈,嘴巴和鼻子好像小孩的一样……这张脸坚决、温柔、活泼、沉思,什么样的表情都有!……我实在喜欢她那件衣服——古色古香的萨拉方,下面露出一段滑雪穿的扎脚裤……穿着这样的衣服,她有些像哥萨克女人、乌兹别克女人或者鞑靼女人……她的一举一动都很轻盈,好像在跳舞。

“她把木盆端了出去,可我却对她瞧个不停!

“我真想对她说些不平常的话。可是却什么也想不出来……我就那

么傻里傻气地对她说:'您穿这身衣服……很漂亮……萨拉方和滑雪裤……您穿着很合适!……'

"她忽然从椅子上拿起一件不知什么衣服,一把扔在我坐的凳子上,脱口而出地说:'这个给您穿倒很合适……'

"'这是什么?'我问道。

"'我的裙子!'她回答说,'我可以送给您。您穿裙子要比穿裤子合适多了。您做工作……太不像个男子汉……'

"她说这话,等于狠狠地抽了我一鞭子。我的五脏六腑都缩成了一团。我想现在该站起来走了。但我却还是没有站起来!……没有走!……

"这当儿门开了,戈沙·楚马克和柯斯嘉·别洛乌索夫走了进来。我们的戈沙是个道地的西伯利亚人:身体强壮,动作灵活,阔脸,高额角。皮肤浅黑,但眼睛却是极淡的淡灰色,他一进来就窘态毕露,不知道该怎样问好,该坐在哪里……而柯斯嘉·别洛乌索夫呢,雀斑脸,身子矫捷,在戈沙的周围转来转去,好像一只燕子。他说:'我们的戈沙……全国闻名!听到了吗?你们瞧瞧他吧!'

"娜斯嘉走到戈沙跟前,把他抱住了,她的鬓角触到了他的面颊。

"'你满意吗,戈沙?'

"戈沙笑了一声,不慌不忙地回答说:'真奇怪……我到如今还以为这不是在说我哪!……'

"而柯斯嘉却兴高采烈,匆匆忙忙地打断他,仿佛当天的英雄是他,而不是戈沙:

"'我刚才到田间休息站去找他,忽然听到莫斯科的广播在谈我们的戈沙!我就一个劲儿跑去找他!哪知他就在眼前。他的拖拉机正巧停住了。碰到这种场合,他总是阴沉沉的像个鬼……我老远就喊他:'戈沙,无线电在讲你呐!'他却毫不注意!我跑过去说:'你是英雄了,怪家伙!此刻莫斯科的无线电在讲你呐!'而他却回答我说:'你就有闲工夫扯淡!……没看到——抛锚了!……'他说着就爬到拖拉机底下。拿他怎么办呢?! 我就拉住他的脚说:‘你还爬到哪儿去呀? 此刻莫斯科在向全苏联表扬你呐! 快爬出来!’他却伸出头来说:‘好,等我爬出来,我要用螺丝扳子转一转你的脑袋,好教你知道什么时候该扯淡!’

“他们三个都笑了。戈沙嘟嘟哝哝地说:‘我怎么能知道呢? ……我还以为弟兄们在跟我开玩笑呢……’

“但娜斯嘉却对他说:‘不过我,戈沙,早就知道了!’

“‘知道什么?’

“‘知道你命里注定的一切! 知道报纸会表扬你,还有无线电……’

“‘我一明白过来,头一件事就是到这儿来……来找您……’

“这当儿一个陌生的小伙子走了进来,他显然不是拖拉机站里的人,而是从集体农庄里来的;也不打招呼,就一直冲到放球和网的角落里,嘴里嚷道:‘球来了!’

“娜斯嘉批评他说:‘尤拉,走进屋子里,首先得向人家问好!’

“他却反驳她说:‘娜斯塔霞·华西里耶夫娜,要知道我是中卫呀!’

“她笑着说:‘唔,如果是中卫,那当然是另一回事了……’

“戈沙说:‘他只要看到卡芭,远在百步之外就会鞠躬的。有一次克仙诺方托夫娜奶奶遇到他时说:“小伙子,你这算什么,怎么像公鸡似的一路走一路啄食子?”’

“尤拉反驳说:‘我向卡芭鞠躬,并非因为她是个姑娘,而是因为她是个艺术家……我敢担保我们的卡芭有一天会到莫斯科艺术剧院登台演出的。’

“戈沙又说:‘但你应该向娜斯塔霞·华西里耶夫娜鞠躬,因为她是科学家……’

“尤拉斜眼瞧瞧娜斯嘉,一本正经地回答:‘我个人是爱艺术超过爱科学……但娜斯塔霞·华西里耶夫娜,我同意向她三鞠躬。一鞠躬,为了她是个科学家;二鞠躬,为了她是个优秀的共青团员;三鞠躬呢……第三个鞠躬——就因为她是我们的娜斯塔霞·华西里耶夫娜! ……’

“他们嘻嘻哈哈地互相开着玩笑。娜斯嘉把茶炉子放在桌上,摆好茶具，叫大家坐下。他们谈到方形点播法，谈到戏剧表演，谈到共青团员们打算建筑的运动场。戈沙跟柯斯嘉试图引我加入谈话，可是我实在没兴趣谈他们那些玩意儿——戏剧表演罗，运动场罗……再说当时我的心境也坏得说不出一句话来。我只是坐着，听着……

“娜斯嘉担忧说：‘明天叫我怎么到十月农庄去干完种子的事呢？那边路很泥泞，得步行一公里多，而我的腿又疼得厉害！……’

“柯斯嘉一本正经地对她说：

“‘我们把您，娜斯塔霞·华西里耶夫娜，用担架抬去。’

“这当儿戈沙把娜斯嘉连人带椅子举起来说：

“‘哪儿用得到什么担架。我们干脆就用手把您抬到那边去！’

“我看到，他们是真的能够用手把她抬到那边的。

“‘我们抬您去！’柯斯嘉说。‘这样的日子我们怎能没有您呢！’

“她忽然沉下了脸，愁眉苦脸地说：‘朋友们，我也不能没有你们啊！……我真不敢想，没有你们我将怎样……’

“戈沙惊奇地问：‘您为什么要想到这个呢？这个您根本用不到想的！……’

“她什么也不回答，只是眼睛牢牢地盯着我。接着他们依然有说有笑。

“我早就该走了，可是却一直坐着不动……

“我瞧着他们那种欢乐的光景，并且拿我们自己跟他们作比较。我们跟阿尔卡琪和林诺奇卡有时也很快乐，但跟他们的总有些不同……谈恋爱，献殷勤，眉来眼去……他们这儿的欢乐却是年轻的，开朗的……其实，我也才超过共青团员的年龄……我也很想不以站长的身份，而以共青团员的身份跟他们一起踢足球，造运动场，参加戏剧表演……然而我看到：娜斯嘉嘴里虽然嘻嘻哈哈，开着玩笑，但眼光一接触到我，马上就闭拢嘴巴，扭过脸去，不愿让我看到她那种开朗快乐的模样儿。我勉强克制自己，从座位上站起来，告辞了。她送我到门廊里给我关门。

“我真想握住她的双手，请求她不要躲避我，不论是坐在木盆旁哭泣，或者跟弟兄们一起欢笑，可是她已经抓住把手，推拢门来，仿佛在说：嗐，他到底走了！……

“我就那样走了出来。”

……

草婴译事年表[①]

1923 年

3 月 24 日，出生于浙江镇海（今属宁波市）骆驼桥。

1941 年

开始为《时代》周刊翻译战地特写、电讯、军事述评等稿件。

1942 年

所译普拉多诺夫（现通译普拉东诺夫）的短篇小说《老人》在《苏联文艺》第 2 期发表，译者署名“草婴”。

1946—1951 年

在塔斯社上海分社翻译中国新闻稿（中译俄），同时为时代社（1941 年苏联在华出资建立的出版公司）翻译文章和小说（中译俄），作品不详。

---

① 本年表主要参考了以下文献：草婴．草婴译著全集：第 22 卷．上海：上海文艺出版社，2019；北京图书馆．民国时期总书目 1911—1949（外国文学卷）．北京：书目文献出版社，1987；中国版本图书馆．1949—1979 翻译出版外国文学著作目录和提要．南京：江苏人民出版社，1986．

1950 年

所译巴甫连科的长篇小说《幸福》由时代出版社出版。

1953 年

9 月 27 日,所译加里宁的《作家应该精通自己的业务》一文发表于《解放日报》。

所编撰的《俄文文法手册》由中华书局股份有限公司出版。

1954 年

多篇译作发表于《解放日报》,具体如下:

3 月 2 日,所译波列伏依的短篇小说《胜利》发表;

3 月 22 日,所译肖洛霍夫的长篇小说《被开垦的处女地》第二部片段发表;

7 月 7 日,所译理定的短篇小说《清风》发表;

11 月 14 日,所译班台莱耶夫(也译作潘捷列耶夫)的短篇小说《诺言》发表。

1955 年

1 月 30 日,所译古里亚的短篇小说《复仇者》发表于《解放日报》。

所译尼古拉耶娃的中篇小说《拖拉机站站长和总农艺师》分三次在《译文》8 月号、9 月号及 10 月号连载。12 月,《中国青年》连续在第 23 期和第 24 期转载了该译作。同时,同名单行本由中国青年出版社出版。

开始正式翻译肖洛霍夫《被开垦的处女地》第二部,译文分期发表于《译文》月刊,直至肖洛霍夫完成创作的 1960 年。

所译戈尔巴托夫的长篇小说《顿巴斯》由人民文学出版社出版;所译该作家另一部小说《伟大的试验》由通俗读物出版社出版。

1956 年

所译班台莱耶夫的短篇小说集《翘尾巴的火鸡》由少年儿童出版社出版。

1957 年

所译肖洛霍夫的中篇小说《一个人的遭遇》刊发于《译文》4 月号，并于 9 月由新文艺出版社出版单行本。

7 月 21 日，所译肖洛霍夫短篇小说集《顿河故事》中的《粮食委员》发表于《解放日报》。

所译尼林的中篇小说《考验的时期》由中国青年出版社出版。

1959 年

所译肖洛霍夫短篇小说集《顿河故事》由上海文艺出版社出版。

1961 年

所译肖洛霍夫长篇小说《被开垦的处女地》第二部单行本由作家出版社出版。

所译《加里宁论文学》一书由新文艺出版社出版。

所译卡达耶夫的中篇小说《团的儿子》由少年儿童出版社出版。

1962 年

所译肖洛霍夫长篇小说《被开垦的处女地》第一部单行本由作家出版社出版。

所译《加里宁论文学和艺术》由人民文学出版社出版。

1964 年

所译托尔斯泰小说选《高加索故事》由人民文学出版社出版。

1978 年

修订 1964 年译完的莱蒙托夫的长篇小说《当代英雄》，译本由上海译文出版社出版。

1979 年

所译托尔斯泰的短篇小说《暴风雪》及《弹子房记分员笔记》被收入上海译文出版社出版的“译文丛刊”之《暴风雪》。

1982 年

所译托尔斯泰的长篇小说《安娜·卡列尼娜》由上海译文出版社出版。

1983 年

所译托尔斯泰的长篇小说《复活》由上海译文出版社出版。

1984 年

将所译的肖洛霍夫《被开垦的处女地》第一、二部重新修订，改为《新垦地》第一、二部，由安徽人民出版社出版。

1985 年

所译托尔斯泰的中短篇小说集《一个地主的早晨》由上海译文出版社出版。

所译柯切托夫的长篇小说《落角》由上海译文出版社出版。

所译托尔斯泰的中短篇小说集《舞会以后》由浙江文艺出版社出版。

1986 年

所译托尔斯泰的中篇小说《哥萨克》由漓江出版社出版。

所译《托尔斯泰中短篇小说选》由上海译文出版社出版。

1987 年

所译托尔斯泰的中篇小说《克鲁采奏鸣曲》由山东文艺出版社出版。

荣获苏联“高尔基文学奖”。

1993 年

所译托尔斯泰的长篇小说《战争与和平》四卷本由上海译文出版社出版。

1997 年

所译托尔斯泰作品集成 12 卷“托尔斯泰小说系列”，由外文出版社和上海远东出版社联合出版。

2002 年

获中国翻译工作者协会授予的“中国资深翻译家”荣誉称号。

2003 年

所著《我与俄罗斯文学——翻译生涯六十年》由文汇出版社出版。

2004 年

所译 12 卷“托尔斯泰小说全集”由上海文艺出版社出版。

2006 年

荣获俄罗斯“马克西姆 · 高尔基奖章”，并被俄罗斯作家协会吸收为名誉会员。

2010 年

荣获中国翻译协会“中国翻译文化终身成就奖”。

2011 年

荣获“上海文艺家终身荣誉奖”。

2012 年

所译 12 卷“列夫・托尔斯泰小说全集”由现代出版社出版。

2014 年

荣获第六届“上海文学艺术奖・终身成就奖”。

2015 年

10 月 24 日,逝世,享年 92 岁。

中華譯學館·中华翻译家代表性译文库

许　钧　郭国良／总主编

第一辑

鸠摩罗什卷
玄　奘卷
林　纾卷
严　复卷
鲁　迅卷
胡　适卷
林语堂卷
梁宗岱卷
冯　至卷
傅　雷卷
卞之琳卷
朱生豪卷
叶君健卷
杨宪益　戴乃迭卷

第二辑

徐光启卷
李之藻卷
王　韬卷
伍光建卷
梁启超卷
王国维卷
马君武卷
冯承钧卷
刘半农卷
傅东华卷
郑振铎卷
瞿秋白卷
董秋斯卷

第三辑